本书受中国历史研究院学术出版经费资助

中国历史研究院学术文库

当代俄罗斯史学研究

Study on Contemporary Russian Historiography

刘爽 著

中国社会科学出版社

图书在版编目(CIP)数据

当代俄罗斯史学研究 / 刘爽著. —北京：中国社会科学出版社，2020.12
ISBN 978-7-5203-7401-9

Ⅰ.①当⋯ Ⅱ.①刘⋯ Ⅲ.①史学—研究—俄罗斯 Ⅳ.①K095.12

中国版本图书馆CIP数据核字(2020)第198885号

出 版 人	赵剑英
责任编辑	孔继萍
责任校对	杨　林
责任印制	李寡寡

出　　版	中国社会科学出版社
社　　址	北京鼓楼西大街甲158号
邮　　编	100720
网　　址	http://www.csspw.cn
发 行 部	010-84083685
门 市 部	010-84029450
经　　销	新华书店及其他书店

印刷装订	北京君升印刷有限公司
版　　次	2020年12月第1版
印　　次	2020年12月第1次印刷

开　　本	710×1000　1/16
印　　张	22.5
字　　数	315千字
定　　价	158.00元

凡购买中国社会科学出版社图书，如有质量问题请与本社营销中心联系调换
电话：010-84083683
版权所有　侵权必究

刘　爽，1955年12月生于哈尔滨，历史学博士，研究员。曾任黑龙江省社会科学院副院长，现为黑龙江省社会科学院东北亚战略研究院首席专家、黑龙江大学中俄全面战略协作省部共建协同创新中心首席专家，硕士研究生导师。国务院政府特殊津贴专家，省级领军人才梯队（世界史）带头人，黑龙江省文化名家。主要研究方向为俄国（苏联）史、史学理论、当代中俄关系等。多次承担国家社科基金项目，出版《唯物史观与历史研究》《哈尔滨俄侨史》（合著）、《苏联解体的史学阐释》《哈尔滨犹太侨民史》《黑龙江屯垦史》（第二卷）等学术著作多部；在《马克思主义研究》《世界历史》《史学理论研究》《俄罗斯东欧中亚研究》《欧亚经济》《国外社会科学》等期刊发表论文近百篇。多次获得黑龙江省社会科学优秀科研成果奖。

内容简介

苏联解体后，俄罗斯国家经济社会转型困难重重、举步维艰，俄罗斯史学也经历了一个跌宕起伏、急剧变化的过程。本书以唯物史观为指导，客观分析了当代俄罗斯史学发展变化的深刻的历史与现实原因，对近 30 年俄罗斯史学在困境中前行、在曲折中发展的复杂过程进行了全方位考察，对于国内学界了解俄罗斯史学发生的明显变化、研判其未来走向具有积极意义。特别是俄罗斯史学界对一些重大历史事件和历史人物的重新评价，对于我国世界史学科的建设具有参考价值。

中国历史研究院学术出版
编委会

主　　任　高　翔
副 主 任　李国强
委　　员　（按姓氏笔画排列）
　　　　　卜宪群　王建朗　王震中　邢广程　余新华
　　　　　汪朝光　张　生　陈春声　陈星灿　武　力
　　　　　夏春涛　晁福林　钱乘旦　黄一兵　黄兴涛

中国历史研究院学术出版资助项目
出版说明

为了贯彻落实习近平总书记致中国社会科学院中国历史研究院成立贺信精神，切实履行好统筹指导全国史学研究的职责，中国历史研究院设立"学术出版资助项目"，面向全国史学界，每年遴选资助出版坚持历史唯物主义立场、观点、方法，系统研究中国历史和文化，深刻把握人类发展历史规律的高质量史学类学术成果。入选成果经过了同行专家严格评审，能够展现当前我国史学相关领域最新研究进展，体现我国史学研究的学术水平。

中国历史研究院愿与全国史学工作者共同努力，把"中国历史研究院学术出版资助项目"打造成为中国史学学术成果出版的高端平台；在传承、弘扬中国优秀史学传统的基础上，加快构建具有中国特色的历史学学科体系、学术体系、话语体系，推动新时代中国史学繁荣发展，为实现"两个一百年"奋斗目标、实现中华民族伟大复兴的中国梦贡献史学智慧。

中国历史研究院
2020 年 3 月

序

刘爽研究员的专著《苏联解体的史学阐释》（2009）、《唯物史观与历史研究》（2015）相继问世后，现在又有一部力作呈现在人们面前，即将由中国社会科学出版社出版。这就是国家社会科学基金项目的最终成果《当代俄罗斯史学研究》。笔者作为他在中国社会科学院研究生院攻读博士学位时的指导教师和同行，有幸先睹为快，这令我十分兴奋，同时也十分欣慰。

刘爽无论作为研究员，还是"双肩挑"出任黑龙江省社会科学院副院长，还是退居二线继续担任首席专家，他始终视学术为生命，只管耕耘，不问收获。在刘爽看来，铁肩担道义，文章千古事，乃做学问之根本。他把平凡的工作，自觉地与繁荣中国历史科学、构建中国马克思主义史学恢宏大厦联系在一起，《当代俄罗斯史学研究》就是他奉献的又一最新成果。

2016年，习近平总书记在哲学社会科学工作座谈会上提出"要按照立足中国、借鉴国外、挖掘历史、把握当代、关怀人类、面向未来的思路，着力构建中国特色哲学社会科学"，有力地推动了外国史学史研究，一时硕果累累。但美中不足的是，这些成果多偏重于西欧北美英语国家，不仅亚非拉美地区或国家的研究，即使对中国最大的邻国、史学大国俄罗斯的史学史研究，也属凤毛麟角，刘爽研究员的《当代俄罗斯史学研究》，则在一定程度上弥补了这方面的不足。我以为，学界与我有同感的可能还有不少同仁，相信随着时间的流逝,这部著作的意义和价值会愈加清晰地显现出来。

《当代俄罗斯史学研究》,其研究客体,顾名思义以苏联解体前后的历史学为主,表现出俄罗斯史学鲜明的"当代性"和现代意义,具体包括戈尔巴乔夫改革与意识形态变化、社会动荡与历史学转型、社会转型与史学的担当、普京强国战略与俄罗斯新史学的建构、21世纪俄罗斯史学的新进展、新世纪历史学使命的复归,以及走向未来的俄罗斯史学等。

作者在阐释"当代"俄罗斯史学时,不仅表现出坚实的马克思主义理论基础,而且表现出史学家良好的职业素养,如通过"历史的回声:俄国传统史学解构、苏联时期的史学发展",建立起当代俄罗斯史学的历史与现实的联系,使诸多研究结论不是无本之木、无水之源,均建立在历史的实证研究的基础上。这就使人们不难理解"苏联解体后,俄罗斯史学在复杂的社会转型中艰难前行。国力的日渐衰微和人民生活的急剧下滑,催促着历史学家深入思考祖国的过去和未来,普京的'俄罗斯新思想'要求学者为强国战略提供历史借鉴和理论支撑。一批严肃的历史学家矢志不渝,砥砺前行,探索历史发展规律,直面社会矛盾问题,为构建当代俄罗斯新史学而不懈努力"。这成为这部著作致力于讨论的主题之一。

《当代俄罗斯史学研究》不是一般意义上的史学史著作,这一研究除涉及史料学和目录学的必要内容外,更重视当代俄罗斯史学发展的社会历史原因,重视史学思潮与社会思潮的规律性联系。在分析一些重要的史学著作和重大史学思潮时,更重视对作为历史认识主体的史学家的分析,使人们认识到史学著作和史学思潮背后所蕴含的更丰富、更深刻的社会历史内容。这是这部著作的特点和优点,也是刘爽以往诸多史学理论著作共同的特点和优点。

中俄两国文化交流历史,至少可以追溯到17世纪。在21世纪的今天,重视包括历史学在内的中俄两国的文化交流,仍具有重要的现实意义。中国人民无论为实现伟大民族复兴中国梦努力奋斗、还是努力推动构建人类命运共同体,都需要汲取中外历史的智慧。

中俄互为最大邻国,俄国十月革命和苏联社会主义实践对中国产生过重要影响。就历史研究而言,新中国成立初期"一边倒"的基本国家政策,决定了加强研究苏联史学成果,翻译出版苏联史学著作,系统介绍苏联史学理论与方法。光阴荏苒,半个多世纪过去了,虽时过境迁,但历史终究不会消失得无影无踪,历史的教训和启迪都不会被遗忘,深入研究当代俄罗斯史学的意义不言自明。

祝愿刘爽研究员有更多更优秀的成果问世!

是为序。

于 沛

2020 年 5 月 22 日

目　　录

绪　言 ……………………………………………………………（1）

第一章　历史的回声：俄苏史学评述 ……………………………（8）
　第一节　俄国传统史学解构 ……………………………………（8）
　　一　10—17 世纪的俄国史学 …………………………………（9）
　　二　社会大变革时期的俄国史学 ……………………………（15）
　　三　克柳切夫斯基的史学思想及成就 ………………………（19）
　　四　马克思主义史学传入俄国及其影响 ……………………（23）
　第二节　苏联时期的史学发展 …………………………………（27）
　　一　十月革命前后的俄苏史学 ………………………………（27）
　　二　斯大林模式与苏联史学 …………………………………（33）
　　三　苏共二十大与历史学转型 ………………………………（39）
　第三节　20 世纪下半叶的苏联史学及其评价 …………………（42）
　　一　赫鲁晓夫之后的苏联史学 ………………………………（42）
　　二　苏联史学的进展与成就 …………………………………（47）
　　三　苏联史学的教条主义和形而上学问题评析 ……………（53）

第二章　苏联解体前后的历史学 …………………………………（57）
　第一节　戈尔巴乔夫改革与意识形态转型 ……………………（57）
　　一　苏联改革道路的选择 ……………………………………（57）

二　《改革与新思维》及其政治导向 …………………………（62）
　　三　意识形态转型与"史学危机" ……………………………（68）
第二节　"历史虚无主义"的实质及其作用 …………………………（72）
　　一　"历史虚无主义"：自我否定的历史观 …………………（72）
　　二　"否定祖国历史"与国家认同的否定 ……………………（75）
　　三　"多元化"与苏联多民族国家的解体 ……………………（78）
第三节　意识形态之战与苏联解体的外在因素 ………………………（83）
　　一　"冷战"时期的意识形态之战 ……………………………（83）
　　二　从历史学入手的"信息心理战" …………………………（87）
　　三　苏共意识形态的崩溃与苏联解体 …………………………（91）

第三章　社会动荡与历史学转型 ……………………………………（95）
　第一节　社会转型步履维艰 …………………………………………（95）
　　一　"休克疗法"与俄罗斯的政治经济转轨 …………………（95）
　　二　西方的胜利与俄罗斯的衰落 ……………………………（100）
　　三　社会大动荡与大分化 ……………………………………（103）
　第二节　苏联解体后的史学剧变 ……………………………………（107）
　　一　社会动荡与转型中的历史学 ……………………………（107）
　　二　社会分裂背景下的史学思潮 ……………………………（111）
　　三　历史教科书编撰的尴尬 …………………………………（115）
　第三节　社会转型与过渡时期的历史学 ……………………………（117）
　　一　历史档案的破坏与保护 …………………………………（117）
　　二　档案研究与史料学的新进展 ……………………………（119）
　　三　出版俄苏不同时期及国外史学著作 ……………………（122）

第四章　社会转型与史学的担当 ……………………………………（128）
　第一节　困境中前行的俄罗斯史学 …………………………………（128）
　　一　社会震荡对史学研究的影响 ……………………………（128）
　　二　史学理论与观念的嬗变 …………………………………（131）

三　社会史研究取得新进展 …………………………………（135）
　　四　戈留什金的西伯利亚史研究 …………………………（139）
第二节　新史学建构与转型时期的历史教科书 ……………（143）
　　一　90年代末的史学转型与新史学建构 ………………（143）
　　二　当代俄罗斯计量史学的发展 …………………………（145）
　　三　历史学转型与新史学的起步 …………………………（149）
　　四　社会转型时期的历史教科书 …………………………（151）
第三节　承前启后：萨哈罗夫史学评析 ………………………（153）
　　一　萨哈罗夫及其主要学术成就 …………………………（153）
　　二　《俄罗斯历史学家：17—20世纪初》评述 ………（155）
　　三　3卷本《俄罗斯史》与新史学建构 …………………（157）

第五章　米罗诺夫及其俄国社会史研究 ……………………（164）
第一节　米罗诺夫学术历程及《俄国社会史》的写作 ……（164）
　　一　米罗诺夫的成长及其学术历程 ………………………（164）
　　二　《俄国社会史》的创作背景、构思与写作 …………（166）
　　三　《俄国社会史》的基本框架及地理环境理论 ………（168）
第二节　《俄国社会史》的基本内容及主要观点 ……………（172）
　　一　俄国社会结构、等级制度与人口问题 ………………（172）
　　二　家庭关系、城市和农村的现代化与农奴制的兴衰 …（175）
　　三　公社与社会：两种俄国社会组织 ……………………（181）
　　四　法制国家、公民社会与俄国的现代化进程 …………（184）
第三节　《俄国社会史》的学术价值及其争议 ………………（187）
　　一　《俄国社会史》的成就与创新 ………………………（187）
　　二　关于《俄国社会史》的不同观点及其争议 …………（191）
　　三　关于俄国现代化进程的思考 …………………………（195）

第六章　强国战略与俄罗斯史学新变化 ……………………（200）
第一节　国家衰落与普京的强国战略 …………………………（200）

一　社会动荡与国家的衰落 …………………………………（200）
　　二　"俄罗斯新思想"中的强国理念 ………………………（205）
　　三　普京的"威权主义"与"主权民主" ……………………（211）
　第二节　普京强国战略与俄罗斯史学转向 ……………………（216）
　　一　尊重历史与普京的爱国主义情怀 ……………………（216）
　　二　大国悲剧：普京论苏联解体的后果 …………………（219）
　　三　爱国主义与俄罗斯史学的责任与担当 ………………（222）
　第三节　世纪之交的新编历史教科书 …………………………（224）
　　一　新编历史教科书的社会背景 …………………………（225）
　　二　新编历史教科书的变化及特点 ………………………（228）
　　三　关于新编历史教科书的基本评价 ……………………（233）

第七章　21世纪俄罗斯史学的新进展 ……………………………（238）
　第一节　尊重历史与"俄罗斯历史年"活动 …………………（238）
　　一　俄罗斯民族性中的历史文化情结 ……………………（238）
　　二　"俄罗斯历史年"的缘起 ……………………………（239）
　　三　"俄罗斯历史年"的主要活动 ………………………（241）
　　四　"俄罗斯历史年"的意义和影响 ……………………（242）
　第二节　关于重评斯大林的思考 ………………………………（244）
　　一　重评斯大林：一个无法回避的话题 …………………（244）
　　二　对斯大林评价的明显变化 ……………………………（246）
　　三　斯大林回归现象评析 …………………………………（252）
　第三节　《帝俄时代生活史》：俄国现代化的历史
　　　　　人类学解读 …………………………………………（258）
　　一　《帝俄时代生活史》的写作意图及模型方法 ………（258）
　　二　历史人体测量学所反映的俄国现代化水平 …………（261）
　　三　现代化进程与俄国革命的悖论 ………………………（264）
　　四　关于"公关活动"等重要观点的评析 ………………（267）
　第四节　社会史新领域：新时期的侨民史研究 ………………（271）

一　移民与侨民史：社会史的新热点 …………………………（271）
　二　俄罗斯国内外的俄侨历史研究 ………………………………（273）
　三　旅俄华人及侨民历史研究取得新进展 ………………………（277）

第八章　面向新世纪：历史学使命的复归 …………………………（281）
第一节　意识形态变化与新史学评析 ………………………………（281）
　一　20年大众意识演变：史学变化的社会因素 …………………（281）
　二　从大众问卷看俄罗斯的意识形态变化 ………………………（287）
　三　《近25年俄罗斯的史学研究》：新视角与
　　　新观点 ……………………………………………………………（294）
第二节　统一版历史教科书的编写及其意义 ………………………（302）
　一　统一版历史教科书的酝酿及启动 ……………………………（302）
　二　统一版历史教科书编写工作的实施 …………………………（304）
　三　关于统一版历史教科书的简要评析 …………………………（307）
第三节　总体史视域下的俄国大革命 ………………………………（314）
　一　统一版《俄国史》教科书阐述的"俄国
　　　大革命" …………………………………………………………（314）
　二　总体史与长时段视域下的俄国大革命 ………………………（318）
　三　俄国大革命概念的理论与现实意义 …………………………（320）
第四节　面向未来：21世纪俄罗斯史学展望 ………………………（322）
　一　全球化背景下史学理论与方法论的新进展 …………………（322）
　二　历史研究的视角和领域进一步拓宽 …………………………（326）
　三　面向未来的俄罗斯历史学 ……………………………………（328）

参考文献 ………………………………………………………………（333）

后　记 …………………………………………………………………（346）

绪　　言

苏联解体后，伴随着国家政治经济的剧烈震荡和急剧变化，作为意识形态重要领域的历史学亦发生了重大转变。由于社会制度、经济体制与核心价值体系的根本改变，致使俄罗斯的改革与转型过程异常艰难复杂。俄罗斯史学在急剧的社会转型中波诡云谲、徘徊不定，各种思想流派激烈交锋，历史虚无主义甚嚣尘上，苏联历史被基本否定。在经济衰退和社会紊乱的严重影响下，大国地位的沦落和人民生活水平的急剧下滑，特别是世界地缘政治改变对国家安全带来的严峻挑战，使部分历史学家开始理性思考祖国的过去、现实和未来。

21世纪初，普京登上俄罗斯政治舞台后，面对不断衰败并有可能继续分裂的国家，提出了以强国战略为目标的"俄罗斯新思想"。他在一系列讲话中，明确要求历史学家要为俄罗斯的复兴提供历史借鉴和理论支撑，要求重新评价被歪曲和诋毁的祖国历史。此后，俄罗斯史学逐渐走出低谷，进入了一个新的发展时期。一批严肃的历史学家以对祖国未来的深刻忧虑，肩负学者的使命和责任，探索历史规律，直面社会问题，为构建当代俄罗斯新史学而不懈努力。正如恩格斯曾说过的："我们根本没有想到要怀疑或轻视'历史的启示'，历史就是我们的一切，我们比其他任何一个先前的哲学学派，甚至比黑格尔都更加重视历史。"① 对近30年俄罗斯史学发展状况进行深入研究，不仅可以了解俄罗斯学者对历史事件和人物评价的变化，摸清大动荡大变革时代俄罗斯史学的发展脉络，也可以通过对俄罗斯史学急剧变化的复杂性认识，分析当代俄罗斯史学发展的主要趋势，把握俄罗斯国家转型时期意识形态变化的规律与特点。

俄国十月革命的胜利有力推进了马克思列宁主义在中国的传播，中国共产党的建立，以及共产党所领导的中国人民革命斗争和社会主义建设事业，在许多方面借鉴了苏联的经验，苏联史学对中国现当代历史科学的发展亦产生了较大影响。因此，深入研究当代俄罗斯史学的发展变化，对于把握当代世界历史科学发展趋势，坚持中国马克思主义史学的主流方向，促进新时代中国特色历史科学的创新发展，通过"深刻把握人类发展历史规律，在对历史的深入思考中汲取智慧、走向未来"②，具有重要的理论价值和现实意义。

本书研究的主要内容和基本观点主要有以下几方面。

第一，坚持历史唯物主义的立场、观点、方法，对俄国史学的源起及发展进行简要的回顾与评析。总结早期俄国传统史学的发展过程及嬗变特点，对植根于传统史学的文化理念或俄罗斯因素及其构成进行剖析和解读。19世纪下半叶，马克思主义在欧洲的传播和国际共产主义运动的兴起很快影响到俄国，马克思和恩格斯与俄国民主革命家围绕俄国社会发展道路展开的讨论，促进了马克思主义在俄国的传播。列宁对马克思主义的科学世界观和方法论的阐释论述、继承发展，成为俄国马克思主义史学建构的理论基础，对后来的苏联史学产生了重要的理论指导作用。通过对苏联70年的史学发展进行系统的阐述与回顾，对苏联史学取得的成就与问题进行了客观总结，认为苏联几代历史学家辛勤劳动所取得的学术成就，是20

---

① 《马克思恩格斯全集》第3卷，人民出版社2002年版，第520页。
② 习近平：《致中国社会科学院中国历史研究院成立的贺信》，《人民日报》2019年1月2日。

世纪世界历史科学的宝贵财富，也是俄罗斯史学发展的重要组成部分。尽管其中存在着教条主义束缚和形而上学倾向，存在着阶级斗争决定论和机械唯物论等问题，但还是应该以科学的态度去鉴别和判断，不能因为苏联的解体而全盘否定或全部抹杀。

第二，苏联解体与国家转型是当代俄罗斯史学发展的社会背景与话语前提，因此必须运用唯物史观对这一复杂过程做出科学把握和价值判断。戈尔巴乔夫上台后，面对国家行政体制的僵化和经济增长的迟缓，采取了一系列改革措施。但是由于经济改革多方掣肘、困难重重，使他转而从政治改革入手，并在《改革与新思维》一书中提出，用思想观念上的"民主化"和"公开性"推进改革。然而，这种迎合西方意图、符合自由派要求的政治转向，严重削弱了党的领导，使改革的性质发生了根本改变，引发了意识形态混乱。他所提出的"填补历史空白点"和"重评历史"被激进派所利用，通过鼓吹历史虚无主义，进而发展成对苏联史学和苏共执政历史的全盘否定。在"史学危机"和意识形态多元化导致的思想混乱和社会动荡中，人们对祖国的历史充满怀疑，国家和民族的精神支柱被严重动摇，形成了苏共垮台重要的意识形态原因。苏联解体后，"冷战"结束导致世界地缘政治发生巨大变化，在西方的不断打压下，俄罗斯的社会转型目标混乱，多党政治矛盾重重，经济衰退、民不聊生，国家整体上的大倒退，使俄罗斯各领域的学者开始逐渐认识到"欲灭人之国，必先去其史"的严重后果。

第三，在叶利钦执政的 8 年间，尽管俄罗斯的民主政治和市场经济体制初步建立，但是国家为之付出了沉重代价，经济低迷和社会混乱的局面始终未得到明显改善。与此同时，历史学也从混乱无序开始向理性思考转折。原有的学术禁区和理论束缚被打破后，学术环境变得自由宽松，史学观念的多元化逐渐形成，俄国传统史学再次受到重视。随着历史档案的解密和开放，使许多历史悬疑问题研究得到突破。通过引进当代西方史学流派的理论和成果，将现代科技手段应用于史学研究实践，俄罗斯史学在理论与方法上也出现了一定进展。在俄罗斯社会的急剧转型过程中，一些学者对西方国家利用"信息心理战"加速苏联解体，以及后来在俄罗斯周边出现的一系列"颜色革命"开始有了新的认识。对直接导致社会混乱、民族分裂的自由主义思潮表示质疑，并对"复辟史学"和"历史虚无主义"予以否定。一些史学家认为，应坚持历史唯物主义的科学精神和基本原则，科学理性地从总体上认识祖国历史。许多中青年史学家开始从整体上探索俄罗斯特殊的历史发展道路，推出了一系列史学新作，在一定程度上标志着俄罗斯新史学的滥觞。从总体上看，当代俄罗斯历史学已逐步摆脱各种困扰，以科学和开放的态度评析不同时代的史学成就，力求从中找出俄罗斯历史发展的内在规律和各种因素的相互作用机制。

第四，在当代俄罗斯史学发展中，米罗诺夫的俄国社会史研究引人注目。他先后出版的《俄国社会史》和《帝俄时代生活史》代表了当代俄国社会史研究的领先水平，对这两部著作在理论与方法方面的创新，以及一些重要观点的学术价值应予肯定。但是，作为自由派倾向的史学家，米罗诺夫在理论和逻辑上也存在一定缺陷。他通过对俄国现代化进程的社会史研究，得出了这样的结论，即认为如果没有十月革命，俄国将走上资本主义的正常发展轨道，是革命断送了俄国的现代化进程。这种观点的要害在于淡化或回避了19世纪末20世纪初俄国社会的尖锐矛盾，以及各种危机叠加的深层社会原因，而是用民主、法制、公民社会的一般西方国家发展过程，解释俄国社会发展的特殊规定性及其走向。这种历史叙述和历史结论上的相互矛盾和双重解释，反映了当代俄罗斯史学界较为突出的理论模糊和非决定论倾向。

第五，世纪之交，普京临危受命入主克里姆林宫。上任伊始，普京面对错综复杂的国内外形势，提出了振兴俄罗斯的战略目标。为唤醒俄国历史上长期形成的民族传统与文化精神，激发人们对集体主义和对强大国家的依赖情结，必须重构俄罗斯的意识形态体系。在这种情况下，深入研究俄罗斯历史，从历史中寻找复兴祖国的精神力量，就具有了重要的现实意义。强化国家权威，成为普京"俄罗斯新思想"的重要组成部分。普京认为，强国理念的核心就是爱国主义，其根本要求就是要尊重祖国历史。根据这一思想，教育管理部门对教科书的编撰作出具体规定，对以往歪曲或贬损祖国历史的做法予以坚决纠正。为强调尊重祖国历史，俄政府在2012年开展了"俄罗斯历史年"活动，通过在全国掀起了解历史、学习历史和研究历史的热潮，极大增强了民众的爱国主义意识。

第六，根据普京关于编撰统一版历史教科书的要求，俄罗斯联邦政府组建了由俄罗斯科学院、俄罗斯科学和教育部、俄罗斯历史协会等机构专家组成的修改历史教科书工作委员会，由俄著名历史学家、俄罗斯科学院世界历史研究所所长丘巴里扬院士担任该委员会的学术领导。2015年6月，俄罗斯科学和教育部通过了报送审查的由俄罗斯教育出版社和大鸨出版社编写的《祖国历史》教科书。新编统一版历史教科书体现客观评价历史、恢复大国地位的基本要求；强调史学观念与方法论上的创新；运用整体史方法分析复杂的历史进程，将苏联史作为俄罗斯历史的一部分，强调爱国主义原则，将十月革命放在长时段去考察，提出了俄国大革命的概念；将历史与现实相结合以"通古今之变"；在整体史视域下客观评判影响社会发展的体制及个人因素。同时，新编历史教科书也强调，对第二次世界大战结束以后已经做出定论的历史，进行任何的篡改和歪曲都可能破坏和平与发展的国际环境。从一定意义来看，统一版新编历史教科书已经成为当代俄罗斯历史教学的基本依据和理论范型。

第七，近年来，随着俄罗斯社会转型的困难和人们对恢复大国地位的渴望，对斯大林的评价出现明显变化。主要包括：无根据的指责和恶意的谩骂减少了，更多的是理性的反思和客观的评价，即认为尽管斯大林犯了许多严重错误，但是他毕竟代表了一个时代，在他的领导下，社会主义苏联不断强大并取得第二次世界大战的胜利；从长时段和俄罗斯的现代化进程评价斯大林的历史地位和历史功绩，认为全盘否定斯大林意味着对苏联历史的全盘否定。同时，对斯大林严重错误的理性分析与批判中,逐渐形成一些基本共识。然而,当代俄罗斯史家在重评斯大林时,往往出现明显的去政治化倾向,即剔除了斯大林运用历史唯物主义指导俄国革命的理论探索与社会实践,抹去了斯大林领导苏联人民进行社会主义建设的基本性质,将苏联与沙俄帝国、将斯大林与帝国统治者相提并论,不仅显露了当代部分俄罗斯史学家的自相矛盾和双重标准问题,由于抽取了革命内涵的非政治化倾向,也在某种程度上反映了与恢复强国地位和强人政治密切相关的政治诉求。

第八,从苏联解体至今的近30年,历史学的地位和作用、价值和功能逐步受到重视,尽管俄经济长期不景气,但各种历史类书籍的出版数量却几乎没有下降。其中,由根纳季·波尔久戈夫主编的《近25年俄罗斯的史学研究》收录了近40位俄罗斯学者撰写的论文、综述、述评等,对纷繁复杂的史学现象进行了客观评价,对重要的历史事件和历史人物进行了重新评析,对当代俄罗斯史学发展的基本趋势进行了分析,涉及俄罗斯近现代史研究的全部重要领域,包括新史料的发掘与认定、影视史学、历史人类学、档案的现代化处理,以及对一些重大历史问题和人物的重新评价等。总体来看,尽管转型社会的政治经济因素对历史科学的影响依然存在,但是,多数史学家围绕历史的经验与教训、民族的传统与精神等方面进行艰苦探索,已将俄罗斯史学从总体上推向一个新的发展时期,并成为影响整个社会统一和团结的重要意识形态基础。

今天的俄罗斯在国家转型过程中,在强国的道路上虽然有所进展,但是受到内部体制转轨困难和外部形势复杂化的影响,经济发展速度仍然缓慢,改革的任务远远没有完成。变革的时代呼唤着历史的向导,前进的道路需要借鉴历史的经验。这就对历史科学的创新发展提出了更高要求,需要历史学在关注现实、总结经验、揭示规律的实践中不断前行,由此确立了俄罗斯史学发展的新方向。

习近平同志指出:"当今世界是一个开放的世界,当代中国的发展同世界的发展紧密地联系在一起。无论是处理国内改革发展稳定的问题,还是处理对外开放中的问题,我们都应该放眼世界,具有宽阔的眼光。只有既从现实又从历史两个方面更好地了解外部世界,才能把我们的各项工作包括对外工作做得更好。"① 因此,了解我们的重要邻国俄罗斯,了解当代俄罗斯的史学变化,是了解外部世界的重要方面,这便是本书写作的宗旨和出发点,亦希望抛砖引玉,推动当代俄罗斯史学研究的进一步发展。

---

① 习近平:《在中央党校 2011 年秋季学期开学典礼上的讲话》,《人民日报》2011 年 9 月 2 日。

第 一 章
历史的回声：俄苏史学评述

第一节 俄国传统史学解构

历史长河连接着过去、今天与明天，历史学则是这条长河中人类记忆的丝带，它将一个个散乱的历史事件串联起来，形成具有内在逻辑和规律的链条，以传统影响着现实，以思想昭示着未来。史学史就是关于历史记忆或者研究这一特殊记忆规律的学问，或者说是对人们认识历史过程的解构。正如俄罗斯历史哲学家德·谢·利哈乔夫所说："理解俄罗斯历史，揭示俄罗斯的本质特点对于当代特别重要，因为当代发生过和正在发生的事件中的许多现象在一定程度上是由并且将由作为俄罗斯的因素决定。"[①] 对此，俄国历史学家克柳切夫斯基深刻地指出："个别民族在或多或少的程度上所运用的人类社会生活的成果，以及获得的文化或文明，并不仅是他们自己的活动的成果，而是一切有文化的民族共同的或是连续不断的努力

---

① [俄] 德·谢·利哈乔夫：《解读俄罗斯》，吴晓都等译，北京大学出版社2003年版，第15页。

所创造的。"① 于是,"在数千年的文化中,不管是已经过时的或是现在仍旧保存着的,一切都流传到我们现代,并且成为我们现代生活的一个构成部分,再通过我们传给我们的后代"②。所以,我们研究当代俄罗斯史学,必须客观地对具有悠久历史和丰厚内涵的俄国传统史学作出回顾、反思和评析,因为植根于传统史学的文化理念即俄罗斯因素,不仅是各个历史时期意识形态的基本构成,也长期影响着俄苏史学家的思维定式和价值判断,是我们研究当代俄罗斯史学的基础和依据。

一 10—17世纪的俄国史学

公元9世纪中叶,古罗斯国家留里克王朝建立,后因都城南迁而称为基辅罗斯。此后的一个多世纪,在古代东斯拉夫人文化的基础上,受瓦里亚格文化和拜占庭文化影响,独具特色的基辅罗斯文化逐渐形成。在这一多元融汇的文化体系中,对历史的记述占有重要位置,基辅和诺夫哥罗德的早期编年史成为古罗斯史学的萌芽。其中,把各种国内外散乱的文字及口述资料汇集起来并加以说明的《始初编年史》的出现,对俄国古代史学的形成具有特别重要的意义。

由于深受东西方文化和古代编年史的影响,在古罗斯"编纂历史是古代典籍家喜爱的工作。他们开始是刻板地摹仿拜占庭年代记的表面形式,但是很快就掌握了它的精神和概念,过了一段时期,就自己创立了历史叙述的某些特点,制定了自己的体裁,确立了坚强而严整的历史世界观,以及对历史事件的一致的评价,而且有时使自己的工作具有出色的艺术性,编纂历史在当时被认为是大有教

---

① [俄]瓦·奥·克柳切夫斯基:《俄国史教程》第1卷,张草纫等译,商务印书馆1992年版,第11页。

② [俄]瓦·奥·克柳切夫斯基:《俄国史教程》第1卷,张草纫等译,商务印书馆1992年版,第12页。

益的善事"。① 公元 10 世纪下半叶，随着东正教从拜占庭帝国传入基辅罗斯，不仅各公国普遍设有专人撰修官方编年史，一些寺院和修道院也都重视并逐年记载周围发生的重要事件。克柳切夫斯基通过深入研究认为，"编年史汇集中最重要的，是说明我国历史开端的那种思想：斯拉夫的统一思想。编者之所以从事这种人种志学，是想集合斯拉夫各族的所有部分，指出他们目前的国际地位，指出能把它们连接起来的环节"。② 因此，这种将不同时代和作者编纂的、散乱的年代纪，集中归纳为编年史的努力，在罗斯统一的过程中，对构建人们共同的思想意识起到了积极作用。

在莫斯科公国逐步强大并成为真正意义的国家以后，编年史有了更快的发展。一些主教和僧侣有计划地收集地方编年史家记载的各种事件，并在此基础上逐渐形成了较为完整而丰富的具有全国意义的编年史。在岁月的流逝中，许多编年史都失散了，流传下来的是一部被称作《始初编年史》的汇集，它是由《往年纪事》《弗拉基米尔时代罗斯受基督教洗礼的传说》和《基辅佩切尔斯基寺院编年史》三部编年史构成。在这些编年史中，编撰者关注的主要是王公贵族的政治和社会活动。教士积极参与编修历史，说明当时宗教与王权的关系十分密切。由于这些资料是"按照一定方法的加工，甚至经过批判性的挑选，并且用有指导性的历史思想加以说明，因此我们研究的已经不是一部普通的编年史，而是在科学上必须相当重视的学术著作。这里需要研究的不仅是原始的史料，而且还要研究甚至具有某种方法学的严整的观点"。③ 可以说，俄国早期的编年史无论是方法的使用还是史料的记载，都对后来的研究者具有重要

---

① ［俄］瓦·奥·克柳切夫斯基：《俄国史教程》第1卷，张草纫等译，商务印书馆1992年版，第68页。

② ［俄］瓦·奥·克柳切夫斯基：《俄国史教程》第1卷，张草纫等译，商务印书馆1992年版，第89页。

③ ［俄］瓦·奥·克柳切夫斯基：《俄国史教程》第1卷，张草纫等译，商务印书馆1992年版，第90页。

的影响和参考价值。

公元11—12世纪，随着古罗斯文字的演变和发展，编年史在国家政治和文化生活中所起的作用日渐增强。这一时期具有代表性的是《拉夫连季耶夫编年史》和《伊帕季耶夫编年史》，这两部编年史收集了各地的编年史和民间传说，并保存了大量的历史资料。在12—13世纪的编年史修撰过程中，早期的史学思想得到丰富和发展。但历史编修的主要内容仍然是各地王宫的政治斗争、外交谈判和相互关系等，编修人员主要是修道士、领主或王公的亲信，这就使史学的政治性和功能性作用得到加强。克柳切夫斯基认为，"尽管感情和利益有着分歧，尽管描写的事件喧嚣而混杂，但编年史的叙述并不是杂乱无章的：所有的事件，不管大小都是用同一个观点严整地铺叙的，编年史家就是用这个观点来观察世界的各种现象"。① 古代罗斯编年史家的观点和方法在以后漫长的历史时期影响深远，并逐步形成了俄罗斯传统史学的样式、风格和特点。

公元13世纪鞑靼蒙古入侵俄国，罗斯大部分地区被蒙古人所征服和统治。古罗斯文明受到东方游牧文化的直接冲击，同时蒙古的军事政治制度也部分地融入俄国文明，使俄国的社会和文化部分趋于东方化，并发挥了长久的作用。在蒙古人统治期间，除诺夫哥罗德未直接受到奴役而能够继续编撰编年史外，罗斯其他地区的编年史工作基本停止。各地的修编工作直到13世纪后期才逐渐恢复，并在14世纪开始繁荣起来，在梁赞、特维尔、斯摩棱斯克、罗斯托夫和诺夫哥罗德等各个重要的政治经济中心都有人在专修编年史。

14世纪初，正在崛起的莫斯科公国开始撰写自己的编年史，其中，教会发挥了重要作用。当时，"莫斯科大公为了进一步加强莫斯科公国的势力和提高其地位，他需要教会在各方面的帮助和支持，如教会可在政治上运用自己的宗教权力和宗教影响来迫使相邻公国

---

① [俄]瓦·奥·克柳切夫斯基：《俄国史教程》第1卷，张草纫等译，商务印书馆1992年版，第93页。

的王公们臣服于莫斯科公国；教会可在经济上利用自己的雄厚经济实力来帮助莫斯科公国发展经济；教会可在思想上为大公掌权大造社会舆论，宣传大公权力是神授的，因而是永恒的、神圣不可侵犯的。另外，教会也需要公国政权的支撑，以便加强教会的权力，进一步提高教会的地位，继续保住已有的大片土地和所奴役的农民"。① 正因为如此，迁往莫斯科的总主教作为罗斯东正教会的领导人同各地都有着密切的联系，于是在教会的领导和参与下，修史工作开始在更大的范围内进行。

1409 年，总主教基普里安主持编撰的大型编年史在莫斯科完成。这部编年史在《往事纪年》的基础上，收录了诺夫哥罗德、梁赞、特维尔等地区的编年史料，可以称为那个时代的全罗斯意义上的编年史。由于该书贯穿和彰显了罗斯历史过程统一的思想，因而又被视为罗斯编年史的里程碑。1418 年，总主教福季在莫斯科主持编撰了一部新的编年史。该书对基普里安编年史进行了较大修订，删去了罗斯各地区相互争斗和攻讦的内容，较全面地叙述了各公国统一于莫斯科大公政权的过程，突出了全罗斯实现联合的倾向，对于后来编修统一的编年史具有重要意义。俄国历史哲学家 С. Л. 弗兰克指出："在俄国，最初的国家政权不是从世俗化和与神权政治斗争的过程中成长起来的，而是产生于东正教信仰内部……"② 所以，在此后的长时期内，历史编纂与宗教一直保持着密切的关系，东正教的宗教观念和社会理想，作为历史观念的一部分，对俄罗斯的政治和社会生活，以及俄国史学传统的形成都产生了深远影响。

15 世纪时，随着罗斯对外交往的不断扩大，其编年史的范围也愈加宽泛，史料也更加翔实，除继续收录《往年纪事》和一些地方的编年史外，还收录了各种法律文件、教会规章、文学作品以及民

---

① 乐峰主编：《俄国宗教史》（上卷），社会科学文献出版社 2008 年版，第 94 页。

② ［俄］С. Л. 弗兰克：《俄国革命的宗教历史意义》，载 В. 索洛维约夫等《俄罗斯思想》，浙江人民出版社 2000 年版，第 302 页。

间传说等。由于罗斯编年史是从广泛的社会层面关注历史，使我们今天从深层结构研究历史成为可能。这一时期，罗斯同世界的交往和联系不断增加，人们需要更多地了解其他国家、地区和民族的历史，于是在罗斯出现了一些叙述世界历史的著作，如古希腊罗马史、古代东方各国史，以及包括罗斯历史在内的小型世界编年史——《罗斯年鉴》。通过与欧洲的频繁接触，俄国历史学家对古代和中世纪的西方史学有所了解。如塞尔维亚人帕霍米·洛戈费特于 1442 年编写的第一部罗斯年代纪，就利用了《叶林编年纪》等多种历史资料，在叙述历史事件和人物时，用比较完整的情节贯穿起来，具有较强的可读性，使人们不仅可以了解到罗斯的历史，也可以了解其他国家历史上的重要人物和事件。因此，开放性和社会性乃是当时罗斯史学的重要特征。

16 世纪俄国中央集权国家建立，有力地推动了各项文化事业的发展，历史著作的撰写进入了一个较快发展时期。16 世纪 40 年代编成的《沃斯克列先斯克编年史》以及《尼康编年史》，不仅收录了自罗斯立国以来保存的大量史料，还收入了一些传说和纪事。16 世纪 70 年代，由皇家组织编纂的《插图编年史》问世，其中各类插图达 1.6 万幅，这些反映当时社会、经济、政治、宗教、文化和日常生活的插图，以及由《圣书》（概论）、《年代记》（世界史）和《尼康编年史》（罗斯史）等构成的文字内容具有重要的历史研究价值。这些史书的一个重要特征就是推崇皇权，把罗斯国家的历史与世界历史相联系，为伊凡三世和伊凡四世建立统一的集权国家提供历史借鉴和理论依据。这一时期，俄国史家对不同时代和不同文字的史料进行了系统的整理和筛选，由丰富的历史资料和传说故事编撰的历史著作，对在普通百姓中推广历史知识，发挥其社会功能，促进民族自觉性的形成起到了积极作用。

17 世纪初，剧烈的社会动荡使更多的俄国人迫切希望了解本国历史，从罗斯国家的形成特征、族群分裂、外族入侵，以及民族与宗教的变化中寻找认识和解决现实问题的钥匙，由此推动了史学的进一步发展。为满足公众和社会的需求，这一时期编年体的撰写模式有所减少，而记事和政论体裁得以发展，突出了历史著作的写作目的和问题意识，研究范围也明显扩大。罗曼诺夫王朝建立后，大量官方关于"混乱时期"的历史文献问世。一些官方史家认为，专制制度是统治和对付农奴的重要力量，应在史书的撰述中努力为新政权寻找历史根据。然而，这也造成了对"混乱"与政治斗争过分关注，而忽略了对其深刻社会及历史原因的分析。

17世纪中叶以后，官方修史有所发展，俄国历史著作的范围和内容明显扩大，一些重要的历史事件成为历史著述的主要内容，如由萨瓦·叶西波夫编写的记述叶尔马克征服西伯利亚的《西伯利亚编年史》、17世纪60年代出现的《斯特罗干诺夫编年史》、90年代出现的列梅佐夫著《西伯利亚史》等，都保存了一些地方衙门的原始档案资料和当地居民的传说以及民族志资料等。这一时期，通过与欧洲国家的初步交往，俄国历史学家开始尝试采用欧洲各国的历史文献等外国资料，以深化和丰富对本国历史的研究。

综上所述，早期的俄国传统史学大致有以下特点：一是尽管罗斯国家的建立相对较晚，但历史编纂从最初就受到重视，与俄罗斯国家和民族的形成发展始终相伴，体现了社会对历史和文化的特殊需求；二是教会和教士是早期参与修史的主要力量，体现了俄国宗教势力在编修历史中的作用，以及早期的政教合一关系；三是不同教士和史家所撰修的年代纪汇集成编年史，成为官修历史的主要形式，体现了罗斯国家形成过程中王权意志和国家统一的需要；四是与世界文明古国相比，起步较晚的俄国史学，可以在汲取古代东西方史学成就基础上获得长足发展，具有博采众长、兼收并蓄的特征。这些特点从深层结构上影响了后来俄罗斯史学的发展。并且，作为官方意识的载体，俄国传统史学对后来各时代的经济、政治和社会发展也起到了精神引领作用。

二 社会大变革时期的俄国史学

17—18 世纪，是俄国社会大变革时期。在那个时代，地处东欧一隅的俄国与大部分欧洲国家相比，还是十分贫穷落后的。彼得一世登基后，决心学习西欧科学文化，革除传统陈规陋习，通过加强中央集权制，在经济、军事、文化和习俗等方面的改革，快速提升国家实力，努力提高俄国的国际地位。彼得一世在出国学习考察回来后，立即开始了自上而下的改革。除经济、社会、军事等领域的改革外，在文化方面也大胆革新，他创办了俄国第一份报纸，建立了俄国第一个博物馆、第一个公共图书馆、第一批剧院，并在去世前夕批准建立了俄罗斯科学院。在彼得改革过程中，历史研究也受到了高度重视，因为改革的复杂性和困难程度，使"俄罗斯历史的各种问题具有特别重要的意义。人们思考俄国形势的各种变化，因而产生研究国家历史的强烈愿望"[①]。在政府的大力支持下，史家们到修道院收集历史书籍和古代手稿，一批史学著作得以很快出版，历史研究的专业水平有了较大提高。其中，诺维科夫编撰的 20 卷本《古俄罗斯文库》，推动了当时俄国史学的发展。

彼得一世出于巩固和发展俄罗斯帝国的需要，指令史学家整理和吸纳历史经验，以强化封建贵族统治，因此这一时期的史学又被称为"贵族史学"。根据彼得一世的提议，由曼基耶夫主编了《俄罗斯历史的核心》和《北方战争史》。彼得一世在出国考察中，了解了欧洲历史编纂学的一些情况，在他的提议下，俄国史学家开始改变单纯的编年体的写作方法，出现了综合性叙述的通史及史论性著作。18 世纪俄国贵族史学家米·舍尔巴托夫所著 7 卷本《远古以来的俄国史》，作为此类通史体裁的代表作，着重论述了贵族管理国家的历史合理性，体现了贵族的利益和要求，奠定了俄国贵族史学的

---

① 苏联科学院历史研究所编：《俄国文化史纲》（从远古至 1917 年），张开等译，商务印书馆 1994 年版，第 204 页。

基础。贵族史学家伊·鲍尔金在《对俄国列夫列尔克城古代及现代史注释》中指出，俄国与西欧的历史发展具有共同性，在罗斯时代就存在着分封制。贵族史学家瓦·塔吉舍夫撰写了5卷本的《俄罗斯历史》，他在书中提出，研究俄罗斯历史的宗旨在于说明"专制政体对于我们国家的益处"，他以批判的态度分析和运用史料，对俄国传统史学的发展与完善具有积极意义。

18世纪末，俄国贵族历史学家米·卡拉姆津受政府的委托撰写俄国历史，其中运用了伊帕捷夫编年史及一些西方学者的研究成果，最终编纂出12卷本的《俄罗斯国家历史》，1816年至1829年陆续出版。卡拉姆津的史学思想充分体现了贵族的意志，他认为俄国历史发展的道路与西欧完全不同，俄国历史进程主要是由贵族起主导作用的，是一部专制国家的历史。他极力通过宣传和阐述国家专制思想，强调国家权力在俄国社会治理中的重要作用。英国历史学家乔治·皮博迪·古奇在《十九世纪历史学与历史学家》一书中，以一个西欧史学家的视角评析了卡拉姆津的史学思想。他说："卡拉姆津认为俄国是独立于并优越于西方国家的另一个世界，他赞扬专制原则而攻击立宪理论。他把俄罗斯早期的一些国王描写成专制统治者，而把那个使俄国人摆脱鞑靼统治的伊凡三世说成是理想的君主。他的书一直被称为专制政治的史诗。教会是王座的砥柱，信仰是国家的基本力量之一。"①

1725年，彼得一世在逝世前亲自批准成立了俄罗斯科学院，历史学科成为最初建立的几个重要学科之一。此后，俄罗斯科学院开始组织著名的历史学家进行史学研究，并将传统的官方史学纳入科学研究的轨道。叶卡捷琳娜二世时期的开明君主专制与法国启蒙思想的传播，对俄国史学的现代转型产生了积极作用。总之，18世纪俄国历史学的快速发展，反映出彼得一世改革至叶卡捷琳娜二世统

---

① [英]乔治·皮博迪·古奇：《十九世纪历史学与历史学家》（下册），耿淡如译，商务印书馆1989年版，第695页。

治的社会大变革时期，历史学发挥了难以替代的理论阐释与精神引领作用。

19世纪上半叶，俄国国内阶级矛盾激化，农民暴动频发，农奴制已经成为阻碍俄国经济社会发展的重要因素。以贵族青年军官为主体的十二月党人起义，把推翻专制制度作为其政治目标，表明俄国社会进入了一个从封建农奴制向资本主义转型的新的变革时期。

受西方启蒙运动的影响，"俄国文化的世俗性质越来越明显"。[①] 赫尔岑、别林斯基、彼得拉舍夫斯基、车尔尼雪夫斯基等早期思想家和革命家纷纷涌现，他们普遍提出要解放农奴，推翻沙皇专制制度。与此同时出现的自由主义派和斯拉夫派为维护沙皇制度，也主张缓和社会矛盾，要求进行有限度的变革。俄国各派思想家、理论家从不同的立场观点出发，提出了各种旨在改变国家现状、消弭社会矛盾的理论与观点，使历史转型时期的俄国社会思潮空前活跃，对沙皇着手农奴制改革产生了舆论推动作用。

1861年俄国农奴制改革后，农民摆脱了与地主的人身依附关系，在一定程度上获得了自由和解放，并得到了一部分土地。改革促进了雇佣劳动和商品货币关系的发展，使俄国开始走上了资本主义道路。然而，由于这次改革是以维护沙皇制度和农奴主利益为前提的，因此这种自上而下的改革自然具有很大的局限性，不仅未给广大农民带来理想的生活，也在许多方面影响了俄国资本主义的发展。在改革后的几十年中，尽管俄国部分地区和部分经济部门发展较快，但是在世界资本主义经济体系中仍然属于较落后的国家。农奴制改革的不彻底性又使资产阶级与沙皇专制主义、残存的农奴制融为一体，形成了具有俄国特点的帝国主义。这种军事封建帝国主义，对内剥削压榨包括俄罗斯族在内的各族人民，对外则表现出明显的侵略性和军事冒险性。由此导致的对外扩张，不仅引发了与周

---

① 苏联科学院历史研究所编：《俄国文化史纲》（从远古至1917年），张开等译，商务印书馆1994年版，第2页。

访国家的矛盾，也使民族的划分与归属进一步复杂化，民族间的矛盾日益加剧。在这样特定的历史条件下，新的生产关系建立十分困难，生产力的解放亦受到多重制约，造成了俄国现代化进程的举步维艰。

面对动荡不安、风云变幻的时代，历史学家们积极关注造成各种社会矛盾的历史与现实问题，并从不同的立场和视角，围绕社会结构、经济形态、历史规律、民族问题、文化传统、生活方式等进行了广泛研究和深刻思考，由此促进了俄国资产阶级史学的兴起。另外，发端于19世纪上半叶俄国文学艺术的黄金时代，也对俄国资产阶级史学产生了积极的推动作用。俄国农奴制改革前后，主要史学流派和史家群体如下：

（一）以C. M. 索洛维约夫为代表的国家学派。索洛维约夫作为俄国资产阶级历史编纂学的发起人，从1851年开始逐年出版了29卷本的《自远古以来的俄国史》。在这部巨著中，他用社会演变的观点解释历史，认为历史是具有内在规律的、有机的发展过程。他把"国家生存思想"作为解释俄国历史一般规律的出发点，认为俄国历史是从宗族关系向国家关系逐渐的和合乎规律的过渡，进而强调俄国君主制国家存在的合理性。他认为："俄国人是欧洲人，没有什么欧洲的东西对他们是陌生的。他强调彼得大帝的改革是必要的，并表明这项改革是怎样自然地从过去演变而来的。"[①] 索洛维约夫将社会、经济和文化因素考虑到史学研究范围内的主张，对当时俄国史学产生了较大影响。此后，奇切林和卡韦林等国家学派在俄国史和法国史等方面也出版了一系列重要成果，在19世纪的俄国史学中占有重要位置。

（二）以М. Н. 彼得罗夫、В. В. 鲍尔、В. И. 格里耶为代表的近代史学派。该学派重点是对世界史方面的研究，并主要是对欧洲

---

① ［英］乔治·皮博迪·古奇：《十九世纪历史学与历史学家》（下册），耿淡如译，商务印书馆1989年版，第696页。

的经济和社会问题予以关注。他们首次编写了系统的欧洲近代史教程，在欧洲改革运动、德国农民战争、法国大革命史等方面进行了深入研究。同时，他们在古埃及、古希腊、古罗马，以及世界中世纪史、意大利文艺复兴史等方面的研究也取得了较大进展。在俄国近现代史方面，彼得堡科学院院士 М. П. 布尔加科夫的 12 卷本《俄国教会史》，对教会的经济形态、东正教教义、教士与群众的关系等问题进行了深入探索。格拉多夫斯基的《俄国地方行政史》、谢密夫斯基的《十二月党人的政治和社会思想》、《叶卡捷琳娜二世时代的农民》等都具有一定的代表性。近代史学派把俄国作为欧洲的重要一员，将俄国历史放在欧洲历史的大背景下去研究颇为引人注目。

（三）以 Н. А. 波列伏依等为代表的资产阶级自由派。在国家派史学颇为盛行的时候，俄国资产阶级自由派史学异军突起，对以国家学派为代表的官方史学展开了批判。Н. А. 波列伏依在《俄罗斯民族史》中，对卡拉姆津的"专制制度在俄国应该像地主的权力那样牢不可破，国家的历史主要应是君主的历史"的观点予以批判。Н. И. 科斯马罗夫作为俄国小资产阶级史学派的代表人物，通过深入研究俄国各历史时期的经济与社会生活，认为封建专制是阻碍俄国社会发展的重要原因，表现了反对专制制度的倾向。还有一些著名的自由主义历史学家经历了十月革命前后两个时代，其研究领域和重要观点有一定的连续性。如俄国自由历史编纂学社会经济学派的代表 Д. М. 彼得鲁舍夫斯基对中世纪英国社会史、工商业发展史和宗教史的系统研究，Е. А. 科斯明斯基对 17 世纪英国资产阶级革命原因和过程的研究等，都在一定程度上反映了资产阶级自由派史学的基本诉求。

三 克柳切夫斯基的史学思想及成就

在 19 世纪俄国资产阶级自由派史学家中，历史编纂学的代表人物 В. О. 克柳切夫斯基的史学思想及取得的成就具有代表性。尽管囿于他所处的时代和阶层而被看作是资产阶级自由派史学家，但实际上他对俄国历史的阐述在观念和方法等方面已经具有了朴素唯物的倾向。乔治·皮博迪·古奇曾这样评价他："老一辈的历史家们被克柳切夫斯基代替了，他是俄国最大的历史家。"① 应该说这种"代替"绝非仅仅是新老史家的更替，主要应是指19世纪下半叶资本主义世界发生的新变化，近代科学对人与自然认识的大大推进，以及马克思主义诞生对历史科学领域产生的巨大影响。

克柳切夫斯基作为莫斯科大学著名的历史学教授，在其几十年的讲义基础上，经过加工整理形成了《俄国史教程》。与此同时，他又撰写了《俄国各阶层史》等其他著作，阐发了其新自由派史学的基本思想。他在《俄国史教程》中指出："历史"一是指时间的运动，指过程，二是指对这个过程的认识。历史作为一门独立的学科，作为科学知识中的一个专门部门，它的内容就是历史过程，即"人类的社会生活，和我们周围自然界的生活一样，也是世界生活中的一种现象，科学地认识这种现象，也象研究自然界的生活一样，是人类思维所不可或缺的。人类的社会生活表现在人类的各种不同形式的结合中，这些结合可以称作历史的主体，它们是经常在发生、成长、增多、合并和瓦解的，总之，是象自然界的有机体一样地产生、生长和死亡的。这些结合的发生、发展和交替，以及它们生活的一切条件和后果，就是我们所称的历史过程"。② 也就是说，历史过程作为自然世界的一部分，是极其丰富多彩的，而简单的政治史、军事史或少数英雄人物的历史，只是历史结合过程中的一种表现形式。

克柳切夫斯基提出了历史研究中的两个对象问题。即一是"积累起来的经验、知识、需要、习惯和生活福利，因为它们一方面改

---

① ［英］乔治·皮博迪·古奇：《十九世纪历史学与历史学家》（下册），耿淡如译，商务印书馆1989年版，第696页。

② ［俄］克柳切夫斯基：《俄国史教程》第1卷，张草纫等译，商务印书馆1992年版，第10页。

善个别人的个人生活,另一方面又确定和改进人们之间的社会关系;历史观察的另一个对象,是建立人类社会的历史力量的本质和作用,是形形色色的物质线索和精神线索的特性,借助这些线索使生命短促的、偶然来到人世的、各种性格的个人构成了数千年的坚固而稳定的社会"。① 同时,他提出了历史社会学的概念,"对社会结构、人类的各种组合,以及各个组织的发展和作用的历史研究,总而言之,对创造并指导人类共同生活的那种力量的特性和作用的研究,是历史学——研究社会的科学——的一个专门部门的任务,同时也可以把它从一般的历史研究中划分出来,另立为历史社会学"。② 克柳切夫斯基将历史过程所依赖的动力概括为社会历史的综合现象,是对历史学作为一门人文科学本质认识的重要进展,对此后俄罗斯史学的综合性发展做出了贡献。

克柳切夫斯基将历史研究对象划分为世界史和地区史,他认为:"社会生活在因果关系中逐步取得的成就,可以在有限的范围内,在一定的地区和年代中来观察。思想可以集中在生活的其他各个方面,深入研究人类社会本身的构成,深入研究生产各种现象的原因,也就是说,可以深入研究组成社会生活的历史力量的本质和作用。"从这一意义上说,"地区史的研究能为历史社会学提供最丰富的现成资料"。并且"有许多理由要求历史学家在研究地区史时主要站在社会学家的立场上"。③ 在这里克柳切夫斯基强调,社会学的研究方式对地区史这样较小范围是较为适宜的,或者说在国别史的研究中,历史社会学能够发挥更加特殊的作用。

克柳切夫斯基认为:"组成人类社会的结合体是千差万别的,那

---

① [俄] 克柳切夫斯基:《俄国史教程》第1卷,张草纫等译,商务印书馆1992年版,第10—11页。

② [俄] 克柳切夫斯基:《俄国史教程》第1卷,张草纫等译,商务印书馆1992年版,第11页。

③ [俄] 克柳切夫斯基:《俄国史教程》第1卷,张草纫等译,商务印书馆1992年版,第13页。

是由于各个地区和各个时期的社会生活的基本因素并不完全相同，是按不同形式结合起来的，这种不同形式的结合，也不仅是构成部分的数量和种类不同，不仅是人类各个结合体的复杂性不同，而且还有相同因素之间的不同比例……这种不同形式的根本原因在于各种历史力量的相互作用是变化无穷的，在这种不同形式中最重要的，是在各种结合和各种情况中的共同生活的因素表明了不同的特征和作用，在观察者面前展现出它们各方面的本质。"① 由此指出了，历史过程的秘密主要在于历史发展的内外条件所形成的形形色色、千变万化、成功或不成功的结合中，是某个民族在一个较长时间内在一定国家里形成的那种结合中，而这些结合就是历史社会学研究的主要对象。正如乔治·皮博迪·古奇所说："他不想在详述政治和战争方面同他的老师索洛维约夫较量短长，在很大程度上也忽略了外交；他擅长于叙述人民的社会和经济生活。"② 毫无疑问，克柳切夫斯基的史学思想对近现代历史学的转型和建构具有重要意义，因而至今仍然受到各国历史学家的高度重视，特别是对于重新理解俄国社会各阶层、各族群的历史仍然具有重要的参考价值。

恩格斯在论及这一时期俄国历史学领域所取得的成就时指出，俄国的历史和批评的学派"比德国和法国官方历史科学在这方面所创建的一切都要高明得多"。③ 这说明，尽管由于专制社会的政治因素，个别史学家曾被驱逐或流放，存在"沙皇统治下阴沉的蒙昧主义高压在历史研究之上，正象它压着民族生活的其他各个部门那样"的状况；但是，总的来看，19世纪的俄国史学与文学艺术一样，是在比以往较为开放和自由的环境下取得了令人瞩目的成就。这些成果不仅具有重要的学术价值，同时由于它力求观照国家与民族面临

---

① ［俄］克柳切夫斯基：《俄国史教程》第 1 卷，张草纫等译，商务印书馆 1992 年版，第 19 页。

② ［英］乔治·皮博迪·古奇：《十九世纪历史学与历史学家》（下册），耿淡如译，商务印书馆 1989 年版，第 696 页。

③ 《马克思恩格斯全集》第 36 卷，人民出版社 1975 年版，第 171 页。

的各种矛盾与问题，触及和融入现实生活，通过对历史的深入考察以解释错综复杂的社会现象，因而具有无可置疑的批判现实主义意义。

四　马克思主义史学传入俄国及其影响

19世纪上半叶，资本主义在欧洲迅速发展，并以扩大商品销售市场和原料市场为主要目标极力向世界各地进行殖民扩张。作为世界历史时代的肇始，早期的全球化使各国历史学家的思想观念与眼界视野都发生了巨大变化。在资本主义处于上升时期的欧洲，由于生产力还处于相对较低水平，生产资料私人占有与社会化大生产之间的矛盾还无法得到有效缓解，因而导致了西欧各国的社会冲突，劳资矛盾的升级造成工人运动此起彼伏。马克思主义经典作家通过深入研究资本主义的发展历程和内在矛盾，批判地吸收了德国古典哲学、英国古典政治经济学和法国空想社会主义的理论成果，创立了马克思主义。1848年2月，马克思、恩格斯发表了《共产党宣言》，作为科学社会主义的第一个纲领性文献，《共产党宣言》成为世界上第一个无产阶级政党——共产主义者同盟的纲领，标志着马克思主义的诞生。马克思主义经典作家指导无产阶级革命斗争实践的科学社会主义思想体系，其重要理论基础就是运用唯物史观探索客观历史规律，科学把握历史进程，从而使历史学变成了一门科学。

马克思主义在欧洲的传播和国际共产主义运动的兴起，很快波及和影响到正处于大变革时代的俄国。1861年的俄国农奴制改革，作为一次不可能触及沙皇专制及其根本利益的有限改革，具有明显的保守性。此后，俄国资本主义的快速发展与封建农奴制残余之间的相互矛盾与相互依赖复杂交错，使整个俄国社会进入了一个大变革、大转折和大动荡时期。"剧烈的变革产生了强烈的震撼，社会转型时期各种矛盾极为尖锐，不同社会力量严重冲突。一方面，新的资本主义关系对传统的宗法制关系构成有力冲击；另一方面，改革受到来自贵族地主的抵制，更受到来自社会下层以及自认为代表了农民利益的民粹派空想社会主义革命家的反抗。"① 在这一过程中，早已波澜涌动的社会思潮，又增加了新的成分———批民主革命家开始讨论西欧的革命运动，并希望从马克思主义经典作家的学说中找到俄国发展道路。正如2016年版俄教育出版社的《俄国史》所说："苏维埃文明的出现不仅是俄国社会深层矛盾的结果，也是应对漫长的19世纪即将结束时与世界文明危机相关的外部挑战的结果。"② 早期革命家在改变俄国社会的浪潮中，传播和学习马克思主义，促进了俄国马克思主义史学的形成。其中，"劳动解放社的成立标志着俄国马克思主义流派的形成，俄国社会民主工党的成立使社会主义工人运动进入了一个新阶段"。③ 实际上，马克思和恩格斯在大量的理论研究中，都将俄国视作欧洲和世界历史的重要组成部分，对俄国的历史与现实问题给予高度重视，并作出了科学的阐释和判断。他们对俄国社会结构特殊性的分析及其东方因素作用的思想使俄国革命者受到启发，他们与俄国民主革命家围绕俄国社会发展道路的讨论，不仅构成了马克思主义的重要组成部分，也促进了马克思主义在俄国的传播，并对俄国革命起到了理论指导作用。

在俄国第一个运用唯物史观研究和阐述历史的是早期著名革命活动家普列汉诺夫。他在长期的侨居国外生活中，深入研读经典作家著作，并与晚年的恩格斯有过直接交流，亲耳聆听了恩格斯对国际共产主义运动的看法。普列汉诺夫通过大量著述为介绍和宣传马克思主义、创建俄国马克思主义史学做出了重要贡献，他在《论一元论历史之发展观》和《论个人在历史上的作用》等著作中，运用历史唯物主义的基本观点和方法，围绕俄国解放斗争、俄国工人运动和俄国思想史等许多问题进行了具体分析和深入研究。他在《革

---

① 姚海：《俄国革命》，《苏联史》（第一卷），人民出版社2013年版，第36页。
② М. Горинов、А. А. Данилов、М. Ю. Моруков и др.：*История России*（*10Класс*）*Часть 3*，М. Просвещение，2016. 108с.
③ 姚海：《俄国革命》，《苏联史》（第一卷），人民出版社2013年版，第39页。

命运动中的俄国工人阶级》和《俄国社会思想史》等著作中，对俄国工人阶级的生活状态和思想状况进行了探讨，他的前期研究成为早期俄国马克思主义史学的重要成果。

在普列汉诺夫之后，列宁对马克思主义在俄国的传播起到了重要作用。他在一系列著作中，系统全面地阐述了唯物史观，是马克思主义历史科学的重要组成部分。他在《卡尔·马克思》一文中，对马克思的学说进行了深刻阐释，他说："发现唯物主义历史观，或者更确切地说，把唯物主义贯彻和推广运用于社会现象领域，消除了以往的历史理论的两个主要缺点。第一，以往的历史理论至多只是考察了人们历史活动的思想动机，而没有研究产生这些动机的原因，没有探索社会关系体系发展的客观规律性，没有把物质生产的发展程度看作这些关系的根源；第二，以往的理论从来忽视居民群众的活动，只有历史唯物主义才第一次使我们能以自然科学的精确性去研究群众生活的社会条件以及这些条件的变更。"① 在这里，列宁将历史规律、物质第一性和群众活动作为唯物史观区别于唯心史观的根本标志，从而揭示了唯物史观的科学性和本质特征。

在这一基础上，列宁进一步指出："马克思以前的'社会学'和历史学，至多是积累了零星收集来的未加分析的事实，描述了历史过程的个别方面。马克思主义则指出了对各种社会经济形态的产生、发展和衰落过程进行全面而周密的研究的途径，因为它考察了所有各种矛盾的趋向的总和，把这些趋向归结为可以准确测定的、社会各阶级的生活和生产条件，排除了选择某种'主导'思想或解释这种思想时的主观主义和武断态度，揭示了物质生产力的状况是所有一切思想和各种不同趋向的根源。人们自己创造自己的历史，但人们即群众的动机是由什么决定的，各种矛盾思想或意向间的冲突是由什么引起的，一切人类社会中所有这些冲突的总和是怎样的，构成人们全部历史活动基础的、客观的物质生活的生产条件是怎样

---

① 中央编译局编：《列宁专题文集（论马克思主义）》，人民出版社2009年版，第14页。

的，这些条件的发展规律是怎样的，——马克思对这一切都注意到了，并且指出了科学地研究历史这一极其复杂、充满矛盾而又是有规律的统一过程的途径。"① 列宁对马克思主义唯物史观的科学阐释，成为俄国马克思主义史学建构的理论基础，对于后来苏联史学的发展起到了重要指导作用。

列宁在马克思主义诞生半个多世纪以后，从世界社会主义运动和俄国革命的实践出发，对《共产党宣言》这部无产阶级革命的纲领性文献给予了高度评价。他说："这部著作以天才的透彻而鲜明的语言描述了新的世界观，即把社会生活领域也包括在内的彻底的唯物主义、作为最全面最深刻的发展学说的辩证法以及关于阶级斗争和共产主义新社会创造者无产阶级肩负的世界历史性的革命使命的理论。"② 同时，列宁在运用马克思主义理论制定俄国革命的策略时，强调要遵照恩格斯的观点，把马克思主义的历史理论"应用于本国的经济条件和政治条件"，③ 去探索俄国革命的发展道路。正是基于这种科学的理论探索，列宁在《俄国资本主义的发展》《农奴制崩溃50年》《帝国主义是资本主义发展的最高阶段》等著作中，通过对俄国历史的深入研究，阐述了俄国封建社会及资本主义的一系列重要问题，从而使他的理论建树大大超越了同时代其他各种流派的思想家和理论家。"列宁主义的诞生宣誓了马克思主义俄国化进程的开始"，④ 列宁思想为俄国革命道路的选择和十月革命的胜利奠定了理论基础，对20世纪的世界社会主义运动具有指导意义，是苏联马克思主义史学建构的重要基石。

---

① 中央编译局编：《列宁专题文集（论马克思主义）》，人民出版社2009年版，第14—15页。
② 中央编译局编：《列宁专题文集（论马克思主义）》，人民出版社2009年版，第5页。
③ [德] 恩格斯：《致维·伊·查苏利奇》，《马克思恩格斯选集》第4卷，第450页。
④ 姚海：《俄国革命》，《苏联史》（第1卷），人民出版社2013年版，第39页。

第二节　苏联时期的史学发展

一　十月革命前后的俄苏史学

对于1917年俄国革命爆发的原因，中国史学家姚海教授从长、中、短三个时段进行了概括。他认为，俄国历史长期的结构性问题即长期因素，"是俄国现代化进程中经济、社会、政治之间的结构失衡以及由此造成的系统性危机"。① 而中期因素，则是俄国第一次革命后出现的变化。由日俄战争引发的第一次俄国革命，"是俄国在资本主义道路上发展的结果，是资本主义文化与表现为农奴制残余的宗法制文化的激烈对抗形式……然而革命力量还未强大到足以彻底从根本上改造俄国的地步，因此最终的结局仍是沙皇政府在革命的压力下进行改革"。② 尽管如此，"社会与政权在国家政治生活层面上的冲突和对抗不断加剧，系统性危机在发展，新的革命形势在酝酿"。③ 短期因素主要是指第一次世界大战对俄国的影响。"大战激化了既有矛盾，在战争影响下发生的一系列事件把俄国引向了1917年革命。俄国在战争中的失利使沙皇政权的合法性依据逐渐流失……战争的苦难使工人、农民、少数民族的斗争此起彼伏、持续不断。到1917年，俄国又一次走到了历史的十字路口，面临发展道路的选择。而沙皇政权不能顺应时势主动改革，革命终于爆发。"④ 1917年的俄国二月革命，推翻了沙皇专制统治，使俄国的政治制度和社会形态发生了根本变化。在同年爆发的十月革命中，列宁领导布尔什维克党指挥工人和士兵推翻了克伦斯基的资产阶级临时政府，

---

① 姚海：《俄国革命》，《苏联史》（第1卷），人民出版社2013年版，第15页。
② 姚海：《俄国革命》，《苏联史》（第1卷），人民出版社2013年版，第40页。
③ 姚海：《俄国革命》，《苏联史》（第1卷），人民出版社2013年版，第15页。
④ 姚海：《俄国革命》，《苏联史》（第1卷），人民出版社2013年版，第15页。

建立了新生的苏维埃政权。一系列环环相扣并具有内在逻辑的历史事件，将革命年代的俄国推进到苏维埃社会主义时期。

此后的俄国史学进入了新的发展阶段。苏联百科全书这样描述到，十月革命的胜利开辟了世界史学发展的新阶段，其主要特征是："马克思主义历史科学的发展和巩固，它在苏联史学中成为唯一的统治流派，后在其他社会主义国家也是如此。"① 十月革命胜利和布尔什维克掌握政权，为马克思主义史学在苏维埃俄国的发展提供了十分有利的制度基础，历史学的意识形态功能从而得到进一步加强。

当然，马克思主义史学的建立，唯物史观与传统史学的冲突，跨越两个时代的史学家价值观念与思维定式的抵牾，都预示着新史学的建构是一个极其复杂的过程。面对苏维埃政权建立初期国内外的紧张形势和困难局面，历史研究的现实作用日益突出，布尔什维克党对史学研究工作予以重视，并作出如下部署：

（一）采取措施改造旧俄资产阶级知识分子。十月革命后，旧俄时代的史学家成为历史科研与教学机构的中间力量，尽管少数人逃往国外，但多数著名历史学家和科学院院士都留在了国内。显然，这些在旧制度下成长的知识分子一时还难以适应新政权对史学研究工作的要求，在思想观念上难以接受苏维埃国家的意识形态，但是布尔什维克党还是给他们中的多数人在原机构和部门安排适当工作，使他们在新的条件下能够继续从事教学与科研活动。例如，巴赫鲁申、塔尔列、格列科夫等旧俄时期的著名历史学家，通过理论学习也尝试运用唯物史观在原来的学术领域继续进行研究。实际上，这些学者在20—30年代出版的基础研究成果大多是开始于旧俄时代，是多年学术研究的积累，因此他们的科研活动对苏俄时期史学的传承和发展起到了重要作用。

（二）批判地吸收俄国传统史学及资产阶级史学的有益成果。十月革命后不久，列宁就指出，"马克思主义这一革命无产阶级的思想

---

① 《苏联历史百科全书》（俄文版）第6卷，苏联百科出版社1965年版，第476页。

体系赢得了世界历史性的意义，是因为它并没有抛弃资产阶级时代最宝贵的成就，相反地却吸收和改造了两千多年来人类思想和文化发展中一切有价值的东西"①。根据这一思想，一些行政领导和史学家认为，资产阶级文明是人类文化链条中的重要一环，具有历史和文化的继承性和连续性，应该吸收传统史学和资产阶级史学中有价值的东西，构建具有俄罗斯特色、与社会主义意识形态相适应的新史学。

（三）恢复和重建历史教学与科研部门成为苏俄文化建设的重要内容。十月革命后，在俄国科学院历史研究所的基础上，又逐步设立了多个分支学科的历史研究机构，到30年代以后又建立了苏联科学院西伯利亚分院和远东分院下属的历史研究所。旧俄时代大学里的历史科系全部保留下来，在新建的综合性和师范类院校中，历史系是不可缺少的。从中央到地方设立的庞大的历史学科研与教学机构世所罕见，其特点是投资巨大、人员充实、资料丰富、师资完备。从普通教育来看，从小学至大学的全部教育过程，都有历史课程的安排，历史是各级各类学校学生的必修课，体现了俄罗斯人尊重历史、学习历史的文化传统。

（四）对旧俄历史档案资料加以保护。苏维埃政府于1918年6月颁布了《档案事业的组织与集中》的法令，要求建立国家档案馆卷宗目录系统。在当时社会秩序较为混乱，档案文献资料面临大量流失的情况下，这一法令为历史档案资料的保护、编纂和使用发挥了积极作用。同时，苏维埃政府还指示要开放曾被沙皇政府封闭的档案资料。尽管由于战乱频仍，不少历史档案遭到破坏和大量流失，但是一些珍贵史料还是得以保护，并有所选择地在1922年开始出版的《红档》等杂志上陆续发表。

应该说，十月革命后尽管国内外形势动荡不安，但是主要史学研究机构的工作并未停止，学者们在考古学、古代史及中世纪史、

---

① 《列宁选集》第4卷，人民出版社1972年版，第362页。

世界史、民族史、社会史等方面的研究工作仍在继续，也出版了一些有学术价值的研究成果。在这样一个较为宽松的时期，对于刚刚发生过的俄国革命史的研究出现过短暂的活跃状态。据姚海教授记述："20世纪20年代，出版了大量关于革命的文献资料和事件参与者对革命的论述和回忆，其中包括一些右翼政治家和'小资产阶级政党'代表人物的著作。甚至在革命阵营内部，对革命的看法相对来说也是多样的，如托洛斯基与波克罗夫斯基曾就俄国革命的前提和性质进行过激烈的争论。一些马克思主义历史学家如克里沃舍诺伊、比昂特科夫斯基等开始研究俄国资本主义与专制制度以及与西欧资本主义的关系、无产阶级集中程度对于革命的意义、第一次世界大战期间阶级矛盾的尖锐化、二月革命的基本矛盾、1917年社会紧张程度与革命进程等问题。"① 即使是在这样稍微宽松的条件下，大多数旧俄知识分子的心态还是十分复杂的，有的对时局突如其来的变化茫然不解、难以接受，有的抱着消极或是敌对态度，在不安和惶恐之中，小心翼翼地进行着自己的学术研究工作。

随着外国武装干涉和旧俄白卫军对新生政权的围剿扼杀，一场保卫革命成果的国内战争爆发了。苏维埃政权在打击各种敌对势力过程中，又面临灾害饥荒带来的严重困难，于是开始实施了"战时共产主义"或称"军事社会主义"政策。应该说，"高度集中的军事管理体制对战争来说是非常必要的，它保证了苏维埃政权取得国内战争和反击外国武装干涉的胜利"。② 即从某种意义上来说，这几乎是当时形势下的无奈选择，但是在实行"粮食征收制"过程中，一些过激行为引起广大农民的不满，并严重威胁到苏维埃政权的生存。在"战时共产主义"实行时，国家意识形态中"左"的倾向自然日益凸显，并对后来苏联各项政策的制定产生了长期影响。主要

---

① 姚海：《俄国革命》，《苏联史》（第1卷），人民出版社2013年版，第2—3页。
② 郑异凡：《苏联史》"主编的话"，引自姚海《俄国革命》，《苏联史》（第1卷），人民出版社2013年版，第5页。

原因如下：

首先，十月革命是布尔什维克党领导工人和士兵在首都彼得堡举行的城市起义，推翻了资产阶级临时政府，夺取了政权。而在幅员辽阔的广大农村和偏远地区，革命的进程却要滞后许多。由于信息闭塞和宣传欠缺，许多农民甚至还对沙皇抱有希望，他们不理解新生政权的政治主张、意图和行为；而富农则对粮食征购，特别是对一些地方通过极端手段的强行征集，更怀有敌视情绪，这些情况导致了农村不断出现过激与对抗行为，造成了用无产阶级专政的强制手段实行镇压与剥夺的"左"倾思想和行动的蔓延。

其次，世界第一个由无产阶级政党领导的社会主义革命刚刚取得初步成功，布尔什维克党的一些领导人就对国际共产主义运动形势估计过高，产生了超前的有关世界革命的观点，甚至认为马克思所说的作为共产主义初级阶段的社会主义在苏维埃俄国已经变成现实。在这种情况下，对形势实事求是的估计成了畏首畏尾，似乎狂热激进的"左"倾行为总比瞻前顾后的右倾要好，这一倾向在当时苏俄的内政外交上都有明显体现，也为此后苏联长期存在的宁"左"毋右的意识形态特征打下了深刻烙印。

应该说，苏维埃俄国意识形态中的"左"倾，以及"战时共产主义"的各项政策措施，对刚刚从旧制度下过来的历史学家和文学艺术家们在精神上和物质上都造成了不小的冲击，甚至有些人通过不同渠道逃往国外。

列宁在总结"战时共产主义"时，曾对苏俄在经济政治等领域实行的一系列"左"的做法及其产生的严重后果进行了检讨。在1920年召开的全俄苏维埃第八次代表大会的报告中列宁指出，"目前政治形势的全部关键，就是我们正处在转折时期即过渡时期，正处在有着某些曲折的、从战争转向经济建设的时期"[①]。在这次会议上制定的《全俄电气化计划》，成为苏维埃政权初期恢复和发展国民

[①] 《列宁全集》第40卷，人民出版社1984年版，第138页。

经济的纲领性文件。就此列宁指出:"共产主义就是苏维埃政权加全国电气化","只有当国家实现了电气化,为工业、农业和运输业打下了现代大工业的技术基础的时候,我们才能得到最后的胜利"。① 由于苏维埃政权及时将"战时共产主义"转向新经济政策,"在社会主义建设的理论上加进了利用市场机制这一重要成分,在物质方面,它提供了在落后国家发展经济和缓和社会矛盾的有效手段",② 从而发挥了社会各界群众的积极性,充分调动各方面力量,使工农业生产很快得到恢复,并确定了实现社会主义工业化和农业集体化、建立各加盟共和国民族经济体系的发展目标。

就在列宁开始致力于新经济政策,并对苏联社会主义道路和方向进行重新思考时,他的身体健康状况不断恶化,历史并未留给他足够的时间,让他对苏维埃俄国的未来有更多的设计、规划和安排。1924年列宁逝世,此后苏联的发展道路充满曲折。斯大林为巩固和加强中央的统一领导,先后开展了与布哈林有关农业和工业化等问题的争论,与托洛茨基等反对派的斗争,最终形成了在苏联长期占统治地位的斯大林模式。

"战时共产主义"时期的一些过"左"做法,曾使少数旧俄资产阶级史学家对苏维埃政权产生怀疑、恐惧并形成对立,这种情绪招致了红色官方史学家的批判和攻击。例如,苏联高中历史教材的主要编撰者潘克拉托娃教授曾经说:"在苏维埃政权的最初年代里,在科学研究机构、大学教研室和中学里服务的几乎全部是旧的资产阶级历史学家、反马克思主义者、无产阶级专政的不可调和的敌人。因为忙于在国内战争前线进行反对资产阶级反革命的斗争,布尔什维克在这个时期不能对历史问题给予极大的和直接的注意。"③ 这种

---

① 《列宁全集》第40卷,人民出版社1984年版,第156页。
② 郑异凡:《苏联史》"主编的话",第7页,引自姚海《俄国革命》,《苏联史》(第一卷),人民出版社2013年版。
③ [苏]潘克拉托娃:《反对波克罗夫斯基历史观点》,陈启能、李显荣译,生活·读书·新知三联书店1962年版,第58页。

观点表明，官方对苏维埃政权建立初期无暇顾及的事已经重视并开始着手加以解决了。于是，原来在书斋中著书立说的旧俄史学家们，从此不得不面对一波又一波政治浪潮的冲击，一方面加剧了新生政权与旧俄知识分子的矛盾，另一方面使苏联史学和文学领域中"左"的倾向进一步强化，起初较为活跃的学术氛围也渐渐沉寂了。

二 斯大林模式与苏联史学

列宁逝世后，关于苏联如何建设社会主义，根据当时的经济社会发展阶段应该实行什么样的方针政策等问题，在党内高层存在较大争议。斯大林通过在政治、经济和意识形态等方面与各种不同思想观点进行激烈的交锋与斗争，排除异己，清除障碍，最终确立了在政治、经济、文化各领域占统治地位的斯大林模式。

应该说，列宁根据俄国国情提出的关于在一国建成社会主义的理论，对于克服消极等待思想，开创苏联社会主义道路具有重要意义，并且已经取得了初步成功。但是，在一个物质前提并不充分、生产力仍较落后的农业国家进行社会主义革命，必然存在着理论和实践上的冲突与挑战。斯大林时期基于所有制改造、生产关系变革和阶级关系变化的党的中心工作指导思想，就是为应对这些挑战，通过加快工业化和农业集体化，以进一步巩固和发展社会主义制度而确立的。

在1925年12月召开的联共（布）第14次代表大会上，斯大林提出了苏联社会主义工业的任务，宣布国民经济恢复期结束，工业化新时期开始。此后，他多次发表讲话指出，苏联处在资本主义的包围中，为了不至于成为资本主义世界的经济附庸，必须建立自己独立完整的社会主义经济体系，即把苏联建设成一个不仅能生产一般消费品，而且能生产各种机器和设备的国家。他认为，经济落后必然要挨打，因此必须高速度发展国民经济。根据当时苏联的经济基础和普遍落后的发展条件，他主张用行政命令、指令性计划的办法推进经济快速发展。具体措施为：一是用计划保证优先发展重工业，二是用行政办法扩大内部的资金积累，即"工业化的中心、工业的基础，就是发展重工业"。

在这样的行政命令和集中统一领导下，经过全国上下的艰苦努力，经过两个五年计划，苏联基本实现了社会主义工业化，初步建立起强大的工业基础和较为完备的工业体系。1937 年，苏联工业总产值在世界工业总产值中所占比例由 1913 年的 2.6% 上升到 10%，全苏的工业生产水平由 1913 年居世界第五位和欧洲第四位变为世界第二位和欧洲第一位。由于推行了农业集体化，苏联在世界主要农产品生产中所占比重迅速增加，1937 年苏联的黑麦、小麦、燕麦和亚麻纤维的产量跃居世界第一位，皮棉的产量上升到世界第三位。实现了农业集体化并建立起新型的国营农场，从根本上改变了农业的传统经营方式和组织结构，同时也极大改变了农民的生活方式和思维方式。1936 年，斯大林宣布完成了传统工业和农业向社会主义的过渡，苏联已经建成强大和完备的工业、农业、国防、科学技术和文化教育体系。

不可否认，苏联的工业化和农业集体化取得的成就是惊人的，不仅壮大了社会主义力量，也为赢得第二次世界大战胜利奠定了物质基础。但是，这种片面发展重工业，通过农业集体化来反哺重工业的现代化却造成了国民经济结构的失衡，将与国计民生密切相关的经济社会发展放在了较次要的地位，致使人民生活水平提高缓慢，轻重工业比例失调。也就是说，"巨大的经济潜能不只是苏联的绝对优势，它的释放需要投入国内的一切力量"，① 而这种经济体系基本上是在闭关自守状态下运行的，并且反过来对这种状态又起到了一定的强化作用。

围绕国家发展道路与经济重点的争论由来已久。斯大林等领导人认为，为了巩固社会主义国家，必须努力发展重工业和军事工业

---

① М. М. Горинов, А. А. Данилов, М. Ю. Моруков и др.: *История России*（*10Класс*）*Часть 3*, М. Просвещение, 2016. 108с.

以加强国防建设，同时必须不断地在国内开展意识形态领域的斗争，以消除各种不同的意见和政治主张。这就造成了斯大林思想文化模式与苏联的生产力水平和社会经济发展阶段的错位，而这种错位所导致的各种矛盾的激化和不同思想观念的斗争，往往被斯大林看成是阶级斗争的新动向。斯大林认为，随着社会主义的进展，敌对阶级的反抗会越来越加强，因此阶级斗争会越来越尖锐。正是这种"阶级斗争不断尖锐化"的理论，导致了意识形态领域的"左"倾现象日益严重。"随着联共（布）党内斗争的尖锐化和高度集权政治体制的形成，对于革命的解释也逐渐趋于一律。"① 由于斯大林个人崇拜的增强和党内专制的蔓延，使苏联史学发展受到严重影响。当时，一篇现代史方面的学术文章成为引起史学界阶级斗争扩大化的导火索。

1930年，苏联历史学家斯卢茨基在《无产阶级革命》杂志发表了一篇题为《布尔什维克论战前危机时期的德国社会民主党》的学术论文。作为一篇涉及布尔什维克党和战前国际关系的史学论文可能有些敏感，但没有想到的是该文竟成了苏联历史科学受到政治冲击的直接原因。这篇论文主要是探讨了第一次世界大战前，布尔什维克党对德国社会民主党的态度问题，认为列宁在战前对考茨基宗派主义的危险估计不足，对他在处理与国际共运关系方面的一些做法应该重新认识。斯卢茨基作为跨越两个时代的史学家，在一篇学术论文中提出一些有争议的观点，并不足为奇，尽管其中可能存在某些偏见或者与官方不同的看法，但实际上还未超出学术研究的范畴。就是这篇学术文章引起了斯大林的注意，他对这种无所限制的学术自由倾向颇为反感，遂决定以此为案例在全国开展一场学术领域的批判运动。

在1931年第6期的《无产阶级革命》杂志上，斯大林发表了题为《论布尔什维克主义历史的若干问题》的信，点名批评了斯卢茨

---

① 姚海：《俄国革命》，《苏联史》（第1卷），人民出版社2013年版，第3页。

基的文章，认为这类学术问题实际上是严重的政治问题。由于斯大林的信"为这些问题规定了极其狭隘的思维框架"，致使"对于革命历史的表达越来越简单化、理想化、政治化和神圣化"。① 根据斯大林的指示，《无产阶级革命》杂志被停刊，斯卢茨基被戴上了"反党"的帽子，并被清除出党。此后，几乎所有的史学研究机构和出版单位都要根据斯大林文章的精神进行检查，许多历史学家被点名或批判，一场起源于史学讨论的批判运动很快波及其他学术领域乃至全国。由史学界的学术争论演化成的政治斗争，直接导致了历史学的极端意识形态化，"譬如，革命的复杂背景和根源被以必然性一言蔽之，革命的许多事实由于政治原因而被歪曲或者湮没"。② 由此造成了"由领袖宣布终极真理，以钦定'公理'的形式，明确划分'禁区'，禁绝学者涉足；领导人可以出言为法，不经其他程序，治罪普通学者"。③ 这种特定时期苏共体制下的学术禁锢使历史研究的学术自由遭到封杀，其负面影响极其深远。

斯卢茨基的论文事件与之后不久开始的大清洗运动前后呼应，相互牵连。大清洗运动对苏联党和国家的宝贵干部和科学文化资源造成严重摧残，对苏联社会主义的影响复杂而久远。正如有学者指出："苏联党和国家形象的严重受损；苏联社会主义模式的缺乏吸引力，以至苏联的最后崩溃，等等——这一切，追本溯源，无不与'大清洗'造成的严重后遗症密切相关。"④

由于片面地、形而上学地强调历史学的意识形态特征，就不可避免地削弱历史研究以史为鉴、认识现实的价值与功能，一方面严重影响了苏联党和政府正确地判断国情和世界形势，从而集中力量解决国家发展的主要矛盾和问题；另一方面也使历史学本身的科学

---

① 姚海：《俄国革命》，《苏联史》（第1卷），人民出版社2013年版，第3页。
② 姚海：《俄国革命》，《苏联史》（第1卷），人民出版社2013年版，第3页。
③ 陈之骅等：《苏联兴亡史纲》，中国社会科学出版社2004年版，第173页。
④ 陈之骅等：《苏联兴亡史纲》，中国社会科学出版社2004年版，第248页。

性受到损害，教条化和简单化倾向不断加强，致使历史研究的视野不断变窄，观点渐趋僵化。由历史问题开刀的大清洗运动，不仅使历史学的科学性受到损害，也成为半个世纪以后戈尔巴乔夫等苏联领导人否定苏联史学，否定苏联历史的重要攻击目标。因此，关于斯大林思想文化模式对历史学产生的负面影响应该有充分的认识，正是"凡事以斯大林的是非为是非，以其理论公式为衡量真理的惟一标准；确立了随着社会主义愈益接近胜利，阶级斗争愈加尖锐化的理论，而党内斗争则是这一阶级斗争的反映；意识形态的斗争目标，是肃清一切非无产阶级思想及其残余，包括一切中间的思想形态，以垄断的方法，通过以政治和哲学粗暴干预文化艺术、社会科学和自然科学的方式，控制意识形态。这样就造成了思想理论的简单化、教条化，也导致了教条主义根深蒂固地长期统治"。① 应该说，明确指出斯大林思想文化模式中的错误，客观评价这一模式的影响，不仅对深入研究苏联历史具有重要作用，同时，也是我们正确认识和理解当代俄罗斯史学发生种种变化的前提，因为苏联解体后俄罗斯史学界出现的矫枉过正现象与苏联时期对史学的禁锢和压制密切相关。

1938 年，由斯大林亲自审定的《联共（布）党史简明教程》出版发行，"成为那个时代革命史学的代表性作品"，② 也标志着斯大林个人的历史地位在理论上最终确立。《联共（布）党史简明教程》指出，苏联社会主义建设模式理论、全盘集体化运动、国家工业化运动等是苏联社会主义道路唯一正确的选择，以此进一步巩固全体人民对苏联社会主义的信念。1939 年，在联共（布）第十八次代表大会上，斯大林宣布，在苏联已经消灭了人剥削人的现象，确立了社会主义制度。这一对苏联发展阶段的理想化判断和超前定位，掩盖了苏联社会主义在长期建设中仍然存在的各种矛盾和问题，忽视

---

① 陈之骅等：《苏联兴亡史纲》，中国社会科学出版社 2004 年版，第 176—177 页。
② 姚海：《俄国革命》，《苏联史》（第 1 卷），人民出版社 2013 年版，第 3 页。

了在苏联社会主义的漫长时期，仍然存在生产力与生产关系、经济基础与上层建筑之间的矛盾，仍然存在着各加盟共和国经济社会发展水平的巨大差异，仍然需要通过改革以进一步完善社会主义制度等历史任务。而在大清洗之后，所有对这一系列问题的探讨都被视为禁区，几乎无人胆敢再去冒风险研究或提出具有建设性的意见和建议。《联共（布）党史简明教程》出版后，历史学的意识形态功能被进一步强化，其重要任务是配合在全党开展学习《教程》的运动。在这种情况下，近现代史的大部分内容成了直接为党的方针政策服务、阐释斯大林思想的舆论宣传工具。

此后，在庞大的科研与教学体制的支撑下，苏联历史科学的成果主要集中在外国历史、古代中世纪史、社会史及民族史等领域，在诸如近现代史、国际关系史、俄国历史上的改革、俄国革命的复杂原因等敏感的学术范畴，则很难出现重大的理论创新和学术探索性成果。这表明苏联文化体制的高度集中和对意识形态的过分控制，扼杀了科学文化领域正常的自由争论和学术发展，由于学术自由的缺失和舆论监督的弱化，也更强化了个人崇拜的滋生。

第二次世界大战以后，世界格局和国际政治环境发生了巨大变化，苏联在战争中赢得胜利，表现了社会主义制度的优越性，不仅进一步巩固了国家的政治体制和斯大林的领导地位，也使一系列殖民地国家在获得独立后学习苏联模式建立了社会主义制度。于是，作为社会主义阵营领导者的苏联成为与美国抗衡的世界大国，成为冷战时期的另一重要力量。

与此同时，第二次世界大战期间残酷战争中的人才稀缺，也暴露出了"大清洗"带来的人才损失的严重后果，不能不引起人们的深刻反思。在这一背景下，苏联国内的思想文化领域出现了一定的松动和些许新的气象，在苏联现当代政治史仍然处于禁锢的状态下，历史学的某些研究领域开始复苏。苏联历史学家巴尔先科夫在总结战后十年的苏联史学变化时指出，历史学家们"在历史知识的最为广泛的不同领域都写出了巨著"，"尽管有某些消极因素，在这十年中历史学家在苏维埃社会的历史研究方面取得的成就，足以证明这几年正是这个领域最终成为苏联历史科学中最重要的一个领域的重要时期"。① 但这毕竟是一个转折时期，斯大林逝世前出现的"文化专制"和"医生事件"等表明，"大清洗"的余波仍未平息。在斯大林体制和模式下，苏联史学的发展仍受到诸多限制。

三 苏共二十大与历史学转型

1953 年斯大林逝世后，苏联社会的政治状况很快发生了变化。在斯大林长期控制下的苏联各界开始对其个人崇拜和专制集权进行反思和批判，特别是要求对 20 世纪 30 年代国家安全机关所制造的冤假错案进行甄别和平反。一些受害者及家属，以及从事现代史研究的历史学家要求弄清 30 年代大清洗的真相和原因；一些人对第二次世界大战前后的苏联外交政策也表示质疑。这种来自国内上下的呼声，对赫鲁晓夫等当权者形成了巨大压力，因为他们中间不仅许多人直接参与了大清洗和一些错误决策的制定，而且直接关系到这些人下一步如何领导国家走向新的时期。因此，如何评价斯大林，如何认识党在不同历史时期所犯的错误，十分尖锐地摆在苏共高层领导面前。1956 年 2 月召开的苏共二十大，成为解决这一系列复杂问题的关键时刻，也是对苏联共产党的严峻考验。

实际上，早在斯大林逝世前，党内的派系斗争就已经暗潮涌动。斯大林逝世后，这种权力的较量与如何评价斯大林的是非功过交错在一起，形成了 50 年代中期苏联政治局势的动荡与转折。为担负起严峻的拨乱反正任务，在苏共党内形成各种力量的平衡和达成基本共识至关重要。这一时期，党内高层以马林科夫—贝利亚同盟与赫鲁晓夫—布尔加宁同盟为代表的两派政治力量，对国家权力进行了重新分配。通过一系列复杂的党内斗争，一方面防止了斯大林逝世

---

① ［苏］A. C. 巴尔先科夫：《战后年代的苏联历史科学（1945—1955）》（俄文版），莫斯科，1988 年版，第 135—136 页。

后一人领导国家的集权局面再次出现；另一方面，直接引发了社会主义阵营的分裂，主要是由于这一期间苏共党内接连出现的贝利亚事件、消灭莫洛托夫"反党集团"、罢黜朱可夫元帅事件等，都不同程度地引起了社会主义国家的震惊和疑虑。这些事件不仅降低了苏共的威信，也为一些东欧国家寻找自己的发展道路、摆脱苏联大国沙文主义式的控制而找到了理论和现实的依据。

在苏共二十大召开前，会议并未对评价斯大林问题作出计划和安排，也未在党内高层进行必要的研究和讨论。直到会议即将结束时，赫鲁晓夫突然发表了会下准备的发言，即《关于个人崇拜及其后果》的秘密报告。赫鲁晓夫在报告中先是对斯大林的历史功绩进行了形式上的赞扬和肯定，接着对斯大林的个人崇拜和集权专制进行了揭露和批判。报告对斯大林的批判主要集中在以下方面：一是他无视党内生活准则，严重破坏集体领导原则，对党和党中央委员会采取专横态度，滥用权力，以中央的名义行事，却不征求中央委员甚至中央政治局委员的意见，以至造成了一系列大规模的镇压和恐怖事件；二是为了维护个人崇拜，他破坏社会主义法制，使许多无辜的人们受到严重迫害，对于党、国家和军队工作人员的大规模逮捕，给国家的社会主义建设事业造成了极大损失；三是斯大林大搞个人崇拜，听不进别人的意见和提醒，他的独断专行导致了卫国战争的重大损失。肃反扩大化使苏联红军失去了不少有经验的军事指挥员，对卫国战争也产生了严重影响；四是斯大林粗暴践踏苏维埃国家民族政策，使车臣等民族大规模地迁出其居住地，造成民族矛盾的尖锐化；五是斯大林的个人崇拜及其产生的严重后果，完全应该归罪于他个人的不良品质，即任性、粗暴、傲慢和专横，这是他滥用职权、自我吹嘘、飞扬跋扈的根本原因。

应该说，赫鲁晓夫对斯大林及其错误进行揭露清理和严肃批判是必要的，也是当时的形势下无法回避的。但是，苏共如果不能像西方党派政治那样，随着领导人的更换，他所代表的党派也随之更换，那么，对斯大林的批判以至人身攻击，对于苏共执政威信的破坏无疑是杀伤性的。赫鲁晓夫在报告中对斯大林的评价和批判，主要是针对斯大林个人所犯下的错误和罪行，以表明自己与斯大林的所有错误划清了界线，要开启一个新的时代，而并未涉及苏联体制机制上的问题。苏共二十大结束后，赫鲁晓夫的秘密报告迅速被媒体披露，并立刻在苏联国内外激起强烈反响。一些人对这种批判斯大林的方式表示抗议；一些人把"个人崇拜"与苏联的社会主义制度联系在一起；一些加盟共和国还因为对斯大林的不同看法发生了民族冲突；在匈牙利和波兰等国家还发生了不同程度的骚乱，这一系列事件标志着20世纪国际共产主义运动开始逐步走向低潮。

由于赫鲁晓夫的秘密报告是未在中央政治局内部进行必要的通报和吹风情况下突然作出的，因而在党内外造成思想上的混乱，致使苏联的意识形态从一种倾向开始走向另一种倾向，直接导致了苏共威信的下降和人们对苏联历史和社会主义制度的怀疑，为后来苏联的解体和苏共的垮台埋下了伏笔。

苏共二十大在对斯大林进行批判的同时，对意识形态的管控也出现松动，主要表现为"批判和纠正史学、哲学、经济学和其他学科领域以及文学艺术领域内广为流传的与个人崇拜有关的错误观点。"要求重新编写"党的历史教科书、苏联社会历史教科书、国内战争和伟大卫国战争历史的书籍"。[①] "有关俄国革命的苏联官方史学逐渐发生了一些变化。这一过程始于布尔加洛夫的论文《论布尔什维克在1917年3—4月的策略》。……一大批苏联史学家在发掘大量史料的基础上，一定程度上拓展了革命史研究的范围，并开始重新探讨斯大林时代革命史学中某些最失真的内容。"[②] 此后，在社会科学的各种学术会议上，一些原则性和政治性问题都可以讨论了。在批判斯大林阶级斗争扩大化的"极左"教条主义的同时，苏联政

[①] 赫鲁晓夫：《关于个人崇拜及其后果》，见《赫鲁晓夫回忆录》，社会科学文献出版社2005年版，第417页。

[②] 姚海：《俄国革命》，《苏联史》（第1卷），人民出版社2013年版，第3页。

治又出现了明显的右倾。在苏共二十二大上，赫鲁晓夫提出了"全民党"和"全民国家"理论。应该说，这种思想表面上看是对过分使用"无产阶级专政"理论的纠错，是对扩大世界革命范围、与资本主义对抗理念的修正，但在某种程度上，这一理论对共产党组织的严密性和先进性无疑是一种削弱，党的思想路线的这一转变，对后来苏共发生的一系列变化——软弱涣散直到苏联的解体都产生了一定影响。

第三节 20世纪下半叶的苏联史学及其评价

一 赫鲁晓夫之后的苏联史学

赫鲁晓夫在位时期，进行了必要的改革，并取得了明显成就。通过卓有成效的垦荒运动，加快了农业发展，提高了人民的生活水平。在政治上，虽然赫鲁晓夫也进行了一系列纠正教条主义、恢复党内民主集中制的改革，但是由于他把苏联党和国家出现的体制机制的矛盾和问题都推到斯大林身上，而未能根据苏联经济社会发展的阶段和特点、矛盾和问题，从理论和实践上有建设性地对国家经济和政治体制进行与时俱进的改革，因而错失了不少机遇。在赫鲁晓夫执政后期，因许多原有体制机制造成的困难和问题难以解决，特别是干部制度改革触及了部分人的利益，以及不断出现的方向和路线上的错误，而不得不在一片责骂声中，被迫退出了苏联最高权力机关。

赫鲁晓夫下台后，勃列日涅夫接任苏共中央总书记。20世纪60年代中叶，勃列日涅夫根据党和国家面临的各种情况和问题，提出了一些改革措施，在谴责赫鲁晓夫失误的同时，试图在一定程度上改变对斯大林过分批判和否定的做法，其目标是在尽量保持苏联政治体制稳定的前提下，加快国家经济发展。由于勃列日涅夫温和而又较为民主的领导方式，一定程度上调动了干部和群众的积极性，有限的经济改革也取得了一些成就，国民经济持续增长，国内的民族和宗教矛盾也得到了一定缓和，出现了苏联历史上比较稳定和较长的发展时期。当然，也有一些人认为勃列日涅夫时期是一个停滞的时期，对此一直存在各种争论。

当代俄罗斯学者亚·季诺维也夫则认为，"勃列日涅夫时期并非什么停滞时期。'停滞'一词是改革派及其西方教师爷口中的意识形态陈词滥调。同前一时期相比，这一时期发生了巨大的变革。建立了大量的新企业；经济、文化和日常生活都非同寻常地复杂化了；国民的教育水平提高了；日常生活条件改善了；为普通公民建设住房的规模超过了西方国家；在科学和技术方面也取得了巨大的成就——只要提到在宇航和军事工业方面取得的巨大成就就足够了；在科学和文化的各个领域培养了大批一流的专家。还在不久前，西方不计其数的书中就曾写到了这一切，其作者还根本不是共产党人呢。"① 这些事实证明，苏联社会主义虽然历经风雨，道路坎坷，但还是蕴藏着巨大的生命力，还存在着通过经济政治改革、国家发展重心转向，进一步发挥社会主义制度优越性的有利条件，存在着社会主义在克服困难中不断前行的历史机遇。

然而，尽管勃列日涅夫当政时期苏联国内形势较为平稳，国民经济也出现了恢复和增长，但是，由于苏联体制的结构性矛盾束缚，主体的经济部门还是在传统的、单一的计划经济轨道上运行，经济发展速度渐趋缓慢，人民生活水平与西方国家距离明显拉大。如果说作为初级阶段的社会主义应该根据发展的需要不断进行体制和机制改革的话，这一时期应是苏联改革的最佳时机，苏联的国力和经济政治状况完全可以承受改革带来的各种波动和压力。但是，此时的苏共领导层更多的是满足于社会主义阵营的领导地位，认为苏联已经进入了发达的社会主义，害怕任何改革可能损害既得利益，因

---

① ［俄］亚·季诺维也夫：《俄罗斯共产主义的悲剧》，侯艾君、葛新生、陈爱茹译，新华出版社2004年版，第38页。

而表现出了求稳惧变的惰性，缺乏自我更新意识。因此可以认为，勃列日涅夫执政的18年，是一个发展速度逐渐趋缓的历史时期，苏共在类似温水煮青蛙的渐变过程中，各种困难和问题积累得越来越多，大大增加了后来改革的难度，导致苏联国家加速走向衰落。

从整个世界形势看，当时苏联与市场经济发达的西方国家相比，在经济体制、产业结构、生产效率、管理模式等方面还是存在着较大差异，国家的总体科技发展水平与西方的差距也愈加明显。苏联与西方国家的综合实力，也由第二次世界大战后的基本持平变得距离越来越大。特别是德国、日本这样的战败国，经过几十年的发展，经济不仅恢复到战前水平，而且呈现出跨越腾飞的态势。由于军备竞赛所导致的巨大的军费开支，也使得苏联居民的人均收入和消费水平增长缓慢，与国计民生密切相关的基础设施建设长期滞后，以至形成了在雄厚的综合国力下面，人民的实际生活水平、公共设施的现代化程度、社会管理水平等指标与欧美相比差距明显。然而，所有这一切不断增长的潜在威胁，并未引起苏共领导人的足够重视，因此触及政治经济体制的改革自然无从谈起。

勃列日涅夫时代，在意识形态领域的一个重要变化就是改变了赫鲁晓夫对斯大林过火的清算和批判，转而对斯大林的历史功绩给予了较为积极的评价。但是，由于历史的局限，客观地、实事求是地分析斯大林模式的问题还没有展开。尽管苏共领导人出于政治需要在一定程度上恢复了斯大林的名誉，但却并未对斯大林个人以及他所创立的体制、方针和政策进行全面、客观、科学的分析与评判。从某种意义上来说，这不能不妨碍苏共领导层对苏联社会状况与政治形态的正确判断，他们更难以想象，斯大林问题可能会成为未来引起苏联政治震动的重要原因之一。

从历史上看，早在苏维埃政权建立初期，一些在革命中失去了原来生活的官僚贵族和旧知识分子已对新政权产生了仇视或不满情绪，例如化装潜逃国外的克伦斯基，就长期在美国的教学与研究生活中宣传反苏主张。十月革命以后流向西方的一些学者，成为20世纪旅居国外的俄侨文化群体；而国内的部分学者则在30—70年代的不同时期受到思想压抑和人身迫害，他们中的少数人在60年代末70年代初逐步形成了所谓的"持不同政见者"（郑异凡先生认为应译作"异议人士"，因为有的并不一定是"政见"的歧异问题①）群体。这些人的思想和言论往往受到西方的支持，虽然他们的政治主张有所不同，但比较一致的就是对苏联现行的政治制度不满，反对苏共的错误，要求更大范围的民主与自由。

苏联持不同政见者的代表人物和思想观点主要有：萨哈罗夫等人主张苏联的现行政治制度应与西方式民主制相结合，而被称为自由社会主义派；索尔仁尼琴等人主张回到君主制度，而成为泛斯拉夫主义派；著名记者罗伊·麦德维杰夫兄弟，肯定十月社会主义革命和列宁的思想理论，但主张发展和革新马克思主义，因而被西方称为苏联的"新马克思主义"，等等。实际上，这些人在当时的苏联国内影响十分有限，加之苏共对他们一直采取打压、限制和分化的策略，因此他们在广大民众中的影响并不大。后期他们部分人转移到国外活动，成为思想界俄侨文化的一部分。应该说，他们对苏联政治经济体制弊端的抨击和对官员腐败的揭露，指出了苏联由于政治衰败、体制僵化所导致的一系列矛盾和问题，是值得重视和警觉的；但是他们企图改变苏联社会制度的言论，自然受到苏共的严格管控，而这些言论又往往成了西方对苏联和平演变的工具，甚至成为导致苏联解体的舆论先声。

20世纪70年代以后，在科技革命和全球化浪潮的推动下，整个世界发生了深刻变化，同西方的快速发展相比，苏联的衰落日趋明显。在这样的形势下，苏共始终拿不出像样的改革方案，在意识形态领域，僵化教条的理论说教已经让广大群众索然乏味。与此同时，苏共党内的组织建设、制度建设、监察机制形同虚设，致使特权腐

---

① 郑异凡：《苏联史》"主编的话"，第12页，引自姚海《俄国革命》，《苏联史》（第1卷），人民出版社2013年版。

败、贪污受贿、结党营私现象严重。随着经济滑坡和信仰危机的出现，加之高层领导集体的老年化，导致苏联的国内矛盾愈加尖锐，苏共党内外要求改革的呼声日益高涨，然而，这时候改革的难度空前加大，苏共的命运和苏联国家的生存，已经面临着巨大挑战和严重危机。

勃列日涅夫去世后，安德罗波夫接任苏共总书记，他虽然有着强烈的改革愿望，也实施了一些具体的改革办法，但不久就因病去世，而使诸多的改革计划就此终止。此后，73岁的契尔年科接任党的总书记，面对复杂的国内形势和改革的巨大困难，他几乎无所作为，就于1985年去世。连续3位党的总书记在短短几年内在位辞世，明确预示了苏联体制和社会制度已经出现深刻危机。关于苏联的改革，时任部长会议主席雷日科夫认为："任何一个社会制度，如果能全面发展，经常不断地回应时代的新要求，那它就是一个足够稳定的制度。停滞是制度老化、制度毁灭的前兆。所以，苏联社会根据新时代的要求进行改革，就成为历史的需要和必然。它无疑应该早在几十年之前就开始，如果当时就去完成这样一个复杂的过程，无论是经济条件、社会条件还是其他条件，显然都要有利得多。但正如大家所了解的那样，这一过程直到1985年才到来，而它的道路上铺满的已经不是玫瑰，而是荆棘。"①

契尔年科去世后，戈尔巴乔夫登上了苏联的政治舞台，在国内各项改革迫在眉睫之时，他的上台给人们带来新的希望。担任苏共中央总书记不久，戈尔巴乔夫就以改革者形象自居，与美国记者畅谈了他对世界大势的认识、苏联改革的紧迫性，以及与西方合作融入世界新秩序的美好愿望。这一访谈录后经整理成书，名为《改革与新思维》在苏美及其他国家发表。该书的出版，在苏联国内外立刻引起了轰动，成为苏联改革的宣言书和动员令。尽管《改革与新

---

① ［俄］尼·伊·雷日科夫：《大国悲剧——苏联解体的前因后果》，徐昌翰等译，新华出版社2008年版，第3页。

思维》提出了苏联全面改革的目标,表示仍要坚持社会主义道路,但是书中对西方的普世价值和市场经济寄予了过高期望,并试图通过"自由化""民主化"和"公开性"来推进政治体制改革,由此严重削弱了党的领导。此后,戈尔巴乔夫在一系列的讲话和报告中,迎合西方和平演变势力,听从国内民主派的狂热鼓噪,不仅未拿出切实可行的改革方案,反而制定了一系列错误的改革指导思想,不断弱化以至放弃党对国家权力的领导和控制,最终导致世界第一个社会主义国家的解体和苏共执政地位的丧失。

二 苏联史学的进展与成就

20世纪50年代中期,随着对斯大林个人崇拜的批判,苏联的历史研究进入了一个转折时期。1955年9月,经苏联政府批准,苏联历史学家代表团出席了在罗马举行的第十届国际史学家代表大会,这表明中断已久的苏联历史学家与国外同行的交往开始恢复。从参加会议的苏联史学家提交论文中可以看到,他们历史研究的理论与方法正在逐步摆脱斯大林时期的禁锢,以及教条主义和形而上学的束缚,研究的领域有所拓宽。由此可见,苏共二十大之后,意识形态的变化为历史研究提供了较以前稍微宽松的社会条件和学术环境,史学各研究领域得到了较快发展。

著名历史学家伊格尔斯在评价这一时期苏联史学的变化时指出,1956年苏共二十大以后,"历史学家们大多都设法使自己摆脱意识形态的导向。只有在他们的研究触及到党的当前政治利益或与苏联的关系时(例如卡廷大屠杀事件)才受到严格的控制"。[①] 一些远离党史和近现代史的非敏感研究领域,都不同程度地有所发展,学者们重新开始按照历史科学的规律去进行有价值的创造性劳动,在一些问题上可以公开阐明自己的学术主张和创新观点。因此,战后苏

---

① [美] 伊格尔斯:《二十世纪的历史学——从科学的客观性到后现代的挑战》,何兆武译,辽宁教育出版社2003年版,第93页。

联历史学的发展成就是显著的，许多研究成果在20世纪的世界史学发展中也具有重要意义。

这一时期，相对宽松的政治环境和政府对科学研究工作的有力支持，使苏联历史学的教学与科研机构不断完善，新一代的历史学家迅速成长，科研成果的数量成倍增加，质量也有了很大提升，历史学不同学科的建设和研究工作都取得了明显进展。因此，对于50年代下半叶到80年代末的苏联史学，我们有必要做进一步的了解、译介、分析和研究。因为，从60年代初中苏关系紧张直至恶化，再到80年代末中苏关系的正常化，这期间双方的学术交往几乎全部中断。只是到了80年代改革开放后，在大量引进和翻译国外优秀学术成果时，才在《二十世纪文库》中翻译出版了苏联学者米罗诺夫的《历史学家和社会学》、巴尔格的《历史学的范畴和方法》等著作。值得注意的是，中国改革开放首先是向科技发达的西方打开大门，历史学者更多是将目光投向近现代西方的史学论著，而苏联解体造成了人们对苏联意识形态和苏联史学价值的普遍质疑，致使60—80年代出版的绝大多数史学成果未能翻译引进中国，自然也就不可能引起国内学术界应有的重视。

尽管"这一时期对俄国革命史的研究并无多少实质性的突破",[①] 一些与政治史直接相关的学科还受到各种限制，但苏联史学在其他许多方面还是有所成就的。例如，这一时期苏联史学还有一些是围绕封建国家的演变、思想文化史、城市史、农民史、工人史、人民的革命运动、各民族的文化和心理特征等方面的专门研究。主要有：季赫米罗夫的《古代俄罗斯的城堡》（1946年）、《11—13世纪罗斯的农村与城市暴动》（1952年）、雷巴科夫的《古代罗斯的手工业》（1948年）等。俄国农民问题、仍是历史学家研究的重点，这些著作涉及农民的社会地位、生活状况、生活方式、心理状态、农民的农奴化过程与农村的阶级斗争等，主要著作有格列科夫的

---

① 姚海：《俄国革命》，《苏联史》（第1卷），人民出版社2013年版，第3页。

《从远古到十七世纪前的罗斯农民》（1946年）、斯米尔诺夫的《1606—1607年波洛特尼科夫起义》（1949年）等。对经济史、城市史、工业史的研究亦有快速的发展，特别是在手工工场、全俄市场的形成、资本主义关系的产生和俄国帝国主义特点等方面出现了一系列重要著作，如巴赫鲁申的《16—17世纪初俄国中央集权国家的手工业、商业和城市史纲》（1952年）、柳鲍米罗夫的《17、18、19世纪初的俄国工业史纲》（1947年）、扎奥捷尔斯卡娅的《彼得一世的手工工场》（1947年）、巴甫连科的《18世纪上半叶俄国冶金工业的发展》（1953年）等，而梁士琴科的《苏联国民经济史》则吸收了十月革命前后经济社会史研究的多种成果，尽管书中仍然明显存在教条主义的影响，许多观点的阐述受到各种限制，但作者还是尽量用唯物史观阐述了从古代到十月革命后的俄苏经济史，该书翻译成中文在中国发行，成为国内苏联经济史教学与科研的重要参考资料。

　　随着社会史研究领域的进一步扩大，一些社会历史专门问题的研究亦引起重视。许多学者运用社会史的理论与方法在研究上取得了新突破。计算机引入史学研究，促进了计量史学的发展，这对社会学和人类文化学的研究具有革命性的意义。这一时期，在城市史方面主要有6卷本的《莫斯科史》和4卷本的《列宁格勒史》，斯米尔诺夫的《17世纪中叶前的市民和阶级斗争》、谢尔宾的《俄国城市社会经济史概要》等。在战争史和军事史方面主要有：诺沃谢尔斯基的《17世纪上半叶莫斯科国家同鞑靼人的斗争》（1948年版）、科罗勃科夫的《七年战争》（1940年）、塔尔列的《克里木战争》（1943年）等。在思想文化史方面的著作主要有《古罗斯文化史》（1951年）、《俄国经济思想史》（1955年），以及《苏联史学史概要》等。

　　一个值得注意的现象是，一批资深历史学家从以往的政治史、近现代史转向研究社会史，这一方面表明他们对深层结构的历史更加关注；另一方面也反映出，社会史研究通常是在经济社会生活的微观层面而远离现实政治，可以较少地受到政治形势的干扰和限制，因此他们在社会史研究领域取得了较大成就。如科瓦利钦科著《19世纪上半叶的俄国农奴农民》《18—20世纪初的全俄农业市场》等，罗曼诺夫著《古代罗斯的人与习俗：日常生活史概要》等，马季耶夫斯基著《历史科学中社会集团研究的方法论与方法》等，巴尔格著《历史研究中的结构分析》《历史研究中的系统性原则》《历史学的范畴和方法》等，葛罗米科著《关于18世纪西伯利亚商人的社会心理学特征》《论社会历史学的若干任务》等，波尔什涅夫著《社会心理学与历史学》《论人类历史的开端：古心理问题》等，普罗普著《俄国的农业节日：历史民族学研究的尝试》《民俗与实际》等，形成了一个20世纪70—80年代苏联社会史研究的热潮。

苏联作为一个多民族国家，各民族的历史与苏联地域大国的形成有着直接关系，大部分边境属于民族地区或跨国民族聚居区，因此民族史的研究一直为政府和学者所重视。当然，与学术领域过分强调阶级斗争相关，这一时期的民族史研究还主要是围绕农民运动、阶级斗争以及封建社会特点等内容。如涅斯杰林科的《19世纪末—20世纪初乌克兰工业与无产阶级地位史纲》（1954年）、皮切特的《白俄罗斯农业经济和土地耕种史》（1940年）、洛奇麦里的《白俄罗斯人民反对波兰领主的斗争史纲》（1940年）、热瓦布什维里的《格鲁吉亚人民史》、马南江的《阿尔明尼亚人民史概述》（1952年）、彼特鲁舍夫斯基的《16—19世纪初阿塞拜疆与阿尔明尼亚的封建关系史概要》（1949年）等。其他一些加盟共和国和自治共和国也都出版了不少民族史论著，但主要是以阶级关系、阶级斗争为主，着重强调的是苏维埃社会主义革命对民族地区发展的影响、作用和意义。

苏联的西伯利亚与远东地区地域广阔、民族众多，经济社会发展极不平衡，对这一地区的历史、文化、民族、社会和经济的研究历来为俄国和苏联学者所重视，成为苏联区域历史研究的重要内容。

苏联科学院的西伯利亚分院和远东分院都建有历史研究所,主要从事地区历史、考古与民族学等方面的研究。原苏联科学院院士、科学院西伯利亚分院历史与哲学研究所所长、著名历史及考古学家奥克拉德尼科夫与历史学家顺科夫主编的 5 卷本《西伯利亚史》(1968—1969 年出版),以极为丰富的历史资料,考察了自远古以来这一广大地区人类的历史、经济、社会、政治和文化生活,在原始艺术、宗教、文化、民族、婚姻、家庭、生产、日常生活、城镇、农村、流放犯、移民等方面进行了系统而全面的研究和论述,该书由于学术成就卓著而获得了列宁勋章。著名西伯利亚史专家巴赫鲁申的 4 卷本《巴赫鲁申科学著作集》于 1959 年前后出版,其中收集了他的《19 世纪上半叶西伯利亚移民史纲》《17 世纪的萨莫耶德人》和《17 世纪西伯利亚鞑靼军役人员》等著作,这些著作对该地区历史、经济和社会生活的许多观点至今仍产生重要影响。顺科夫在研究西伯利亚的农民和农业方面取得了丰硕成果,如《17 世纪西伯利亚农业史纲》《18 世纪西伯利亚农民史》和《17 世纪的西伯利亚税民》等。此外,还有戈留什金的《19 世纪末 20 世纪初的西伯利亚农民阶级》(1967 年)、《西伯利亚的苦役和流放犯》(1975 年)、佩尔齐克的《西伯利亚的城市》(1981 年)、奥·多尔吉赫的《17 世纪西伯利亚各民族的氏族与部落之构成》、科培洛夫的《17 至 18 世纪西伯利亚俄罗斯居民的文化》(1968 年)、丘卡夫金的《十月革命前夜的西伯利亚农村》(1966 年)等。以上成果构成了完整的西伯利亚学体系,在世界地区史研究领域独树一帜,有着极高的学术价值和社会意义。当然,苏联学者对于沙俄在西伯利亚与远东地区的殖民扩张,通常是作为边区的开发和垦殖来研究的。

上述只是这一时期苏联史学成果的一部分,这些学术著作的显著特点:一是使用资料比较丰富,利用了大量考古、档案、文献、实物、图片等资料,从史学研究的角度来说,这些资料的发掘、整理、保存与使用具有重要意义,值得世界范围内史学工作者的高度重视。二是作者尽量运用历史唯物主义观点来指导历史研究,重视对历史规律的探索和社会结构的分析,因此在许多重大的原则问题上,其观点是客观的,态度是严谨的,使研究成果也具有较高的科学价值。三是苏联学者在研究中,通过与国外学者的十分有限的学术交流,在一定程度上吸取了革命前后西方学者的研究成果,尽量使研究的水平和层次达到国际水准。四是 50 年代以后计量史学在苏联的历史研究中受到重视,成为许多学者研究的重要方法和手段,通过对历史资料和数据的计量和定性分析,使许多历史研究成果在国际上处于领先地位。

总的来看,苏联几代学者辛勤劳动所取得的巨大成就,无论是对 20 世纪世界历史科学的贡献来说,还是对当代俄罗斯的历史研究来说,都是极其重要的财富和遗产,尽管其中存在着许多官方意识形态色彩和过"左"的理论倾向,存在着阶级斗争决定论、机械唯物论和形而上学等问题,存在着对一些重要史实的错误判断,但我们还是应该以科学的态度去客观评价,而不能由于苏联的解体而全盘否定。

这一时期,大量具有较高学术价值的史学论著的相继出版,与史学研究机构的不断增加、出版机构和史学刊物的纷纷建立有直接关系。大学和科研院所等历史研究机构的进一步完善,形成了对苏联各断代史、地区史以及民族史等专门史的研究体系。对世界各国、各地区和各民族历史研究的专门机构相继建立,如苏联科学院历史研究所、物质文化史研究所、远东研究所、斯拉夫学研究所、东方学研究所、人种学研究所、国立历史博物馆及地方历史和方志博物馆等等。在 1957 年前后创刊的《苏联历史》《苏共党史问题》《近现代史》《历史档案》等杂志,发表了大量很有价值的、重要的学术成果。

总之,我们对苏联史学的评价应该以唯物史观为指导,在指出苏联史学问题和局限性的同时,也要对苏联史学的成就予以客观和科学的评价。主要是因为,一方面,应该把这一时期苏联史学的成就与斯大林集权时期的史学进行比较,也可以与旧俄时代的资产阶级史学作以比较：科学的指导思想，严谨的治学态度，专业的研究方式，集体的智慧力量，决定了大部分成果有着较高的学术水准；另一方面，可以与同时期的西方史学进行比较，在资本主义国家很难出现举国家之力集体完成的重大项目和大部头成果，在苏联时期却有着不凡的表现，如多卷本《世界通史》等，除去一些形而上学概念和意识形态束缚之外，在基本史料和史实阐述方面还是很有价值的。因此，可以说，苏联的史学成就是在苏联作为一个世界大国的背景下，在具有雄厚的综合国力的支持下取得的，它应该成为整个苏联时期经济、社会、科学文化事业取得成就的重要方面，是整个俄罗斯史学发展过程中不可或缺的组成部分。

三 苏联史学的教条主义和形而上学问题评析

在阐述苏联 70 年历史学的发展与成就时，必须对苏联史学存在的问题和缺陷予以客观的评析和深入的反思，这对认识当代俄罗斯史学发展的基础、面临的困难、变化的走向，以及要解决的问题等都具有重要的现实意义。苏联史学存在的问题，首先是与苏联时期的意识形态极"左"的偏激化特征联系在一起的，在苏联的不同时期，具有明显不同的表现，在史学的不同领域也有着显著的差异，不能一概而论。从苏俄早期资产阶级史学的式微到无产阶级史学的确立；从斯大林时期史学的初步发展到作为意识形态工具的演变；从赫鲁晓夫时期史学功能的逐渐恢复到勃列日涅夫时期的史学发展，再到戈尔巴乔夫改革提出的"公开性"与"民主化"造成的史学急转弯，以及苏联解体前后的"史学危机"等等，苏联史学的发展可谓是一波三折、跌宕起伏。但是总的来看，受苏共意识形态、政治运动、封闭环境和国内外形势的影响，苏联史学从开始的"左"转向末期的"右"的演进脉络却是较为清晰的。

关于苏联史学存在的问题和缺陷，除了前边已经论述过的外，还有以下方面应该加以重视。

（一）过分强调史学作为意识形态的工具性特征，使历史研究的领域和学术研究的自由度受到较大限制。在学术研究的自由度方面，如伊格尔斯所说："历史研究的主题距离当前政治的实际问题愈远，则历史学家的自由也愈大，尤其是在古典的、拜占庭的和中世纪的历史方面，而且也在社会文化史方面。"[①] 由于历史学在许多特定时期成了单纯的官方意识形态工具，因而必须为国家的政治目标和现实需要服务，这些因素导致了历史学科学性的弱化。特别是在与现实密切相关的近现代史等领域，例如涉及苏联社会主义的理论与实践基础、近代俄国社会发展阶段问题、俄国的资本主义发展问题、1917年的俄国革命问题、苏联与西方国家的关系问题、十月革命前后苏维埃领导与国外的交往问题、第二次世界大战时期的大国关系、侨民问题等方面，大多被视为禁区。由于相关档案资料的长期封存，以及人们对历史真实的探索和对客观真理的追求常常受到限制和打压，由此不仅造成了苏联国家的故步自封，也使得苏联史学在许多方面与战后的西方史学距离不断拉大，特别是限制了从历史经验中寻找体制机制改革的理论支撑与实践动力，因此，由理论的僵化导致机制的僵化，以至于大部分改革都难以推进也就不言而喻了。

（二）简单、片面地把当代西方史学的发展与成就作为资产阶级史学加以批判，使苏联史学在封闭与僵化中，教条主义和形而上学的影响不断加深。如前所述，十月革命后，苏俄文化艺术的诸多领域都被人为地与西方隔绝。从国内战争到大清洗，从卫国战争到冷战开始，这种隔绝与封锁始终没有开禁。于是，20世纪西方史学的许多重要进展，诸如法国年鉴学派、英国新马克思主义史学派、美国新社会史学派的主要成果并未被大多数苏联史学工作者所了解。尽管这一状况到赫鲁晓夫时代有所好转，但是冷战思维对苏联与西方的学术交流仍然具有限制和管控作用。直到80年代中期以后，苏联历史学家与当代西方史学的交流才逐步恢复和开展起来，并形成

---

① ［美］伊格尔斯：《二十世纪的历史学——从科学的客观性到后现代的挑战》，何兆武译，辽宁教育出版社2003年版，第92页。

了苏联解体前后，西方史学各种流派、各种思潮如决堤的洪水一样涌入，不仅对教条主义和形而上学史学形成了巨大冲击，也使以往苏联史学取得的成就大打折扣，造成了对本国史学成就的"历史虚无主义"评价。当然，俄罗斯学者引进与吸收现代西方史学的热潮，对当代俄罗斯史学的发展还是起到了积极作用，只不过经历了西方在俄罗斯周边的颜色革命和对俄罗斯打压不断升级的种种事件，今天的俄罗斯学者对当代西方史学的价值已经有了新的认识和客观的判断。

（三）苏联档案长期封闭，对某些重要领域的研究产生严重影响。苏联时期，国家对历史学研究的某些领域长期实行严格的限制，对相应的档案资料也是严加管理。特别是对沙皇档案以及十月革命前后的档案一直是封闭的，研究也只能按官方的统一说法，不能越雷池一步。此外，苏联国家每年都要将一部分所谓"不需要的"或"危险的"档案材料加以销毁，随着许多重要的历史文献资料被毁，与之相关的历史也就成了一桩桩迷案。同时，国家还对现有的档案材料的使用还严加限制。在苏联历史档案馆中，许多重要的档案室长期关闭，在苏联解体以前，约有20%的国家文件和90%的党的档案文件无法与研究者见面。[①] 这使得苏联史学研究确实存在不少空白点或研究禁区，这些无疑给当代俄罗斯史学研究提供了更大的空间和广阔的领域，苏联解体后历史档案的全面开禁，是当代俄罗斯史学研究的重要前提，大量基于新开放档案完成的史学成果，在许多方面颠覆了以往的结论，引起了研究者和国家相关机关的重视。

（四）苏联时期历史研究成果的出版或发表受到严格审查和限制，一些具有创新观点和独立见解的成果或是无法公开发表，或是偷偷拿到国外发表。能够出版的成果许多都是组织审定、国家资助、集体完成的；一些成果充斥着机械唯物论和教条主义的理论说教和

---

① ［俄］P. 皮霍亚：《论"历史编纂学危机"的几个方面或"过去的不可预测性"》，载《近现代史》（俄文版）2000年第4期。

条条框框，严重影响了成果的学术价值和应用价值。一些历史著作理论枯燥、泛用经典、内容浮浅、论述烦琐、表达平淡，可读性不强，难以发挥历史著作应有的社会功能。正是出于对苏联史学的逆反心理，加之民主化带来的狂热情绪，苏联解体前后出现了许多史学乱象：或是胡乱戏说、歪曲历史；或是丑化苏联领导人和苏联时期的英雄人物；或是在历史教科书中简单罗列档案资料，基本不作理论分析和深层阐释，等等。这也从一个侧面反映了苏联史学长期存在的问题引起了人们的不满，不仅在原有意识形态体系坍塌后出现了剧烈的震荡和反弹，同时也预示着在新时期为建构一种新的史学范式的努力蓄势待发，行将开始。

第 二 章
苏联解体前后的历史学

第一节　戈尔巴乔夫改革与意识形态转型

一　苏联改革道路的选择

1985年3月10日，74岁的契尔年科在任苏共中央总书记的13个月后因病去世。3位苏共最高领导人连续在位辞世，反映了最高领导层的老龄化，同时也表明国家的经济、政治已经开始出现危机。面临来自国内外的各种挑战，苏联领导层不得不开始严肃考虑改革问题，其中，党和国家最高领导人的年轻化成为改革的重要前提。1985年3月11日，在苏共中央非常全会上，54岁的戈尔巴乔夫当选为苏共中央总书记。戈尔巴乔夫上台后面临的紧迫任务，无疑是国家的政治经济体制改革。在4月召开的苏共中央全会上，他代表苏共中央提出了以"加速战略"为核心的施政纲领，由此拉开了苏联全面改革的序幕。

面对苏联经济的停滞不前和政治体制的日益僵化，面对西方经济的长期增长和科学技术的快速发展，面对北约组织日益强大和华约组织渐趋衰落，新的苏联领导人面临严峻的挑战和巨大的压力。为此，戈尔巴乔夫上台后的首要任务就是通过全面改革使苏联的经济加快增长,使社会机制得以更新和完善,进而激发国家经济社会发展的内生动力。但是,苏联高度计划经济体制的超稳定性,官僚机构为维护既得利益而滋生的惰性和保守性,使改革的进程艰难复杂、困难重重。戈尔巴乔夫也曾试图集中精力进行经济改革,但是由于政治体制的种种弊端严重制约了经济体制机制转换,经济部门的利益集团对改革毫无兴趣并敷衍塞责,中央也拿不出行之有效的纲领和措施,使得改革从一开始就面临着从上到下的各方面阻力。戈尔巴乔夫在回忆那段历史时说:"我当时认为现实社会主义应该而且可以进行改革。1985 年和 1986 年这个认识一直激励着我的行动。尽管从 1986 年秋天起我就发现改革的进程在中层和下层遇到了阻力。"① 可见,由于改革可能触及各级干部的既得利益,而这种个体利益的膨胀,又使现有社会制度的优越性不断削弱。经济改革举步维艰,国内市场商品紧缺和通货膨胀引起广大群众的不满,苏共实际上处于进退两难的危险境地,改革的困难和风险已经空前加大。

  在这样极端复杂的形势下,苏共党内高层的一些自由派人物受到西方势力的怂恿和支持,在国内反对派的大肆鼓动下,开始极力劝说戈尔巴乔夫放弃经济改革,转而从政治体制改革入手,以西方的民主政治推进全面的经济社会改革。当时负责意识形态工作的苏共中央政治局委员、中央书记处书记雅科夫列夫就提出:苏联的政治体制是国民经济发展的最大障碍,要想推动经济改革,加速经济发展,就必须首先进行彻底的政治改革。

  1986 年 2 月,戈尔巴乔夫在苏共第二十七次代表大会上提出了"民主化"和"公开性"的口号,由此确定了苏联政治体制改革的总基调,即用西方民主政治观念改革苏联社会主义体制。在 1987 年 1 月召开的苏共中央全会上,戈尔巴乔夫阐述了其政治改革思想,标志着苏共的政治改革全面启动。他在全会报告中指出:"苏联已经

---

① [苏]戈尔巴乔夫、斯拉文:《尚未结束的历史——戈尔巴乔夫访谈录》,孙凌齐、李京洲译,中央编译出版社 2003 年版,第 11 页。

形成了阻碍社会经济发展、限制进步改造的某种机制",而这种机制的根源"在于社会主义民主制度发挥职能方面的严重缺点,在于陈旧的、有时是不符合现实的政治方针和理论方针"。因此,"苏联社会的进一步民主化成了党的紧迫任务"。戈尔巴乔夫为表达其政治改革的决心,号召实行"最大限度的公开性",提出在"苏联社会不应有不受批评的禁区"。由此可见,戈尔巴乔夫的政治改革首先是从对原有政治体制的批判发端的,并且从一开始就是与西方的"民主化"和"自由化"主张紧密联系在一起,其策略就是用西方的普世价值和民主政治改造国家。关于这一点,戈尔巴乔夫在苏联解体10年后的一次访谈中还坚持认为:"很清楚,党本身在阻碍事业的发展,改革党的问题变成了最迫切的问题。应该通过民主化使党活跃起来。"① 这种用西方民主政治改造苏共体制机制的想法,在今天看来,如果不是对当代极为复杂的世界形势缺少判断,就是对把握大国的政党政治缺乏经验,或者是顺从了西方和国内反对派势力的强大舆论压力。总之,在世界地缘政治和国内外形势出现重大变化的情况下,"以民主化使党活跃起来"的改革方向,是戈尔巴乔夫改革失败和苏共走向垮台的重要原因。

戈尔巴乔夫政治改革的一个重要思想观点是:在世界成为一个整体和核威胁的情况下,阶级利益和民族利益就退居次要地位,而"全人类的价值"和"全人类的利益高于一切",因此阶级分析方法和阶级斗争学说已经过时。戈尔巴乔夫把他的这一思想作为"新思维"泛化到经济、政治、文化和军事等各个领域。他认为,从历史教训中得出结论的一个主要方面,就是苏联在政治领域的改革必须推进"民主化、公开性、多元化"。他说:"我们肯定舆论多元化,

---

① [苏]戈尔巴乔夫、斯拉文:《尚未结束的历史——戈尔巴乔夫访谈录》,孙凌齐、李京洲译,中央编译出版社2003年版,第19页。

摈弃精神垄断的做法。"① 这种首先从政治体制上推进改革的做法，在一定程度上决定了苏联改革的道路和方向。而无原则地倡导"民主化"和"多元化"，作为改革苏共体制和机制的武器，无疑会削弱共产党的威信和执政地位，成为后来苏联解体的重要前提。

由于戈尔巴乔夫的政治体制改革是以建立民主制为目标的，因此在改革过程中，自然要对马克思主义理论和社会主义道路进行质疑、批判或攻击。当时负责中央宣传工作的雅科夫列夫直言不讳地说："在我国的实践中，马克思主义不是别的，而是一种新的宗教，它屈从于专制政权的利益和它任性的要求。马克思列宁主义的教条主义的阐释，其危险足以使任何创造思维甚至经典思维都毁灭殆尽。魔王，它就是魔王……必须在理论上做出这样的突破，才能制止极权主义和对自由、创造的蔑视，才能结束意识形态的单一化……问题就不仅仅是拆除斯大林主义，而是替换掉千年沿袭下来的那个国家模式。"② 在此，他直截了当地说："我个人并不相信布尔什维克的马克思主义学说的'生命力'，我尤其批判反人类的斯大林社会主义模式。"③ 他的这些言论已经大大超越了以往任何时候对斯大林的批判，而是把攻击的目标直指苏联共产党和苏联社会主义。

身为苏共主管宣传工作的雅科夫列夫对马克思主义的批判让全国上下为之震惊，表明苏联在改变颜色的道路上已经迈出了重要一步。他在对马克思主义攻击的同时，还对资本主义的社会制度和价值观念大加赞赏，他说："资本主义带来了实用主义的伦理。在资本主义的自由、平等、博爱的口号中体现了崇高的理想主义，它依据

---

① [苏]戈尔巴乔夫：《在苏共第十九次全国代表会议闭幕会上的讲话》，载《真理报》（俄）1988年7月1日。
② [俄]亚·尼·雅科夫列夫：《一杯苦酒——俄罗斯的布尔什维克主义和改革运动》，徐葵等译，新华出版社1999年版，第28—30页。
③ [俄]亚·尼·雅科夫列夫：《一杯苦酒——俄罗斯的布尔什维克主义和改革运动》，徐葵等译，新华出版社1999年版，第286页。

的是清醒的、脚踏实地的现实考虑。"① 苏联解体后，雅科夫列夫曾毫不隐讳地承认了他们以政治体制改革为突破口，从内部瓦解苏共的行动，他说，要"把苏共分成社会党和人民民主党，全民投票选举总统；利用纪念十月革命讲话之机推销自由化思想；撤换异己，安插和怂恿激进自由报刊主编，领导对苏共历史的翻案；压制和打击党内不同声音"。② 在苏联国内政治经济改革举步维艰的情况下，苏共高层内部这些极具煽动性的言论，使人们更加相信民主化的作用，甚至许多人认为，只要实现西方式的民主政治和自由主义经济，苏联的改革会很快取得成功，成为西方资本主义世界的一员。

苏联解体后，原苏联部长会议主席雷日科夫曾这样评论说，在雅科夫列夫看来，"我国历史的整个苏维埃时期就是一团漆黑。他彻底否定1917年的十月革命和列宁。他混迹苏共达数十年，爬到中央书记和政治局委员的地位，但对待苏共却完全抱仇视态度，全然看不见它在我们生活中的地位。1991年8月之后，他公开和示威性地谈论自己在把党赶下政治舞台过程中个人的功劳"。雷日科夫认为，戈尔巴乔夫和雅科夫列夫打着改革的旗号，其实是一对凶恶的家伙，其虚伪性就在于"他们一个是改革的'设计师'，还有一个是改革的'施工队长'，无论在阴险的'创意'上还是在创意的实行上，都是狼狈为奸，互为补充。正是党指引了他们的生活道路，而他们却毁掉了党。这两个政客全都背叛了自己伟大的国家和人民。历史已给予他们以符合实际的应有评价"。③

如果说，自由主义激进派的改革目标就是要走西方的民主政治道路，取消共产党的领导权，加入以西方为主导的世界经济政治体

---

① [俄]亚·尼·雅科夫列夫：《一杯苦酒——俄罗斯的布尔什维克主义和改革运动》，徐葵等译，新华出版社1999年版，第339页。
② [俄]亚·尼·雅科夫列夫：《一杯苦酒——俄罗斯的布尔什维克主义和改革运动》，徐葵等译，新华出版社1999年版，第182页。
③ [俄]尼·伊·雷日科夫：《大国悲剧——苏联解体的前因后果》，徐昌翰等译，新华出版社2008年版，第124页。

系，但让大多数人没有想到的是，苏共执政党地位的丧失却直接导致了国家的分裂和苏联的解体。后来的历史已经证明，叶利钦时代所有融入西方的努力不仅没有也不可能取得预期的效果，反而新俄罗斯在艰难的转型时期却付出了巨大的代价。当代俄罗斯著名政治学家塔吉亚娜·阿列克谢耶娃关于民主的一段话很有说服力，她认为："国家建设、法制国家确立、稳定的民主，这一切，众所周知，都是概念上政治发展的不同阶段，这些阶段在欧洲按时间被划分为几十年，或者几百年，这决非是偶然的。因此，最为深邃的研究学者早已看清，民主化，尤其在其早期阶段，带有民族主义和非自由化政策爆炸不断增长的危险性。"① 确实，随着时间的推移，人们对那场以建立民主制为目标的激进改革的评价渐趋客观和理性，一些人甚至认为戈尔巴乔夫的改革结局，即苏联作为一个世界大国的消失，是20世纪人类历史的悲剧。

二 《改革与新思维》及其政治导向

1987年，戈尔巴乔夫将与美国记者的谈话整理成书，并以《改革与新思维》之名在苏联国内和美国等西方国家同时出版发行。戈尔巴乔夫在该书致读者中开宗明义地说："我写这本书，是想同各国人民直接对话，同苏联人民、美国人民和任何国家的人民直接对话。"他说："改革是我国社会精神生活所关注的中心。这是非常自然的，因为这涉及国家的命运。改革带来的变化，关系到所有的苏联人，触及最迫切的问题。"② 他认为这本书不是学术著作，也不是宣传性论著，但他却把政治改革的主张在书中进一步理论化、系统化，并形成了一整套被称为"新思维"的思想体系。

---

① ［俄］塔·阿列克谢耶娃：《"民主"和全球化在西方外交政策意识形态化中的作用》，载上海社会科学院俄罗斯研究中心等编《当代国际关系体系转型》，上海人民出版社2010年版，第13—14页。

② ［苏］戈尔巴乔夫：《改革与新思维》，苏群译，新华出版社1987年版，第2页。

在书中，他首先分析了苏联的国内形势、面临的各种困难与问题，并提出了一系列改革的设想。他说，在 70 年代下半期"国家开始失去前进的速度，经济工作越来越乱，积累了一个又一个困难问题，而且日益尖锐化，未解决的问题越来越多"。在社会科学方面，"烦琐的理论研究成风，有创造性的思想被排挤出社会科学领域"，"学术的、理论的和其他的讨论遭到阉割"。"某些工作人员的行径引起劳动人民的应有的愤慨，他们辜负了信任和重托，滥用权力，压制批评，中饱私囊。"[①] 客观地说，直面并抨击这些苏联社会长期存在的问题，是以往苏联领导人没能做到的，不仅说明戈尔巴乔夫对改革紧迫性的认识，也在世人面前树立了他作为改革领导者的新形象。

同时，戈尔巴乔夫也认为，苏联的改革没有"现成的药方"，也不能保证不犯错误，但"最大的错误就是怕犯错误，止步不前，无所事事"，[②] 关键是要"让改革的飞轮加速旋转"。为了加快推进改革，戈尔巴乔夫强调必须"让公开性大放光明"，"社会气氛的民主化和沿着社会经济改革道路加快前进步伐，这在很大程度上正是由于发展了公开性"。[③] 在这里，他把"民主化"和"公开性"看作是至关重要甚至是决定性的因素，认为"没有公开性，就没有也不可能有民主。而没有民主，就没有也不可能有现代社会主义"。[④]

戈尔巴乔夫对民主化和公开性的过分热衷，表面上看是对斯大林集权专制的拨乱反正，实际效果却是在与资本主义的长期较量中，自行撤掉了得以立国的最后防线。在改革进入深水区的关键时刻，戈尔巴乔夫等苏联领导人放弃党在改革中的领导作用，不顾民主化的社会前提和阶段性特征，似乎只要有了公开性，让人民对党和政

---

① ［苏］戈尔巴乔夫：《改革与新思维》，苏群译，新华出版社 1987 年版，第 13—19 页。
② ［苏］戈尔巴乔夫：《改革与新思维》，苏群译，新华出版社 1987 年版，第 77 页。
③ ［苏］戈尔巴乔夫：《改革与新思维》，苏群译，新华出版社 1987 年版，第 89 页。
④ ［苏］戈尔巴乔夫：《改革与新思维》，苏群译，新华出版社 1987 年版，第 95 页。

府开展批评，让新闻媒体去揭露历史的悲惨事件，就能推进民主政治建设，进而加快改革。历史证明，这样的指导思想在改革的实践中极可能事与愿违。因为，在苏联这样一个多民族的大国，当经济社会矛盾极端复杂之时，以民主化和公开性推进政治改革，并伴以加速改革的急于求成的做法，势必使一些固有矛盾进一步尖锐化，由此而产生的困难和混乱必然造成严重的信仰危机，对共产党的执政地位带来威胁，使改革走向失败。

在《改革与新思维》一书中，戈尔巴乔夫主动而善意地提出了与美国和西方"不要对抗，而要合作"的观点。他说："人类已经进入了大家互相依赖的阶段。不能把一个国家同另一个国家分开，把一国人民同另一国人民分开，更不能使这些国家和人民对立起来。在共产主义语汇中这叫作国际主义，然而这与全人类价值观念是一致的。"[①] 在这里，他将国际主义与西方的"全人类价值观念"相提并论，表明他在理论上混淆了社会主义与资本主义价值观念的本质区别，在实践上希望用普惠于西方世界的价值观来加速改革进程。他说："世界不但生活在核威胁的气氛中，而且还有一些重大的社会问题和新的紧张状态没有得到解决。这些社会问题和紧张状态是由于科技革命和全球问题激化而产生的，人类面临前所未有的任务，如果不能共同解决这些任务，人类的未来就成问题了。"[②] 因此，必须"抛弃以前某些看来是不可动摇的公式"，"确立新的政治思维，以及能保障人类生存的新的和平概念"。[③] 在此基础上，他进而提出了用"革命性的思维方式"，使苏联走出"冷战"的壁垒，缓和美苏关系，从而融入以西方价值观念为标志的世界文明主流。由此可见，戈尔巴乔夫对"冷战"结束后，苏联将迎接新的未来充满希望，但严峻而冷酷的现实并未按照他的思维和逻辑去发展。

---

① ［苏］戈尔巴乔夫：《改革与新思维》，苏群译，新华出版社1987年版，第243页。
② ［苏］戈尔巴乔夫：《改革与新思维》，苏群译，新华出版社1987年版，第4—5页。
③ ［苏］戈尔巴乔夫：《改革与新思维》，苏群译，新华出版社1987年版，第181页。

当然，作为苏共中央总书记的戈尔巴乔夫在《改革与新思维》中，还是提出要坚持社会主义制度，坚持列宁主义。他说："我们不能允许这样做（指放弃计划经济、允许失业），因为我们打算巩固社会主义，而不是以另一种制度取而代之。从西方另一种经济中塞给我们的东西，是我们不能接受的。"① 这种忽"左"忽右、相互矛盾的思维方式，实际上具有一定的蒙蔽性，更容易在党内上下产生模糊认识。甚至在苏联解体后，他还表示"我根本不接受资本主义化。它不仅不适合俄国，它在西方也已经过时"②。从苏联解体前后的历史看，一些人认为是戈尔巴乔夫背叛了社会主义，搞垮了苏联，我们认为这种说法从逻辑上是不符合实际的，至少他作为共产党的总书记，根本未想到在任6年后会被迫下台，成为葬送苏联的最后一任领导人。比较客观地说，戈尔巴乔夫是在确定改革的指导思想，制定改革的路线、方针、政策等方面受到自由派和西方势力的操纵和利用；在领导改革的步骤、节奏、力度等方面又优柔寡断，因而犯了一系列致命的错误。在急风暴雨式的改革中，由于他在理论和实践上的自相矛盾，治国理政经验的缺乏，统领改革的能力有限，终使自己的权力被大大削弱，自身的威信和地位急剧下降，最后不得不与自由派妥协，在各种势力的威逼利诱下，演出了联盟解体和苏共垮台的历史悲剧。

戈尔巴乔夫改革前苏联体制机制存在的问题和弊端，加之他在改革中的一系列错误主张，为西方的和平演变提供了极佳时机。如果从某种意义上来说，苏联解体是西方颜色革命的最初尝试，那么，此后颜色革命作为一种当代和平演变的特殊现象开始在一些国家不断发生。联系并比较苏联解体的全过程，我们不难看出西方在这场所谓的革命过程中所起的作用。当人们对苏联兴亡史进行深入研究

---

① ［苏］戈尔巴乔夫：《改革与新思维》，苏群译，新华出版社1987年版，第104页。

② ［苏］戈尔巴乔夫、斯拉文：《尚未结束的历史——戈尔巴乔夫访谈录》，孙凌齐、李京洲译，中央编译出版社2003年版，第19页。

之后，对近年来主要由西方策动的国家政体和社会制度发生改变的颜色革命的性质，已经看得越来越清楚了。

《改革与新思维》一书的出版，标志着持续了 30 多年的"冷战"实际上已经结束，苏联领导人决心要全面改善与美国和西方的关系，将西方的政治体制模式和自由市场经济作为改革的方向。然而，令戈尔巴乔夫没有想到的是，用西方民主制度加速国内的政治经济改革，必然造成苏共执政党地位的削弱，使民主派在国内的政治舞台占据上风。《改革与新思维》发表后，立即在苏联国内外引起轩然大波，不仅受到西方世界的普遍赞扬、引起国内民主派的欢欣鼓舞，也使多数苏联人在体制僵化、官僚腐败、经济衰退的生活中，似乎看到了国家变化的曙光。与此同时，《改革与新思维》也在苏联的思想理论界产生了巨大反响，当学者们还在研究和探讨新的思想理论的可行性时，苏联国家的意识形态已经出现了急剧和根本的转向。

应该说，《改革与新思维》并不是作为党的文件发布的，也不是中央集体研究与讨论的结果，而是戈尔巴乔夫较随意地在西方人面前坦诚改变苏联社会现状的一些美好设想。但是，书中过多地是对普世价值观的赞美和对西方民主政治的渴望，而对苏联最棘手、最具有挑战性的困难与问题，却没有提出多少解决办法和切实可行的方案。

《改革与新思维》发表之后，一些跟风的学者和理论家也作了进一步的阐发，提出要使苏联摆脱目前的困境，必须彻底批判过去的僵化、专制、集中的管理体制，要重视人的因素，要建立一个西方式的法制国家，要建立"民主的""人道的"社会主义。这些思潮的泛起，立刻得到了苏共中央内部自由主义激进派的鼓励和支持，特别是以雅科夫列夫为代表的负责宣传工作的少数领导者，更是推波助澜，唯恐天下不乱。他们对上，怂恿和促动戈尔巴乔夫放弃马克思主义，加紧与西方的勾连；对下，以富于煽动性的语言污蔑马克思主义和苏联社会主义，极力搞乱群众的思想，动摇广大党员和群众的理想信念，以至于当红旗从克里姆林宫上空落地时，绝大多数苏联人的反应是麻木的、无动于衷的。

如果说苏联的意识形态作为社会主义价值观念的基本载体，曾受到"左"的思想路线的干扰，出现过一些偏差或错误，但是在苏联社会主义建设和伟大卫国战争中，舆论导向的正面重要作用却是不可否认的。然而，随着《改革与新思维》的出现，苏联共产党得以立足的意识形态发生了重大转变，致使苏共的执政根基受到了致命的破坏。关于这一点，戈尔巴乔夫本人也在不断思考和反省。他在苏联解体10年后，又一次接受记者采访整理成书的《尚未结束的历史——戈尔巴乔夫访谈录》中说，"正是他们（指当年的叛乱者）的行动使得戈尔巴乔夫声誉扫地"①，可叹的是，他并未承认导致他名声扫地的实际是他当年津津乐道的"民主化"和"公开性"。他把苏联解体的责任推到其他方面，而不愿正视自己错误的改革路线和软弱的执政能力。他说："当时我们已经制定出党的新纲领，开始进行深入的改革。市场和所有制问题已经清楚。然而人们没有经受住改革的磨难。全国到处商品紧缺，许多人利用各种各样的民族冲突想方设法分散联盟的权利。叶利钦趁此机会把这些人召集到俄罗斯的旗下。为了吸引联盟企业，他答应它们减免10%的税收。总之，斗争开始时人们都这样说：也许叶利钦的办法好？干脆，就让戈尔巴乔夫这个大政治家去管苏联的事，让叶利钦在俄罗斯共和国自己干吧。"② 在这里，他只能无可奈何地把罪责推到叶利钦身上，而否认自己作为苏共总书记和联盟总统的懦弱和盲从。他说："他（叶利钦）的主要错误在于战略的改变，他改变了对我们这样一个问题成堆且情况特殊的国家、一个复杂的客体进行循序渐进的改革的战略。

---

① ［苏］戈尔巴乔夫、斯拉文：《尚未结束的历史——戈尔巴乔夫访谈录》，孙凌齐、李京洲译，中央编译出版社2003年版，第103页。

② ［苏］戈尔巴乔夫、斯拉文：《尚未结束的历史——戈尔巴乔夫访谈录》，孙凌齐、李京洲译，中央编译出版社2003年版，第103页。

叶利钦没有采取这种方法，而是要把一切全部打破，实际上是要用生硬的办法把国家搞垮。"① 对比《改革与新思维》和《尚未结束的历史》两本书，我们既看到了社会主义国家改革的曲折复杂和大国解体的惊心动魄，也看到了改革道路正确与否，以及领导者的治国理念和执政能力对于一个国家的前途命运确实具有决定性意义。

三 意识形态转型与"史学危机"

戈尔巴乔夫大力倡导的"民主化"与"公开性"，主要是想纠正苏联历史上曾经出现过的"不民主""不公开"的各种问题，具有很强的针对性。按照他的说法，苏联历史不应该有"空白点"，苏联社会也不应该有不受监督和批评的"禁区"。如果仅从学术研究层面和此前苏联史学存在的各种问题看，这些提法无可厚非，也是社会主义民主与法制的基本要求。但是，这些苏联社会及学术界长期存在的问题，大可不必在改革举步维艰的关键时刻去急于解决，因为"民主化"和"公开性"与民众对改革的实际要求相去甚远，尽管"民主化"与国家的政治改革有着密切关系，但它所引发的往往是对现存制度的怀疑和对现行体制的冲击。

从苏联解体前的经济和社会情况来看，尽管改革困难重重，但其政治体制仍很稳固，军事实力依然强大，经济基础也很雄厚，应该有着较强的改革承受能力，改革的机遇并未完全丧失。遗憾的是苏联领导人没有依靠苏共的执政党地位和国家政权的强大力量，去寻找和实施经济社会改革的最佳方案，而是通过所谓填补空白点，来深挖和讨伐历史上苏共及其领导人所犯下的各种错误，以至于在"民主化"和"公开性"的声浪中，人们对党的信心开始动摇，苏联政权的合法性受到质疑，苏共的执政能力被严重削弱。

1986年11月，戈尔巴乔夫等苏共领导人在全联盟社会科学教研

---

① ［苏］戈尔巴乔夫、斯拉文：《尚未结束的历史——戈尔巴乔夫访谈录》，孙凌齐、李京洲译，中央编译出版社2003年版，第105—106页。

室主任会议上发表讲话，对包括历史学在内的社会科学各学科提出严厉批评，指出各类社会科学的基本教科书在叙述原则问题时存在公式主义、教条主义、形式主义和枯燥无味的毛病，因此必须重写。① 此后不久，在 1987 年 1 月召开的苏共中央全会上，戈尔巴乔夫直接提出，在苏联历史的研究和评论中存在许多"禁区"，研究苏联历史"不应当有被遗忘的人物和空白点"。② 1988 年 1 月，戈尔巴乔夫又提出，"我们主张毫无保留和毫无限制的公开性"。③ 自此，以"填补历史空白点"为旗号的"历史热"在苏联史学界及至整个思想理论界迅速兴起。

历史学界在"民主化""公开性"的引导下，在挖掘历史"空白点"的喧嚣声中，要求解密历史档案，反思历史遗留问题，继而出现了对整个苏联史学的批判和攻击。这种否定苏联历史的"历史热"，一时间颇为时髦，也吸引了不少眼球，五花八门的史学观点和耸人听闻的奇谈怪论在民间广为传播，在严肃的史学家那里，这成了一场真正的"史学危机"。曾经受"持不同政见者"长期影响的文学界也出现了新的变化，一批"解冻"文学作品相继出版，声讨的矛头直指列宁和斯大林以及苏联的社会主义体制。

如果说苏联史学在相当一段时期曾经存在着教条主义倾向，出于某种政治需要而设置了"研究禁区"和"空白点"，但是这些问题通过对解密档案的考证和甄别，可在学术自由的讨论中，破除禁区、纠正谬误。历史证明，处于改革关键时期的苏联，首要的是应处理好党的领导与改革开放的关系，在社会主义意识形态的基本框架内去研究和解决历史问题。而戈尔巴乔夫通过重新审视历史、改写历史，与过去苏共领导人的错误划清界限，则助长了历史虚无主义，希望以此为动力扫除政治改革障碍，必然要突破苏联意识形态

---

① 《苏共 27 大和社会科学教研室的任务》，莫斯科，1987 年（俄文版），第 9、22、256 页。
② ［苏］《真理报》1987 年 1 月 28 日。
③ 《当今苏联》，新华社《国内参考》编辑部出版，第 110 页。

的原则和底线。

1987年11月2日，戈尔巴乔夫在纪念十月革命70周年大会的讲话中，"严厉地批判了斯大林及其周围亲信的大规模镇压和违法现象，指出他们对党和人民所犯的过错是巨大的和不可原谅的"。① 与以往赫鲁晓夫批判斯大林、勃列日涅夫批判赫鲁晓夫不同，戈尔巴乔夫认为，这些前任的错误不只是他们个人的品质问题，而是苏联的体制和制度问题，因此，要对苏联体制机制进行根本性的改革，首先要从对苏联历史的重新评价开始。

由于戈尔巴乔夫重评历史的真正用意并非是纠正历史错误、客观地研究历史，而是要揭示导致现存政治体制矛盾与问题的历史原因，以此唤起社会舆论，从思想和理论上推进政治体制改革。因此，这种所谓的"历史热"开始并未引起大多数历史学家的兴趣。当时的苏联科学院通讯院士 П. В. 沃洛布耶夫指出："唤起人们对历史的兴趣的，不是我们职业历史学家，而是我们的政论家、作家、经济学家。正是他们把历史变成它现在成为的那种社会力量。至于职业历史学家（众所周知，他们在我国有成千上万），积极卷入这个工作的，真是屈指可数。"② 在填补历史空白点和清算历史冤案的热潮中，"最受欢迎的《火星报》《莫斯科新闻》在批判中打了头阵。在这些报纸和其他出版物中，填补历史'空白点'，变成了'几乎将全部红色的苏维埃历史涂成黑色'"。③ 一时间，大小报亭书摊充斥着各种历史奇闻、名人逸事的期刊，这对平时喜欢阅读的不同年龄段、不同职业的苏联民众产生了极大影响。

在苏联改革波云诡谲的骇浪中，人们关注的热点从经济转向政治、从现实转向历史。一些记者、作家、政论家，也包括少数史学家回到过去，通过小说、文章、回忆录和历史评论，极力披露一些

---

① 黄立弗：《苏联社会阶层与苏联剧变研究》，社会科学文献出版社2006年版，第452页。
② 《苏美历史学家"圆桌会议"》，《历史问题》（俄文版）1989年第4期，第100页。
③ 黄立弗：《苏联社会阶层与苏联剧变研究》，社会科学文献出版社2006年版，第452页。

鲜为人知、真假莫辨的历史事件，并以此替代专业性的历史研究。于是"在苏联社会上掀起的批判斯大林主义和'停滞'时代的运动中，一批作家、学者作为批判运动的主角在运动中获得了巨大的知名度"。[①] 尽管一些剧作家和政论家撰写的有关历史题材的各类小说和文章，披露了许多以往被视为"禁区"的档案资料，以亲身经历揭露了曾经被掩盖的事实，具有一定的启发性；但是也有相当部分作品看似是为不同时期的被迫害者鸣冤平反，实际上矛头直指的是苏联的政治体制和社会制度。

苏联解体十多年后，俄罗斯学者利希奇金在反思这一过程时说："'纠错—深化—破坏'三部曲堪称改革时期信息战的标准模式。就其显示的力量、出人意料的程度和效力而言，它们可以与以往最出色的行动相媲美。得到大多数人支持的最初阶段，借助钟摆效应，毫不显眼地转入了第二阶段。然后，在以苏联共产党名义行动的戈尔比集团与'独立'的大众传媒共同努力下，社会又进入了破坏阶段。"[②] 在当时的电视节目和报纸杂志上，每天都在播报着各种思潮和流派的无休止的论争，那些冗长的发言和激烈的辩论，让大众厌倦，不仅错失了改革的最佳时机，也使国内经济持续衰退，信仰不断滑坡。由反思历史、填补历史空白点造成的"史学危机"导致了思想理论上的极度混乱和失控，很快发展为批判苏联70年社会主义建设的理论与实践，形成了一场使马克思列宁主义、苏联共产党、社会主义丧失威信的政治运动，至此，苏联解体的舆论铺垫已经基本形成。

[①] А. С. Барсенков. *Реформы Горбачева и судьба союзного государства 1985—1991*. С. 98.

[②] ［俄］В. А. 利西奇金、Л. А. 谢列平：《第三次世界大战——信息心理战》，徐昌翰等译，社会科学文献出版社2003年版，第228页。

第二节 "历史虚无主义"的实质及其作用

一 "历史虚无主义":自我否定的历史观

"历史虚无主义"在世界历史上的一些特殊时期并不少见,通常表现为迷恋或崇尚其他国家和民族的历史,而对自己的历史却持贬低或否定态度,其本意大多是希图借助其他价值观或社会制度来改变自己国家与民族的现状和政治制度。这种思潮在西方国家的殖民扩张过程中,常常伴随着欧洲中心论和种族优越论,通过贬损落后国家的历史,使该国人民失去对自己民族和国家的信心。特别是当一个国家或民族面临困难或危机之时,"历史虚无主义"往往表现出很强的涣散人心、消弭斗志的负面作用,并且通常被对手所利用。客观地说,通过打破学术禁区、还历史本来面目的"填补历史空白点"本身并无问题,但是在改革处于举步维艰的特殊时期,在错误的理论引导下,"填补历史空白点"就有可能变形为对历史的简单否定,再通过大众舆论的炒作和发酵,形成了"历史虚无主义"群体认识。

在戈尔巴乔夫出于政治改革目的的"重评历史"和"恢复历史本来面目"口号的鼓动下,一些政论家、专栏记者和历史学家对苏联领导人、早期革命家和以往被歌颂的英雄人物采取了激烈批判和简单否定的态度,在论著中极力夸大他们的缺点和错误,其中不乏篡改历史、恶意诽谤甚至是公开的谩骂。与此同时,在扩大研究范围,对革命与现代化进程的各种合力因素进行分析时,一些人对于沙皇本人或他的大臣、将军们,采取了过分宽容的态度。例如不少史学家以公开新史料、重评历史为名,大量发表有关尼古拉二世的文章,把这位在"二月革命"中被废黜的末代沙皇描绘成有着高尚品德和仁爱之心的君主,同时指责苏维埃政权的残暴和滥杀无辜。还有一些流亡在外的王室贵族的后裔竟要求回国重整旗鼓,收复在革命年代失去的一切。"历史虚无主义"通过为旧势力翻案，实际上不仅要否定十月社会主义革命，还要否定1917年的资产阶级"二月革命"，进而否定一个世纪以来的俄罗斯和苏联的全部历史。

1990年第3期《我们的同代人》杂志，发表了斯托雷平在国家杜马的多次演说，对曾经为缓解国内矛盾而进行土地改革、为维护沙皇专制而策划1907年"六三政变"的旧俄内阁总理大臣倍加赞扬，甚至超过了对早期革命家的评价。与此同时，《十月》杂志连续发表了阿法纳西耶夫赞扬原白军将领邓尼金的文章《一个俄国军官的道路》等。应该说，在涉及体制变革的社会转型期，随着文献档案的大量开放和历史研究的逐步深入，一些历史研究不断突破过去的禁区是可想而知的，也是完全正常的。但是，这种具有明显政治倾向性的所谓自由主义派的史学研究，采用历史虚无主义态度，进而发展成对苏联历史的全盘否定，就值得高度重视了。当时，一些职业历史学家也提出了新的见解，"认为在1917年的俄国革命既不具备资产阶级革命的前提，更不具备社会主义革命的前提。例如著名学者舍洛哈耶夫说，1917年所有政治运动的社会基础都非常狭隘，因此任何形式的社会重建模式都没有其自身实现的现实物质前提"。①

伴随着历史虚无主义的泛起，1991年前后出现的"阿夫托尔哈诺夫"热就反映了这一思潮的基本性质。原先这位曾经多年流亡国外的史学家的著作在国内一直无法出版，而这时他的《列宁与俄国的命运》《斯大林死因之谜》《克里姆林宫帝国》等在短时间内相继出版，甚至成了国内炙手可热的畅销书。对此，俄罗斯学者利西奇金评价，"在心理战中用历史做武器需采用一系列具体方法。其中包括颂扬法和妖魔化法，将某些历史人物奉为神明或贬为恶魔，将某

---

① 姚海：《俄国革命》，《苏联史》（第1卷），人民出版社2013年版，第4页。

些历史时期捧上天或踩下地。一个非常普遍的做法就是重写历史"。① 由此不难看出，历史虚无主义与真正从学术上重新认识和研究祖国历史不同，其真实意图就是对沙俄时代的颂扬和对苏联时代的贬斥，在全民意识中为搞垮苏共消除思想认识上的障碍。

正是在这股否定祖国历史的虚无主义浪潮中，许多苏联历史上的重大事件都被充满质疑与否定的观点重新评价，包括十月革命、国内战争、新经济政策、农业集体化运动、工业化建设、抗击德国法西斯的卫国战争等，似乎苏联的历史是一部充满谬误和伪造的、罪恶的历史。

当然，苏联作为世界上第一个社会主义国家，由于各种复杂的内部外部、主客观原因，在其发展的不同阶段和某些方面肯定存在不完善的地方，也出现过重大的失误或错误，因而适时纠正错误，汲取经验教训，对社会主义国家的体制机制进行改革是十分必要的。但是，如果把苏联历史上某些时期政治、经济上的失误与社会主义的基本制度混为一谈，抓住实际工作中的缺点和错误加以渲染夸大，以偏概全，这就否定了苏共的历史和全体苏联人民艰苦奋斗所进行的伟大的社会主义实践。而这种错误的意识形态导向，在改革进入严重困难时期，则具有更大的危险性，其要害在于使广大民众对党和政府的信任和支持率下降。黄立茀教授从社会心理的角度研究指出："改革以前，苏联普通群众虽然已经对苏共的特权不满，对经济、政治、思想文化领域的集权不满，但是认可苏共的领导基本是社会的主流情绪。实施公开性方针以后，思想激进的知识分子创办刊物，组织非正式组织和活动，将批判斯大林和批判马克思列宁主义的情绪传达给社会，群众对苏共的不满迅速升级。"②

实际上，在改革过程中应该对苏联时期领导人的错误，不同历

---

① [俄] B. A. 利西奇金等：《第三次世界大战——信息心理战》，徐昌翰等译，社会科学文献出版社2003年版，第39页。

② 黄立茀：《苏联社会阶层与苏联剧变研究》，社会科学文献出版社2006年版，第456页。

史阶段党的路线、方针、政策方面的失误,特别是社会主义民主与法制建设、经济政策、民族政策、外交政策等方面的问题给予正确的判断和客观的评判。否则,社会主义所要进行的各项改革也就无的放矢、没有意义了。但是,如果对已经被历史证明了的倒退的、落后的、从根本上违背人民群众利益的人物和事件也去翻案,那就完全走向了事物的反面,导致民众与政府的对立,党和国家的改革举措无法获得民众的拥护,进而增大了改革的难度。

美国学者大卫·科兹在《来自上层的革命》一书中说,苏联解体的过程确实让全世界都感到十分震惊,主要表现在,"历史上有过多次大国衰落的事件——但从来没有一次发生得这样快、这样出人意料。像苏联这样一个经济上和军事上都十分强大的实体突然坍塌,而且根本就没有什么外部入侵和内部暴乱,在现代历史上实在少见。这就引出了一系列问题。为什么苏联革新体制的尝试,即所谓的'改革',反而导致了它的终结?"① 对于这个东西方都十分关注的问题,我们通过以上研究得出的答案是:从苏联解体的经验教训来看,错误的舆论导向和改革路线,致使在改革遇到困难,经济社会出现较大动荡时,就特别具有欺骗性和误导性,不仅动摇了人们对共产党执政地位的认可,也失去了对社会主义的理想信念,为后来的民主派搞垮共产党,加速苏联的解体打开了方便之门,也成为西方未用任何武力就击败了"冷战"对手的重要原因。

二 "否定祖国历史"与国家认同的否定

恩格斯曾指出:"每一历史时代主要的经济生产方式和交换方式以及必然由此产生的社会结构,是该时代政治的和精神的历史所赖以确立的基础。"② 这就是说,作为国家的意识形态实际上是由其经

---

① [美]大卫·科兹、弗雷德·威尔:《来自上层的革命——苏联体制的终结》,曹荣湘等译,中国人民大学出版社2002年版,第3页。

② 《马克思恩格斯选集》第1卷,人民出版社1995年版,第257页。

济生产方式和交换方式，以及与此相适应的社会结构所决定的。而历史虚无主义通过否定祖国历史，否定缔造党和国家的领袖人物，自然也就否定了苏联体制和意识形态的正确性和合理性。

首先，由于戈尔巴乔夫改革路线的根本性错误，他所提出的"民主化、公开性"口号所引发的"史学危机"，很快形成了"历史虚无主义"，并直接导致了苏共意识形态引领社会价值的功能出现了严重偏差，使广大公众对维护现行的制度和秩序、维护国家的完整和统一失去了理念上的认同，使爱国主义传统遭到前所未有的践踏。对此，雷日科夫感慨地说："在上世纪90年代，反爱国主义简直都已经成了叶利钦政权的招牌。当局努力用他们的靴底，去践踏人民记忆中最神圣的事件、日期，甚至连伟大卫国战争胜利日也不放过。这一切在一定程度上造成了反弹，不过当然是畸形的反弹，那就是出现了民族主义的情绪和极端主义组织。"① 在"史学危机"与"历史虚无主义"所造成的极其严重的后果中，苏共威望大大下降，于是当民族主义、分离主义泛起之时，国家和社会走向分裂也就在所难免了。

其次，当社会主义国家改革遇到复杂局面和巨大困难时，一定要强调意识形态的正能量作用。戈尔巴乔夫在改革的关键时期，反复强调要"多一些民主"，要"填写历史空白点"，进而证明苏联意识形态的各种弊端是改革的根本障碍。这种对社会主义价值体系的科学性和有效性的质疑，破坏了社会全体成员对现存制度和秩序的合理性、合法性的认同，更谈不上抵御和排斥西方的价值观念体系，由此造成了在苏联经济与政治改革遇到困难时，意识形态不仅没有起到凝聚和团结全社会的作用，反而让所谓的"民主与人权""反思历史"所形成的"史学危机"和"历史虚无主义"扰乱了人们的思想，破坏了党的凝聚力，在国内上下的理论家争论不休、各种政

---

① ［俄］尼·伊·雷日科夫：《大国悲剧——苏联解体的前因后果》，徐昌翰等译，新华出版社2008年版，第18页。

治派别激烈讨论之时，改革的大好时机已经错过。

最后，在任何时候也不能忽视意识形态的反作用。我们始终认为，苏联的解体有国内国外、经济、政治、社会、文化、民族等多种复杂的原因，是多种因素相互作用的结果。但必须清楚的是：苏联是在和平年代、在没有任何外来武装打击的情况下解体的，尽管有西方的经济封锁，有"冷战"时期军备竞赛给国民经济带来的巨大压力，有计划经济体制和经济结构单一所造成的经济畸形发展，有西方国家的和平演变策略，有少数加盟共和国的分离势力等等因素，但不容忽视的还有意识形态的反作用因素。我们坚持经济基础决定上层建筑，坚持生产方式以及由此产生的社会结构对意识形态的决定性作用，但是唯物辩证法也充分地注意到意识形态对于社会实践，对于经济基础和上层建筑的反作用，并且"这种反作用是巨大的，有时对事件和历史具有决定性的作用"。[①] 苏联解体的教训充分证明，在社会转型的复杂与困难时期，作为意识形态的"史学危机""解冻文学""人道的、民主的社会主义"，正是冲垮苏联社会主义大厦的重要力量，在决定苏联国家前途命运的关键时刻起到了不可忽视的作用。

随着时间的推移，今天，人们对于"史学危机"和"历史虚无主义"的认识也逐步变得更为客观了。俄罗斯科学院俄国史研究所副所长、著名历史学家安·科·索科洛夫教授在2005年举行的一次学术报告会上，深有感触地说："苏联的社会主义制度在后期面临一次改革的大好良机，但不幸的是，由于人们的错误认识，这次改革成了与过去价值观和传统的彻底背离，改革也就变成了彻底'转向'。当时一味支持改革的苏联学者概括了这种'转向'：'苏联社会没有留下任何一处光明的角落；要把过去的一切全部抹黑，彻底放弃'。对过去进行反思和批判是正确的，也是必要的，但这种对过

---

① 陈秉公：《马克思主义意识形态理论与社会主义核心价值体系建构》，《马克思主义研究》2008年第3期，第20页。

去全盘否定、全盘西化的态度只能使整个苏联社会越来越偏离社会主义现代化建设的正常轨道,在'西化'的道路上最终走向历史的终结。"①

当代俄罗斯学者和政治家在经历了苏联解体的沉痛教训之后普遍认为,俄罗斯在新世纪的崛起,不仅"需要政治家和人民的意志力,需要大家共同奋起创造,需要建立一个现代化的社会,但同时也更要保持并发展我国的历史和精神传统"。②俄罗斯学者根据苏联解体的历史悲剧所得出的深刻结论,确实具有重要的启发和警示作用,同时,也从另一侧面回答了"历史虚无主义"在苏联解体过程中,对社会所产生的严重的腐蚀、破坏、分裂和颠覆作用。

三 "多元化"与苏联多民族国家的解体

在苏联改革进入决定命运的关键时刻,"民主化""多元化"与"历史虚无主义"相互作用,不仅严重削弱了党的领导,由于对多民族国家的形成及苏联历史的否定,也使苏联长期存在的民族问题变得更加尖锐复杂。一些人认为,既然国家的历史如此灰暗可憎,既然各加盟共和国已经出现了严重的发展差距和社会不平衡,既然各加盟共和国有权退出联盟,为什么还非要捆绑在这个人为制造的大家庭里呢?于是,由此而导致的分离势力加速了苏联多民族国家的解体。

1988年6月,戈尔巴乔夫在苏共第十九次代表会议上,提出要对国家的政治体制进行根本性的改革,改革的中心任务就是实现权力中心从苏共向苏维埃的转移。然而,他的这一政治让步,不仅没有博得自由派的青睐,反而引起激进派的要求不断增加,甚至反对

---

① 邢媛媛:《俄罗斯学者谈苏联解体原因》,《世界历史》2006年第4期,第155页。
② [俄]尼·伊·雷日科夫:《大国悲剧——苏联解体的前因后果》,徐昌翰等译,新华出版社2008年版,第388页。

派组织"民主同盟"宣称要推翻苏共和社会主义制度。1988年12月，苏联最高苏维埃通过宪法修改补充法律，决定建立人民代表大会为新的最高权力机构，并决定1989年3月26日举行苏联第一次人民代表大会代表的"自由选举"。正是在这次选举中，曾于1987年被戈尔巴乔夫解除领导职务的原苏共莫斯科市委书记叶利钦获胜并重返政治舞台。这表明，当时苏共在组织和领导上的绝对权威已经遇到了挑战。

从历史上看，苏联是以俄罗斯、白俄罗斯、乌克兰为主体的斯拉夫民族，与周边其他民族，在长期的征战、冲突、融合等复杂交往过程中形成的多民族国家，因而处理好民族关系一直为苏共领导人所重视。苏联在1924年、1936年和1977年颁布的三部宪法中都规定了民族平等原则，强调要在社会、经济、政治、文化等方面实现各民族一律平等。然而，由于苏联是一个地域大国，加之历史、文化和经济发展水平等因素，在国家和社会生活中很难达到各民族的完全平等。加之不同时期苏联领导人在给予民族国家和地区以支持时，也在民族政策和策略方面多有失误，一些民族国家与联盟中央的矛盾长期难以化解，导致了戈尔巴乔夫当政后期民族分离和独立运动此起彼伏，而"历史虚无主义"和"多元化"则在这一过程中从理论上对多民族统一国家的主权意识产生了极大地分裂和破坏作用。在深入分析这一复杂状况及历史教训时，应该特别注意以下因素：

一是十月革命后，苏联领导人对国家所处的历史阶段缺少科学的、客观的和实事求是的把握，出现判断性错误。一些领导人在形势有利时，对本国的社会发展阶段存在着超前认识，仅凭个别时期军事和经济的快速发展，就宣布已经建成了社会主义，并开始向共产主义过渡。由于忽视了民族地区发展水平的差距和各加盟共和国民族意识的政治诉求，往往对民族关系状况作出过高甚至是错误的估计。一些人认为苏联民族问题已经解决，民族平等已经实现，因而对民族问题的普遍性、长期性和复杂性未予足够重视。

二是由于对社会发展阶段的超前认识,"左"倾思想对民族政策的制定产生负面影响。一些苏联领导人对某些少数民族领导人坚持民族自主权、维护本民族历史、宗教、文化或语言传统等主张,常常视为资产阶级民族主义,予以严厉批判和无情打击。在大清洗中,一些民族国家的领导人也为此受到迫害,直接导致民族国家对苏联政府的恐惧和不信任,这种长期存在的隔膜在国家政治经济动荡之时,很快成为产生分离倾向的重要原因。

三是将复杂的民族问题简单地与复杂的国际问题挂钩,激化了一些地区的民族矛盾。一些苏联领导人将特殊历史时期复杂的国际问题,与民族国家地区的不满和反抗情绪简单联系,并予以严厉打击。例如,斯大林时期就曾以车臣等少数民族个别人里通外国、图谋分裂为借口,将整个民族强行迁离自己世代居住的家园,集体遣送到遥远的、生存环境较差、生活条件迥异的中亚异乡,因而造成了几代人难以平复的民族仇恨心理。

四是苏联长期的计划经济体制,规定了各加盟共和国的经济结构类型,造成产业布局单一、产品种类固化,对国家的总体经济安排具有很强的依赖性。而各加盟共和国主要是提供能源、资源、原材料和农产品,因其附加值较低,在与发达地区的工业品交换时存在着明显的剪刀差,致使多数加盟共和国经济长期滞后于俄联邦及少数经济发达的加盟共和国。一些俄罗斯人认为对加盟共和国的经济援助拖累了俄联邦的经济增长,但各加盟共和国则认为自己经济的落后是与中央和俄联邦不平等贸易造成的。

这些新旧矛盾的长期积累,成为民族危机的重要根源。而此时的戈尔巴乔夫仍希望通过政治民主化和多元化来挽救改革面临的失败,他在苏联解体后的回忆中还是认为:"我们对改革的想法往往是好的:将社会主义同民主和公开性结合起来,使社会成为自由的社会。人们应当自由地选择所有制、政党、宗教等。做不到这一点,改革将毫无结果。"① 实际上，正是这种基于人道的、民主的社会主义改革削弱了苏共的领导，为各种民族主义势力聚合成强大的政治力量，掀起民族分离浪潮提供了条件。关于这一点，戈尔巴乔夫后来也承认，"我们应当明白，既然采取了民主发展方针，那么所有这些问题都会暴露出来。它们的确暴露出来了。印古什也好，车臣也好，都要求取消那些非法强制各民族迁移的歧视性法规。从波罗的海沿岸国家以及其他地方强制迁移来的那些人的问题也开始提出来。所有这些涉及各个加盟共和国权利的问题我们本来都能解决，可是已经晚了。结果，只好签订新的条约。但是时间很紧迫，一切都变得十分不稳定，只要一发生叛乱，就会使各个共和国脱离苏联。在这方面我们输了。"② 是的，戈尔巴乔夫对于民主化的过分依赖，对于政治改革的急于求成，对于军队控制与指挥的无能为力，终于使他满盘皆输，苏联国家也成了一去不复返的历史。对此，原俄罗斯联邦最高苏维埃主席哈斯布拉托夫曾不无遗憾地说："在我之前的职业生涯当中，还从未遇见这样孱弱和不成熟的苏联最高领导人。"③

从1987年到1990年，立陶宛、拉脱维亚和爱沙尼亚波罗的海三国，相继成立了民族主义组织人民战线，制定民族独立的统一行动纲领，通过了共和国经济独立法、主权宣言和独立宣言。而叶利钦不仅公开支持波罗的海三国的民族独立运动，还在1990年6月12日颁布了俄罗斯联邦共和国主权宣言，尽管这份宣言主要是要求联邦在经济社会文化等方面得到更多的利益，并无太多的政治要求，但是却产生了一系列连锁反应，此后其他共和国也纷纷颁布了本国的主权宣言，由此形成的民族分离主义浪潮严重动摇了联盟的堡垒。

---

① ［苏］戈尔巴乔夫、斯拉文：《尚未结束的历史——戈尔巴乔夫访谈录》，孙凌齐、李京洲译，中央编译出版社2003年版，第114页。

② ［苏］戈尔巴乔夫、斯拉文：《尚未结束的历史——戈尔巴乔夫访谈录》，孙凌齐、李京洲译，中央编译出版社2003年版，第117—118页。

③ 伊·科缅捷托夫等采访伊·哈斯布拉托夫，载《论据与事实》，2019年7月16日，冷西、原泉译，http://www.wyzxwk.com/Article/lishi/2019/07/406055.html。

我们从雷日科夫的回忆录中，可以直接了解 1987—1988 年格鲁吉亚民族分离运动的具体情景。他说，当时"在格鲁吉亚，仿佛是随着魔棒的一挥，形形色色的'民主'党派、组织和团体就纷纷出笼了。如果说在波罗的海沿岸国家谈到地区经济核算和自我管理原则时还是相当注意使用外交辞令的话，在格鲁吉亚一切都是立刻摆到政治层面上来谈了。出现了'打倒克里姆林宫的帝国式狂妄自尊！''打倒苏共的无上权力！''独立的格鲁吉亚万岁！'等口号。紧接着又出现了'格鲁吉亚是格鲁吉亚人的格鲁吉亚！'，'用笤帚把一切非格鲁吉亚人清扫出去！'等等。西方的'民主中心'人数众多的密使走马灯似的来到第比利斯"。① 面对如此尖锐激烈、此起彼伏的民族主义浪潮，戈尔巴乔夫等最高领导表现得软弱无力、束手无策，因为"以戈尔巴乔夫为首的党和国家领导人并没有汲取内中（指 1986 年 12 月的阿拉木图事件）深刻的教训。真正的民族主义复活的危险和利用反社会主义、反苏维埃、反改革势力来消灭党、国家和我国社会政治制度的危险，他们却并没有看清楚"。②

苏联国内各地的政治波澜也影响到国外其他社会主义国家。在西方国家的策动和支持下，东欧各国的政局都发生了剧烈震荡，在 1989 年几个月的时间内，就有 7 个东欧国家的共产党丧失了政权。而东欧剧变反过来又强烈地影响到苏联，加快了苏联各政治派别力量对比的变化。在不断的政治动荡中，包括苏共党员在内的许多人都对苏共以及现存的政治制度表示怀疑，大批苏共党员在这一年退党。在这一过程中，一些历史学家和新闻媒体，也对当时的形势起到了一定的助推作用。利加乔夫曾指出，当时"新闻媒体发起的揭露苏联历史黑暗面和现存体制缺点的运动，直接动摇了这一帝国的

---

① ［俄］尼·伊·雷日科夫：《大国悲剧——苏联解体的前因后果》，徐昌翰等译，新华出版社 2008 年版，第 48 页。

② ［俄］尼·伊·雷日科夫：《大国悲剧——苏联解体的前因后果》，徐昌翰等译，新华出版社 2008 年版，第 45 页。

根基"。① 面对这一局面，反对派的士气进一步高涨，苏联的改革已经变成苏共与反对派争夺政权的政治较量了。反对派领袖叶利钦在1990年5月召开的人民代表会议上当选为俄罗斯联邦最高苏维埃主席，标志着苏共组织已经涣散并逐步走向了分裂，而俄罗斯联邦共和国最高苏维埃关于俄罗斯国家主权的宣言，则意味着全苏权力和管理中心将不可避免地走向消亡。

1991年6月12日，叶利钦在俄联邦的总统选举中获胜，成为俄罗斯历史上第一位民选总统，从而使民主派占多数的反对派成了俄罗斯的执政者。此后的"八一九"事变不仅未能改变苏联的政治局势，反而加强了叶利钦的地位，为他搞垮苏共增加了筹码。8月23日，叶利钦签署了中止俄共活动的命令。不久，戈尔巴乔夫宣布辞去苏共中央总书记职务，并建议苏共中央自行解散。1991年12月8日，俄罗斯、白俄罗斯和乌克兰三个传统斯拉夫国家的最高领导人，在明斯克签署《别洛韦日协定》，宣布"苏联作为国际法主体和地缘政治实体将停止存在"，迈出了苏联走向解体的最后一步，12月末，克里姆林宫上空的红旗缓缓降落，宣告苏联这个强大的多民族社会主义国家最终解体。

第三节 意识形态之战与苏联解体的外在因素

一 "冷战"时期的意识形态之战

苏联解体是否有外部原因，一直是学术界争论的重要内容之一。起初人们对西方的"和平演变"策略和军备竞赛压力普遍估计不足，更多关注的是苏联内部的体制机制问题，这虽有偏颇但却无可厚非，毕竟内因还是起主要作用的。但是，直到21世纪初一些国家出现了

---

① ［美］小杰克·马特洛克：《苏联解体亲历记》，吴乃华等译，世界知识出版社1996年版，第333页。

"颜色革命",才使人们对西方的"和平演变"政策有了较深刻的认识。从对大量历史资料的分析来看,苏联史学作为意识形态的重要组成部分,之所以在20世纪80年代以后发生巨大变化,与"冷战"时期西方"信息心理战"的逐步升级有着密切关系。第二次世界大战以后,一些国家的民族解放运动取得了胜利,社会主义阵营迅速扩大,以苏联为代表的社会主义制度和意识形态构成了对美国等西方国家安全利益的实际威胁。在由军事力量均衡使武力冲突得到有效控制的"冷战"时代,意识形态斗争开始在东西方的角逐与竞争中发挥重要作用,被赋予了无可替代的特殊意义。以美国为首的西方国家采取"和平演变"策略,输出民主以达到其战略目的,可以说是对苏联等社会主义国家展开的兵不血刃的另一种形式的战争。

早在1945年,美国中央情报局长艾伦·杜勒斯就在一篇演说中宣称:"人的脑子,人的意识,是会变的。只要把脑子弄乱,我们就能不知不觉改变人们的价值观念,并迫使他们相信一种经过偷换的价值观念。用什么办法来做? 我们一定要在俄罗斯内部找到同意我们思想意识的人,找到我们的同盟军。"① 为达到这一目的,杜勒斯明确指出:"我们要把布尔什维主义的根挖出来,把精神道德的基础庸俗化并加以清除。我们将以这种方法一代接一代地动摇和破坏列宁主义的狂热。我们要从青少年抓起,要把主要的赌注押在青年身上,要让它变质、发霉、腐烂。我们要把他们变成无耻之徒、庸人和世界主义者。我们一定要做到。"②

1947年,美国总统杜鲁门在一次演说中表示:"现代世界在战略上和政治上已从传统的多极世界变成了两极世界,在这样的世界中,意识形态的作用得到了加强,冷战所具有的意识形态性质暴露

---

① [俄]尼·伊·雷日科夫:《大国悲剧——苏联解体的前因后果》,徐昌翰等译,新华出版社2008年版,第1页。
② [俄]尼·伊·雷日科夫:《大国悲剧——苏联解体的前因后果》,徐昌翰等译,新华出版社2008年版,第2—3页。

无遗。"① 这一言论，清楚地反映了"冷战"的性质以及西方国家对意识形态斗争极端重视的原因。

其实，在当时的社会主义阵营中，西方的和平演变策略也曾引起许多国家和政党的警惕。例如，在新中国成立前后，中共高层领导就曾反复强调，要时刻警惕西方的和平演变。

1947年9月，联共（布）中央书记安·亚·日丹诺夫在波兰召开的一次共产党代表会议上，对"冷战"的出现指出："第二次世界大战使政治力量发生了新的配置，形成了两个阵营，一个是以美国为首的反民主的帝国主义阵营，一个是以苏联为首的反帝国主义的民主阵营。反动派阵营的主要目标是，加强帝国主义，准备新的帝国主义战争，同社会主义和民主国家进行斗争，到处支持反动的、反民主的、亲法西斯的制度和运动。民主阵营的目标是，反对新的帝国主义战争和扩张的威胁，巩固民主国家和根除法西斯主义残余。"② 由此可见，两大阵营的对立与斗争是全方位的，包括政治、经济、文化等方面，美国对苏联的政策也渐趋明朗，就是竭力从政治和社会心理等方面对苏联施加影响，通过社会心理的改变以削弱苏联的政治制度，从而降低来自苏联及社会主义阵营的对美国与西方的威胁。

到朝鲜战争结束时，世界范围内的社会主义和资本主义两大阵营已经基本形成。苏联和美国由于具备强大的经济和军事实力，并且对第二次世界大战的最后胜利起到了重要作用，因此自然成为两大阵营的首领。在此后的30多年时间，虽然双方并无大规模的、直接的军事冲突，但是，美苏两国开展的军备竞赛，以美国为首的西方国家对社会主义国家的经济封锁、军事侦察以及在意识形态领域

---

① 许华：《美国的苏联学与苏联解体》，载《2005年：世界社会主义跟踪研究报告》，社会科学文献出版社2006年版，第440—441页。

② 转引自［俄］鲁·格·皮霍亚《苏联政权史（1945—1991）》，东方出版社2006年版，第22页。

的思想渗透却从未停止过，从而形成了"冷战"时期苏美争斗的主要特点。西方资本主义国家处心积虑地对社会主义国家实行和平演变政策，希望得到他们在战场上得不到的东西。美国的政治家们甚至多次提出，要让苏联和中国这样的社会主义大国在第二代到第三代身上改变颜色。

应该说在苏联的不同时期，持不同政治观点的人对西方"和平演变"策略的认识是不同的。一些学者、作家和艺术家出于对斯大林专制主义的反感和痛恨，对西方自由民主的憧憬，曾经主动呼应西方的各种宣传。同时，一些官员对这一问题的认识也是较为模糊的，他们并未意识到，西方的和平演变策略，是以社会主义国家向资本主义民主国家转变为目标，通过对史学、文学、哲学等领域的意识形态攻击，实现西方颠覆苏联社会主义制度的目的。苏联解体以后，一些学者和政治评论家才开始对西方的和平演变策略和输出民主有所认识。例如，著名俄罗斯政治学家塔·阿列克谢耶娃就指出："推广民主问题与美国价值观具有直接关联。从美国开国之父起，实际上所有的美国总统都强调美国在国际关系中所具有的独一无二的道义作用。而且，这类认同是美国国内外支撑其对外政策的有效工具。美国推广民主的道义诉求由此而生，而战略诉求则支撑着道义政策。既然民主就是最佳管理体系，并且确实是为许多民族所需，那么美国的责任就是促进推广民主。人们认为，热衷道义责任巩固了美国在国际舞台上的地位，加强了其在国际关系领域的影响力。"[①] 由此可见，推广民主与美国的对外政策和地缘政治重点都有着密切关系，这些颇为深刻的认识对我们今天研究苏联解体原因有着特殊的意义。俄罗斯学者的深刻反思表明，20世纪50—80年代西方不断加强的意识形态攻势与西方民主制的传播，对苏联未经武

---

① [俄] 塔·阿列克谢耶娃：《"民主"和全球化在西方外交政策意识形态化中的作用》，载上海社会科学院俄罗斯研究中心编《当代国际关系体系转型》，上海人民出版社2010年版，第14页。

力打击就轰然解体确实起到了意想不到的作用。

二 从历史学入手的"信息心理战"

苏联解体后，一些中国与俄罗斯学者通过对大量历史档案资料的研究，指出西方在"冷战"时期的意识形态之争中，经常是通过所谓的"信息心理战"来实施的。我国学者许华在《美国的苏联学与苏联解体》一文中指出，布热津斯基在《大失败——20世纪共产主义的诞生与毁灭》一书中，比较系统地阐述了西方国家对苏联的和平演变策略。布热津斯基认为："和平演变"的前提条件是改变苏联的意识形态，使其脱离马克思列宁主义。为了使演变过程逐步推进并带有和平性质，应该支持民众对共产主义进行消极的、隐秘的抵抗，同时还要积极利用苏联领导层的矛盾和分歧。布热津斯基把和平演变过程分为三个阶段：一是共产主义极权主义阶段，在这个时期，共产党掌握政权，政府控制着社会和经济，人民不断进行反对政府的斗争，迫使执政的共产党出现分裂；二是共产主义权威主义阶段，虽然共产党仍旧控制政权，但出现了与之对抗的公民社会，共产党对社会经济的控制能力减弱，社会的不满情绪高涨，出现发动"宫廷政变"的机会；三是后共产主义权威主义阶段，意识形态在这一阶段流于形式，权威制度的基础是民族主义。如果克里姆林宫在非俄罗斯族群日益增长的民族自觉意识的压力下做出让步，那么通向"和平演变"的大门就打开了。布热津斯基主张，必须削弱共产党对社会政治生活的直接监督；必须摧毁对大众传媒的全面控制体系，在苏联推动公开的政治竞争，保障选举的自由，以防止政治权力的过度集中和一党专政；而共产主义的光环一旦褪色，它的灭亡也就指日可待。①

诸如此类的政治观点和战略主张，在美国其他领导人和苏联问

---

① 许华：《美国的苏联学与苏联解体》，载《2005年：世界社会主义跟踪研究报告》，社会科学文献出版社2006年版，第442—443页。

题专家那里也有不少阐述，如尼克松的《1999：不战而胜》、基辛格的《一些意见：1982—1984 言论和文章摘编》等。

苏联解体后，俄罗斯政治家和学者对这一系列重要问题进行了深入的研究，并且随着时间的推移，许多学者的观点发生了很大变化。俄罗斯著名哲学家亚历山大·季诺维也夫于 2001 年出版了名为《俄罗斯共产主义的悲剧》一书，他在研究了大量解密档案材料后指出："在西方的大众媒体中，苏联从 1985 年之后开始的进程，被刻画为仅仅是苏联内部原因导致的后果——主要是共产主义社会制度垮台的结果，苏联（俄罗斯的）知识分子和改革者们也持有这一立场，并利用它来证实自己在这一进程中是正确的；但这是令人憎恨的意识形态——宣传谎言。应该承认，在苏联危机的成熟中，起决定性作用的是内部原因（尽管不仅仅是这些原因）；但是危机的展开和随后的国家崩溃中，起决定作用的当属外部原因。在与优势的外部敌人的残酷斗争中，苏联和俄罗斯被摧毁了，这个敌人的名字就是：西方。"① 这里明确指出了苏联解体在相当大的程度上是苏联与西方在意识形态领域激烈斗争惨遭失败的结局。

季诺维也夫认为："共产主义从登上历史舞台之初，就成为一个反资本主义的事物，自然不可能得到资本主义的拥有者和辩护士们的好感。而 1917 年俄国十月革命之后，对其仇恨和恐惧就被提上西方生活中的议事日程。"② 他通过对 20 世纪上半叶世界历史的回顾认为："从 1918 年到 1920 年间，西方就对俄国的共产主义发起了第一次军事进攻，但是失败了。在第二次世界大战的进程中，西方国家的首领们有机会指使德国侵略苏联，但是借德国人之手、用军事手段将其摧毁的尝试没有得逞。由于对德国的胜利，苏联将自己的制

---

① ［俄］亚历山大·季诺维也夫：《俄罗斯共产主义的悲剧》，侯艾君、葛新生、陈爱茹译，新华出版社 2004 年版，第 45 页。

② ［俄］亚历山大·季诺维也夫：《俄罗斯共产主义的悲剧》，侯艾君、葛新生、陈爱茹译，新华出版社 2004 年版，第 46 页。

度强加于东欧各国,并极大地加强了自己在世界上的影响。西欧的共产主义政党得到了加强。苏联变成了世界上第二个超级大国,拥有巨大的并且在不断增长的军事实力,世界共产主义的威胁变得十分现实。"①

通过上述分析,季诺维也夫认为,苏美两大阵营的冲突还有着更为深刻的争夺生存空间的背景,应把"冷战"时期两大阵营的对立,上升到地缘政治与经济利益相结合的角度去认识。他说:"如果仅仅将西方和共产主义世界的相互关系归结为社会体制之间的对抗,那就错了。在 1917 年前的很长时间里,俄国就已经成为西方国家的殖民区域,而革命意味着西方丧失了这一区域。甚至对于希特勒来说,反对共产主义的斗争也并不是终极目的,而是为了夺取'生存空间'、并将居住在那里的人们变成新型奴隶的一个借口。苏联对德国的胜利、其在世界上的势力范围的扩大,就极大地减少了西方将全世界殖民化的可能性。西方的前景,是面临着完全被赶回自己民族疆界之内的威胁——而这就等于西方的失败、甚至是历史性灭亡。"②

于是,季诺维也夫对"冷战"的含义进行了更为深入而全面的概括。他说:"实际上,'冷战'远远地超出了仅在美国和苏联之间发生的战后冲突的范围,它是西方领导人在两次世界大战之间、以及德国与其盟国在 1941 年到 1945 年发动对苏战争中的反苏政策的继续。就其规模来说,它涵盖全球,并包括人类生活的方方面面:经济、政治、外交、意识形态、宣传、文化、体育、旅游。使用了一切能够影响人的手段:广播、电视、间谍、会议、讨论会、文化交流、收买、知名度。利用了一切的理由、对手的一切脆弱之处、

---

① [俄] 亚历山大·季诺维也夫:《俄罗斯共产主义的悲剧》,侯艾君、葛新生、陈爱茹译,新华出版社 2004 年版,第 46—47 页。

② [俄] 亚历山大·季诺维也夫:《俄罗斯共产主义的悲剧》,侯艾君、葛新生、陈爱茹译,新华出版社 2004 年版,第 47 页。

人类一切的弱点：民族分歧、宗教偏见、好奇、虚荣、好处、羡慕、消极思想、恐惧、对冒险的热衷、利己主义、爱情等。总之，这或许是人类历史上第一次全球性的、无所不包的新型战争。"① 而这场战争却"被贴上了将各民族从共产主义制度下解放出来、对拥有西方价值观（首先是美国价值观）提供援助、争取和平和各民族之间友谊、争取民主自由和人权的意识形态等等的华丽词藻"。②

季诺维也夫深有感触地写道："'冷战'的主要武器，是意识形态、宣传和心理的手段。西方投入巨大的人力和物力，用于对苏联及其附庸国国民进行意识形态和心理灌输——而且还并非怀着善意，其目的在于使人道德退化、愚弄人们，唤起并鼓励人们最卑劣的感情和渴望。'冷战'的组织者和执行者的任务，是从思想、道德和政治上败坏苏联社会，使其社会和政治结构衰败，使群众失去反抗能力，摧毁敌方国民的思想—心理免疫力。还运用强大的宣传手段，将人们的注意力从社会问题引开，而转向性、电影明星和文痞的私生活、犯罪以及变态的娱乐方式。民族和宗教感情被挑唆并膨胀起来，创造并强制接受一些虚伪的神话和偶像。"③

在这里，季诺维也夫甚至从全球化时代苏联解体对俄罗斯民族、国家的生存与发展所面临的危机提出了警示。他说：西方的"冷战"策略，也不单单是资本主义和社会主义两种体制的斗争，其最终目的是要使苏联分裂，使强大的俄罗斯迅速走向衰弱，使彼得大帝以来不断强盛的俄罗斯走向崩溃。他说："事件的进一步发展表明，将'冷战'时期历史进程的实质，理解为两种社会体制——资本主义和共产主义——的斗争，是很表面化的，归根结底也是错误的，这是

---

① ［俄］亚历山大·季诺维也夫：《俄罗斯共产主义的悲剧》，侯艾君、葛新生、陈爱茹译，新华出版社2004年版，第47—48页。
② ［俄］亚历山大·季诺维也夫：《俄罗斯共产主义的悲剧》，侯艾君、葛新生、陈爱茹译，新华出版社2004年版，第48页。
③ ［俄］亚历山大·季诺维也夫：《俄罗斯共产主义的悲剧》，侯艾君、葛新生、陈爱茹译，新华出版社2004年版，第48—49页。

把该进程的历史形式当作了其实质。实质上，这是一场西方争取生存和争取作为其生存的必要条件的、在全球的统治地位的斗争。在我看来，'冷战'最重要的教训，是暴露了西方在这场斗争中的最深刻的目的：摧毁苏联以及不论实行什么制度的俄罗斯，共产主义不过是一个方便借口和对战争实质的掩盖罢了。"在这里，季诺维也夫从另一个角度强调，社会主义、共产主义对俄罗斯国家生存的意义。他说："共产主义对于俄罗斯来说是如此的有益，以至于它已经牢固地构成了俄罗斯人的生活方式和心理，摧毁共产主义就等于是摧毁了俄罗斯、摧毁了作为一个历史民族的俄罗斯民族。俄罗斯国家存在的最后形式就是苏联。总之，瞄准的是共产主义，消灭的却是俄罗斯。"① 尽管这里季诺维也夫满怀悲情地夸大了民族主义和国家主义，而削弱了政治制度的改变给俄罗斯国家造成的分裂与衰微，但这些分析也真实地反映了苏联剧变的惨痛结局。而且，这一无可挽回的后果直至今天仍然在深刻地影响着俄罗斯的地缘政治、对外关系，以及举步维艰的经济社会转型。

三 苏共意识形态的崩溃与苏联解体

如果说"冷战"是苏美两大集团在经济、政治、文化、军事等领域相互对抗的具体表现，那么，意识形态斗争无疑是这些复杂关系的集合点，即不通过军事战争而达到颠覆政权的目的，关于这一点，在美国的苏联学的目标选择和学科定位上表现得十分清楚。中国学者许华指出："与其他社会科学学科明显不同的是，美国的苏联学研究具有鲜明的意识形态色彩，无论是思想理论基础还是研究对象和功能均表现出强烈的政治倾向，与美国政治联系紧密，它们在两种制度和两种意识形态斗争中发挥了三种主要功能：一是在美苏对抗、两种制度的斗争中提供思想理论支持；二是直接为美国对苏

---

① ［俄］亚历山大·季诺维也夫：《俄罗斯共产主义的悲剧》，侯艾君、葛新生、陈爱茹译，新华出版社2004年版，第51页。

外交政策服务；三是配合情报部门的反苏工作。"①

20世纪60年代以后，美国和西方的政策制定者以及苏联学研究者们多次指出，思想战、信息战、心理战是美苏较量的有力武器："欲取得效果，进而取胜，必须依靠'里应外合'。因此，西方专家非常关注在苏联和其他社会主义国家出现的各种社会思潮和政治流派，并努力与之建立对话的渠道。美国政界和学术界十分希望苏联社会出现一种'内部力量'，使得这个国家出现有利于西方的方向'改革'。"② 由此可见，各国改革方向的选择，一直为西方高度关注，并有可能受到西方有计划、有策略的影响和摆布，稍有不慎即可引起政治的动荡和社会的混乱，导致改革半途而废。

俄罗斯科学院院士 B. A. 利西奇金在《第三次世界大战——信息心理战》一书中就历史意识和社会意识进行了阐释，试图说明意识形态对苏联解体所起的重要作用。他指出："社会意识并不是静止的，而是不断变化的。外在世界和意识发生的变化就是历史。过去不可分割地进入今天。总体的人和社会每一步都在进行选择，这一过程存储在社会意识中。甚至可以说，历史意识就是社会意识的基础。"③ 这就是说，人在自己身上保留着过去、积累着过去，使已经消失的过去继续存在下去，特别是在传统社会向现代社会转型过程中，这种历史意识具有重要的意义。因此，"在生活中支撑着一个人的，不仅是当前他所拥有的一切，还有深藏于潜意识中的过去。历史的过去——这是一个民族作为统一社会共同体的基础"。根据这一分析，利西奇金提出：在社会意识中，相对的现在与历史过去之间有40年的滞后期，过了这一滞后期，无论是矛盾还是敌意均会烟消云散。

---

① 许华：《美国的苏联学与苏联解体》，载《2005年：世界社会主义跟踪研究报告》，社会科学文献出版社2006年版，第440页。

② 张树华：《思想瓦解——苏共失败的重要原因》，《俄罗斯东欧中亚研究》2004年第5期。

③ ［俄］B. A. 利西奇金等：《第三次世界大战——信息心理战》，徐昌翰等译，社会科学文献出版社2003年版，第20页。

根据这种"滞后期"理论，利西奇金着重从历史学的角度分析了信息心理战在苏联解体前后所产生的巨大作用。根据对当时苏联史学出现的五花八门的史学思潮和理论热点的分析，他认为这就是信息心理战的主要手法：第一个手法是用历史的过去偷换当代问题，例如 80 年代末，一些人围绕 20—30 年代的种种事件，围绕斯大林问题，推出了现在的历史。这些，对过去的环境，以及当时社会的精神世界，并没有加以考虑，一切都服从于一个目的——追求最大的心理效应。在摧毁苏联之役，这种手法功不可没；第二个手法是将现代问题导入过去，从今天的利益出发，挖掘历史论据来证明今天的观点是正确的；第三个手法是"历史"战，这在某种程度上其实就是"历史虚无主义"的表现。在这里，利西奇金指出其基本特征就是："在这场战争中把俄罗斯民族引以为荣、视为民族骄傲的所有英雄和杰出人物统统通过信息手段在道德上加以诛杀。卫国战争时期的英雄人物几乎全被安上精心罗织的罪名，受到诽谤和侮辱。对更加久远的俄国历史的评价也如法炮制。按照 80 年代末当时的高论，整个俄罗斯历史简直是微不足道。俄罗斯民族素质低劣的思想就这样逐渐地、一步一步地灌输到了思想中。"[①]

在美国的苏联问题专家建议下，美国政府大力支持"美国之音"和"自由欧洲"等广播电台，极力向苏联人民宣扬"自由""民主""私有化"等西方价值观念。通过这些宣传，不仅腐蚀和瓦解了社会主义的价值观念体系，也在一定程度上摧毁了俄罗斯的精神世界。正如利西奇金所说，国家的精神世界，形象地讲，就是浓缩的过去。西方与俄国的精神世界有质的差异。在西方确立的是个性化模式，在俄罗斯则是社会化模式、集体模式。破坏了这种社会性和集体主义，也就摧毁了俄罗斯人的心理基础。对此，雷日科夫指出："俄国在上世纪 90 年代向西方的急剧倾斜说明，如果对西方思想价值不采

[①] ［俄］B. A. 利西奇金等：《第三次世界大战——信息心理战》，徐昌翰等译，社会科学文献出版社 2003 年版，第 38—39 页。

取批判态度,如果不考虑俄罗斯文化特点,而把西方的东西机械地向俄罗斯土壤移植,就不可能导致祖国文化的完善,而是导致它遭到破坏。更何况正如大家都明白的那样,西方文化也并不希望把俄罗斯拥入自己的怀抱。"① 他甚至痛心地说:"我们的悲剧就在于我们丢失了'苏维埃价值',我们没有把过去的一切正面的东西带到新时期来。我们的国家缺少一种起核心作用的思想,有的只是起瓦解作用的、外来的思想和价值。"② 从苏联解体后 20 多年的世界发展走势及矛盾问题新变化看,雷日科夫的这些话不仅振聋发聩,而且引人深思。当人们面对由于苏联解体导致的世界地缘政治大分化、大改组时,俄罗斯国家和民族一再面对来自西方的巨大压力、制裁和挑战时,反思那段痛楚的经历,尽管为时已晚,但还是有着相当重要的现实意义。

到苏联解体前夕,西方的意识形态攻势可以说是达到了最高潮,从国家领导层到各类知识精英,许多人直接参与了与西方的携手合作,而不少普通群众主要是第二次世界大战以后出生的年轻人,则对西方的政治制度和经济文化迷恋崇尚,对未来的自由生活充满期待。正是在这样的社会和舆论氛围下,苏联与西方 40 年的"冷战"最终以"不战而败"宣告结束。

---

① [俄] 尼·伊·雷日科夫:《大国悲剧——苏联解体的前因后果》,徐昌翰等译,新华出版社 2008 年版,第 23 页。

② [俄] 尼·伊·雷日科夫:《大国悲剧——苏联解体的前因后果》,徐昌翰等译,新华出版社 2008 年版,第 19 页。

第 三 章
社会动荡与历史学转型

第一节　社会转型步履维艰

一　"休克疗法"与俄罗斯的政治经济转轨

苏联解体前夕,整个国家经济增长缓慢,一些部门甚至出现全面停滞,财政赤字激增,市场供应紧张,商品严重不足。面对如此困难的局面,苏联解体后首任俄罗斯联邦总统叶利钦立刻在全国范围内开始了激进改革,试图通过自由市场经济改革使国民经济迅速走出低谷。戈尔巴乔夫说:"我把叶利钦的改革称作'狂飙突进'时期。这是一种对俄罗斯进行极端激进改革的做法。"① 以副总理盖达尔为代表的激进改革派,主张立即实行以货币主义理论为基础的"休克疗法"。盖达尔还聘请了美国哈佛大学"休克疗法"的创始人杰弗里·萨克斯为顾问进行具体的指导。"休克疗法"的主要措施是:"一次性大范围的放开价格,形成自由价格制度,为建立市场经济创造必要的条件;实行严厉的财政政策,紧缩银根;大规模实行私有化;实行外贸体制改革,打破长期实行的国家垄断对外经贸体

---

① ［苏］戈尔巴乔夫、斯拉文:《尚未结束的历史——戈尔巴乔夫访谈录》,孙凌齐、李京洲译,中央编译出版社2003年版,第100页。

制，朝着尽快建立自由化的对外经贸体制及刺激出口的方向发展。"①

这种与建立西方民主政治相呼应的市场经济体制改革，使俄罗斯在政治、经济、社会、文化等领域都发生了极其深刻的变化，不仅原有的计划经济体制受到巨大冲击，由于苏共的垮台，原有的意识形态体系也被彻底摧毁。1995年举行的国家杜马选举和1996年举行的总统选举，标志着俄罗斯多党议会民主制和以总统为主导的三权分立的政权体制被各种社会政治力量所接受。在对国家经济体制进行严重破坏的同时，以经济自由化为主要内容的市场经济改革困难重重，步履维艰。在这场狂风暴雨式的改革过程中，虽然表面上看是实现了价格自由化和私有化，但是，在财税金融体制改革、取消国家对外贸易垄断、建立自由贸易体制等方面的任务还远未完成。并且，伴随着改革的无序和混乱，前期苏共内部的腐败又发展成利用转轨之机对国家财产的大肆侵吞，一些经济领域的原高官不择手段地分割国家财产，很快成了俄罗斯的新贵，从而使曾经十分理想化的、走西方式的改革之路变得极为艰难而漫长。

正如有学者指出的那样："叶利钦领导的为在俄罗斯建立市场经济制度和西方民主政体所进行的改革比俄罗斯历史上的任何一场变革付出的代价都大，疼痛的时间都长。改革导致激烈的政治冲突、持续的经济危机、人民的贫困和国家的衰弱。但是，8年的改革毕竟使俄罗斯发生了深刻的变化：它的政治、经济、社会、外交、意识形态和文化等各个方面，同改革以前相比，都已经面目全非了。"②

如果说叶利钦的改革与俄国历史上的历次改革相比还有某些特点的话，那么最为突出的一点就是依赖外部势力和在各个领域的急于求成，因此必然有着过多的试验色彩。特别是在改革的初期，在"全盘西化"的呼声和激进派的鼓噪之下，许多人天真地以为只要依

---

① 薛君度、陆南泉主编：《新俄罗斯政治·经济·外交》，中国社会科学出版社1997年版，第127页。

② 海运主编：《叶利钦时代的俄罗斯——政治卷》，人民出版社2001年版，第2页。

赖西方的支持，走西化的道路，用美国等西方国家的模式改造俄国社会，俄罗斯就会很快渡过难关，成为欧洲发达国家的一员。然而事与愿违，美国与西方原先的允诺和援助不仅没有兑现，反而"休克疗法"的实施给俄罗斯带来了经济社会状况的不断恶化。从后来俄罗斯经济发展的曲折过程看，西方国家的所谓支持在很大程度上是居心叵测，是想在政治上搞垮苏联后，在经济上再把它变成西方的附庸。

在叶利钦执政时期，盖达尔的"休克疗法"、切尔诺梅尔金的"发展金融和工业寡头"、普里马科夫的"社会市场经济"、基里延科的"冒险金融政策"等各种西方的经济政策措施轮番登场，争相在俄罗斯被彻底搞乱了的庞大经济体中进行实验，却没有一项能够真正解决问题。而政治上的"反击8·19事变"、炮打"白宫"武力解散国家最高权力机关以及政府总理的频繁更换，则直接反映了叶利钦时期俄罗斯政治上的动荡不安。西方在外交和地缘政治上的步步紧逼，在经济上的不断施压，使俄罗斯不得不从对西方的"一边倒"转向采取更加实用主义的"双头鹰政策"，进一步加大对东方外交的力度。在这一艰巨、复杂的社会转型过程中，人们对从社会主义回到资本主义所带来的巨大破坏性开始有了新的认识，对这种急风暴雨式的改革开始产生了怀疑。同时，俄罗斯各派政治力量和诸多领导人的轮番表现，也使人们对他们的价值取向、国家治理理念和治理能力有了较为充分的了解。

由于俄罗斯从计划经济向市场经济的转轨，是在苏联解体和整个社会动荡不安的特殊条件下进行的，这两种巨大的社会变革同时进行，其难度之大、问题之多自然会对国内的经济发展和人民生活带来严重影响。在向市场经济转轨的过程中，随着私有化与价格自由化的快速推进，过去单一的社会结构和所有制结构很快被打破。通过所谓的"休克疗法"，以激进的方式向市场经济转轨，不仅未达到预期的目的，反而使经济形势每况愈下，物价飞涨、卢布贬值、通货膨胀，广大民众生活的社会环境和物质条件不断恶化。特别是

1998年席卷全球的经济危机，使已经十分脆弱的俄罗斯经济雪上加霜，濒临崩溃的边缘。曾作为叶利钦反对派的前俄联邦最高苏维埃主席哈斯布拉托夫感言道："有人说我们从社会主义到资本主义的过渡不流血，我不同意这一点。也许对他们来说是不流血的，但是充斥着饥饿、痛苦、贫穷、自杀、帮派战争以及暴力。由于像这样的很多的心理压力，许多人才去世了。当然，没有公然出现像20世纪初的内战那样的流血事件，但结果几乎是一样的。"① 与此同时，少数暴发户趁改革之机获取巨利，成了俄罗斯新的权贵阶层，而大多数人则过着贫困而拮据的生活，贫富分化日益严重。

苏联解体使存在了近70年的苏共领导体制瞬间坍塌，但旧体制终结之后，新体制并未很快建立起来，使原来就已存在的社会问题更加突出。面对极端复杂的经济政治形势，尽管频繁更换政府总理，但并未使经济体制转轨获得成功，国内的政治与社会一直处于较为混乱的状态中：社会秩序日趋恶化，犯罪案件不断增多，民族主义、分裂势力和宗教极端主义沉渣泛起并形成新的反政府力量。各级政府的软弱涣散，腐败的严重和黑社会的猖獗，直接影响了新的社会经济和政治秩序的建立。

俄罗斯科学院美国和加拿大研究所前所长阿尔巴托夫院士在分析叶利钦改革的特点时曾指出："叶利钦作为一个领导人的主要弱点是，他并未准备好用考虑成熟和精心设计的政策来回答事件的自发进程，而过多地依靠即时对应和他自己的政治本能。"正是由于这种政治本能，叶利钦"才得以摆脱了许多极为困难的处境。但是他能否建立一个负责的、有专业能力的政府，能否保证这个政府正确和诚实地履行它的工作，能否选择和领导一个善于民主地管理国家的行政官员班子，能否在俄罗斯建立一个以法律的力量，而不是以力

---

① 伊·科缅捷托夫等采访伊·哈斯布拉托夫，载《论据与事实》2019年7月16日，冷西、原泉译，http://www.wyzxwk.com/Article/lishi/2019/07/406055.html。

量的法律为基础的民主社会，这还是一个有待解决的问题"。① 由此可见，叶利钦政府的过渡性特征十分明显，这与大国转轨、体制重建以及个人的个性特征都有着非常密切的关系。

对叶利钦执政 8 年进行总结，是俄罗斯和中国学者都十分关注的问题，因为，叶利钦的改革使俄罗斯付出了比历史上任何一次改革都要多得多的代价，同时也对俄罗斯国家未来的改革与发展留下了许多经验和教训。由于俄罗斯国家改革的复杂性难以想象，尽管叶利钦在改革中也付出了努力，但是以他的威望、能力和智慧确实很难取得成效。对此，我国学者指出，叶利钦"在改革指导思想和速度设计方面，照搬西方模式，忽视国情民情。转型具有政治盲目性，对改革的复杂性和长期性认识不足，不顾条件，急于追求在极短时间内建立与当今发达国家并驾齐驱的现代资本主义生产方式，错误地以为向资本主义转型可以用激进的办法，通过简单的移植一蹴而就。叶利钦对社会转型存在明显的幻想，指导思想超越阶段，这是最大的教训"。② 由此可见，叶利钦的经济改革尽管也推进了体制机制上的变革，但是从目标和效果来看，他的经济改革无疑是失败的。面对如此结局，作为既是参与者又是局外人的戈尔巴乔夫沉重地回忆道："改革带来的负面影响：经济衰退，工业遭到全面破坏，最主要的是科学潜力遭到破坏，而这一潜力曾经是巨大的。我们的联邦、我们的国家地位也面临崩溃的危险。我们的军队处境艰难。所有关键的命脉部门，也就是构成任何社会基础的那些部门，都遭到了破坏。叶利钦改革的结果就是彻底的失败，他那无视现实、虽带有布尔什维主义色彩却已改头换面的改革构想本身就决定了这一结果。他要把别国的模式强加给俄罗斯。"③ 叶利钦改革对国家经

---

① ［俄］Г. 阿尔巴托夫：《苏联政治内幕：知情者的见证》，徐葵等译，新华出版社 1998 年版，第 448 页。
② 海运主编：《叶利钦时代的俄罗斯——政治卷》，人民出版社 2001 年版，第 427 页。
③ ［苏］戈尔巴乔夫、斯拉文：《尚未结束的历史——戈尔巴乔夫访谈录》，孙凌齐、李京洲译，中央编译出版社 2003 年版，第 102 页。

济基础的严重破坏影响久远，以至于在此后的十几年，俄罗斯经济仍难以恢复到苏联解体前的水平。

二 西方的胜利与俄罗斯的衰落

苏联解体和苏共垮台后，俄罗斯上下自然将目光转向西方，要求建立西方式民主政治制度的呼声成为当时俄罗斯社会的主流思潮。以激进派为核心的俄罗斯新领导层一再宣称，通过激进的改革，走一条西方式的发展道路，俄罗斯就会在几年之内成为民主、富裕的发达资本主义国家。这种激进而浪漫的情绪一时弥漫了思想文化的各个领域，直接表现为对苏联历史以及俄罗斯精神文化传统的否定，表现出对西方政治、经济、文化的迷恋和向往。

但是，与激进派的预期目标相反，苏联解体后，现实生活中原有的矛盾和问题不仅没有得到解决，更加棘手的各种新问题又接踵而至。由于政权体系的瘫痪而造成的权力真空，以及多党制带来的党派林立，使各地的主权之争、利益之争愈演愈烈，使得迫在眉睫的改革事业竟然处于了次要地位。几次车臣战争表明，俄罗斯联邦已经出现了进一步分裂的危机与可能，所谓绝对的自由主义的幼稚和脆弱逐渐暴露，其中也时时浮现着西方图谋进一步分裂俄罗斯的阴影。在社会秩序基本失控的情况下，寡头政治和黑社会势力迅速成长，经济改革屡屡受挫，人民生活水平急剧下降。随着人们对混乱秩序的极度不满，对政府的不信任和批评也急剧增多。人们开始回眸苏联时期，尽管存在各种问题和弊端，但还有着起码的温饱与稳定、还保持着足够的实力与尊严，于是一种怀旧情绪开始蔓延。

曾经答应在苏联解体后对俄罗斯经济转轨予以上百亿美元支持的美国和西方国家，这时对自己的允诺，或是避而不谈，或是大打折扣，实际上大多数援助成了骗人的一纸空文，因为西方根本不想看到取代苏联的俄罗斯重新崛起，不想看到一个能与西方分庭抗礼的大国再次出现。在西方为"冷战"胜利而庆贺、为北约东扩取得历史性进展而兴奋之时，俄罗斯却只能承受国势日衰的事实。一些秘密武器被低价盗卖到国外，甚至使用年限不长的航母也因无力养护而作为废钢铁被卖掉，不少高端科技人才流向西方。这种大国地位丧失的屈辱，这种在地缘政治博弈中惨遭失败的现实，使人们对美国和西方的态度开始转变。从那时起，俄美关系在不断的明争暗斗中开始疏远。

当代俄罗斯学者 B. A. 利西奇金在谈到俄罗斯的悲剧与西方的胜利时，对"冷战"及其之后一段时期，美国政要关于搞垮俄罗斯的言论进行了分析。为此，他列举了一系列美国领导人的言论。美国前总统克林顿说："为使美国有准备地进入 21 世纪，我们应该学会支配能够控制世界变化的力量，保证美国长期发挥稳定可靠的领导作用。美国在 50 年前就表现出远见卓识，领导建立了保证'冷战'胜利并清除分割我们父辈生活的那个世界的大量障碍和壁垒的机制……"美国国务卿贝克说："为保证在冷战中战胜俄罗斯，40 年里我们已经花费了数万亿美元。"美国政治与安全研究中心主任加弗奈说："美国在冷战中的胜利是美国推行目的明确的有计划地消灭苏联的全方位战略的结果。里根的战略指示决定了一系列历史事件的进程，结果是反苏的隐蔽战争为战胜苏联创造了条件。"三方委员会秘书布热津斯基说："俄罗斯是个战败的大国。它打输了一场大战。如果有人说'这不是俄罗斯，而是苏联'，那是回避现实。那的确是俄罗斯，只不过称为苏联而已。它向美国提出了挑战。结果它被战胜了。现在可不能再把俄罗斯的强国梦滋养起来。一定要把对这种思维方式的爱好打掉……俄罗斯应处于分裂状态，受到关照。"[①] 利西奇金对以上言论进行了深刻分析，直截了当地指出："上述言论的意思不言而喻。从中可以看到，一度无人不晓的共产主义威胁已不再起任何作用，而俄罗斯及其人民却笼罩在极大的危险之中：肢解俄罗斯、在俄罗斯制造混乱的行动正在策划之中，它的各种财富正

---

① ［俄］B. A. 利西奇金、Л. A. 谢列平：《第三次世界大战——信息心理战》，徐昌翰等译，社会科学文献出版社 2003 年版，第 289—290 页。

被输往国外，在西方的关照下，多余的人在死去。不仅如此，西方有人断言，俄罗斯的精神世界已经崩溃，其社会意识已等同奴隶的意识，为了美元可以去干一切。"① 应该说，西方为冷战的胜利而庆贺时，也对未来俄罗斯的发展保持高度警惕和严密防范，其目的就是防止一个新对手的出现，这就决定了在相当长一段时期内美国和西方对俄罗斯进行援助的主要领域和基本出发点。

意大利记者朱利叶托·基耶萨在《别了，俄罗斯》一书中，对叶利钦在俄总统选举中获胜时，美国《时代》周刊所表现出的异常兴奋进行了评论，他说："在其他国家举行的选举中，还没有哪一次选举的胜利像这次选举那样，成了'美国的'胜利。确实，美国早在选举运动开始之前就希望使他掌权的那个候选人取得胜利。还在1991年美国就把他选为最合适盟友的那个人取得了胜利。华盛顿再也不能梦想取得比他更重要和更好的盟友了。民主党总统比尔·克林顿在他的苏联及其势力范围问题的忠实顾问塔尔伯特的帮助下就这样把赌注压在叶利钦身上，把他看作自己在促使俄罗斯转向民主和市场的斗争中的宠臣。"② 作为一个见证了苏联解体全过程的西方记者，能有这样的评论也确实值得深思。在某种意义上，可以说西方在苏联解体中所起的作用，与当今的颜色革命如出一辙。

苏联解体给国家带来的全面衰落已经成为不争的事实，但是局面已经无法改变。在苏联解体前后，许多人还抱有幻想，认为有了西方的民主制度和在经济上的援助，俄罗斯也会很快步入西方民主社会的轨道，成为一个令人向往的发达国家。然而，历史像是开了一个极大的玩笑。苏联解体后，经过近10年的政治动荡，经济衰退，俄罗斯不仅没有成为想象中的西方国家，反而比苏联时代还大

---

① [俄] В. А. 利西奇金、Л. А. 谢列平：《第三次世界大战——信息心理战》，徐昌翰等译，社会科学文献出版社2003年版，第291页。

② [意] 朱利叶托·基耶萨：《别了，俄罗斯》，徐葵等译，新华出版社2000年版，第1—2页。

大倒退了，从一个超级大国变成了二流国家。在西方的步步紧逼下，俄罗斯地缘政治的战略地盘不断缩小，其经济和资源优势也受到了空前的威胁。一些西方政治家甚至干脆把俄罗斯看成是一个能源和原材料的出口国。例如，英国首相梅杰就说过："冷战结束后，俄罗斯的任务是保证向富国提供资源。"① 事实上，近20年来俄罗斯确实是靠能源和原材料出口才渡过了一个又一个难关，而由此产生的能源依赖和能源"诅咒"也已深刻地影响到俄罗斯的经济结构和未来发展，并且国家经济在一定程度上也受制于世界石油价格的波动和影响。

面对共产党的垮台和苏联的解体，特别是此后国家并未如激进派所描绘的那样走上民主富强之路，而是在社会动荡中急剧衰落，许多俄罗斯政治家在深深的惋惜与痛楚中开始了反思。前苏联部长会议主席雷日科夫曾指出："由于我国历史情况十分复杂，在实施这种变化（指公开性和改革开放）时要多加小心，权衡利弊，以免国家航船颠覆。不论这只船是什么船，但它毕竟是我们自己的船。既然我们大家都载着自己的欢乐和苦难乘着这艘船航行，总不能让它遭到危险，即便是为了一个更美好的未来。让它连同乘客一道沉向海底总是不行的。"② 戈尔巴乔夫的改革理想在西方不战而胜的欢呼声中彻底破灭，叶利钦的改革也在西方的打压和国内的混乱中难以取得成效，人们对祖国的未来充满忧虑。

三 社会大动荡与大分化

苏联解体和苏共垮台，直接导致了近十年的社会大动荡。与叶利钦等激进派改革的目标大相径庭，以苏共垮台为代价换来的"民

---

① ［俄］B. A. 利西奇金、Л. A. 谢列平：《第三次世界大战——信息心理战》，徐昌翰等译，社会科学文献出版社2003年版，第291页。

② ［俄］尼·伊·雷日科夫：《大国悲剧——苏联解体的前因后果》，徐昌翰等译，新华出版社2008年版，第13页。

主"和"自由",给俄罗斯带来的却是政治的衰败、经济的萎缩和社会的混乱,苏联70年的巨大财富积累遭到严重的破坏和迅速的消耗。用雷日科夫的话说:"8年过去,叶利钦身后留下了一个衰败、虚弱、管理不善的国家。"① 而苏联时期著名的持不同政见者、作家索尔仁尼琴也对国家的衰落深感不安,他说:"俄罗斯这几年'在走出共产主义的所有可能的道路中'选择了'一条最糟的路'。"② 苏联解体后,俄罗斯社会的大动荡、大分裂突出表现在以下方面。

第一,民主政治带来的是政府权力的衰弱和社会治理的混乱。苏联解体后,原有的行政管理体制被摧毁,而新的政府职能却迟迟未能发挥作用,这就导致了一些地方的恐怖主义、民族主义和宗教极端势力的泛起,致使社会治安极度恶化。在20世纪90年代初期,混乱的社会秩序为财产犯罪和恶性犯罪案件提供了温床,各种有组织的犯罪活动呈集团化、恶性化、普遍化、网络化、权力化和国际化趋势。在各级权力机关,甚至是国家杜马和执法人员中,也有一些人与黑社会相互勾结,趁乱谋取私利。治安状况的恶化直接影响着社会的安定和居民生活的安全,已经成为俄罗斯居民最为关切的社会问题之一。在20世纪90年代中期一项有关"对于俄罗斯社会来说是民主重要还是秩序重要的"调查显示,72%的俄罗斯百姓认为"秩序"更重要,而只有9%的人认为"民主"重要。可见,秩序混乱是造成社会大动荡的重要原因。

第二,"休克疗法"等改革措施造成社会大分化。激进的经济改革导致私有化、通货膨胀、失业人口增加等各种复杂因素相互作用,造成了俄罗斯各阶层居民收入的差距迅速拉大,加深了社会成员在财产、资本、社会地位等方面的两极分化。据统计,10%的富有阶层的收入与10%的最低收入阶层的收入差距在1991年为4.5倍,以

---

① [俄]尼·伊·雷日科夫:《大国悲剧——苏联解体的前因后果》,徐昌翰等译,新华出版社2008年版,第387页。

② [意]朱利叶托·基耶萨:《别了,俄罗斯》,徐葵等译,新华出版社2000年版,第3页。

后差距逐年加大，到 1999 年则变为 14.7 倍。① 这种新的社会分层格局，主要表现在"资本家阶层"和其他"新俄罗斯"群体为代表的新富人阶层、金融资本、工业资本与权力相结合的寡头集团。与新富人阶层同时出现且反差巨大的是大量的"新穷人"阶层，以及收入并不稳定的中间阶层。这种收入的巨大反差，引起了普通居民心态的极不平衡和民众对政府的强烈不满，这种社会大分化导致了多次社会危机的爆发。

第三，"灰色经济"使各种经济违法现象在经济运行中占有相当位置。苏联解体后，以建立自由市场经济为目标的机构改革，使相当一部分的经济管理机构形同虚设，职能弱化，代之而来的是"灰色经济"的快速蔓延。这种颇具特色的"灰色经济"同正常的经营活动纠缠在一起，涉及生产、交换、分配和消费各个环节，遍及金融、商业、军工、资源和外贸进出口等领域。据有关报告显示，在 20 世纪 90 年代下半叶，俄罗斯三分之二的具有丰富资源和经济潜力的地区已被各种"灰色经济"、黑手党势力所控制。② "灰色经济"同权力相互勾结，形成了具有俄罗斯特色的"寡头"势力，他们在俄罗斯的政治经济生活中有时占有重要位置，并成为黑社会滋生的土壤，严重威胁着俄罗斯的经济安全。

第四，在向市场经济转轨过程中，俄罗斯的消费品市场在结构、进货渠道、销售方式和价格体系等方面都发生了深刻变化。随着私有化的推进，国营商业和饮食服务业已被非国有企业为主体、多种所有制形式并存的模式所取代。由于国产商品货源不足，进口商品比重不断增加，通货膨胀、物价上涨，致使广大居民的消费能力和水平不断降低。一项调查结果显示，工人中认为"饮食状况恶化"的比例比管理人员高出 16 个百分点，工人"很少更新衣服"的比例

---

① 俄罗斯科学院居民社会经济问题研究所编：《1999 年的俄罗斯：社会人口形势（年度报告）》（俄文版），莫斯科，2000 年版，第 150 页。
② 参见［俄］《论据与事实》周报，1996 年第 30 期。

比管理人员多32个百分点。① 由于完善的消费市场的建立需要相当长的时间，这就造成了居民生活水平长期处于低位徘徊的状况，而这种状况在世界性经济危机和西方制裁的情况下，往往变得更加突出。

第五，俄罗斯激进的经济转轨以及利益集团失衡的制度安排，使医疗改革和社会保障制度缺乏相应的资金支持，致使俄广大居民的医疗和养老条件不断恶化。尽管形式上还保留着全民免费医疗，但实际上医院、医生和病床数不断减少，药品供应经常不足，许多疗养院和休养所或是长期处于半停业状态，或是成了旅行社接待游客的旅游宾馆。居民生活水平的下降，医疗保健条件的恶化，造成居民身心状态的每况愈下。由于人均寿命缩短，人口自然生长率下降，直接导致了劳动力减少，致使国内劳动力长期紧缺的状况日趋严重，对俄罗斯经济社会的发展产生了严重影响。

第六，由于国内经济的长期萎缩，造成工业部门技术、产品、产量和效益的整体下滑，石油天然气等能源的出口自然成了支撑国家经济命脉的重要力量。国际能源价格的攀升，缓解了俄国内的经济危机，但也在一定程度上抑制了国内其他经济部门、特别是创新经济的发展；不仅造成了不可再生资源的迅速消耗，同时也形成了国民经济对能源和国际能源价格的过分依赖，几次世界及区域性的金融危机所造成的石油价格下降，都迅速反映在俄罗斯GDP指数上，加剧了物价不稳和通货膨胀。

上述多种社会矛盾和问题显然是由苏联解体后的社会大动荡与大分化直接引发的，但是从更深层次看，也与苏联原有体制的缺陷，与俄国传统的社会结构、经济形态和文化积淀有着密切的关系。从意识形态和文化层面看，别尔嘉耶夫有关俄罗斯精神的论述有一定的启发意义。他说，这些深层的原因不仅存在于俄罗斯精神的矛盾性与复杂性之中（东方与西方两股世界历史之流在俄罗斯的相互碰

---

① 张树华：《过渡时期的俄罗斯社会》，新华出版社2001年版，第252页。

撞以及与之相适应的自然地理特征），也存在于俄罗斯人身上的矛盾特征之中（专制主义、国家至上和无政府主义、自由放纵；残忍、倾向暴力和善良、人道、柔顺；信守宗教仪式和追求真理；个人主义、强烈的个人意识和无个性的集体主义；民族主义、自吹自擂和普济主义、全人类性……谦逊恭敬和放肆无理；奴隶主义和造反行动等等），① 这种民族意识的矛盾性和复杂性在现时代的凸显，表明俄罗斯作为一个有着特殊传统的国家，其改革道路的困难性和曲折性也主要是由俄罗斯的历史、经济、社会特色所决定的。另外，我们在米罗诺夫对俄国社会史特别是俄国社会结构的研究中，也可以找到诸多答案。历史经验证明，改革必须符合本国的国情，任何不顾国情全盘照搬或移花接木式的改革都将造成社会的动荡和经济的衰退。

第二节 苏联解体后的史学剧变

一 社会动荡与转型中的历史学

苏共的垮台造成了原来意识形态体系的基本瓦解，使苏联时期的人文社会科学研究发生了根本性的改变。20 世纪 80 年代下半期出现的"反思历史"和"填补历史空白点"的热潮，这时已经发展成对苏联 70 年历史的否定和对苏联史学的否定，"史学危机"变成了史学的混乱和倒退。激进派利用批判历史、重评过去大做文章，以至"当时社会意识状况极不稳定，思想发生了跳跃式变化，广大群众失去了方向感"。② 一时间，列宁塑像、苏维埃时期产生的城市和

---

① ［俄］尼·别尔嘉耶夫：《俄罗斯思想：十九世纪末至二十世纪初俄罗斯思想的主要问题》，雷永生等译，生活·读书·新知三联书店 1995 年版，第 2—3 页。
② ［俄］利西奇金：《第三次世界大战——信息心理战》，徐昌翰等译，社会科学文献出版社 2003 年版，第 260 页。

街道名称等，许多与苏共有关的历史象征都被拆除或更改。

20世纪90年代初，在激进改革对俄罗斯经济社会造成严重冲击时，整个国家的思想理论界也陷入了巨大的动荡之中，主要表现在对马克思主义史学的怀疑和批判，由此进入了史学的转型期。俄罗斯历史学家伊斯坎德罗夫认为，"俄国历史科学的危机直接与马克思主义危机有关，与作为历史认识、历史研究和历史解释的唯一正确的和无所不包的方法的唯物史观的危机有关"。① 而历史学家 A. Я. 戈列维奇则尖锐地指出："在过去全盘统治历史学家思想的马克思主义史学丧失威信的同时，形成了哲学真空。现在，随便什么东西——从神秘主义和通灵术到侵略性的民族沙文主义——都来填补这个真空。对历史记忆的恶意玩弄和由于帝国崩溃而引起的怀旧情绪交织在一起，从而使历史图景遭到最出乎意料的和任意的歪曲。对思想自由的表面理解，有时是歪曲的理解，变成了不负责任的轻举妄动。新神话不断被创造出来，旧的神话则不断复活着。"② 在这样的舆论氛围中，一方面，人们对自己国家和民族的历史充满怀疑和失望，以至丧失了必要的认同感，进而对现实和未来感到困惑和迷惘；另一方面，一些政论记者和专栏评论家，以史学家的面目出现，以解密档案为卖点，推出了大量耸人听闻的历史新作。而出版审查制度的取消，也为迎合人们的失落心态、猎奇心理，以及为出版商获取经济利益提供了条件。

在这种失去主流意识形态的社会氛围里，沙皇的宫廷秘史、野史、艳史和各种回忆录大量出版；一些否定苏联历史、歪曲十月革命、否定二战胜利成果、丑化苏联领导人的论著随处可见；肆意夸大沙皇和教会作用的书籍也纷纷出版。例如，B. 苏沃洛夫著《破冰船》（莫斯科1992年版）就是一本颇具代表性的历史纪实书。其实，

---

① ［俄］A. A. 伊斯坎德罗夫：《21世纪前夕的历史科学》，《历史问题》（俄）1996年第4期。

② ［俄］A. Я. 戈列维奇：《历史学家的双重责任》，《近现代历史》（俄）1997年第5期。

该书作者并不是职业历史学家，而是一个在1978年逃往国外的原苏联特工人员。作者在书中大量引用了一些似是而非的档案资料，因而得出的结论同样是似是而非和缺少根据的。他在书中说，十月革命以后，布尔什维克领导层外交政策的主要目的是实现"世界革命"，为此制订了明确的准备世界大战的计划，试图毁灭欧洲，并促使它"苏维埃化"。为了这个目的，苏联建立了巨大的综合性的军事工业和不断增强的武装力量。作者在这里推断说："为了在欧洲发动战争，莫斯科还需要在欧洲找到一个可资利用的政治家。这个政治家就是希特勒。苏联不仅帮助希特勒上台，而且利用德国的扩张意图，千方百计加剧欧洲的紧张局势和促使战争的爆发。"由此他得出结论："苏联是第二次世界大战的主要罪魁和发动者。"① 在这里，苏沃洛夫把希特勒比作苏联领导实现"世界革命"的"破冰船"，通过披露斯大林的战略部署说明苏联即是"第二次世界大战"的侵略者。该书在当时甚至一时畅销，在学术、政治、外交等领域都产生了极为恶劣的影响。正如马龙闪先生所说，该书"一方面在俄国内造成人们的思想混乱，引发民族虚无主义，出现了自取其辱的言论与行为，使国家认同、民族身份认同成了问题；另一方面，在国际上也造成俄罗斯处境困难，不仅使俄国家形象受损，令其在第二次世界大战中争得的大国地位摇摇欲坠，甚至连周边外交也一度举步维艰，困难重重"。② 这种歪曲祖国历史，为讨好西方而否定十月革命和第二次世界大战性质的所谓畅销书，在当时就受到一些俄罗斯学者的批评和抵制。

再如，B. 胡托尔斯科伊的《俄罗斯历史——苏维埃时期(1917—1993)》③。在这样一部通史性著作中，作者把揭露和批判苏维埃政权作为主要目的，从历史的角度迎合社会剧变形势的需要。

---

① 陈启能、于沛：《马克思主义史学新探》，社会科学文献出版社1999年版，第310页。
② 马龙闪：《普京与俄罗斯历史统一教科书》，《历史教学问题》2017年第1期。
③ В. Хуторской: *История России Советвая эпоха*（*1917—1993*），Москва：1994г. 8, 21.

在书中，作者将布尔什维克成员全部称作"极端主义分子"，把十月革命说成是"布尔什维克的叛乱"，把俄罗斯历史的苏维埃时期看作是一个倒行逆施的时期。这样的著作自然引起在苏联时期培养出的绝大多数史学家的愤慨。

这一时期出版的历史著作或读物，大多是用所谓的"填补空白点"来吸引读者的眼球。例如：B. M. 茹赫拉伊的《沙皇暗探局的秘密：冒险家与奸细》，莫斯科政治出版社1991年（В. М. Жухрай：Тайны Царской Охранки：авантюристы и провокатор，Москва 1991）；А. Н. 科列斯尼克的《关于斯大林家庭的神话与真相》，莫斯科技术投资出版社1991年（А. Н. Колесник：Мифи и правда о симье сталина，Москва Техинвест 1991），等等。后来，著名历史学家萨哈罗夫在《俄罗斯历史学家（18—20世纪初）》一书中，称这类作品为"复辟史学"。[1]

对于这种歪曲和丑化祖国历史的做法，大多数有良知的学者痛心疾首，愤懑不已。他们感叹道："当你浏览80年代末90年代初的各种出版物时，你会感到仿佛是掉进了一个非理性的世界——一个百般挖苦我们祖国的过去，嘲弄战场上的阵亡者，亵渎俄罗斯的光荣，戏谑俄罗斯的悲痛的世界。"在这些论著中，"整个70年苏联历史都逐渐被迅速蔓延开来的污点所覆盖，许多历史画面简直就是一幅幅讽刺性漫画"。[2] 那些制造轰动效应、编写耸人听闻神话的撰稿人，之所以拼命地否定祖国历史、否定历史上的英雄人物，一方面是为了迎合西方打压俄罗斯的需要，另一方面是希望通过标榜炒作自己，而获取高额的版税收入。正是在这种对历史颠倒是非、不负责任的戏说甚至是胡编乱造中，传统而理性的价值观念遭到践踏，一个国家和民族的精神支柱被严重动摇。在社会动荡和史学乱象之

---

[1] А. Сахаров：Историки России ⅩⅧ—начало XXвека，Москва：1994г，4.

[2] ［俄］В. А. 利西奇金、Л. А. 谢列平：《第三次世界大战——信息心理战》，徐昌翰等译，社会科学文献出版社2003年版，第277—278页。

中，人们对祖国的历史充满怀疑，对国家和民族的未来叹息迷惘，悲观失望。

实际上，在苏联解体前后的"史学危机"中，已经弥漫于学界的"历史虚无主义"，不仅是针对苏联历史，同时也波及了整个俄罗斯的历史；不仅是对社会主义和共产主义理论的否定，也包含了对俄罗斯精神世界的否定。正如利西奇金所说，"改革末期的突出特点是彻底摈弃苏维埃的过去，抛弃父辈、祖父辈和曾祖父辈为之奋斗的事业，宣布与那些曾在各条战线上为了未来而战并不惜献出自己全部力量乃至生命的人脱离关系。"[①] 经历了90年代实行自由主义改革所带来的严重的社会危机之后，许多学者开始重新认识和评价几乎被毁坏殆尽的传统意识形态所蕴含的核心价值和民族精神。

俄罗斯著名哲学家、莫斯科大学社会学系主任 B. 多布连科夫教授指出："苏联的意识形态把社会团结了起来，从而保障了快速的工业化、空前的经济、社会和文化的进步，使苏联变成了一个伟大的国家，并取得了卫国战争的胜利。苏联依仗着自己的意识形态而成为全球秩序和世界稳定的一个支点。"[②] 正是面对苏联解体导致的世界地缘政治的巨大变化，俄罗斯各领域的学者开始逐渐认识到"灭人之国，必先去其史"的直接后果和深刻含义。

二　社会分裂背景下的史学思潮

社会大转折和大动荡必然引发学者们对俄罗斯改革道路的再探讨。几个世纪以来，关于俄国发展道路的选择问题，常常带来多种社会思潮的纷争和辩论，民粹主义、实用主义、大俄罗斯主义、斯拉夫主义、欧亚主义和国家至上等此起彼伏。此时，各种沉睡已久

[①] [俄] В. А. 利西奇金、Л. А. 谢列平：《第三次世界大战——信息心理战》，徐昌翰等译，社会科学文献出版社2003年版，第264页。

[②] В. 多布连科夫：《全球化条件下的俄罗斯意识形态》，载《马克思主义：历史与现实——首届中俄思想家论坛论文集》，2006年，北京。

的历史思潮又一次回映到现实生活中，改革的步履维艰和国家从未有过的急剧衰落直接导致了各种社会思潮的剧烈碰撞。正如美国政治学家托克维尔对俄罗斯社会的描述那样："一个社会陷入合法性危机后，人们改变了旧习惯，公众原有的道德标准被摧毁，信仰动摇了，传统的魅力不复存在，国民既丧失了对君主本能的忠诚，又缺乏对共和国那种下属的热忱……他们驻足在两者之间，陷入迷惘和苦闷。"① 90年代以后有关传统与现代、西化与本土、自由与专制、激进与保守之间的争论异常激烈，"一方面是道德的败坏和精神的沦丧，另一方面则是各种社会思潮的躁动"②。在这一时期，与历史学转型密切相关的主要有以下社会思潮和派别：

一是自由主义派。自由主义派在俄罗斯近代以来的不同历史阶段都有不同的表现。苏联解体后的自由主义派主张参照西方资本主义模式，对原有的社会制度进行根本性的改造，使俄罗斯尽快融入西方世界。他们认为，在经济改革中应由市场起主导作用，反对国家干预，主张实行价格完全自由化和全面私有化。与经济自由主义相通的是政治上的全盘西化思潮。这一派认为俄罗斯应摆脱"东方的野蛮和专制"，走西方文明之路。他们"梦想着俄国将很快成为平等成员进入和平的、精神和物质都完美的欧洲文明国家的大家庭"③。他们强调在政治制度上要以西方为楷模，在文化上应融入西方，通过与西方加强联合，在经济上取得西方的支持，从而使国家复兴。这种思潮伴随着国人对西方国家策略或阴谋的认识不断深入，特别是在俄经济陷入严重危机之后，已经开始为大多数人所怀疑和唾弃。由于自由主义派对西方的历史文化无限崇尚，对本国历史和传统文化多怀有蔑视和否定的态度，因而成为反传统史学并全盘否定苏联史学的重要力量。

---

① 海运主编：《叶利钦时代的俄罗斯——政治卷》，人民出版社2001年版，第344页。
② 海运主编：《叶利钦时代的俄罗斯——政治卷》，人民出版社2001年版，第348页。
③ [俄] 弗兰克：《俄国知识人与精神偶像》，徐凤林译，学林出版社1999年版，第99页。

二是激进主义思潮。这一思潮在戈尔巴乔夫的改革，以及后来的俄罗斯改革中一直起着重要作用。他们主张以各种手段打碎旧的秩序，破坏原有的体制，在苏联解体过程中，他们起到了直接的推动作用。但是，激进主义往往看不到改革的艰巨性和复杂性，对俄罗斯国家的经济社会转型困难大多估计不足。随着改革困难的加剧，以及国内经济社会形势的不断恶化，他们的激进理论在实践中或是根本无法操作，或是把正常的秩序和规则搞糟，很难拿出像样的治国理政方案。不仅如此，他们中一些苏联时期的高官，还趁激进改革所造成的混乱之机，大肆侵吞被分割了的国有资产，成了现代俄罗斯的新贵。据时任俄联邦领导人哈斯布拉托夫说，"莫斯科州一个城市的市长可能会搜刮数十亿"①。从苏联解体前后的历史看，激进主义与自由主义相互合作和相互利用，造成了国家在错误的改革路线上加速度运行，对经济社会造成的破坏性往往是难以估量的。

三是民族主义思潮。民族主义思潮与上述思潮相反，主要是当代某些爱国主义、民族主义和民族复兴主义等的混合体，其共同点是反对全盘西化，反对践踏俄罗斯历史传统和民族精神的改革方式，要求根据俄罗斯的传统和特点走有别于西方的独特的改革与发展道路。民族主义的思想渊源可以追溯到19世纪的斯拉夫主义，而与这一思潮相近并相互支撑的是国家主义和强国思想。严酷的社会动荡和国家衰落的惨痛现实，使人们不得不抛弃激进派堂吉诃德式的幻想。于是民族主义与爱国主义携起手来，要求建立一个强有力的国家，恢复俄罗斯原来的大国地位。这种思想秉持了俄国传统的精神内涵，具有极强的号召力，在一定意义上成为21世纪初普京治国方略的思想基础。

四是欧亚主义。19世纪20年代兴起的欧亚主义此时被再次提出。新俄罗斯时期的欧亚主义认为，俄罗斯是联结欧亚的桥梁，作

---

① 伊·科缅捷托夫等采访伊·哈斯布拉托夫，载《论据与事实》，2019年7月16日，冷西、原泉译，http://www.wyzxwk.com/Article/lishi/2019/07/406055.html。

为横跨欧亚的大国，既不能过分强调斯拉夫主义，更不能照搬西方的一切，他们主张在世界文明的多极化和多元化中，确定俄罗斯的战略定位。从地域上看，俄罗斯应该吸收世界各国文明中的积极因素，创造出具有时代特征的欧亚新文明。新欧亚主义强调"社会秩序和社会公正"，认为国家的作用至关重要，只有强大的国家才能使俄罗斯摆脱危机，在新的国际格局中保持有利的地位。同时，欧亚主义还认为，俄罗斯的所谓私有化是对国有财产的分割，其结果是少数人的一夜暴富，而大多数人的利益并没有保障，在所谓"休克疗法"式的私有化过程中产生的贫富分化，是社会分裂的重要原因。

此外，经济实用主义、平民主义、新保守主义以及政治权威主义等思潮也在不同时期纷纷出现，提出了各种旨在缓和矛盾、解决困难的理论与方法。俄罗斯这一时期改革的突出特点是，党派林立，思潮纷呈，理论层出不穷，实践鹅行鸭步。与中国改革中提出的"空谈误国、实干兴邦"不同，俄罗斯的改革由于过多地缠绕于改革的方法、模式和路径的理论之争，说得多，做得少，因而错失了许多改革的大好时机。当然，这一状况也是与俄罗斯特殊的文化背景有着千丝万缕的联系：俄罗斯文化中鲜明的两重性、情绪多于理性、强烈的宗教色彩和理想意识以及对道德与精神的崇尚等等，都对这一时期的意识形态和社会思潮具有影响。因此，有俄罗斯学者尖锐地指出："俄罗斯社会处于'精神分裂'状态，与政治经济危机相比，思想领域的危机更为严重。社会失去了目标，缺少思想上的共识。俄罗斯就像一艘迷失方向的航船，在没有航标的漆黑的海面上漂泊……"[①] 因此，在苏联解体后的几年，俄罗斯史学实际上进入了一个思想混乱、观点各异、众说纷纭、莫衷一是的时期。

在这种形势下，用以支撑各种思潮的历史理论、哲学命题、文化内涵再一次引起人们的关注，相关的书刊大量出版，在俄罗斯出现了一个不大不小的历史文化讨论热潮。在这一过程中，人们对真

[①] 海运主编：《叶利钦时代的俄罗斯——政治卷》，人民出版社2001年版，第348页。

正有价值的历史研究开始重视起来。为了能够"找到振奋人心的民族思想,加强俄罗斯民族的精神联系,进而使辽阔的地理空间变成活的有机体",① 许多具有使命感和责任感的历史学家开始把目光转向俄国社会深层结构的历史,在批判继承传统史学的基础上,探索俄国历史的复杂过程与内在规律,试图从中寻找历史与现实的联系、历史对现实的制约和影响。正如普京在总结这一时期改革的经验与教训时所说的那样:"机械地照抄别国的经验是没有用的。每个国家,包括俄罗斯,都必须寻找自己的改革之路。我们在这方面不是很顺利,只是在最近一两年才开始摸索自己的改革道路和寻找自己的模式。只有将市场经济和民主的普遍原则与俄罗斯的现实有机地结合起来,我们才会有一个光明的未来。"② 尽管为这种摸索付出的代价是相当巨大的,但俄罗斯似乎只有在深刻总结以往经验和教训的基础上才能获得新生,因为现实和未来总是历史的延续,成功的实践离不开正确的理论指导。

三 历史教科书编撰的尴尬

在苏联解体后的几年里,俄罗斯的历史教育也进入了大动荡和转型期。在这一过程中,自然科学各学科只是受到经费不足、秩序混乱和人才流失的冲击,而哲学社会科学各学科则面临着是否具有存在价值的严峻挑战。"由于苏共执政地位的丧失,各类从事马列和共运研究的学术机构被撤消,研究人员大批转行甚至失业,苏联传统史学也随之陷入空前的危机状态。"③ 随着马克思主义哲学、政治经济学、联共党史等学科被毫不留情地扫地出门,历史学也处于窘迫和危机之中。原有的历史教育遭到了质疑和颠覆,历史学家们在无所适从的舆论环境中,不得不直面如何评价"祖国历史""十月

---

① 海运主编:《叶利钦时代的俄罗斯——政治卷》,人民出版社2001年版,第350页。
② [俄] B. 普京:《千年之交的俄罗斯》,《独立报》1999年12月30日。
③ 戴桂菊:《近十年来的俄罗斯史学》,《史学理论研究》2001年第3期。

革命""苏联领导人"这些与历史价值判断直接相关的政治问题。在对苏联历史全盘否定的情况下,史学家们深感困顿和迷惘,以至于"1991年末至1994年末,俄罗斯史学领域几乎没有产生出任何权威性的作品来。"① 在这种状况下,俄罗斯历史教科书的编纂和出版工作也一度处于停滞状态。

为了应付每年一次的高考和其他类型的考试,教育部门不得不采取应急措施,着手重新编写历史教科书。1993年,莫斯科经济、政治和法学院组织编写了一套3卷本的《俄罗斯历史高考参考书》。这套通史性通俗读物以教学参考书为名,比较客观、简单、平实地叙述了俄罗斯和苏联时期的历史,在尽量回避对敏感历史问题评价的同时,将重点放在介绍俄罗斯历史的经济和文化方面的成果上。作为一部历史教学参考书,该书极少有理论分析、规律揭示和历史评价,而是在各部分后面附加了大量的历史文献和档案资料,其中有不少是新公开的历史文献和档案。在此,编撰者的意图十分明显,就是想通过这种较为简单而可靠的形式,让学生自己对祖国历史得出一个比较客观和理性的认识,由读者自己去判断苏联解体前后截然对立的历史观。

与此同时,一些反映不同政治观点的各种临时性教材,也开始在各类教学机构中传播。这类教材的一个突出特点是,许多历史事实被歪曲,指导历史研究的唯物史观受到恶意攻击。这种对苏联史学指导思想的全盘否定的做法,也引起许多历史学家的质疑。例如,历史学家莫吉利尼茨基就指出:"不能同意近年来在我们这里的全盘否定唯物史观的看法。它把唯物史观说成是从一开始就是残缺不全的,或者无论如何是不可救药地过时了的,是不能回答当前现实的,因而不仅不能促进对过去的科学认识,反而是绝对起妨碍作用的。"②

---

① 戴桂菊:《近十年来的俄罗斯史学》,《史学理论研究》2001年第3期。
② [俄] 莫吉利尼茨基:《我国史学中方法论研究的某些结论和前景》,《近现代史》(俄文版) 1993年第3期,第17页。

应该说，这种较为客观和理性的评论，是成长于苏联时期许多历史学家的共识，他们对苏联史学中的形而上学和教条主义自然是持批评态度，但是对那些恶意攻击和极力否定祖国历史的做法也是明确反对的。

面对国家转型过程的极端复杂性对历史研究的迫切需求，一些历史学家指出，必须把目光转向俄国社会深层结构的历史，在批判继承俄国史学传统的基础上，探索俄罗斯历史的过程与规律，以便从中寻找能够说明俄国历史与文明特征的答案。从这一意义上说，尽管这一时期的历史教科书主要是对基本史料，特别是新公开的史料的介绍，而较少对历史规律的揭示和对历史人物的评价，但是对于学生和读者从更深层次认识和评判历史也具有一定的积极意义，用历史学家弗·杰里钦的话说，这一时期的教科书和一些史学著作"是属于'过渡'型的作品"。① 当然，这类过渡型的作品，肯定比那些不负责任的戏说和肆意歪曲祖国历史的"新论"，有着较为重要的史料价值和现实意义。

第三节　社会转型与过渡时期的历史学

一　历史档案的破坏与保护

苏联时期对历史档案特别是近代史方面的档案管理是非常严格的，大量涉及敏感问题的历史档案被长期保密封存，还有许多档案根据不同时期的需要进行了秘密销毁。据历史学家霍尔金娜在《祖国历史档案》一书中统计，"1945 年、1950 年、1955 年、1957 年和 1959 年，苏联各档案机构分别销毁档案 870 万件、3070 万件、6810 万件、8710 万件和 8780 万件。"② 20 世纪 60—70 年代，苏联党和国

---

① ［俄］弗·杰里钦：《新教材讨论》，载《祖国历史》（俄文版）1998 年第 1 期。
② Т. Хорхордина, *История Отечествая и архивы. 1917—1980гг*: Москва. 1994г. 296—297.

家档案馆共销毁档案 2500 多万件;到 80 年代末,俄罗斯联邦各大档案馆所剩档案的总数仅为 9000 万件。1991 年初,苏共档案馆中所存档案总数不足 8000 万件。据历史学家 P. 皮霍亚发表于《近现代史》杂志上的一篇文章披露,直到苏共解散以前,苏共中央秘书处还在"清理"档案材料。1991 年 3 月 23 日,中央秘书处决定销毁拉脱维亚、立陶宛和西乌克兰共产党中央委员会的部分档案。另外,国家还对现有的档案严加管理,在苏联历史档案馆中,许多重要的档案室关闭,致使 20% 的国家文件和 90% 的党的档案文件在苏联解体以前一直无法与研究者见面。①

苏联解体后,在剧烈的社会动荡中,国家档案资料受到严重破坏。一些秘密档案资料或是被销毁,或是被高价变卖,通过各种途径盗运出国。对此,俄罗斯科学院院士、历史分部秘书长 A. A. 福尔森科指出,许多在莫斯科尚未开放的档案材料,"被一些档案馆大量卖到国外,并通过各种渠道流入西方,有时我们竟不得不到西方的档案馆中去寻找本国历史研究所需要的资料"。② 这种状况不仅给俄罗斯本国的历史研究带来严重损失,也使得关乎国家安全的大量机密资料流到国外。为了避免苏联解体对档案资料带来的破坏,"1991 年 8 月 24 日,俄罗斯总统叶利钦颁布《关于党的档案》的法令,宣布停止销毁档案文件并将苏共档案转归俄罗斯档案局管理"。③ 根据这一法令,苏联时期所剩的各种档案文献才得以大部分保存下来,解密档案为俄罗斯历史学家及国外学者重新研究苏俄历史提供了重要资料。

由于大量档案资料的解密,许多期刊便以刊登旧档案或研究相关档案的文章为主业,在吸引读者眼球的同时,也为研究者提供了

---

① Р. Пихоя, *О некоторых аспектах "историографического кризиса" или о "непредсказуемости прошлого"*, Новейшая история, 2000г. №4. 22. 24. 25.

② 《追求真理的历史学家——俄罗斯科学院院士 A. A. 福尔申科专访》,《俄罗斯科学院学报》(俄文版) 1999 年第 69 卷第 5 期,第 466 页。

③ 戴桂菊:《近十年来的俄罗斯史学》,《史学理论研究》2001 年第 3 期。

许多以往难以见到的史料。例如，"从1991年末开始，大批涉及苏联史遗漏问题的史学丛刊如雨后春笋般地涌现出来，其中颇具影响的有《往事》、《环节》和《不为人所知的俄罗斯（20世纪）》等"。①《不为人所知的俄罗斯》的办刊宗旨是"努力为研究者和细心的读者提供思考空间，让他们自己去体会俄罗斯历史的错综复杂性"。②该刊由于史料丰富翔实、风格较为严谨而受到读者欢迎。1992年，在俄罗斯科学院有关研究所、部分大学及国外学术组织的协助下，专业史料期刊《历史档案》和《史料》出版，表明俄罗斯的档案在一定程度上得到了保护和利用。与此同时，在学术界很有影响的专业期刊《历史问题》杂志，也开始用相当的篇幅刊登俄国及苏联时期未发表过的重要的历史档案资料，主要包括各类专题文章、历史人物、来自过去的书信、回忆录等，这一栏目至今仍然保留，并受到研究者的重视。此外，其他一些杂志也发表了大量档案资料。由于档案封禁和出版审查制度的废除，各类名人回忆录、访谈录、历史笔记，以及一些在苏联时期遭到镇压的历史人物所写的著作得以公开出版，例如：Н. Н. 苏哈诺夫的《革命札记》（莫斯科，1991年）、А. Г. 什里亚普尼科夫的《十七年的前夕》（莫斯科政治出版社1992年版）等，这些著作的出版，为新时期的俄罗斯历史研究提供了许多客观真实的历史资料。

二 档案研究与史料学的新进展

随着历史档案的不断解密和大量公开，俄罗斯历史学家对如何开发和利用档案进行了讨论和思考，围绕档案本身进行的研究工作变成了一门独立的学科，引起学者们的普遍关注。1997年，由 И. 康达科娃主编的《公开的档案》一书出版。该书选编了1985—1995年俄罗斯各类杂志刊登的重要档案，并进行了必要的加工整理，力

---

① 戴桂菊：《近十年来的俄罗斯史学》，《史学理论研究》2001年第3期。

② В. Козлов. Неизвестная Россия，XXвек Москва：1993г. 415.

图去伪存真，为历史研究提供可靠的资料。与此同时，俄罗斯各主要教学与科研机构的历史学家，还付出大量精力对国内主要档案馆的史料进行了系统的分类、甄别和整理。为了加强对历史档案资料研究的理论性指导，俄罗斯国立人文大学教授 И. 达尼列夫斯基等于 1998 年编辑出版了高校教材《史料学、理论、历史和方法——俄罗斯史料》。这部教材对史料学理论、俄罗斯史料学的发展历史以及史料学研究的基本方法等做了全面的阐述。在这里，作者不再满足于传统的观点，即认为史料的功能仅仅是为了获取信息、为史学研究服务，而是从文化史的角度，借鉴了西方史料学的观点和方法，把历史资料的收集与整理看作是一种文化现象。通过考察历史资料产生与认知的复杂过程，分析史料与研究者之间的相互关系来证明史料既是人类文化的产物，又作为一种文化积淀和信息载体推动了人类文明的发展。从苏联解体后史学转型的过程来看，档案材料的保护与公开、整理与使用，不仅为新时期俄罗斯历史研究的发展奠定了基础，也大大拓宽了历史研究的范围和领域，有力推进了这一时期的史学发展，使人们对许多重大历史问题、重大历史事件有了新的认识和新的判断。

1999 年，俄罗斯科学院院士、当代著名历史学家 Н. 波克罗夫斯基在《历史问题》杂志上发表了《论 20 世纪文献的出版原则》，对史料的整理与研究提出了指导性原则。他强调，考证苏联时期的历史文献需要遵循"保持文件结构的完整性"原则，要求史料研究者不仅应对同一个文件的不同版本进行严格的比较，而且还应对制造、发布和实施该文件的相关资料库做逐一调查。在这一系列工作的基础上，才能建立起档案文件的完整结构。在文献出版时，应该同时附上解释该文献的产生、编辑、批准和生效等过程的各类相关文件。除文件的原件外，还要附上该文件的各种复印件、副本、草稿及各种版本。为强调史料研究的准确和严密，他认为，"注释中的各种复印件也应保持外观、表格、印鉴、签字、笔迹、脚注和字型上的完整性"。① 这种对历史文献的科学态度，继承了俄国传统史学的严谨作风，是对苏联解体前后肆意篡改史料、歪曲历史现象的批判与纠正。通过对大量丰富的历史资料进行科学的保护和利用，促进了俄罗斯史料学的发展，为一批中青年历史学家在俄国历史的研究中取得新突破创造了条件。

我们从2011年《历史问题》各期刊登的专题文章和历史人物研究，以及"人物·事件·事实"专栏的主要内容，可以看到新档案的使用对俄罗斯史学发展起到的积极作用。在专题部分主要是根据解密档案资料撰写的对历史事件的回顾和考证性文章，其中包括Ф. Л. 西尼钦的《苏联各民族对驱逐出境的抵抗》（第2期）、Р. В. 多尔吉列维奇的《勃兰特与西柏林问题》（第2期）、И. С. 亚日博罗夫斯卡娅的《卡廷事件：追寻真相的道路》（第5期）等。从第1期到第11期，在"来自过去岁月的书信"栏目连续刊登了 В. М. 莫洛托夫给苏共中央委员会的信。在"人物·事件·事实"专栏刊登了涉及苏联时期诸多领域历史的文章，主要有 Д. В. 达维多夫的《20世纪20年代塔吉克苏维埃社会主义自治共和国农村地区的民间医疗》（第2期）、Т. П. 恰拉亚的《红军中的罗马尼亚志愿者（1943—1945年）》（第3期）、М. М. 哈桑诺夫的《苏联国家对外政策中的伊斯兰教神职人员（1945年至20世纪80年代）》、С. В. 亚申的《伟大卫国战争年代的铁路工作者》（第5期）、Ф. П. 霍杰耶夫的《伟大卫国战争初期德国空军的控制权》（第6期）、Е. А. 奥西波夫的《蓬皮杜担任总统时期的苏法关系（1969—1974年）》（第7期）、А. П. 斯科里克的《20世纪30年代的哥萨克镇》（第10期）、Н. Л. 普什卡廖娃的《苏联科学中的妇女》（第11期）、Ю. М. 阿布拉耶夫的《1918—1922年苏联—芬兰边界的形成》（第

---

① ［俄］Н. 波克罗夫斯基：《论20世纪文献的出版原则》，《历史问题》（俄文版）1999年第6期，第35页。

8期)。① 这些文章不仅使用了新开放的历史档案资料,还尽量坚持实事求是的研究态度,将新时期的俄国(苏联)历史研究引向深入。

三 出版俄苏不同时期及国外史学著作

苏联解体后,原来出版界的各种审查制度和限制政策大部分被取消,在大量通俗史学读物出版的同时,一批苏联时期无法与读者见面的史学著作得以出版。其中,旧俄时期重要历史学家的著作受到关注,"一些长期被打入冷宫的俄国'贵族史学家'和'资产阶级史学家'的作品重新与读者见面"。② 在社会巨变的震荡时期,许多学者对政体转型和意识形态的反转难以适应和理解,但是宽松自由的学术环境,反倒使他们将主要精力投入到历史遗产的重新研究上,试图摆脱迷茫与困顿,寻找史学发展的新方向。这在一定程度上为消除苏联时期对传统史学的批判与否定,从传统史学中汲取精华,为未来俄罗斯史学的发展寻找精神力量,夯实学术基础发挥了积极作用。

实际上,从1988年起,《莫斯科》杂志就用了1年的时间,连载了19世纪贵族史学家尼古拉·卡拉姆津(1766—1826)的《俄罗斯国家史》,而在苏联解体后,这部12卷本的史学巨著又得以重新出版。卡拉姆津在书中提出的俄国"国家的历史主要应是君主的历史"的观点引起学者们的再次关注,人们试图在祖国历史的循环往复中,观察俄国的历史脉络,寻找传统史学的现代价值,并探索俄罗斯史学的未来发展方向。

1991—1994年,出版了"国家学派"代表人物 C. M. 索洛维约夫(1820—1879)的29卷本《自远古以来的俄罗斯史》。作为俄国资产阶级历史编纂学的发起人,索洛维约夫从1851年开始逐年出版这部鸿篇巨制。在这部书中,他把"国家生存思想"作为解释俄国

---

① 见俄罗斯《历史问题》(俄文版)2011年第1—11期。
② 戴桂菊:《近十年来的俄罗斯史学》,《史学理论研究》2001年第3期。

历史一般规律的出发点，认为俄国历史是从宗族关系向国家关系逐渐的、和合乎规律的过渡，强调俄国君主制国家存在的合理性。作者从社会演变的观点解释历史，强调历史是具有内在规律、有机发展过程的基本思想，对于俄罗斯学者重新认识祖国历史的过程和特点，认识强权政治对俄国发展的作用与影响具有一定的意义。

在这一时期，俄国资产阶级自由主义历史编纂学和莫斯科学派的主要人物 B. O. 克柳切夫斯基（1841—1911）的 8 卷本《俄国史教程》也得以再版。克柳切夫斯基在《教程》中所阐发的史学思想，不仅对于俄国传统史学的形成具有重要意义，对于当代俄罗斯史学的重建也有参考价值。他认为，"历史作为一门独立的学科，作为科学知识中的一个专门部门，它的内容就是历史过程，即人类社会生活的进程、条件和成就，也就是人类生活的发展和结果。人类的社会生活，和我们周围自然界的生活一样，也是世界生活中的一种现象，科学地认识这种现象，也象研究自然界的生活一样，是人类思维所不可或缺的。人类的社会生活表现在人类的各种不同形式的结合中，这些结合可以称作历史的主体，它们是经常在发生、成长、增多、合并和瓦解的，总之，是像自然界的有机体一样地产生、生长和死亡。这些结合的发生、发展和交替，以及它们生活的一切条件和后果，就是我们所称的历史过程。"[①] 克柳切夫斯基指出："对社会结构、人类的各种组合，以及各个组织的发展和作用的历史研究，总而言之，对创造并指导人类共同生活的那种力量的特性和作用的研究，是历史学——研究社会的科学——的一个专门部门的任务，同时也可以把它从一般的历史研究中划分出来，另立为历史社会学。"[②] 同时他认为，"有许多理由要求历史学家在研究地区史

---

① [俄] 克柳切夫斯基：《俄国史教程》第1卷，张草纫等译，商务印书馆1992年版，第10页。
② [俄] 克柳切夫斯基：《俄国史教程》第1卷，张草纫等译，商务印书馆1992年版，第11页。

时主要站在社会学家的立场上。"① 他强调指出,社会学的研究方式对地区史这样较小范围是较为适宜的,或者说在国别史的研究中,历史社会学能够发挥重要作用。他的这些思想,对于苏联解体后俄国社会史研究的蓬勃发展并取得了突出成就具有积极意义。

20世纪90年代,还出版了一些跨越旧俄和苏联时期的史学家的著作。如彼得堡学派代表人物普拉东诺夫(1860—1933)2卷本的《俄国史讲义》、俄国文化史学家米留科夫(1859—1943)4卷本的《俄国文化史纲》等。这些著作在苏联时期大部分没有公开出版,也就是说,这些史学家在其晚年并未看到自己著作的出版发行,而在苏联史学史的研究中,自然就没有记载,更无法产生学术影响。这些成果是我们研究苏联史学应该着重关注的内容,当把这些苏联时期未能出版的著作纳入学者的视野,我们对苏联史学史的整体性和在20世纪世界历史科学发展中的地位和作用将有新的认识。

此外,一些苏联早期记者和专栏作家所写的回忆录、访谈录、随笔等也纷纷出版。如20世纪20年代初出版的 А. Г. 什里亚普尼科夫写的《十七年的前夕》,对1917年十月革命前俄国革命运动的历史进行了记载和描述。在该书新版前言中,出版者写道:"从30年代起什里亚普尼科夫的名字就从苏联国家的历史中被删除,而他的著作却成了特殊的档案财富。只有在给他全部恢复名誉的今天,读者才有可能了解这部回忆录,重要的是回忆录的作者并不是1917年二月革命的普通旁观者,而是积极的参加者。"② 曾长期在《新世界》杂志工作的 В. Я. 拉克欣撰写了《赫鲁晓夫时代的新世界·日记与随笔(1953—1964)》,记录了赫鲁晓夫时代苏联的社会状况,特别反映了当时的史学和文学活动,描述了那一时代的意识形态与

---

① [俄]克柳切夫斯基:《俄国史教程》第1卷,张草纫等译,商务印书馆1992年版,第13页。
② А. Г. Шляпников, Канун Семнадцатого Года, Москва: 1992, 25л.

人们精神生活的变化。①

长期以来，国外学者对俄（苏）历史研究的热度始终不减，苏联作为第一个社会主义国家、"冷战"时期唯一能与美国对抗的军事大国，对其历史的研究成为西方乃至苏联周边国家官方和学界研究的重点。正如中国俄国史专家张广翔所说："冷战期间西方学者几乎重新书写了俄国史。政治需要促使西方学者对俄国史和苏联史的兴趣日益浓厚。"② 如果按阶段划分，明显可以分为苏联解体前后两个阶段。苏联末期，有关俄国农奴制改革、俄国资本主义发展、十月革命等问题的研究逐步减弱，而对另一些问题的研究开始升温。对此，张广翔教授指出："苏联解体后档案的开放，使西方学界有关斯大林时代的研究成为一门'显学'，而在此之前这一问题长期处于研究的边缘。另一方面，苏联解体后，西方俄国史研究领域出现了理论转向。'语言学转向'和'文化转向'促进了'新文化史'的兴起，符号、文本、形象、经验和感受等内容备受关注；极权主义范式和现代化理论面临挑战，在'新政治史'的研究框架中，俄国的边缘地带和民族主义成为新的研究焦点。"③

在西方俄国史研究的重点转向同时，俄罗斯国内史学家对西方及东欧学者研究成果的翻译和引进也变得更为积极。在出版审查制度全面取消的情况下，一些外国史学家的俄国史与苏联史专著也被译成俄文在俄罗斯国内出版发行。例如，法国当代俄裔史学家尼·威尔特的《苏维埃国家史（1900—1991）》、意大利当代史学家朱泽别·鲍法的两卷本《苏联史》、英国科学史学家洛林·R. 格雷厄姆（Loren R. Graham）的《俄罗斯和苏联科学简史》、美国学者大卫·

---

① В. Я. Лакшин, *Новый мир Во времена Хрущева. Дневник и попутное* (1953—1964), Москв: Издательство 《Книжная палата》, 1991.

② 张广翔、周嘉滢:《西方学者有关俄国1861年农民改革原因的阐释：冷战以来的理论转向与研究焦点》,《俄罗斯研究》2017年第5期。

③ 张广翔、周嘉滢:《西方学者有关俄国1861年农民改革原因的阐释：冷战以来的理论转向与研究焦点》,《俄罗斯研究》2017年第5期。

科兹弗等著《来自上层的革命——苏联体制的终结》、美国学者E.汤普逊（Ema M. Thompson）的《理解俄国：俄国文化中的圣愚》、英国历史学家马丁·吉尔伯特（Martin Gilbert）编绘的《俄国历史地图集》、匈牙利历史学家米克罗什·库恩（Миклош Кун）的《布哈林——他的朋友和敌人》等。

其中，最有影响的是俄裔美籍历史学家尼古拉·梁赞诺夫斯基（Nicholas V. Riasanovsky）撰写的《俄罗斯史》。梁赞诺夫斯基是当代美国最著名的俄罗斯史专家之一、美国加利福尼亚大学欧洲史教授，1987 年当选为美国艺术与科学院院士，著有《俄罗斯历史和思想中的彼得大帝》（1985）等。《俄罗斯史》1962 年问世，初版迄今已达 50 多年，一直是西方了解俄罗斯历史的主要读本，也是在英语国家得到广泛认可的有学术水平、有史料价值、叙事较为客观准确的俄罗斯通史。该书初版后，又分别在 1968 年、1976 年、1983 年、1992 年、1999 年和 2005 年 6 次再版。在第七版中，又增加了一名作者，即在加利福尼亚大学伯克利分校获得博士学位、现在伊利诺依大学任历史教授的马克·斯坦伯格。从作者历次出版的前言中可以看到，每次再版作者都作了不少修订，或是增加了新的内容，或是修正了部分史料，或是改变了个别观点。例如，在第七版的前言中，作者就指出，通过与斯坦伯格的合作，使这本书经过了重大修改，其中，修改最多的是"自 1855 年到目前为止的内容"，可见，对近代以来俄国（苏联）历史评价的巨大变化，是《俄罗斯史》不断修改的重要原因。作为由西方学者撰写的俄罗斯史，自然在理论依据、逻辑框架、叙述方式、严谨程度等方面还存在诸多问题，但是该书在半个多世纪里屡次出版，说明它在西方已经成为俄国史研究的重要参考书。正因为如此，苏联解体后的俄罗斯史学界对该书也给予了一定程度的重视，成为重新编写俄国史或重修历史教科书的借鉴和参考。

还有另一部由西方学者撰写的《俄国史》也值得重视，即 1997 年在美国出版的由历史学家沃尔特·G. 莫斯（Walter G Moss）编写的《俄国史（1855—1996）》。沃尔特·莫斯是美国东密西根大学教授、著名历史学家，著有《亚历山大的俄国》《托尔斯泰与陀思妥耶夫斯基》等专著。该书起始于亚历山大二世登基，截止于叶利钦当选第一位民选总统，以1917年为界线，分为"沙皇俄国晚期"和"苏联及其后的俄国"两大部分，对俄国近现代史做出了全方位、多领域、宽视角的考察，涉及了经济、政治、文化、教育、科学、军事、宗教、民族等领域，对许多重要的历史事件与人物的评述都有所创新。这些国外学者撰写的俄国历史著作，虽然立场观点各异，引起了俄罗斯学者不同评价，但通过与西方学者的交流，也使俄罗斯学者开阔了研究视野，丰富了研究方法，获取了更多资料，对提高俄罗斯史学研究的整体水平具有积极意义。

第 四 章
社会转型与史学的担当

第一节　困境中前行的俄罗斯史学

一　社会震荡对史学研究的影响

苏联解体以后，社会动荡和经济衰退导致哲学社会科学各界科研经费急剧减少、人员大量流失、青年人才断档，各项科学事业的生存与发展受到严重影响。在诸多的学术领域中，由于历史学与政治因素和意识形态密切相关，因而成了受影响最大的学术领域之一，许多附属于原苏共机构的现代史和党史的研究部门随着苏共的垮台而直接被取消，整个历史科研和教学部门严重受创，事业发展无从谈起。

在市场经济改革中，俄罗斯主要的史学研究机构也发生了明显变化。从科研机制来看，"俄罗斯社会科学研究体制和研究机构已开始由原苏联整个科学事业的国家统一管理体系向更加合理化、市场化和分散化的管理方向发展"。① 由于财政拨款大大减少，各科研和教学单位的经费异常紧张，报刊资料购置、参加学术会议、出版学

---

① 于文兰：《俄罗斯社会科学研究体制与机构》，《国外社会科学》2001 年第 1 期，第 51 页。

术成果等基本的资金支持都无法保障。但是，已有的主要历史研究部门还是保留了下来，主要是俄罗斯科学院下属的东方学研究所、世界通史研究所、俄罗斯史研究所、哲学研究所等。此外，还有研究世界各地区历史与现实问题的专业研究所，如远东研究所、美国和加拿大研究所、欧洲研究所、拉丁美洲研究所等。俄罗斯科学院西伯利亚分院、乌拉尔分院和远东分院的历史研究机构，也在经济极度困难的条件下，继续着以往的研究工作。与此同时，尽管国家对教育部门的经费支持大大缩减，但从首都到地方各大学的历史系还是在困境中维持着招生与教学。

这一时期，俄罗斯科学院俄罗斯史研究所的主要科研项目是：从远古到现代的俄罗斯历史问题，其中包括对当代国内外史学理论与方法的研究。研究所办刊物《历史问题》《祖国历史》《历史论丛》等，还是按期发表各类史学论文、学术综述、历史记忆和档案摘编等，是坚持学术标准、执行学术规范的为数不多的专业学术期刊。1998年，该所与莫斯科大学历史系共同创办了《社会史》杂志，内容涉及城市史、妇女史、人口史、家庭史、政治史、农业史、工业史、民族史等各个方面。所发文章不仅继承了俄国社会史研究的传统与方法，同时也注意吸收了国外先进的社会史研究理论和方法，使社会史成为俄罗斯新史学中取得较多成果的研究领域。

俄罗斯科学院世界通史研究所主要从事远古到现代世界历史各个方面的研究，苏联解体后又增加了国际关系与冲突史、意识形态史、权利与社会关系史和"冷战"史等学科，该所出版刊物为《欧洲年鉴》。哲学研究所则对历史哲学、政治哲学、传统文化哲学、俄罗斯思想和宗教哲学等进行专门研究，并对社会大动荡时代的现实问题予以高度关注。

总体来看，尽管苏联解体给历史研究原有的体制机制、经费保障和人才培养带来严重影响，但是原有的历史教学与科研单位并没有任何变化，大批历史学家的事业坚守为日后俄罗斯史学的发展保留了基础和实力。

俄罗斯剧烈的社会转型，对历史专业的研究人才造成了巨大冲击。20世纪90年代上半期，一些中青年史学工作者迫于生活的巨大压力，许多人或是弃文经商，或是流往国外。直到90年代末，这种状况才得到有效控制。但是，在各级科研单位中，优秀人才老化、青年学者匮乏的情况仍然十分严重，一些德高望重的知名专家学者甚至没有了退休年龄的限制，直到七八十岁还在工作。大多数留下来的史学工作者克服了种种困难，在较差的工作和生活环境中，坚持在各自的学术领域辛勤耕耘，不断探索，取得了颇有分量的学术成就。

20世纪90年代后期，由于俄政府加大了支持历史学科研和教学工作的力度，人才培养才开始受到重视。例如，1996年经俄罗斯最高学位评定委员会批准的学位统计表明，当年历史学科批准学位的总人数为642人，其中，科学博士133人、科学副博士509人。① 许多中青年学者，努力克服收入偏低、生活窘迫的困难，整日埋头于图书馆和档案馆，孜孜不倦，艰苦钻研，争取通过博士或副博士的论文答辩。从近年来已经出版的博士论文来看，大多数学者有着严谨的治学态度、扎实的理论功底和较高的学术水平，多数博士论文是下了十年磨一剑的功夫，许多人是在年近半百时才获得博士学位，这些具有开创性的研究工作，保证了新时期历史学科研成果的质量。

经过几年的曲折历程，在许多具有责任感和事业心的学者的不懈努力下，到20世纪末，社会科学各领域相继出现了复苏。从这一时期历史学发展的环境来看，尽管困难不少，但事业发展还是具备一些有利条件：一是各种学术禁区和理论束缚被打破后，学术研究的环境变得宽松了，虽然各种历史观纷纷亮相，但结果是多元化的史学观念在相互矛盾与对立中，推进了具有俄罗斯史学传统和现代意义的新的历史观的形成。二是随着历史档案资料的不断开放、整

---

① ЦИСН. 1997. c24. 引自于文兰《苏联解体后俄罗斯社会科学家的状况》，《国外社会科学》2001年第2期，第74页。

理和科学的加工，大大提高了历史学的整体研究水平，使过去很多长期争论不休、莫衷一是的史学难题，得到了较为客观的解答。三是通过引进当代国外各史学流派的成果和理论，通过将现代科技手段应用于史学研究的实践，俄罗斯历史学在理论与方法上也出现了快速的发展，特别是计量史学水平在世界上处于领先地位。

二　史学理论与观念的嬗变

苏联解体后，原有的意识形态和史学理论体系受到严重冲击，苏联马克思主义史学和唯物史观被简单地与教条主义和形而上学等同起来，遭到非议和质疑。与此同时，也出现了"回到马克思"的呼声，要求弄清马克思主义的本真含义，坚持马克思主义的基本原则，在新的历史条件下创新和发展马克思主义。在这样的背景下，史学理论体系建设被提上日程。学者们围绕唯物史观指导历史研究的基本原则、传统史学理论批判、引进和吸收西方史学理论等方面进行了热烈讨论，加快了史学理论和方法论的反思、探索与重建。这方面的变化主要表现为以下几个方面。

第一，20世纪90年代下半叶，俄罗斯许多综合性大学的历史系都建立了史学理论研究中心，其目的是及时研究与把握国内外史学理论研究的最新动态，从史学理论和文化哲学层面客观分析和评价俄（苏）史学史，并加快与国际研究接轨。1998年，莫斯科大学历史系史学理论问题信息分析中心出版了论文集《历史学研究的理论问题》。该文集讨论的主要内容是当代文化传统语境下的历史科学，以及如何借鉴西方新史学的理论与方法，建构具有俄罗斯特色的新史学。1998年Г.格拉西闵科主编了高校教材《俄罗斯史学史（十月革命以前）》。作者从世界历史和历史哲学的视角，根据俄国传统史学的独特精神内涵，考察了俄国史学发展史，指出，俄罗斯史学中的文明概念和社会形态观点早在19世纪中叶就出现了，而马克思和孔德的著作是这种观点产生的直接原因。后来，社会形态学说在普列汉诺夫、列宁和波克罗夫斯基那里得到了进一步的发展。在这里，作者将不同时代思想家关于社会形态的学说，放在近代以来社会变革的大背景下考察，厘清相互之间的逻辑和承续关系，应该是很有意义的探索和尝试。

第二，俄罗斯社会史研究与西方新史学接轨，直接促进了社会史研究范围的扩大。应该说，现代西方史学发生的变化一直为俄罗斯学者普遍关注。这些变化主要是指西方史学的两次重要转折，即"一是20世纪70年代以后后现代主义的出场，它催生了新史学分支学科和新研究视角的出现。这些新学科包括历史人类学、微观史学、女性主义史学、后殖民主义史学以及环境史学等；二是90年代前后冷战的结束、苏联的解体、全球化等，又一次调整了西方史学的研究视角。重新把政治和经济因素，以及世界宏观的发展格局提上历史研究的日程，从而催生出文明史、全球史、新文化史和跨文化的比较研究等"。[①] 另外，伊格尔斯有关微观史学的阐述也表明了这种变化："历史学的主题已经从社会结构和历程转移到广义的日常生活的文化上面来。随着新的注意力被给予了个人，历史学便再度采取了一种人情味的面貌，但这一次不是给予了上层的权势者而是给予了普通的百姓。有一派历史学家已经力图以他们所称之为的微观历史学来取代对宏观历史和宏观社会过程的研究，把注意力集中在由具体的个人所组成的小小的社会单元上。"[②] 家庭史、妇女史、心态史和行为模式史等在俄罗斯的兴起，使社会史研究的范围明显扩大。与过去对工人、农民群众历史的研究有很大不同的是，这一时期的社会史研究，努力摒弃了僵化的阶级分析和阶级斗争决定论的做法，而是将普通群众的个人和家庭作为社会的细胞，细分不同时期、不同地区群众的生活状态，以及他们对历史过程的影响。在广泛吸收西方新马克思主义史学、法国年鉴学派、英国新社会史学派等最新

---

① 姜芃主编：《世纪之交的西方史学》，社会科学文献出版社2012年版，第48页。
② ［美］伊格尔斯：《二十世纪的历史学——从科学的客观性到后现代的挑战》，何兆武译，辽宁教育出版社2003年版，第16页。

成果的同时，学者们加强了在社会分层、生存状态、精神依托、宗教信仰、心理特征等方面的研究。微观史学的方法开始逐渐为学者们所认同，历史人物的回忆录、日记、书信、札记、口述史料、影像资料等等，成为史学家关注的重要方面。

第三，史学理论成果直接运用于史学研究实践。在考察当代俄罗斯史学研究的进展时，我们特别注意到，俄罗斯学者通过史学理论的创新，并指导历史研究取得较为可靠的成果并获得了一定共识后，会很快将最新的成果充实到历史教科书中，使包括大学生在内的广大读者对俄国历史研究的进展有所了解，对曾被歪曲的历史有了有新的认识。例如，2000 年莫斯科高等学校出版社出版，由著名历史学家 B. A. 费多罗夫（В. А. Федоров）撰写的《俄国史（1861—1917）》[①] 就是如此。这本由俄罗斯联邦教育部指定的高等学校教科书，吸收了此前几年俄国史研究的最新成果，利用了丰富的档案资料，深入浅出地对 1861 年农奴制改革到 1917 年二月革命的历史进行了阐述。正如该书作者所说，在这个不太长的历史时期内，"俄国的社会经济生活、政治生活和文化生活都发生了重大变化：资产阶级的改革，资本主义、工业垄断、贸易和银行业的确立和发展，人口中新的社会阶层的形成"[②] 等充分证明，这是俄国历史上一个极为重要的时期。作者在该书第三章中，以"改革后的俄国社会—经济发展"为题，对当时的俄国农村公社以及农村的社会分层问题进行了认真研究。其中，根据对农作物商品化以及进入流通渠道数量不断增加的研究，认为农村中资本主义因素已经广泛出现。在有关俄国专制政体的对内政策方面，作者着重论述了农民问题、民族问题，以及专制政策下的书刊检查和教育的状况。这些成果史

---

① ［俄］В. А. 费多罗夫：《俄国史（1861—1917）》（俄文版），（В. А. Федоров История России（1861—1917）），莫斯科高等学校出版社 2000 年版。

② ［俄］В. А. 费多罗夫：《俄国史（1861—1917）》（俄文版），（В. А. Федоров История России（1861—1917）），莫斯科高等学校出版社 2000 年版，第 9 页。

论结合，颇具新意，让学生和读者对俄国历史过程有了更加完整的了解和更为深刻的认识，大大改变了以往教科书中对历史所进行的空泛描述和形而上学的解释。

第四，关于俄国革命史研究取得新进展。这一时期的革命史研究，"改变了已经过去的时代所特有的高度政治化立场，史学界在重新审视以往的革命历史编撰学时，认识到了它存在的问题"。① 但是，尽管一些历史学家"可以质疑1917年存在资产阶级革命和社会主义革命的前提，却并不能忽视对于1917年革命的根源和条件的研究。因为革命本身是一个不可否认的事实。很多学者指出，1917年发生的社会和政治爆炸具有合理性，俄国社会经济的长期因素对此具有影响，而起主要作用的是与第一次世界大战有关的社会局势的变化"。② 例如，伊斯坎德罗夫指出，"影响1917年事件的历史因素有：废除农奴制度的迟缓、教会权威的衰落、君主与人民之间联系的断裂、对立政党之间相互关系的缺失等等"；沃洛布耶夫认为，"十月革命是帝国系统性危机的结果"；阿南伊奇等学者则"把1917年2月和10月的两大政治事件视为一次革命，认为这是一个连续的过程"，等等。③ 这些新看法和新观点各不相同，突破了以往的简单化、单纯政治化的思维框架，对于后来重新认识俄国革命史和近现代史打下了基础。

当然，俄罗斯社会的转型和变化尚未结束，俄罗斯史学理论的建构也将是一个长期的过程。正如俄科学院俄罗斯史研究所所长 A. H. 萨哈罗夫所说，"一个社会如果始终不能从政治的、社会关系的、经济的和心理的专制主义的束缚中解放出来，那是很难获得真理的。今天俄罗斯历史科学发展的环境尚未达到这一水平，还处于

---

① 姚海：《俄国革命》，《苏联史》（第1卷），人民出版社2013年版，第3—4页。
② 姚海：《俄国革命》，《苏联史》（第1卷），人民出版社2013年版，第4页。
③ 姚海：《俄国革命》，《苏联史》（第1卷），人民出版社2013年版，第4—5页。

一种过渡状态。"① 这就是说，在社会转型过程中的不懈探索，不仅包含着对以往史学研究的批判与反思，同时也表明人们已经认识到指导历史研究的史学理论应该是不断发展和创新的理论。正如阿尔都塞所说："马克思通过创立他的历史理论，奠定了马克思主义哲学的基础，但还有大量的工作需要我们去做。我们在教条主义的黑夜中所苦于解决不了的种种理论困难并不完全是人为的困难，它们的产生在很大程度上也是由于马克思主义哲学还处于不完善状态。"② 从这一意义上说，坚持马克思主义的基本原理，还必须在实践中去不断探索和发展，因为马克思主义经典作家也是始终反对把自己的言论和观点当作僵化的、一成不变的教条。

三 社会史研究取得新进展

苏联解体后，法国年鉴学派、英国社会史学派、欧洲新马克思主义学派、美国新社会史学派等当代西方史学成果大量涌入，不仅对苏联原有的社会史研究形成冲击，也带来了活力与生机。应该说，这些在20世纪崛起的西方新史学，多数对马克思主义是足够重视的，许多学者主张尽量完整、准确地理解和运用马克思主义，用马克思主义的理论和方法作为史学研究的指导，应该强调的是其基本精神，而不是只言片语。美国历史学家塞利格曼在1902年出版的《历史的经济解释》一书中指出："我们全都必须承认它（唯物史观）在激励学者们的思想和扩展历史学与经济学的观念与概念方面已经起到了有益的影响，它将在精神发展和科学进步的记录上占有一个尊荣的地位。"③ 美国历史学家伊格尔斯也在《历史研究国际手册》中指出："用强调马克思关于社会在运动中是一个整体的观点，

---

① [俄] А. Н. 萨哈罗夫：《关于俄国历史的新观点》，《历史问题》（俄文版）2002年第8期。
② [法] 路易·阿尔都塞：《保卫马克思》，商务印书馆1984年版，第11页。
③ 引自张广智、张广勇《现代西方史学》，复旦大学出版社1996年版，第33页。

以及在生根于生产过程和阶级斗争的社会存在同作为马克思思想中的中心内容的社会意识之间寻找出辩证关系,因此,有助于这一新的开放。这就为研究历史创立了一个新方法。"① 英国历史学家杰弗里·巴勒克拉夫在《当代史学主要趋势》一书中说:"1930年以后,马克思主义的影响广泛扩展,即使那些否定马克思主义历史解释的历史学家们,也不得不用马克思主义的观点来重新考虑自己的观点。"② 苏联解体前后,以霍布斯鲍姆、E. P. 汤普森、雅克·勒高夫、吕西安·费弗尔、费尔南·布罗代尔等为代表的西方新社会史学派,在俄罗斯历史学家中产生了很大影响。因为大多数俄罗斯史学家都熟读马克思主义,但是如何从本质上把握马克思主义,如何用发展的眼光看待马克思主义,对于苏联时期成长起来的史学家们却是一个新的、长期的任务。正是在这一背景下,俄罗斯历史学家在冲破教条主义思想束缚后,力求从西方新社会史和俄国传统社会史中汲取营养,以构建俄罗斯新史学。他们开始把研究重点从单纯的政治、经济、军事史转向了社会底层的历史,随着史学研究范围的明显扩大,以往常常被忽视的日常生活史、村社史、性别史、民族史、心态史、口述史、家族史、宗教史、移民史、侨民史等引起史学家的普遍关注。

俄罗斯科学院院士、当代史学家 Ю. 波里亚科夫认为,"历史首先是过去的日常生活史"。他在专著《历史科学:人和问题》(莫斯科,1999年)中,把人放在历史的中心位置,对人在现代社会史中的地位和作用做了深入的分析与阐述。这一时期,以日常生活为基本内容的社会史研究成果主要有:И. 潘根耶夫的《俄罗斯民族的习俗与传统》(莫斯科,1999年)、Н. 列彼娜的《苏联城市的日常生活(1920—1930年)》(莫斯科,1999年)、И. 根金的《俄国银行

---

① [美] 伊格尔斯:《历史研究国际手册》,陈海宏等译,华夏出版社1989年版,第14页。
② [英] 杰·巴勒克拉夫:《当代史学主要趋势》,杨豫译,上海译文出版社1987年版,第31—32页。

与经济政策》（莫斯科，1997 年）、Б. 伊金别尔格的《俄国知识分子与西方（19 世纪）》（莫斯科，1999 年）、E. 杜科夫的《18—19 世纪的俄国消遣文化》（圣彼得堡，2000 年）、К. 阿依梅尔马赫尔的《苏联和后苏联时期的民族史》（莫斯科，1999 年）等等。这些研究力图摆脱原来的主要以政治、经济、外交、战争和历史精英人物为中心的史学范式，通过对大众的日常生活与文化、传统与习俗、不同地域民族的心理特征等社会基本层面的考察，来认识和理解俄国和苏联时期的社会形态和社会问题，以此形成对俄罗斯历史与现实问题的全方位、多视角、深层次的历史思考。

关于教会史的研究是俄国社会史新进展的重要方面。教会在俄罗斯历史上的社会和政治生活中一直占有重要位置，也是旧俄时代许多史学家所关注的问题。例如，19 世纪下半叶俄国宗教史研究的重要人物、彼得堡科学院院士 М. П. 布尔加科夫的 12 卷本《俄国教会史》，就代表了那一时代的研究水平。但是在苏联时期，教会史几乎成了史学研究的禁区。苏联解体后，随着宗教在国家政治和社会生活领域里作用和地位的上升以及教徒的增多，对教会史的研究再次受到重视，教会史成为俄罗斯社会史研究的重要方面。1997 年，9 卷本的《俄罗斯教会史（988—1996 年）》公开出版。这部被认为是新俄罗斯第一部教会通史的著作，不仅批判地吸收了 19 世纪的研究成果，同时对整个 20 世纪俄罗斯教会的历史进行了系统的阐述，具有很高的学术价值。另外，其他一些研究教会专门史的著作也相继出现。如 A. 尼科林的《教会与国家》（莫斯科，1997 年）、С. 里姆斯基的《19 世纪的俄国东正教会》（顿河罗斯托夫，1997 年）以及 И. 杜布罗沃尔斯基的《古拉格：建设者、居户和主人——古拉格集中营对东正教会的剥夺和排挤》（莫斯科，1999 年），等等。这些对教会史不同领域、不同层面的深入研究，对于理解俄罗斯宗教与政治和经济的关系、宗教在俄国历史中的作用以及民族的宗教心理特征等等都具有重要意义。

除了以上专门研究教会史的著作外，在一些通史性历史著作中对教会史也给予了相当的重视，把教会作为总体社会中的重要组成部分，强调教会与俄国社会结构各个层次间的相互关系。例如，著名历史学家 Б. Н. 米罗诺夫在 1999 年出版的二卷本《俄国社会史》中，就对近代以来俄国的东正教会以及教会僧侣的经济状况、社会地位和文化程度等问题进行了深入的分析。① 再如 2000 年出版的、В. А. 费多罗夫撰写的《俄国史（1861—1917）》，就专门阐述了农奴制改革后到 1917 年前夕俄国东正教所发生的深刻变化。作者详细描述了教会体制和结构的状况，对亚历山大二世和亚历山大三世时期的宗教政策作以对比。作者特别对著名俄国作家 Л. Н. 托尔斯泰与俄国东正教的关系作以论述，从托尔斯泰所反映出的宗教思想，对 19 世纪末期东正教在俄国民众中的影响做出分析。此外作者还对这一时期俄国农民对东正教的态度以及东正教与国家的关系进行了分析和论述。② 上述的教会史研究在一定程度上填补了这一领域的空白，推进了俄国社会史研究的不断深入。

在社会史研究中，从社会性别、不同时期人的体能和身高等微观视角的研究也有了迅速发展。例如，莫斯科大学历史系教授 Л. 普什卡廖娃于 1997 年出版了教材《社会性别分析及其在文化史研究中的应用》一书。在书中，作者对社会性别研究的产生、形成和发展作了系统地分析和论证，认为社会性别研究是分析史学的一种非常有效的方法。

著名历史学家 Б. Н. 米罗诺夫于 1997 年出版的社会史专著《18—20 世纪初帝俄时期社会史：个人、民主家庭、市民社会和法治国家的形成》，可以称作是俄罗斯社会史研究的代表性成果。这部两卷本的力作的出现，标志着当代俄国社会史研究已经超越了苏联

---

① ［俄］Б. Н. 米罗诺夫：《18—20 世纪初帝俄时期社会史：个人、民主家庭、市民社会和法治国家的形成》（俄文版）第 1 卷，圣彼得堡，2000 年版，第 108 页。

② ［俄］В. А. 费多罗夫：《俄国史（1861—1917）》（俄文版），莫斯科，2000 年版，第 329—348 页。

时期的研究水平,并达到了相当的高度,本书拟在单独一章中作重点阐述。

总之,正是由于"目前俄罗斯学术界越来越多的人重视对俄国历史和文化问题的研究",才使人们认识到"俄罗斯社会现存的所有问题都与俄国的历史密切相连"。① 因此,当代俄罗斯史学研究通过对历史与现实关系的深刻解读,通过对深层结构历史的规律性探索,推进了当代俄罗斯社会史研究的长足发展。

四 戈留什金的西伯利亚史研究

从16世纪下半叶起,沙俄开始向东部地区进行殖民扩张,在跨越乌拉尔山以后,只用了不到一个世纪的时间即到达了太平洋沿岸,使地处东欧一隅的俄国成为横跨欧亚的地域大国。此后,在西伯利亚至远东的广大地区,俄国人又由北向南不断扩张,使其沿边多数成为在沙俄统治下的民族区域。此时,西伯利亚与远东偏远地区的小民族大多还处于原始社会末期,而南部的诸多民族已经进入封建社会早期。但是,各个民族受到空间阻隔,相互间的联系和交往较少,生产力水平十分落后。17世纪以后,俄国政府即自西向东地对西伯利亚地区进行了早期开发。经过几个世纪的移民和开发,到十月革命前,西伯利亚地区的经济社会已经出现了快速发展。与此同时,对西伯利亚历史的专门研究开始受到俄国及西方学者的重视,并将这一地区史作为专门史的重要内容开展了长期的系统研究,由此创立了独具特色的西伯利亚学。

当代俄罗斯著名历史学家 Л. М. 戈留什金(Л. М. Горюшкин)有关俄东部地区经济社会史的研究很有代表意义。戈留什金教授长期在俄罗斯科学院西伯利亚分院历史、语文与哲学研究所工作,主要致力于西伯利亚地区史,特别是经济社会史方面的研究。他在西

---

① 段启增等编译:《俄罗斯社会学家谈俄罗斯社会学和历史学研究的新进展》,《国外社会科学》2003年第4期,第84页。

伯利亚人口史、农业史、农村史、农民史、家庭史、移民史以及流放史等方面研究成果丰厚，是俄罗斯西伯利亚学派的重要代表人物。戈留什金发扬了巴赫鲁申、奥克拉德尼科夫、顺科夫等前辈的学术传统，成为继这些学术巨匠之后西伯利亚史研究的领军学者。从20世纪70年代至苏联解体前，由他主编或独立完成的学术著作主要有：《18—20世纪初的西伯利亚流放与苦役》（新西伯利亚，1975年）、《17—20世纪初的西伯利亚农民村社》（新西伯利亚，1977年）、《18—20世纪初的西伯利亚流放与社会政治生活》（新西伯利亚，1978年）、《封建时期的西伯利亚农民》（新西伯利亚，1983年）等等。这些历史著作以唯物史观为指导，学术研究扎实深入，基础理论深厚，档案资料丰富，尽管在一定程度上受到形而上学和阶级斗争决定论的束缚，但是由于研究主体是下层普通民众的历史，采用的是社会史的研究方法，因此还是尽量规避了"左"倾机械论的影响，凸显了学术上的创新和突破。

苏联解体后，戈留什金的学术研究工作有了新的进展。由于学术禁区的消除、档案资料的开放、引入新的史学理论与方法，以及对外交流的增多，他在西伯利亚社会史方面又取得了一系列新成果。具有代表性的著作是《19世纪下半叶至20世纪初西伯利亚农业发展的共性与特性》（新西伯利亚，1997年）一书，这里扼要地对该书的主要内容和基本观点作以评介。

作者在以往大量研究的基础上，对俄国农奴制改革后西伯利亚农村发展的性质进行了深入研究。他指出，农奴制废除之后，西伯利亚地区同全国一样进入了资本主义阶段，因此在农业进步方面具有与欧俄部分的共同特点。但是，这一地区在农业发展方面也有自己的特殊性，即地广人稀，有可供移民和流放人员使用的大量空闲土地，已经形成了一定程度上的劳动分工，农产品生产的专业化和商品化开始出现。由于在西伯利亚并未产生欧俄地区盛行的地主土地所有制，因此土地的所有者一般是国家和皇室，他们经营和管理土地并把土地交给或租给农民使用，这就使西伯利亚的农业自然地具有向资本主义进化的有利条件和地区性特点。

通过社会分层理论，作者总结了西伯利亚人口结构的特点：一是移民占西伯利亚人口的绝大多数，1861—1914年，有324万移民来到西伯利亚，大大超过了人口自然增长的比例；二是由于移民主要是来自于欧俄中央地区的农民，因此农业人口的比例要大大高于欧俄地区；三是由于西伯利亚地区移民主要是由各类欧俄农民和流放犯构成，因此男性人口数量大大超过女性人口，20—40岁年龄段的有劳动能力的人群比重较高；四是由于西伯利亚地区没有形成典型的地主经济，因此人口的自由流动和农产品的商品化较少受到阻碍，有利于农业资本主义的发展。①

作者认为，由于西伯利亚的移民主要是来自欧俄地区，并且是以家庭或亲属为纽带成群结队地迁移，因此他们在新的移居地基本保留了原有的生产、生活方式和民族习惯。作者通过对农民的家庭、耕作方式、各种节日、个人交往、社会舆论、民间日历、民俗习惯等方面的考察指出，移民以多种多样的形式来巩固生产业务的经验和本民族的生活方式，并将其传给新的一代，使俄罗斯民族的物质文化生活传统在这里不断得到延续。作者对农民家庭的日常生活作了深入研究，认为他们除了生产经营外，还特别注意对儿童的劳动技能和道德规范的培养教育，让他们做与劳动有关的游戏，将某种家庭手工业的技能（如酿酒、制革、手工艺品制作等）传给下一代，使欧俄的传统生产和生活方式在亚洲地区得到继承和发扬。

戈留什金在对西伯利亚农村社会进行了分层研究后指出，西伯利亚农村的富农经济占有重要位置。通过将托木斯克省1912—1913年农民调查资料进行计算机的数据分析指出，这一时期，富农手中掌握着农民全部财产的56%，全部农业机械的78%，一半以上的工商企业，全部雇佣工人的67%，全部租赁土地的64%，全体农民获

---

① ［俄］Л. М. 戈留什金：《19世纪下半叶—20世纪初西伯利亚农业发展的共性与特性》，新西伯利亚，1997年版，第105页。

得的全部实物和货币收入的60%。由于富农和中农的比重略高，而贫农的比重略低，因此富农经济在合作组织中占有统治地位，其原因主要是这里没有地主土地所有制，有大量空闲土地，以及外来户和流放犯所提供的廉价劳动力，等等。① 从而得出绪论：由于西伯利亚的富农经济发展较快，使得这一地区的农民就整体而言，比国家中央地区的农民更为富裕。

此外，戈留什金还围绕西伯利亚地区的农村和农业问题进行了深入研究，通过对农村的宗法制度、少数民族地区的经济社会转型、以外出务工为特征的劳动力流动、农民运动的特点等方面进行了有益探索，提出了许多创新性观点。例如，他在《19世纪下半叶—20世纪初西伯利亚农业发展的共性与特性》一书的总结部分指出："俄国历史是在同世界历史一致和内在联系中发展起来的，服从于生产方式更换的普遍规律性。在俄罗斯极其个别区域这些规律性是在地点和时间的具体条件环境中表现出来的。农业资本主义进化就其内容而言在俄国欧洲部分和西伯利亚是同样的，但在形式上却不相同。这便决定了其农业发展中的共性和特性。只有把这种共性和特性有机地统一起来，并考虑到在19世纪下半叶至20世纪初决定俄国和其他资本主义国家发展的历史规律性，方能正确理解西伯利亚农业资本主义的进步。"②

综上所述，戈留什金的西伯利亚农村社会史研究有这样几个显著特点：一是坚持唯物史观的基本理论，对人口流动原因、农民分化过程的分析主要是着眼于生产力的发展和与之相适应的生产关系以及经济社会状况的变化。在研究过程中，作者恰当地运用了马克思主义经典作家的观点，特别是利用了列宁在《俄国资本主义的发

---

① ［俄］Л. М. 戈留什金：《19世纪下半叶—20世纪初西伯利亚农业发展的共性与特性》，新西伯利亚，1997年版，第118页。

② ［俄］Л. М. 戈留什金：《19世纪下半叶—20世纪初西伯利亚农业发展的共性与特性》，新西伯利亚，1997年版，第187页。

展》等著作中，对西伯利亚农村资本主义经济状况所进行的分析和研究成果。二是作者在研究工作中对大量复杂的统计资料进行了计算机数据化处理，运用计量史学、比较史学、人口学的方法，使许多过去众说纷纭的问题得到了较为合理的解释，特别是肯定了富农在西伯利亚农村经济中的地位和作用，阐明了这一地区农业资本主义的特殊性问题。三是大大拓宽了研究范围。在以往的农业史研究中，学者们主要关注的是生产的发展和阶级斗争的因素。而在这部著作中，作者则从以移民为主的西伯利亚新型农民的群体结构入手，对农民家庭、农民心理、社群交流、民族传统、文化融合等方面进行系统研究，不仅使叙述和论证更为生动和丰富，同时也使研究工作在以往的基础上，范围进一步扩大，层次也有所加深。

特别值得注意的是，20世纪80年代中期苏联学术研究开始对外交流之后，戈留什金利用参加1984年在加拿大蒙特利尔召开的"19世纪的农业结构"国际史学研讨会之机，将本书的写作大纲作为学术论文提交会议讨论。通过与国外学者的深入交流，他将许多西方新社会史的理论与方法充实和运用到该书中，力图使该书的话语体系和研究水平与国际接轨，不仅获得了国际学术界的充分肯定和较高评价，也有力推进了西伯利亚社会史及农业史研究不断取得新进展，提升了西伯利亚学的国际影响力。

第二节　新史学建构与转型时期的历史教科书

一　90年代末的史学转型与新史学建构

叶利钦执政8年，是俄罗斯历史上非常少见的社会剧烈震荡和国家急速转型时期，历史学作为人文社会科学的基础学科，随着社会巨变自然也发生了极大变化，具有明显的阶段性特征。经过几年的社会动荡和经济衰退，到90年代末期，一些历史学家率先振作精神，让自由主义思潮向理性思维回归，推动处于混乱迷惘状态的俄罗斯中学向新中学的转变。改革失败给现实社会带来的沉重打击，催促人们再次深入思考祖国的历史、现实和未来，急需历史学家提供更多的历史教训和经验参考，历史学的社会价值再次凸显。

  这一时期，多数史学工作者重新科学地、客观地看待祖国历史，并且强调史学理论、观念与方法的更新。许多学者从更广阔的范围内对全部俄罗斯历史进行较为完整的考察，认为苏联史学作为俄罗斯史学承前启后的一个特定阶段，是整个史学发展链条中的重要一环，尽管苏联史学曾长期受到教条主义和极权政治的影响，但在很多方面还是取得了不小的成就，应该通过科学的分析与研判，分清良莠，并给予恰当的评价。特别是在考古学、民族史、古代史、文化史等许多远离现实政治的领域，苏联时期取得的成果具有国际领先水平，一批成果卓著的历史学院士在世界上也享有极高声望。

  一些俄罗斯学者认为，90年代初"复辟史学"对苏联历史的全盘否定，对苏联领导人的极力丑化，对苏联时期全部历史研究成就的贬低，以及对旧俄时代的一切大加褒扬，并不是科学的历史主义的态度，在某种程度上是对本国和本民族历史的割裂和否定。因为，无论从文化的继承性，还是从传统史学整体价值的连贯性来看，人们实际上都无法割断历史。正如列宁曾说过的："马克思主义这一革命无产阶级的思想体系赢得了世界历史性的意义，是因为它并没有抛弃资产阶级时代最宝贵的成就，相反却吸收和改造了两千多年来人类思想和文化发展中一切有价值的东西。"[①] 从这一意义来说，苏联史学中有价值的东西也不应该被一概否定。为此，多数学者认为，尽管苏联史学在某些方面、一些学科存在着严重问题，但如果将苏联70年所取得的史学成就放在整个俄罗斯史学发展的长河中看，通过分辨良莠、取其精华、去其糟粕，苏联史学取得的成就无论在数量上还是质量上看，都是胜过以往任何一个时代的。

  普京对苏联时期取得的成就一直持有明确态度。他在任俄总统

---

① 《列宁全集》第39卷，人民出版社1985年版，第332页。

后曾说过,"如果有人认为不能使用苏联时期的标志,那等于说我们的父母虚度了一生,活得毫无意义。我无论如何不能同意这种观点。我国历史上有过砸烂一切的时期,如果我们再这样做,世人就会说我们是数典忘祖。"这样一种承认历史、正视历史,肯定前人为了国家和民族所付出的艰苦劳动和巨大牺牲的客观态度——自然也包括了对苏联史学的态度,得到了当代多数历史学家的认同。汲取俄(苏)传统史学的精华,尊重前人的创造性劳动,将主观与客观、因果判断与价值判断在科学的历史认识基础上有机统一起来,在人类历史进程的普遍性中重视本国历史的特殊性,构成了俄罗斯新历史观的基本价值取向。

二 当代俄罗斯计量史学的发展

20 世纪中期以后,整个世界形势发生了巨大变化,以联合国为代表的一系列国际组织的出现,一批社会主义国家的诞生以及西方国家民主政治的推进,使个人在历史上的作用有所减弱,社会群体和社会力量的作用日趋明显。于是,历史学家的视野也从以往集中于政治史和英雄人物的历史,逐步转向劳动群众和整个社会的历史,历史研究的领域和范围有了前所未有的拓宽。历史研究的这种变化,对处理卷帙浩繁的历史文献提出了更高的要求,特别是社会史、人口史、移民史等分支学科对各种经济指标和数据的统计工作要求越来越高。于是,科技革命创造的计算机技术,恰逢其时地被引用到历史学研究领域,借助计算机运用数理统计,整理、分析历史文献的计量方法开始在科技发达的西方和苏联出现。

在这一世界范围内的史学转型时期,苏联在计算机科学方面的快速发展为计量史学提供了技术和理论的支持,苏联学者通过计量史学方法所取得的研究成果为世界各国同行所关注。苏联学者通过使用数学方法研究历史,以大量的统计数据说话,在一定程度上克服了长官意志、教条主义和形而上学的负面影响。苏共 20 大以后,一些学者认为,包括计量史学在内的史学方法论应该成为一个有独立意义的方法论体系，历史唯物主义主要是指导史学研究的理论，而不能取代史学方法，从而肯定了计量史学在历史研究中的方法论意义。

苏联的计量史学于20世纪60年代初开始兴起，到70年代得到进一步发展。在计量方法本身的理论研究方面，这一时期史学家主要关心是否有必要和如何运用计量方法，并对此进行了广泛的讨论。应该说，现代科技成果应用于生产、生活和教学科研实践是不以人的意志为转移的，但能够及早掌握现代科技，主动应用于生产和工作实践，则能够抢占技术高地，取得更多的应用性成果。经过十多年的发展，苏联的计量史学研究成果在数量和质量上迅速提高，成为苏联和当代俄罗斯史学的一大特色，其成就和特点主要有以下方面。

一是利用计算机处理分析庞大数量史料能力的不断提高，加快了历史计量方法的丰富和完善，从而在一定程度上解决了传统史学研究方法所难以解决的问题。例如，在俄国史研究领域，经济史中的农业史（包括移民史、土地制度史、农业开发史、劳动人口史、农业生态史等），在十月革命后的半个多世纪里，虽然也取得了较多的研究成果，但是由于各种原因，在一些关键问题上具有突破性的成果较少。通过运用计量史学的数字对比及模拟方法，苏联学者揭示了封建地主经济的内部结构和运作机制，通过处理大量的统计资料，制成了17—20世纪俄国社会经济结构模型，其中表示出了地主经济与农奴经济的相互关系、地域特征，以及对农业经济的影响。[①]

二是运用计量史学，不仅使历史学的研究范围扩大到社会史、

[①] 见 И. Д. Ковальченко: *Крестьяне и крепостное хозяйство Рязанской и Тамбовской губерний в первой половине XIX в. к истории кризиса феодально—крепостнической системы хозяйства*, Москва: 1959; И. Д. Ковальченко、Л. В. Милов: *Всероссийский аграрный рынок: XVIII—начало XX в/*; Ю. В. Лебедев (Соста.): *Письма из деревни, Очерки о Крестьянстве в России второй половины XIX века*, Москва: 1987; И. Д. Ковальченко: *Русское крепостное крестьянство в первой половине 19 в.*, Москва: 1967.

文化史、人口史、妇女史、移民史、侨民史、民族史、生态史等领域，还使历史学家的思维转向对社会经济与文化现象的本质分析评价上，开始注重对研究现象的内部结构和本质的揭示，而不是仅仅停留在对研究现象某些方面和特点进行表面的、单个的、局部的考察。通过采用数量模拟的研究方法，对历史进程进行本质内容分析与形式数量分析，在较准确的统计数据基础上，建立起了被研究对象与历史进程抽象表现的可视模型，尽量减少了传统史学被称为"可任意打扮的小姑娘"的主观性和不确定性。①

三是通过不断将计算机发展的最新成果应用于史学研究，使大量历史文献资料的整理、加工、分析等工作可以进入计算机的处理程序。"历史研究任务的深化，提出了利用新的大数量历史文献资料，提高完善研究方法的要求。而新的历史文献资料的运用和研究方法的完善，又促使苏联计量史学研究质量不断提高，三者互相促进，使70年代苏联计量史学发展形成良性循环。"② 正是在这一过程中，人们对计量史学的认识，对计量史学方法的使用，都走在了国际史学界的前列。1970年8月，在莫斯科召开的第十三届国际历史科学大会，就是以计量史学为主要议题，汇集了一批专门研究计量史学的历史学家，出版了相关的学术论文，③ 从而确立了苏联计量史学在国际上的领先地位。

四是加强了计量史学的教学与推广工作。为适应计量史学迅速发展的要求，苏联科学院历史学部于70年代初成立了"历史研究中运用数学方法和电子计算机委员会"。该委员会作为协调计量史学活动的正式领导机构，为推动计量史学的发展做了一系列重要工作，包括出版了论文集《历史研究中的数学方法》（1972年）、《社会经

---

① Б. Милонов: История в цифрах: Математика в исторических исследованиях.
② 于沛等：《苏联史学理论》，经济管理出版社1996年版，第228页。
③ ［英］杰弗里·巴勒克拉夫：《当代史学主要趋势》，杨豫译，上海译文出版社1987年版，第140页。

济史研究中的数学方法》（1975 年）等。同时，还积极组织了国际学术交流活动（如 1979 年在塔林组织了苏美两国计量史学学术讨论会）。70 年代末，莫斯科大学历史系还组织了一个经常性的"历史研究中的计量方法"讲习班，以解决史学研究中运用数学方法的问题。① 1975 年出版的苏联历史学家 Б·米罗诺夫和 З·斯捷潘诺夫合著的《历史学家与数学》，对计量史学的实质、特征、方法及其应用进行了扼要的论述，引用了俄国经济史中一些采用计量方法研究的典型案例并进行了分析与说明。

计量史学在苏联近 40 年的发展，无疑为当代俄罗斯的历史研究打下了良好基础。今天，计量史学已经成为俄罗斯历史研究的基本方法之一，并为大多数史学工作者所掌握，是许多高等院校历史系的必修课，这在其他许多国家还是难以做到的。成长于苏联时期的大批历史学家，将过去计量史学的知识用于今天的历史研究，将迅速升级的计算机技术用于研究工作实践，其转型的速度是极快的。在近几年的有关人口史、移民史、家庭史、妇女史、农民史、工人史、教会史等诸多研究方面，计量史学的应用是相当普遍和卓有成效的，对于提高当代俄罗斯史学研究的整体水平起到了积极作用。

当代俄罗斯史学家普遍认为：通过使用计量方法，达到了精确和明确地提出问题，很容易突出问题意识，不仅从质的规定性方面，而且从量的准确性方面来解决问题。它不仅可以明显改变研究问题的方法，有助于研究者得出更为可靠、更令人信服的结论，也有助于研究者揭示事物之间的相互关系和发现事物运动的逻辑和规律性。正如巴勒克拉夫所说，计量史学的"最大贡献在于把重点放在历史上'并不惊人的事件'上，放在任何特定社会中基础经济结构的演变，这些演变则是从当时重大政治事件引起的'突破'中产生的。在这个意义上，计量历史学相当于，或者几乎可以说就是布罗代尔

---

① ［苏］Б. 米罗诺夫等：《历史学家与数学》，华夏出版社 1990 年版，第 2—3 页。

所说的'长时段'概念的统计——数学表现形式"。① 从某种意义上说，计量史学在当代俄罗斯的长足发展，应该是俄罗斯新史学建构的重要支撑之一，代表了历史研究与科技革命相结合的正确方向。

三 历史学转型与新史学的起步

随着俄罗斯社会的持续动荡和经济的不断衰退，无论是学者还是普通民众都对改革的结果极度失望，对曾经狂躁一时的自由主义思潮表示质疑和否定，于是以全盘西化和自由主义为理论基础的"复辟史学"和"历史虚无主义"在人们的嗤之以鼻中，逐渐失去市场而淡出主流历史研究视域。与此同时，通过对历史档案的挖掘和利用，通过对传统史学遗产的重新研究，面对祖国历史的悲剧性演变，许多在苏联时期成长起来的中青年史学家开始肩负起历史的责任，他们努力从更广阔的视野，采用更为科学的理论与方法，探索俄罗斯的发展道路。在这一过程中推出的一些新作，尽管还有着明显的过渡时期的特点，个别著作还留有吸人眼球的炒作色彩，但在一定程度上可以看作是俄罗斯新史学的滥觞。

据不完全统计，1995—1996 年，俄罗斯国内出版的较有影响的史学著作和文集主要有：Б. 波赫列勃金的《罗斯、俄国和苏联外交政策一千年（人名、日期和事实）》（莫斯科，1995 年）、А. 达尼洛夫的《苏维埃时期的俄罗斯持不同政见史（1917—1991）》（乌法，1995 年）、А. 维林斯基的《俄罗斯——历史各阶段（日期、事件和人物）》（莫斯科，1995 年）、О. 普拉东诺夫的《20 世纪的俄罗斯秘史（斯大林时期）》（莫斯科，1996 年）、О. 布德尼茨基的《19—20 世纪的俄罗斯恐怖活动史（文献与研究）》（顿河罗斯托夫，1996 年）、М. 尼古拉耶夫的《20 世纪的主要轰动事件》（圣彼得堡，1996 年）等等。此外，俄罗斯还出版了一些历史名著文选类书籍，

---

① ［英］杰弗里·巴勒克拉夫：《当代史学主要趋势》，杨豫译，上海译文出版社 1987 年版，第 134 页。

如 A. 基谢列夫和 3. 夏金合编的《祖国历史文选》（莫斯科，1996年）等等。①

当然，如果客观地看待 20 多年前俄罗斯史学的这种新气象，还不能说是新史学的形成，但是至少可以说是新史学的起步阶段。因为，在那样一个历史转型、社会动荡的特殊时期，具有过渡性质的史学转型还存在诸多问题，主要表现在以下方面。

一是有分量的学术精品力作较少。在苏联解体后的短短几年时间里，许多资深的历史学家甚至还来不及适应祖国历史发生的剧烈变化，在价值观念的重塑、思维方式的转变、档案资料的收集、科研选题的确定等方面，尚需一个较为充分的适应和准备过程。特别是这一时期俄罗斯经济不断衰退，用于支撑科研的经费少得可怜，出版社对于纯学术著作极少能支付稿费。所有这些极大地限制了科研工作及其成果的出版，因此，当时很少有高质量、大部头的历史著作问世。

二是许多选题还存在着吸引眼球的非学术倾向。从以上列出的几部史学出版物来看，一些作品还是热衷于"秘史""恐怖史"和"轰动事件"等（当然有些著作应是学术成果，只是为了博得更多读者的注意而用这类耸人听闻的书名进行包装），这一方面反映了商业行为和利益驱动对史学研究还存在较大影响；另一方面也说明一些非史学工作者，包括专栏记者和政论家的史学作品，在新史学的起步阶段，也表现出某种承前启后的过渡性质，成为后来一系列史学新作的铺垫。

三是原有的意识形态被破坏甚至摧毁后，新的理论体系一时难以建立，对许多重要历史事件的评价仍是众说纷纭、莫衷一是。于是，专门的《历史文选》的编辑和出版受到许多学者和出版机构的重视和青睐。当时借助于大量封存档案的解禁，通过对新文献资料的收集整理，出版发行了许多历史文选和历史资料集。这些文集的

---

① 戴桂菊：《近十年来的俄罗斯史学》，《史学理论研究》2001 年第 3 期。

出版，不仅填补了历史资料的空白，为广大史学工作者重新研究祖国历史提供了较为丰富的档案和史料，对俄苏历史上的复杂问题进行科学的分析和判断提供了可能；同时，也使大中学生直接通过历史资料来认识和把握祖国历史，并形成自己的主观理解和价值判断。

四 社会转型时期的历史教科书

苏联解体后意识形态的剧变，使历史教科书的编辑和出版立刻陷入了进退两难的状态，许多历史事件和历史人物的评价出现了覆复性的改变，因此各类教科书只能停止出版发行。此后，在俄罗斯面对国家经济衰退、政治混乱、民族矛盾频发、安全受到挑战的严峻形势下，民族主义思潮开始兴起。爱国主义与民族主义相结合，其目标就是建立一个强有力的国家，恢复俄罗斯原来的大国地位。在这一背景下，再次编写历史教科书就显得迫在眉睫了。如何把爱国主义与民族主义体现在历史教科书中，引导学生在批判和继承俄国史学传统的基础上，探索俄罗斯历史的过程与规律，在还原历史真相的同时，尽可能地把握深层结构的历史，成为史学家面临的重要任务。20世纪90年代中期以后，新编历史教科书成为俄罗斯新史学取得进展的重要标志。根据对青少年加强爱国主义和民族主义教育的指导思想，新编历史教科书进行了多种具有创新性的尝试，并取得了明显效果。

据统计，在1995—1996年的两年间，俄罗斯共出版各类讲义教程、教学参考书、文选和教学手册等160余种。其中，发行量较大的有：Б. 利奇曼主编的2卷本教程《俄罗斯史》（叶卡捷琳堡，1995年）、Н. 祖耶夫主编的高考参考书《自古至今的俄罗斯史》（莫斯科高等教育出版社，1996年）、В. 鲍里索夫的讲义教程《俄罗斯史》（莫斯科，1996年）、О. 费多罗夫主编的教材《自古及今的俄罗斯史》（奥廖尔，1996年）、П. 帕夫连科主编的高校教材《自古到1861年的俄罗斯史》（莫斯科高校出版社，1996年）、В. 舒利金等编著的高校教材《9—20世纪的俄罗斯文化史》（莫斯科高校出版社，1996年)、A.萨哈罗夫主编的3卷本《俄罗斯史》(莫斯科，1996年)，以及历史编纂学专著《俄罗斯史学家——18—20世纪初》(莫斯科，1996年)、Ю.阿法纳西耶夫主编的《苏维埃史学史》(莫斯科，1996年)等等。①

作为社会转型和过渡时期的历史教科书，与此前和后来的教科书相比也有其显著特点。

一是这一时期出版的历史教科书，多是将原始档案资料直接附在各部分之后，或者对史料仅仅作以简单的介绍，其中有些是新公开的史料。在研究方法和理论分析上不仅摒弃了苏联传统史学的阶级斗争分析法，也删除了有关马克思主义史学理论的基本观点和方法，唯物史观也受到质疑。因而在新编教材中，较少对历史规律的揭示，很少对重要的历史事件和历史人物进行价值判断和客观评价，尽量弱化作者或编者的政治倾向。

二是这一时期的历史教材编撰者在各种学派和思潮轮番登场的情况下，很难把自己列入哪个学派，于是，他们"往往采用折中主义（即斯拉夫派、西方派、欧亚主义、民族主义、新路标转换派、神秘主义等思潮的综合物）的方法论来取代马克思主义理论。而这些理论是产生于不同时期、代表不同学术流派的观点，因而对历史基本规律的认识和对历史研究的整体把握存在许多偏颇，因此这些教材不可能建立起自己的学术理论体系，而具有某种过渡性质"。②这种折中主义倾向严重损害了历史学的科学价值和史论功能，使历史教学和研究变得可有可无，因而不可能很好地发挥历史教科书应有的释疑解惑、开启心智的功能与作用。

三是尽管一些教材试图从多角度、多侧面，运用多种方法来阐述历史过程，但是由于缺少史学理论的宏观指导和方法论上的协调性，缺乏正确的历史哲学体系在观念上的统领，使教科书中得出的

---

① 戴桂菊：《近十年来的俄罗斯史学》，《史学理论研究》2001年第3期。
② 戴桂菊：《近十年来的俄罗斯史学》，《史学理论研究》2001年第3期。

许多结论出现前后矛盾、缺乏联系、无法自圆其说的现象。这种状况不仅大大降低了历史教科书的整体学术水准，也使得丰富多彩的历史过程缺少内在的逻辑性和关联性，而对历史的规律性认识更是无从谈起。

总的来看，这一时期的俄罗斯学者更多地开始关注如何评价已经被搞乱了的历史，特别是如何客观公正地评价俄罗斯传统史学的现代意义和应用价值。同时，以萨哈罗夫的 3 卷本《俄罗斯史》为代表的新教材的推出，作为这一时期历史教科书编撰的高水平成果，也开始将各种新教材的编撰从各自为政的分散研究状态，向集中由重点科研院所组织编撰的方向发展。一批经验丰富的历史学家参加到祖国历史和教科书的编写工作中，使此后出版的历史教科书的水平明显提升。

第三节　承前启后：萨哈罗夫史学评析

一　萨哈罗夫及其主要学术成就

А. Н. 萨哈罗夫（Сахаров Андрей Николаевич）是当代俄罗斯著名历史学家、俄罗斯科学院院士、俄科学院俄罗斯历史研究所所长。与同时代多数历史学家一样，萨哈罗夫出生于第二次世界大战前后，在苏联社会主义教育体制的培养下，长期受马克思主义史学的熏陶，在亲历了苏联解体这一 20 世纪重大事件后，其思想和情感受到的冲击不言而喻。与此同时，史学领域已经根深蒂固的传统价值观念和理论体系也受到了严峻挑战。然而，正是在历史转折的困难时期，历史学家的责任和使命感就越发凸显。萨哈罗夫作为俄罗斯科学院历史所的所长，在苏联解体前后，一直坚持严肃的历史研究，希望通过具有创新性的研究成果，揭示社会大转折、大动荡产生的深层历史原因。正是这种超越于普通民众对历史科学的深切感悟和史家自觉的主体意识，激励他带领团队推出了一系列俄国历史和中学理论的重要成果。

萨哈罗夫从史学史的角度对俄罗斯历史学转型时期的主要变化、特点及任务的论述，集中反映在他发表于 2002 年第 8 期《历史问题》杂志上的长篇论文《关于俄国历史的新观点》。在这篇文章中，他对 20 世纪 90 年代以后的俄罗斯史学作了较为全面的分析，其中包括社会转型与历史学发展问题、"史学危机"问题、马克思主义史学的现实发展，以及历史人物和事件的评价问题，等等。在文章中他客观地指出："苏联 80 年代末 90 年代初的一系列事件，对我国历史科学的状况产生了强烈影响。其实，对我国历史特别是 20 世纪历史认识的转变，是从 50—60 年代就已经开始，并到 80 年代末全面展开。"因此，当今对历史科学的评价，"必须考虑到整个社会的状况、社会发展的性质和总的趋势"。[①] 他认为，当代俄罗斯历史学面临的挑战首先来自历史学本身的客观性和真实性，"坚持历史的真实性，将使历史学变得更加严峻、冷静和客观。这种严酷性在于，历史学能够告诉我们关于我们自身的过去和未来的真理"。[②] 这一观点，对于长期受到来自"左"的和右的意识形态干扰的历史学在新时期的重建，无疑具有重要的理论意义。

正是本着这种对历史负责的态度，由他主持编写的几部具有权威性的俄国从古至今不同时期的历史著作，大量采用了 90 年代以后新公开的档案文献和最新研究成果。在对苏联史学进行客观分析的同时，也力求纠正以往史学研究中的错误和不足，对许多重要的历史事件和人物作出了新的评价。作为当代俄罗斯官方史学的代表，萨哈罗夫研究的重点和方向、立场和观点都具有一定的风向标意义，特别是有关俄罗斯史学史研究所取得的成就，在某种程度上标志着

---

① [俄] A. H. 萨哈罗夫：《关于俄罗斯历史的新观点》，《历史问题》（俄文版）2002 年第 8 期，第 3 页。

② [俄] A. H. 萨哈罗夫：《关于俄罗斯历史的新观点》，《历史问题》（俄文版）2002 年第 8 期，第 4 页。

当代俄罗斯新史学的进展和水平。

由萨哈罗夫主持完成的其他历史著作主要有：《俄罗斯历史学家：17—20世纪初》（莫斯科，1996年）、3卷本《俄罗斯史（从古代至20世纪末）》（莫斯科，1996年）、《俄罗斯历史上的改革与改革家》（莫斯科，1996年）、《19—20世纪的俄罗斯：外国史学家的观点》（莫斯科，1996年）、《20世纪的俄罗斯：历史科学的命运》（莫斯科，1996年）、《俄罗斯现当代史（教科书）》（莫斯科，2010年）等等。此外，他还发表了大量有关社会史、战争史、外交史和史学理论方面的论文。他所主编的多部著作被俄罗斯教育部指定为大学历史专业教科书或教师的参考教材，在目前的俄罗斯史学界，其成果和观点具有较高的权威性和代表性。

二 《俄罗斯历史学家：17—20世纪初》评述

由萨哈罗夫主编的《俄罗斯历史学家：17—20世纪初》（1996），以彼得一世时期至十月革命前夕重要的历史学家为研究对象，对那一时段的俄国史学史作了全景式描述和客观评价。17—20世纪初，是俄国由封建社会向资本主义过渡的大变革时代，彼得一世以强权推动的全面改革，学习西方各方面经验，特别是俄罗斯科学院的建立，极大地推进了俄国史学的发展。在社会大变革的不同阶段，国家学派、贵族史学和资产阶级史学此起彼伏，代表不同阶级和阶层利益的历史学家相继涌现，形成了俄国史学蓬勃发展的重要时期。但是，在苏联时期，对这些俄国传统史学的成就或是全面否定，或是仅作一般参考，缺少深入而专门的研究。《俄罗斯历史学家：17—20世纪初》一书，扭转了以往的错误做法，从正面对俄国传统史学具有代表性历史学家及其成果进行评述，将俄国史学的发展作为一个相互衔接的完整过程，用总体史的观点重新评价传统史学，为新时期俄罗斯史学的发展打下了良好基础。

《俄罗斯历史学家：17—20世纪初》一书由29篇介绍和评析文章组成。主要的历史学家包括：俄国贵族史学家、国务活动家、第一部概括性中学专著《俄罗斯通史》的作者 В. Н. 塔吉谢夫（1686—1750）；俄国第一代学院派史学家、彼得堡科学院院士、著有《名门宗谱》和《西伯利亚史》的德裔学者 Г. Ф. 米列尔（1705—1783）；俄罗斯国家起源"诺曼说"的创立者 Г. 巴那尔（1694—1738）；俄国贵族史学家、著有《俄罗斯国家史（1—12卷）》的历史编纂学之父 Н. М. 卡拉姆津（1766—1826）；俄国"怀疑学派"史学创始人、彼得堡科学院院士、莫斯科大学校长、著有《俄国法典》的 М. Т. 卡切诺夫斯基（1775—1842）；俄国历史编纂学"国家学派"创始人、莫斯科大学教授、彼得堡科学院名誉院士 Б. Н. 契切林（1828—1904）；"国家学派"著名代表、自由派社会活动家、参与起草废除农奴制度草案的 К. Д. 卡维林（1818—1885）；俄国"国家学派"历史学家、彼得堡科学院院士、莫斯科大学校长、著有《远古以来的俄国史》的 С. М. 索洛维约夫（1820—1879）；俄国历史学家、政治活动家、立宪民主党组织者之一的 П. Н. 巴·米留科夫（1859—1943）；资产阶级自由派史学代表人物、著有《俄罗斯民族史》的 Н. А. 波列伏依（1796—1846）；俄国资产阶级自由主义历史编纂学的最重要代表、彼得堡科学院院士、著有《俄国历史教程》和《古罗斯贵族杜马》的莫斯科学派代表 В. О. 克柳切夫斯基（1841—1911）；俄罗斯科学院院士、彼得堡学派代表 С. Ф. 普拉东诺夫（1860—1933）等。同时，该书还根据新公开的档案史料，对曾经长期被遗忘的史学家们的学术成就和历史地位进行了重新评价。这类史家主要有历史学家、考古学家、彼得堡科学院院士、俄国历史和考古学会会长、莫斯科历史博物馆负责人 И. Е. 扎别林（1820—1908），莫斯科大学教授、1922年侨居国外的 А. А. 基泽维杰尔（1866—1933），等等。

在该书中，萨哈罗夫等史学家立足于对俄国传统史学的继承与发展，强调以往杰出历史学家的学术活动是历史编纂学中不可或缺的组成部分。尽管他们代表了不同时代不同的阶级和阶层，政治观点有着较大差异，但他们的学术成就反映了大变革时代意识形态的特点，思潮奔涌，各尽其说，是俄罗斯史学遗产中不可多得的宝贵财富，为近代以来俄罗斯史学史的建构起到了奠基作用。全书内容丰富，资料翔实，科学、客观地勾勒出了近代俄国历史编纂学的基本轮廓，肯定了近代俄国史学繁荣发展对俄国现代化进程的重要意义，因此该书已经成为苏联解体后近代俄国历史编纂学的代表性作品。

三 3卷本《俄罗斯史》与新史学建构

1996年，由萨哈罗夫主编的3卷本《俄罗斯史（从古代至20世纪末）》出版，这是苏联解体之后俄罗斯史学家推出的水平最高的通史性著作之一。该书在史料运用、历史分期、重要人物和事件的评价等方面都力求客观、求实与创新，特别是将20世纪末的重大历史事件也纳入俄国历史进程，着重强调历史过程的整体性和连续性，对不同时期历史重要事件的研究取得了突破性进展。在谈到用什么样的历史观去指导该书的写作时，萨哈罗夫指出，"马克思主义根据社会经济形态划分历史类型和分期的观点不仅没有过时，而且在认识历史过程中仍然十分重要。因为它阐明了历史过程的客观规律性。这些在俄罗斯的历史编纂学中仍然被广泛地运用。"① 3卷本《俄罗斯史》所取得的突出成就，是作者群体在新时期坚持运用唯物史观指导历史研究的有益探索。

3卷本《俄罗斯史》作为高等学校教材，整体结构上有了较大创新。第一卷的框架结构和基本线索是古代罗斯、东北罗斯和俄罗斯中央集权国家的形成。作者从文明史的视角出发，对俄罗斯国家的古代文明作了详细阐述，首次对基督教在东斯拉夫文明形成过程中的地位作用，以及对罗斯民族、经济社会、政治和文化的影响作了深入探讨。在论及蒙古入侵前的基辅罗斯史时，萨哈罗夫强调

---

① ［俄］A. H. 萨哈罗夫：《关于俄罗斯历史的新观点》，《历史问题》（俄文版）2002年第8期，第6页。

"每个时代都应当联系世界历史来认识祖国的历史"。① 作者从世界历史的高度，运用比较史学方法，通过对罗斯与法兰克王国、神圣罗马帝国、波兰和捷克等历史进行横向比较，对基辅罗斯在中世纪世界历史中的地位进行了客观评价；对蒙古入侵的历史背景、对古代罗斯国家形成的内外部因素等进行了深入分析。由于研究视野的扩大，人们对俄罗斯历史在古代世界中的特殊性和关联性有了较为深刻的了解，因此也对俄罗斯国家特殊的历史进程有了新的认识。

第二卷的基本结构是：彼得一世时期的俄国、彼得一世继承人时期的俄国、叶卡捷琳娜二世时期的俄国和 19 世纪的俄国。该卷的前半部分是由俄国经济史专家、莫斯科大学历史系教授米洛夫承担的。作者运用实证主义方法对 18 世纪俄国社会经济问题进行了深入研究，详细考察了这一时期俄国农民负担的加重和农民经济的分化问题，指出，彼得一世时期，俄国的强盛和扩张是以广大农民无限制的劳动和付出为基础的，俄国的封建社会结构是维系国家从改革到强盛的重要支撑。该卷的 19 世纪部分主要是由兹梁诺夫教授完成的。作为一位长期从事 19 世纪俄国史研究的著名专家，兹梁诺夫教授对 19 世纪 30—40 年代的俄国社会思潮进行了系统研究和客观评价，他将 18—19 世纪俄国各种社会思潮作为一个整体来研究，认为它们之间既有共性，也有特殊性，并不是完全对立的思想体系，在推进俄国的现代化进程中都发挥了各自的独特作用，并且有时这些作用还可能形成合力，加快历史的发展进程。

该书第三卷的框架是：大转变时期的俄罗斯、由妥协转向新的进攻、战争与和平的考验、苏维埃体制的危机与终结。主要由历史学博士 B. 德米特连科完成的整个 20 世纪的俄苏历史部分，更富于挑战性，因为此前的研究在许多重大历史问题的评价上都很难做到客观、公正。而在这一部分，作者采用了整体史的观念和方法，将

---

① ［俄］A. H. 萨哈罗夫主编：《俄罗斯史》第 1 卷（俄文版），莫斯科，1996 年版，第 5 页。

个别历史事件和重要人物放在俄国历史和世界历史发展的大背景下去评判和考察，许多提法和观点有了较大突破，在一些重要问题上得出了较为令人信服的结论。当然，该部分的一些观点也值得商榷和讨论，但是作为新的史学范式的有益尝试，对推进新时期的俄国史研究具有积极意义。

从总体上看，萨哈罗夫主编的3卷本《俄罗斯史》是当时俄罗斯最有分量和最具影响力的通史性著作。它充分反映了俄罗斯社会的巨大变化和历史学家在新形势下对祖国历史的深刻思考，与同时期的其他通史性著作相比，至少有以下几个突出特点。

一是大胆采用了新的历史分期法。苏联解体以后，不少历史学家认为应把17—18世纪之交的彼得一世改革看作是俄国历史的重要分界线。彼得一世的西欧考察，在行政、军事、文字、历法、习俗等方面的改革，以及为争夺出海口所进行的战争，对俄罗斯未来的发展具有开拓性的意义，3卷本《俄罗斯史》首次采用了这一分期方法。而同一时期的其他史学著作大多仍沿用了过去将1861年农奴制改革作为俄国史上的重大历史分界线。这不仅是史学多样化的表现，也反映出学者们更希望将俄国从传统国家迈向现代社会的第一步作为历史的分界线。一直以来，俄罗斯史学界对20世纪俄罗斯历史的分期问题都有较大争议。以往的分期方法大多是将1917年"二月革命"沙皇政府的垮台至1991年苏联的解体，作为一个单独的历史时期。一些俄罗斯史学家对这一传统的分期法提出质疑，"他们认为，不应当再继续按照意识形态的标准来划分历史阶段，而应注重历史发展的延续性和长时段性。他们反对把苏维埃时期与旧俄和后苏联时期完全割裂开来的做法，主张把整个20世纪的俄罗斯史看作一个历史阶段来考察"。[①] 3卷本《俄罗斯史》首次将这一分期方法用于史学研究的实践，在第三卷中较为完整地阐述了20世纪的俄罗斯历史。

---

① 戴桂菊：《近十年来的俄罗斯史学》，《史学理论研究》2001年第3期。

一是史学观点与历史评价具有创新性。该书的作者主要是俄罗斯科学院和大学系统的著名历史学家，他们出生在苏联时期，接受的是苏联传统史学教育。这些成长于50年代之后的学者们，普遍对旧俄及苏联时期各类历史著作的优点与不足有着比较清醒的认识，特别是苏联解体后思想文化领域的激烈变化，对他们的历史认识和历史观念也产生了各种影响，但主流是要适应时代的变化，冲破教条主义束缚，推进史学观念与方法的创新。学者们普遍认为，尽管旧俄史学取得了丰富成就，但是其中的唯心主义历史观，以及作为贵族史学所受到的专制思想的限制都是显而易见的。而苏联史学在教条主义和机械唯物主义的影响下，也长期受到"物质生产和阶级斗争决定论"的束缚。为此，该书采用了多元化的研究方法，尽量摆脱各种错误思潮和观点的干扰，其宗旨是"有效地反映出俄罗斯革命前历史编纂学、苏维埃历史编纂学、侨民历史编纂学和不同政见历史编纂学中所包含的有关我们祖国历史的更权威的、更客观的和有价值的评价"。[①] 例如，萨哈罗夫在深入分析历史学界同行关于"罗斯社会发展水平"的研究成果时，提出了自己的观点，他认为："11世纪初，罗斯氏族——部落关系的瓦解和早期封建关系的出现已经不可逆转。在这一点上，罗斯明显地比西欧国家落后。不过，与东欧、斯堪的纳维亚半岛和巴尔干半岛的各个国家水平相当（甚至超前）。"[②] 再如，兹梁诺夫在第二卷中评价俄国十二月党人的活动时指出，苏联时期用"武装起义"来定义十二月党人的活动是不恰当的。从十二月党人行动的整个过程来看，应该是一次维护真理和道德的和平抗议活动，只是到了后来才具有了政治色彩。[③] 关于苏

---

① ［俄］А. 萨哈罗夫主编：《俄罗斯史（从古代至20世纪末）》第1卷，（俄文版），莫斯科，1996年版，第6页。
② ［俄］А. 萨哈罗夫主编：《俄罗斯史（从古代至20世纪末）》第1卷，（俄文版），莫斯科，1996年版，第102—103页。
③ ［俄］А. 萨哈罗夫主编：《俄罗斯史（从古代至20世纪末）》第2卷，（俄文版），莫斯科，1996年版，第335页。

维埃俄国时期的历史评价，德米特连科认为，"革命并没有解决俄罗斯的所有问题，甚至没有解决 20 世纪初俄罗斯社会中的最主要的矛盾。它以巨大的道德和信仰代价解决了关系到俄罗斯最贫困阶层日常需要的最简单的问题。"① 对于苏联时期曾经热烈讨论的关于俄国历史上的历次农民战争问题，该书作者力图从传统的思维范式摆脱出来，强调俄国历史上的农民战争与当时的社会结构及其各种复杂因素的相互作用密切相关，应该摒弃原来将农民战争仅仅归于阶级矛盾和阶级斗争的简单做法。

总之，该书在国内战争、战时共产主义、新经济政策、农业合作化、苏联政治体制的建立、苏联的反犹主义问题、苏联军事工业综合体的历史、苏联 1939—1941 年的对外政策、"冷战"的产生等等长期被视为禁区的研究领域都有了新的突破和进展。这些重要变化，应该引起包括中国在内的其他各国学者的高度关注。

三是采用了大量新公开的历史档案资料。我们前面提到，苏联解体后大量档案材料的解密和公开出版，为历史学家重新编写通史类著作提供了资料保障。在 3 卷本《俄罗斯史》中，学者们挖掘和使用了大批苏联时期未公开发表的档案、回忆录、官方文件、条约等材料。通过对各种材料的考证与甄别，并慎重地应用到历史研究中，对提高历史研究的水平和质量起到了重要作用。另外，学者们还利用出国考察和参加学术会议的机会，到其他国家搜集不同时期流失到国外的文献资料，或与俄国史相关的外国档案资料，通过运用最新的文献资料以尽量保证该书叙述史实的客观性和真实性，对于探寻澄清历史本源，纠正史学谬误，建构史学范式都具有积极意义。

四是强调史学理论与方法的创新。在苏联时期，受到教条主义和"左"倾意识形态的影响，历史研究中长期存在以唯物史观代替

---

① ［俄］A. 萨哈罗夫主编：《俄罗斯史（从古代至 20 世纪末）》第 3 卷，（俄文版），莫斯科，1996 年版，第 191 页。

史学理论，以形而上学的单一研究方法代替复杂多样的历史研究方法的现象。尽管学者们对西方当代史学理论与方法的介绍与研究做了一些工作，但是在学术限制和思想禁锢的情况下，对西方史学的理论与方法多是作为反面教材进行批判。苏联解体后，大量国外史学的理论与方法引进国内，但在社会动荡的条件下，对这些成果的消化吸收也是相当有限。3 卷本《俄罗斯史》在这方面做出了较为成功的尝试。作者尽量采用新的史学观念和史学方法来考察俄罗斯历史的全过程，力图从更广阔的视野、更多面的视角，全方位地考察俄罗斯历史的复杂过程，从而使该书整体结构紧凑、理论架构和逻辑关系更为严谨。

3 卷本《俄罗斯史（从古代至 20 世纪末）》，是当代俄罗斯史学家在吸收和总结前人研究成果基础上推出的一部史料丰富、史论结合、突破创新、客观求实的史学新作。该书出版后很快被俄罗斯联邦高等教育委员会推荐为全国高校历史专业教材。在这一基础上，俄教育部门又于 2010 年推出了由萨哈罗夫主编的教科书《俄罗斯现当代史》（莫斯科，2010 年）。在这部直面现实、充满挑战、难度极大的教科书中，作者指出：这是祖国历史上矛盾冲突最为激烈、历史过程最为复杂的特殊时期，包括战争与革命、新旧制度的更替、巨大的科学成就、艰难的社会转型等，构成这一时期俄罗斯社会的基本特征。这一特征的形成有着深刻的历史和文化根源，对这一过程中出现的历史事件不能简单、孤立地就事论事，而是要从复杂的历史背景中解析其产生和发展的内在逻辑。

综上所述，当代俄罗斯历史学家在经历了疾风暴雨式的社会大变动之后，根据历史和现实的需要，正在逐步摆脱各种困扰，以科学的态度对待不同历史时代的史学成就，力求从中找出俄罗斯历史发展的内在规律和运行机制。对于俄罗斯史学的未来发展，萨哈罗夫曾充满信心地说："当今的俄罗斯史学是充满活力的，它已经与世界的历史科学紧密联系起来。"① 当代俄罗斯史学的发展状况、困难和问题,以及未来走向值得我们深入研究,应该有计划、有系统地将一批优秀的俄罗斯史学著作翻译成中文,以加强我国的俄国史学科建设,包括俄国(苏联)史类教材内容的更新。当然,这也是一项长期而艰巨的任务。

---

① [俄] A. H. 萨哈罗夫:《关于俄国历史的新观点》,《历史问题》(俄文版) 2002 年第 8 期,第 16 页。

第 五 章
米罗诺夫及其俄国社会史研究

第一节　米罗诺夫学术历程及《俄国社会史》的写作

一　米罗诺夫的成长及其学术历程

本书之所以将米罗诺夫及其俄国社会史研究作为一章来评述，主要是因为《俄国社会史》一书是公认的苏联解体后最具影响力和开创性的史学研究成果之一，其较高的学术价值以及在理论与方法等方面的成就具有一定的代表性。该书出版后，在俄罗斯国内外学术界引起了普遍好评和较大反响，并被译成多种文字。同时，围绕其中的一些重要观点也产生各种分歧，并展开了激烈的争论。米罗诺夫作为中国学者十分熟悉的俄罗斯史学家，在苏联解体前即已发表许多学术成果，其中有两本专著已经译成汉语在中国出版。因此，对米罗诺夫本人及其成果的专门研究，可以更好地了解当代俄罗斯史学的新变化，有助于把握俄罗斯社会史研究的进展情况、基本脉络和发展方向。

当代俄罗斯著名历史学家 Б. Н. 米罗诺夫，1942 年出生于伏尔加河畔萨拉托夫的马克思城，高中毕业后于 1959 年考入列宁格勒大学经济系。在经济系两年学习之后，米罗诺夫出于对历史学和社会学的浓厚兴趣，申请转入该校历史系学习。已经掌握的经济学和数学相关知识，有利于米罗诺夫在历史研究中构建起较为严谨的思维模式和理论框架，为他在经济史领域的研究奠定了基础。在历史专业课学习之余，他还阅读了大量国内外有关社会学、心理学、哲学、文学、统计学等方面的书籍。由于具备了人文社会科学多学科的知识积累，加之学习了计量史学方法，使他确定了社会史的研究方向。

米罗诺夫在大学毕业后即进入俄国社会史研究领域，所涉及的内容十分广泛。在早期的史学研究中，他力图将各学科知识融会贯通，并大胆尝试进行跨学科或交叉学科研究，这种发散的思维方式为他日后在社会史领域取得卓越成就打下了基础。1966年，24岁的米罗诺夫考入苏联科学院历史研究所列宁格勒分所，攻读历史学副博士学位，经过几年的勤奋学习，在顺利完成全部学业后即留该所工作。20世纪70—80年代，尽管在苏联史学界尚存在不少研究禁区，与国外的学术交流还受到多方限制，理论上的教条僵化和观念上的陈旧保守仍然影响着史学家的研究工作，但与过去相比，当时的学术环境已然是宽松多了，研究领域、研究方法和史学观念都有了新的变化。进入历史研究所工作后，米罗诺夫开始在经济史、社会史和计量史学等方面进行专门研究，特别是在计量史学跨学科和综合研究等方面进行了不懈探索，并发表了一系列最初的研究成果，这些成就使他在苏联史学界崭露头角。

这一时期，米罗诺夫还在列宁格勒大学历史系兼职授课，根据自己的研究专长和取得的初步成就，他开设了"历史研究中的社会学方法"和"历史研究中的数学方法"两门课程。这两门课程的讲稿经过整理先后于1975年和1984年在国内出版。其中，前一本以《历史学家和社会学》[①]为名，入选中国改革开放后的首批国外学术译丛《二十世纪文库》，于1988年由华夏出版社翻译出版。这说明，

---

① ［苏］Б. Н. 米罗诺夫：《历史学家和社会学》，王清和译，华夏出版社1988年版。

米罗诺夫及其社会史研究已经引起了当时中国学术界的关注。

到苏联解体之前，米罗诺夫发表的主要学术成果有：专著《18世纪下半期—19世纪上半期的俄国国内市场》、《18—19世纪200年间的俄国粮价》（1985年）、《18世纪40年代—19世纪60年代的俄国城市：人口、社会与经济发展》（1990年）、《数字中的历史：历史研究中的数学》（1991年）等等。此外还有收入各种专集和论文集的论文，主要有：《俄国农民的传统人口行为》（1977年），《关于俄国农民的社会心理特点问题》（1978年），《从社会流动观点看俄国农民的社会分化》（1978年），《农奴制对俄国农民劳动态度的影响》（1978年）等。在短短的十几年间，就能推出如此丰厚的学术成果，足以证明米罗诺夫在苏联社会巨变前后，一直是笔耕不辍，积极探索，学术专攻，不懈追求。

米罗诺夫在俄国社会史的研究工作中，充分利用在数学和计量史学方面的专长，发挥了在外语方面的优势，吸收了20世纪西方史学理论与方法的有益经验，专注于历史的社会系统与经济结构等方面的研究，并取得了突出成绩。在20世纪70—80年代的苏联，尽管米罗诺夫还是一位青年学者，但是他的研究已经在国内外史学界产生一定影响。

二 《俄国社会史》的创作背景、构思与写作

苏联解体后，米罗诺夫的科研活动与其他史学工作者一样发生了天翻地覆的变化。在急剧的社会转型中，伴随着经济衰退和政治混乱，各种社会思潮和学术流派轮番登场。在原有意识形态体系不复存在的情况下，各种学术禁锢和书刊出版检查制度也基本取消，国外史学研究的各类成果可以自由引进，有经济条件的学者还可以到国外进修或者做客座研究。在这样一个动荡的年代，所有的正常秩序都被打乱了。面对俄罗斯社会的撕裂和剧变，米罗诺夫并未随波逐流或彷徨迷茫，而是沉下心来，利用自由的工作时间和学术环境，开始构思一个早有预想但一直未能实现的、庞大的研究和写作

计划，即撰写一部理论框架、研究方法、资料使用和学术观点都具有创新性的俄罗斯社会史。

正如他在该书"作者的话"中第一句就阐明了的："早就想写一部关于帝俄社会史的书，但是在1990年前这一愿望是不切实际的，因为在苏联发表有独立见解的长篇学术著作对于一个普通教授来说并不现实。但是到20世纪90年代初一切开始发生变化，俄罗斯重新步入了一个新的时代，历史学家可以写他认为重要和正确的东西。于是就有了写书的想法。"[①] 此后，米罗诺夫利用以前不可能有的对外学术交流机会，通过国外基金会的资助，多次到欧美国家考察进修、讲学和参加国际会议。在国外交流、学习与工作期间，他遍访当地的图书馆、档案馆和博物馆，搜集、复印和翻拍了大量相关文献资料，努力为他庞大的研究工作做好资料收集和前期准备。

20世纪90年代的最初几年，米罗诺夫先后去了美国哈佛大学、加利福尼亚大学等世界知名学府。后来，他又陆续访问了巴黎的农业研究所、多伦多大学斯拉夫中心，并参加了在巴伦西亚、伦敦、米兰和马德里等地举办的国际学术会议。在西方国家的学术考察与交流，使他的思想观念开始向自由派靠近。利用在国外学习的有利条件，他在有针对性地收集了所需资料的同时，开始构思《俄国社会史》的结构和框架并着手写作。

米罗诺夫的资料准备工作是卓有成效的：他所使用的大量国内文献资料是苏联解体后解密公开的档案材料；他收集了大量法国年鉴学派和英美新社会史学派等西方新史学成果，为他的研究工作提供了理论支持和方法借鉴。在国外工作期间，他还有目的地收集了不同时期流散到国外的俄国历史档案资料，例如，他曾利用美国华盛顿伍德罗·威尔逊国际学术研究中心的奖学金，赴美国国会图书馆，做了大量俄国历史和西方新史学的资料拷贝。在着手《俄国社

---

① [俄] Б. Н. 米罗诺夫：《俄国社会史》（上卷），张广翔等译，山东大学出版社2006年版，第1页。

会史》的撰写工作期间，他还利用去德国和日本参加国际学术会议的机会，与国外同行交流和讨论该书的写作计划、总体框架和基本观点等问题，力求弥补长期封闭下的俄罗斯学者与外界隔阂所产生的距离，使自己的研究工作具有国际水准。

经过几年的辛苦努力，到1996年年初，《俄国社会史》初稿基本完成。他在赴美国俄勒冈大学和德国图宾根大学进行学术访问时，曾以"帝俄时期社会史"为题，围绕该书的核心内容做了学术演讲。在与这两个学校的教师和研究生进行的座谈讨论中，他对西方新社会史的思想观念、理论体系和研究方法做了更深入的考察和研究。此后，在去日本北海道大学斯拉夫中心做客座教授时，他再一次带着即将完成的书稿在同行中进行讨论。应该说，正是作者这种活跃开放的思维方式和博采众长的研究理念，才使该书达到较高的学术水平。米罗诺夫为撰写高质量、开创性的学术著作克服了难以想象的困难，付出了全部时间和精力，他执着严谨的治学态度和矢志不渝的工作精神，赢得了同行的广泛好评。

经过近十年的不懈努力，2卷本的《俄国社会史》终于在1999年正式出版发行，该书的全名是：《俄国社会史（帝俄时期：18世纪至20世纪初）》（个性、民主家庭、公民社会及法制国家的形成），由于俄文版封面书名为"Социальная История России"，故通常简称为《俄国社会史》。该书总共1000多页，共11章，分为上、下两卷。书中引用了俄罗斯国内和国外的3500多种文献档案资料，以及大量的统计数据和珍贵的历史图片。作为苏联解体后最具影响力的社会史研究著作，该书于2000年再版。此后不久，作者又根据学界的争论情况进行了个别修改和完善，并印刷了第三版。吉林大学张广翔教授组织团队将该书第三版译成中文，于2006年由山东大学出版社在中国出版发行。

三 《俄国社会史》的基本框架及地理环境理论

米罗诺夫的《俄国社会史》研究的是18世纪到20世纪初俄国

历史的这一特定时期，选定这一历史时期并非偶然。在这200多年时间，俄国从一个传统封建国家发展成横跨欧亚大陆的资本主义帝国，毫无疑问这是俄国向现代国家转型的重要历史阶段。彼得一世时代（1682—1725年），进行了俄国历史上前所未有的全面改革。学习西方先进经验，走自己的强国之路，是彼得改革的核心要义。俄国通过一系列战争，使疆域空前扩大，北方出海口的获得为对外贸易打开了通道。民族工业的兴起、国内市场的建立、科学文化事业的发展，使俄国逐渐步入欧洲大国的行列。应该说，俄国封建农奴制的加强、资本主义的产生和发展，以及后来俄国社会、政治、经济、文化的走向，总体上是由这两个世纪俄国历史演进的内在规律所决定的，是深受俄国社会结构的特殊性所影响的。这是米罗诺夫将这一时期作为自己社会史研究重心的基本着眼点。

另外，法国年鉴学派著名历史学家布罗代尔的《15至18世纪的物质文明、经济和资本主义》一书，也给了米罗诺夫以较大影响和深刻启示。因为18世纪以后的俄国确实与15—18世纪的西欧处在大体相同的历史阶段，是资本主义从萌芽到发展的重要过程。米罗诺夫将俄国的这一重要历史进程，放在布罗代尔所描述的资本主义世界发展的大背景下进行研究，其总体史的指导思想是十分清楚的。因此，有俄罗斯学者评论说，米罗诺夫的《俄国社会史》是"可与布罗代尔的法国社会史齐名的著作"。[①] 作为具有自由主义倾向的史学家，米罗诺夫试图通过"了解俄国文化、思想和历史的合理性"，进而阐释俄国历史进程中具有规律性的"发展性"和"正常性"。由此证明，"三个世纪的俄国现代化进程总体来说是成功的，只是偶尔因战争、暴乱或者类似于当今俄罗斯的激进改革而引起的15—25年的危机而中断发展，但是危机过后又带着新的力量重新恢

[①] 转引自张广翔《米罗诺夫的〈社会史〉及其引起的争论》，《史学理论研究》2002年第4期。

复"。①

米罗诺夫的《俄国社会史》的总体结构正如其副标题所提示的："个性、民主家庭、公民社会及法制国家的形成"，是从社会的基本单位"个人"入手，进而逐步扩展和深化的。米罗诺夫在第一章采用了戈登·W. 休斯地图的做法②，对人口与社会赖以存在的基础——地理与自然因素做了阐述，因此第一章的题目就是"领土扩张及其后果：民族问题、丰富的资源和广阔的土地"。

在这里，米罗诺夫着重关注的是，领土扩张不仅给国家带来了巨大空间，同时也在一定程度上对俄国的社会和经济发展造成了影响。米罗诺夫指出，17世纪下半叶至20世纪初，促使俄国进行领土扩张的首先是地缘政治因素，"巩固边境，获得不冻港，阻止竞争对手占领边境领土而将其划归到自己的势力范围之内"。③ 而"向远东和中亚的扩张，在某种程度上也是为了获得原料基地和销售市场。在任何时候，战略因素都是首要的"。④ 这里，他着重从地缘政治角度出发，阐释了领土扩张之后向新占领地区的移民活动，认为扩张导致了多民族帝国的形成和民族问题的出现。

米罗诺夫分析了领土扩张的结果，指出："领土向南部扩张不仅增加了土地总储备，而且扩大了其利用率，因为随着边界向南部移动，适宜农业和畜牧业的土地数量增加了。"在北部地带、森林地带，也出现了耕地、草原、牧场不断增多，而森林和非宜耕地不断减少的趋势。"领土扩张的正面结果还应包括被合并的西部地区，特别是波罗的海沿岸各国的等级团体组织和更发达的文化、经济，对

---

① ［俄］Б. Н. 米罗诺夫：《俄国社会史》（俄文版）第1卷，第17页。

② 见布罗代尔《15至18世纪的物质文明、经济和资本主义》第1卷，生活·读书·新知三联书店1992年版，第67页。

③ ［俄］Б. Н. 米罗诺夫：《俄国社会史》（上卷），张广翔等译，山东大学出版社2006年版，第9页。

④ ［俄］Б. Н. 米罗诺夫：《俄国社会史》（上卷），张广翔等译，山东大学出版社2006年版，第9页。

俄国的社会生活所产生的积极影响。"①

同时,他也指出了领土扩张的负面结果:第一,受其影响,在民众意识中坚信粗放经营是农业发展最合理和有效的形式,相信自然资源的取之不尽已成为俄国价值观的模式,形成了对自然资源和财产漠不关心和浪费的心理。这种信念和心理导致了后来的落后。第二,领土扩张使能够较好地为国民经济需求服务的良好的城市结构体系难以形成,因为具有发达序列结构的合理而完整的城市体系所需要的土地面积不超过 10 万平方公里。第三,新领土虽然带来了新的可能性,但是,也需要相当大的力量和资金来保证交通和防御等。一方面,这消耗了中央财政;另一方面,划拨的资金总是很少,因此扩张导致了符合国家需要的基础设施难以建立,直到现在它仍是俄国经济的薄弱环节。第四,领土扩张把俄国变成了一个多民族的帝国,而俄罗斯人则成了无特权的少数民族。扩张延缓了统一的俄罗斯国家的发展。② 米罗诺夫的这些论述,涉及了影响当代俄罗斯城市、农村和民族问题的许多重要方面,具有很强的现实意义。

当然,米罗诺夫也颇为实际地指出,不应夸大困难,对扩张带来的好处估计过低。他说:"20 世纪初之前俄国农业走粗放型发展道路,对于俄国来说是最为理想的:它不仅维持了相当高的生活水平,而且为今后的发展建立了牢固的资源储备。"③ 在这里,米罗诺夫强调,地理环境对于俄国发展所产生的作用是巨大的,尤其是在早期阶段。"把社会和经济现象与人口联系起来的观点,建立在更坚实的基础之上。人口密度的增长经常迫使人们寻找与相对人口过剩进行斗争的方式。不同民族选择不同道路,主要依据的是自然条件、

---

① [俄] Б. Н. 米罗诺夫:《俄国社会史》(上卷),张广翔等译,山东大学出版社 2006 年版,第 28 页。

② [俄] Б. Н. 米罗诺夫:《俄国社会史》(上卷),张广翔等译,山东大学出版社 2006 年版,第 29 页。

③ [俄] Б. Н. 米罗诺夫:《俄国社会史》(上卷),张广翔等译,山东大学出版社 2006 年版,第 32 页。

政治和社会制度、价值观、传统、习俗和法律……长期以来，俄国更愿意扩大领土，而且这种与人口过剩进行斗争的方式，对于缺少资金而富于劳动力和土地的居民来说，显然是最佳的。"① 在这里，米罗诺夫对地理与人口因素对俄国经济社会发展影响的研究，为进一步分析200多年间俄国社会经济的主要矛盾和发展趋势打下了必要的理论基础。

第二节 《俄国社会史》的基本内容及主要观点

一 俄国社会结构、等级制度与人口问题

米罗诺夫在《俄国社会史》中重点研究了社会结构和社会运动，以及由此导致的开放型社会的产生，并根据这一影响进一步分析直至1917年俄国仍未形成统一的俄罗斯民族的历史原因。他对俄国是否存在等级，以及等级制度的形成、俄国等级制度与西欧等级制度的区别与联系等问题进行了研究；对贵族、僧侣、城市等级以及农民阶层的经济状况、社会地位及文化特征，从各等级内部的财产、收入、生活、习俗等方面进行了深入探讨，在此基础上，对人口的社会结构及跨等级流动进行了分析。他认为，"至1917年，各等级在法律上都失去了最重要的等级特权，向阶级转化。但是，社会传统势力仍然强大，阻碍了在本质上从等级向阶级的转变。等级制度的存在，各等级的亚文化各异乃至对立，各等级之间以及等级内部贫富分化现象严重，不仅阻碍了中产阶级和公民社会的形成，而且阻碍了具有统一文化、统一价值体系和统一法律规范的俄罗斯民族的形成。俄国境内民族众多，进一步阻碍了这个进程。正因为如此，

---

① ［俄］Б. Н. 米罗诺夫：《俄国社会史》（上卷），张广翔等译，山东大学出版社2006年版，第46页。

至1917年，俄罗斯民族和俄国民族国家的形成过程仍未完成。"① 作者的深刻分析和得出的结论应该说是基本正确的，解答了俄罗斯这样一个多民族的庞大帝国，由于无法也不可能解决统一的俄罗斯民族形成的问题，因而民族问题必然成为各个时期制约国家发展的重要因素。

接下来，作者着重论述了俄国的人口发展和人口转型过程。由于19世纪前后，东正教居民占全国人口总数的85%左右，因此作者在研究俄国的婚姻模式、人口再生产模式等问题时，是以信仰东正教的居民为主的。作者从俄国东正教人口最基本的婚姻过程进行研究，对婚龄、婚期、结婚率以及离婚现象做了全面的社会学考察。作者围绕出生率和死亡率、地主农民对出生率的调节机制、死亡的原因以及在一些地方存在的杀婴现象作了分析。指出，在18世纪以后的俄国，经历了一个人口再生产从传统模式向合理模式转变的过程，"尤其是在19世纪最后30年至20世纪初，结婚率、出生率和死亡率明显降低，并由此引发了两个重要的人口变化，即人口平均寿命的延长和自然增长率的提高"。②

作者通过对农民家庭、城市家庭和贵族家庭进行的社会学剖析，从家庭内部关系的发展角度，考察了俄国家庭的类型及其演变，即由复合式家庭向小型家庭过渡，家庭内部关系由专制向民主的过渡及其特点。在此基础上，作者客观地指出："家庭内部关系民主化的缓慢发展，妇女、青年和孩子获得解放的缓慢进程，都阻碍了大众意识中主从观念的根除。直到帝制解体前，大众的君主政体意识始终以此为基础。上述两种缓慢性阻碍了社会政治结构的改变。"③ 这

---

① ［俄］Б. Н. 米罗诺夫：《俄国社会史》（上卷），张广翔等译，山东大学出版社2006年版，第134页。

② ［俄］Б. Н. 米罗诺夫：《俄国社会史》（上卷），张广翔等译，山东大学出版社2006年版，第204页。

③ ［俄］Б. Н. 米罗诺夫：《俄国社会史》（上卷），张广翔等译，山东大学出版社2006年版，第268页。

就从一个侧面解释了俄国革命前夕,广大底层民众对沙皇敬畏、服从乃至留有幻想的深刻的社会原因。

城市和农村的现代化是这一时期俄国社会转型的重要内容。作者对比分析了 17 世纪至 20 世纪初,俄国城市和农村在人口、行政、法律、社会、经济和文化等方面的不同特点,并说明它们之间的相互影响。主要研究的问题是:(1)城市与农村的数量、城市与农村的划分依据、城市与农村的人口密度及经济方向、城市与农村分离的时间;(2)城市与农村居民的数量、等级和职业;(3)城市与农村居民思维方式的特点。作者考察了俄国城市与农村居民点的区位选择和机构设置,对城市与农村的行政区划与法律划分、城市和农村的人口数量和社会结构,对城市和农村居民的思维方式等进行了分析,特别是对改革前后农民与小市民的心态进行了比较研究,认为在农村和城市普遍存在着传统观念与现代化的矛盾与对立。基于这一分析,米罗诺夫指出:城市与农村从一体到分离,再由分离到融合的转型是俄国现代化进程的基本特点。

米罗诺夫认为,18—20 世纪是俄国农奴制由全盛到衰落的转变时期,这一过程对俄国社会结构及其变化具有深刻影响。他指出,"农奴制"概念的范围很广,包括个人对其主人在某些方面的依附和个人对其主人的全面依附。18 世纪至 19 世纪上半叶,俄国农奴制依附关系的主要特征是:"(1)对主人超经济的、人身的依附,这里的主人指的是个人、集体或国家;(2)被固定于居住地;(3)被固定于等级;(4)私有财产权和民事行为权利受到限制;(5)择业权受到限制;(6)无社会保障:主人可凭个人意愿,不经过法院便剥夺其依附人的尊严、荣誉和财产,施行体罚。"[1] 他从俄国社会的主要等级,贵族、僧侣、工商业者和农民入手,对农奴制条件下各种依附关系所构成的经济社会状况进行了分析,指出农奴制对俄国社

---

[1] [俄] Б. Н. 米罗诺夫:《俄国社会史》(上卷),张广翔等译,山东大学出版社 2006 年版,第 380 页。

会的基本人群已经成为一种桎梏，不仅对下层劳动群众是残酷的欺压，就是对贵族和僧侣来说也是必须承受的沉重负担。因此，米罗诺夫在论述农奴制的普遍性及其原因时指出："在18世纪初的俄国，只有沙皇一个自由人，其他人都受到了不同程度的奴役。"① 他认为，俄国农奴制如此普遍和深入的原因，是由俄国国家制度的传统特点和最高政权的宗法制特点所决定的，并且受到军事政治的影响。同时，俄国农奴制的产生还有其文化—心理前提，即俄国人民缺乏个人主义、自我意识和自我监督，只服从暴力，而农奴制得以普遍存在的经济原因则是俄国没有资本主义式的雇佣劳动。作者在此基础上指出："农奴制关系的普遍性、社会对个人的优先权以及对个人主义的压制不是因为俄国国家自来就倾向于暴力，而是许多客观因素综合作用的结果。在俄国，通常只有指令性行政手段才有效力，人民自己也这样认为。也许，所有传统农业社会都需要这种管理方法，而且，只要农业社会存在，就存在着这种需要。"② 根据对俄国农奴制的社会分层研究，作者认为，农奴制的废除不仅是市民和农民阶层的解放，同时对贵族和僧侣阶层也不啻一种解放。在这里，作者将俄国与欧洲的农民、美国农场主与奴隶的劳动作了比较，指出了他们之间在劳动积极性和生产率方面的巨大差异。同时作者认为，由于俄国特殊的社会历史背景，农奴制残余在改革后仍将长期存在，通往自由的道路是极为复杂和艰难的。

二 家庭关系、城市和农村的现代化与农奴制的兴衰

在米罗诺夫之前的俄国史研究中，由于教条主义和经济决定论的运用唯物史观，造成对复杂历史问题的简单化和机械化处理方式。

---

① ［俄］Б.Н.米罗诺夫：《俄国社会史》（上卷），张广翔等译，山东大学出版社2006年版，第388页。

② ［俄］Б.Н.米罗诺夫：《俄国社会史》（上卷），张广翔等译，山东大学出版社2006年版，第394页。

米罗诺夫的社会史研究则冲破了苏联史学的束缚,通过对家庭关系的分析,对俄国社会结构转型原因得出了较为正确的结论。例如,作者认为,家庭是社会的重要细胞,研究俄国家庭类型及其演变,对深刻认识社会转型具有重要意义。通过对俄国农民家庭的平均人数、僧侣的家庭成分、不同地区农村居民的家庭类型、各年龄段农民参加田间劳动的情况;对不同地区和各等级的城市居民家庭类型的数据统计,指出在现代化进程中,家庭从大到小的结构性变化及其原因。

作者在对沃罗涅日省的专门研究后发现,"与小型家庭相比,复合式家庭在家庭成员教育和经济创新、改进方面并无优势,反而更为保守和消极"。① 一般来说,"复合式家庭的家长担心无法控制年轻人而禁止他们经营副业。小型家庭则相对民主,这类家庭中妇女和孩子的地位优于复合式家庭"。这种对社会细胞非常微观的研究方法,无疑让人们确信尽管小家庭相对民主,但是在俄国农村特殊的生产方式条件下,复合式家庭通常更有优势,因而也就增加了保守和消极成分。作者认为:"一些农民开始意识到:大家庭虽然大,却不能为个人谋求实惠;而在小型家庭中,个人却可直接为个人谋取福利。个人可以有更大的活动空间和自主性是分家的强大动因。"②由于家庭和整个社会之间存在着相互联系、相互制约的关系,因此可以从家庭推断社会,也可以由社会推断家庭。为此,他在专门研究了19世纪的农民家庭后指出,在农村具有典型意义的复合式家庭是个小的宗法制王国,在这类家庭里,"父亲或者祖父是全家最有经验、年龄最大的男人,他在家中施行颇似17世纪俄国沙皇般的宗法

---

① [俄] Б. Н. 米罗诺夫:《俄国社会史》(上卷),张广翔等译,山东大学出版社2006年版,第234页。

② [俄] Б. Н. 米罗诺夫:《俄国社会史》(上卷),张广翔等译,山东大学出版社2006年版,第234页。

制管理和基于合法性的信仰以及父权神圣的传统统治"。① 从俄国农村家庭的普遍情况看，等级制是家庭内部关系的基础，家庭越大，家长的权力也越大，同时，对于家庭成员的监控也就越严厉。基于这一分析，作者指出："权力关系主体——地主和国家——出于政治和经济考虑支持宗法制家庭，尤其支持复合式家庭。首先，作为专制体制的载体，宗法制家庭以家庭成员绝对服从家长、家庭中集体对个人的控制为基础。地主和国家通过与家长结盟，并在他们的支持下控制农民。家长也需要地主和国家的支持以控制家庭成员。"② 这种从微观层面解析宏观结构的研究方法，在以往的俄国史研究中是不多见的。

贵族家庭一般是遵循已婚孩子要与父母分开居住的原则，因此小型家庭在18世纪时就在贵族中占据了绝对优势，这与贵族家庭中的成年男人必须到国家机关供职有直接关系。但是，无论是复合式家庭还是小型家庭，贵族家庭内部关系的基础都包括：等级制和家长无限的统治权；家庭成员的职能、权利和义务取决于其性别和年龄，共同的家庭利益对个人利益的控制；人在家庭和社会中发挥作用的重要性，家庭对社会的微弱自治；社会舆论对家庭有重大作用；等等。

最后，米罗诺夫得出结论：复合式家庭向小型家庭过渡，家庭内部关系由专制向民主过渡，是200年间俄国家庭演变的基本趋势，然而这一过程是相当缓慢的，并且其消极影响也是十分明显的。他指出："家庭内部关系民主化的缓慢发展，妇女、青年和孩子获得解放的缓慢进程，都阻碍了大众意识中主从观念的根除。直到帝制解体前，大众的君主政体意识始终以此为基础。上述两种缓慢性阻碍

---

① [俄] Б. Н. 米罗诺夫：《俄国社会史》（上卷），张广翔等译，山东大学出版社2006年版，第239页。

② [俄] Б. Н. 米罗诺夫：《俄国社会史》（上卷），张广翔等译，山东大学出版社2006年版，第244页。

了社会政治结构的改变。人们从童年到更大范围的生活中——在军队、机关和工厂任职——将改变其服从长者权威强制的观念。"① 米罗诺夫通过对家庭这一社会基本单位结构和特点的深刻分析,说明社会细胞变化缓慢是俄国农奴制长期存在的重要社会原因之一。

城市和农村是俄国社会生活的基本载体和活动空间,因此作者用了大量篇幅集中讨论了17世纪至20世纪初俄国城市和农村的发展进程,着重阐述了城市和农村在人口、行政、法律、社会、经济和文化等方面的特点,并指出它们是如何相互影响的。在这里米罗诺夫运用了统计学的方法,将城市和农村从宏观到微观,即从地域人群到居民个人,再到居民的思维方式划分为3组:第一组,城市与农村的数量、划分依据、人口密度及经济方向、二者分离的时间;第二组,城市与农村居民的数量、等级和职业;第三组,城市与农村居民思维方式的特点。作者从历史的、动态的角度研究了3组情况的变化及其特点,并将城市和农村的分离进程大体上分为4个阶段,即17世纪中叶以前:城市和农村并未分离,在行政、社会、经济和文化方面是统一的共同体;17世纪中叶到1785年:城市和农村从各个方面开始分离;1785年至19世纪60年代:城市和农村在经济上脱离,各个方面的差别达到极限;19世纪60年代至1917年:城市和农村的差别又逐渐缩小,出现了融合的趋势。作者通过对大量史料的分析,推翻了"18世纪至20世纪初,农村与城市自行脱离,成为一个独立的世界,有着自己的文化、法律和社会组织的"传统观点。他认为:"即使仅把首都称为城市,把有文化的人称为市民,农村也一直与城市联系密切,从未成为城市的对立物。19世纪下半叶至20世纪初,大量俄国知识分子深受平民世界观和农民价值体系的影响。可以说,俄国知识分子、城市下层和农民有着共同的

---

① [俄] Б. Н. 米罗诺夫:《俄国社会史》(上卷),张广翔等译,山东大学出版社2006年版,第268页。

意识、共同的道德价值观,其基础则是东正教道德观。"①

在俄国存在了250多年的农奴制,是俄国社会的典型特征,也是影响俄国现代化进程的重要因素。在第六章中,作者集中讨论了俄国农奴制的兴衰。首先,作者从历史编纂学的视角将有关农奴制的各种观点大体归纳为三种:十月革命前俄国史学家认为,"决定各等级被奴化和获得解放的主要因素是国家的意图和需要,即维护社会秩序和稳定";苏联时期史学家认为,"农奴制与蒙古—鞑靼体制一样,是导致俄国在经济和文化方面落后于西欧国家的主要原因";西方史学家则认为,"农奴制是俄国在经济和文化方面落后于西欧国家的结果。"② 在这里,作者对俄国农奴制的概念进行了解释,即"农奴制是指将个人附属于其主人的所有法律规范的总和。农奴制的表现形式有温和的和强烈的两种,可以包括所有的,也可以只包括某些超经济强制手段"。在此基础上,作者对18世纪至19世纪上半叶俄国农奴制依附关系的主要特征进行了分析。作者指出:18世纪的俄国,贵族具有被国家奴化的所有特征;而僧侣由于受到世俗和教会政权的双重压迫,其地位更为悲惨;工商业者作为被固定在某个城市和工商业者公社的城市纳税居民,对国家是奴隶式的依附关系;各类农民都被固定在土地上,附属于土地的主人,即地主、教会和国家或沙皇,没有主人的同意和国家机关的允许,不得擅自改变居住地和等级。

那么,俄国农奴制如此普遍和深入的原因是什么呢?作者指出:"首先,是由俄国国家制度的传统特点和最高政权的宗法制特点所决定的。人民认为,沙皇是土地的最高所有者,是所有臣民的主宰,人民承认沙皇有权支配臣民的自由、健康、生活和财产。"其次,是

---

① [俄] Б. Н. 米罗诺夫:《俄国社会史》(上卷),张广翔等译,山东大学出版社2006年版,第358—359页。

② [俄] Б. Н. 米罗诺夫:《俄国社会史》(上卷),张广翔等译,山东大学出版社2006年版,第379—380页。

受俄国军事政治的影响。"为加强武装力量和实行积极的对外政策,俄国需要大量资金。与西欧国家相比,俄国经济相当落后,国家只能通过暴力剥削人民才能获取所需资金。"再次,农奴制的产生,还有其文化—心理前提:俄国人民缺乏个人主义、自我意识和自我监督,只服从暴力。这里作者还指出,农奴制得以普遍存在的经济原因是俄国没有资本主义的雇佣劳动。作者认为:"农奴制关系的普遍性、社会对个人的优先权以及对个人主义的压制不是因为俄国国家自来就倾向于暴力,而是许多客观因素综合作用的结果。在俄国,通常只有指令性行政手段才有效力,人民自己也这样认为。也许,所有传统农业社会都需要这种管理方法,而且,只要农业社会存在,就存在着这种需要。总之,俄国的这种指令性行政管理方法在1917年并未随着农奴制和帝国一起消失"。① 关于农奴制废除的过程,作者也分门别类地进行了细分式研究。首先,他归纳出个人自由的标准,即(1)摆脱所有超经济的人身依附关系;(2)可自由选择居住地;(3)可自由社会流动;(4)有完全的、不受限制的动产和不动产所有权;(5)可自由择业;(6)有社会保障:只有法院才能剥夺人的尊严、荣誉和财产。作者认为,各个等级获得解放的起止时间是不同的,人民摆脱奴隶地位也不是一蹴而就的,摆脱国家、集体和私人的三重奴役需要一个过程。在此,作者集中讨论了贵族的解放、僧侣的解放、城市等级的解放和农民的解放,并指出,"私人农奴制被取消的原因在于最高政权、教会和社会进步力量对它的坚决否定,在于社会风气的转变,在于居民教育和文化水平的提高,在于农民自我意识的觉醒和为自身自由而进行的顽强斗争,在于经济的商业化。"②

---

① [俄] Б. Н. 米罗诺夫:《俄国社会史》(上卷),张广翔等译,山东大学出版社2006年版,第394页。

② [俄] Б. Н. 米罗诺夫:《俄国社会史》(上卷),张广翔等译,山东大学出版社2006年版,第423页。

米罗诺夫非常重视对农奴制残余问题的研究，在第六章的结尾部分集中讨论了这一关乎俄国发展道路和历史走向的重要问题。他客观地指出："俄国农民在私人农奴制被取消后的很长时间内依然生活在其残垣断壁之上，并未能完全摆脱国家和集体的奴役，这样便影响了农民的积极性，阻碍了他们的社会和地理流动，限制了资本主义关系向农村的渗透。农奴并未获得完全的解放，农奴制也只是在局部被取消。"① 进而，他还深入地讨论了俄国农奴制长期存在的原因，认为，正因为农奴制的长期存在，才使俄国通向自由的道路异常艰难。到1917年，资本主义仍未在俄国农村扎根，农业仍在国家经济中占主导地位。在这里，作者将1917年前后的经济形态特征作了对比，认为："农奴制的残余在社会思想、社会和经济关系中如此富有生命力，以至于布尔什维克正是依靠它们成功地恢复了旧的指令性经济体制。"② 尽管这一说法似乎是具有逻辑性的自圆其说，但是作者将新旧制度下的经济形态混为一谈，明显失之偏颇。

三　公社与社会：两种俄国社会组织

随着对俄国社会各个层次和层面的深入研究和逐步展开，米罗诺夫又集中论述了俄国社会组织的两种基本模式：公社和社会，并分析了农民、市民、贵族阶层所属的各类组织，以及它们自17世纪末至20世纪初所走过的道路。作者认为，在公社里占主导地位的是因依恋、爱慕及尊敬而在亲属邻里关系之上建立起来的社会关系。其中尽管有理性的成分，但更起作用的则是直觉、无意识因素，依赖的是传统。在俄国社会中，基于有意识地交换物品和服务而产生的社会关系起着决定性作用。"公社关系的法律基础是传统习俗，而

---

① ［俄］Б. Н. 米罗诺夫：《俄国社会史》（上卷），张广翔等译，山东大学出版社2006年版，第423页。

② ［俄］Б. Н. 米罗诺夫：《俄国社会史》（上卷），张广翔等译，山东大学出版社2006年版，第428页。

社会关系的法律基础则是成文法规。公社关系的经济基础是手工业和以家庭为单位且具有自然经济性质的农业，而社会关系的经济基础则是商业和工业。"① 米罗诺夫深入研究了农村公社从17世纪到20世纪初的发展过程，探讨了村社的职能（调节职能、生产职能、财政—税收职能、立法和司法职能、警察职能、代表职能、社会保护职能、文化教育及娱乐职能、宗教职能等）；研究了村社的机构与管理，以及国家农民公社、皇室农民公社和地主农民公社的不同特点；对村社生活原则以及个人与村社内部关系的变化进行了深刻的分析。

作者指出："在整个帝制时期，农民公社、市民公社及商人、小市民、手工业者和贵族联合会是俄国民众最基本的社会组织。这些组织的社会活动抑或职能是满足其成员的物质、社会及精神需求。两个多世纪内，在公社走向社会的进化过程中，俄国民众的社会组织发生了显著的变化。由于农民、市民及贵族社会组织的演化进程速度不一，因而，20世纪初期俄国各主要等级的社会发展水平也就有所差别。农民公社及小市民、手工业者、商人乃至贵族联合会分别处于三个不同的发展阶段。贵族最具社会性，最不具有社会性的是农民。"② 作者认为，由于社会流动性差、封闭性高，造成公社成员缺乏对外部世界的了解，因而同市民公社相比，农民公社更为长久。农民公社长期阻碍着个性的形成和发展，公社原则早已在农民心中打上了深深的烙印，并成为支配他们个人生活的规范和准则。

作者认为，18世纪至20世纪初，由公社型向社会型的转化虽然速度惊人，但直到1917年，这一进程仍未最后结束。俄国公民社会建立的曲折性和复杂性，集中反映在俄国由公社向社会转型过程的

---

① ［俄］Б. Н. 米罗诺夫：《俄国社会史》（上卷），张广翔等译，山东大学出版社2006年版，第445页。

② ［俄］Б. Н. 米罗诺夫：《俄国社会史》（上卷），张广翔等译，山东大学出版社2006年版，第543—544页。

各种尖锐矛盾与激烈的斗争中。

为维系社会的正常运转，法律的建立至关重要，特别是对俄国这样一个封建农奴制和中央集权长期存在的社会就更有意义。米罗诺夫在该书第八章"法律与司法，犯罪与刑罚：对法律权威地位的评析"中，系统研究了这一问题。作者认为，帝俄时期使用的是成文法和习惯法，前者主要适用于城市，后者主要适用于农村。在刑法方面，主要分析了刑法的起源、刑法基本概念的演化、犯罪的概念、犯罪的形态、犯罪的主体与客体、犯罪的种类等等。回顾了俄国历史上的刑罚和惩戒制度，主要包括死刑、辱刑、体罚，以及服苦役与流放等。作者认为，俄国刑罚制度的每一个发展阶段都完成了捍卫法律秩序的任务，符合大多数居民的法律意识，在整体上是合理的。

在民法部分，作者探讨了民法的渊源以及民事主体的构成，详细论述了俄国的债权法、继承法、物权法和家庭法；深入研究了法院组织体系和诉讼程序法；分析了主要在农村起作用的习惯法等，对俄国的犯罪率及其发展趋势、犯罪的种类以及影响犯罪率的因素作了深入研究。

作者在该章总结时指出，俄国法律体系对国家经济、社会及政治制度所产生的深刻影响不容忽视。他说："帝俄时期，官方法律的各个领域不断发展，法律的权威地位确立，司法权与行政权分离……法律不断变化，居民的公民权利不断扩大。但是，自由不仅为个人在法律框架内的自由行动和创新精神创造了条件，也导致了偏离法律规范的行为增加。自由越多，人的权利越多，违反社会规范的人就越多……从18世纪开始，随着新型法律的发展，城市和农村的法律关系开始分离，逐渐形成所谓的法律多元化现象，即在一个国家同时存在着两种法律制度——习惯法和官方法律，每种法律都有独立的法律规范和执法机关。两种法律之间的差别在19世纪末达到极点……俄罗斯帝国崩溃的重要原因之一就是它没能成功地使农民融入统一的国家法律制度。"① 实际上，这种看似无解的矛盾逆转现象，在某种程度确是真实地反映了俄国社会的特殊性。

四 法制国家、公民社会与俄国的现代化进程

在该书的最后部分，作者将重点直接确定为"俄国政体的演变：法制国家的确立"，试图通过对"赖以治国的政府机构、国家法规及社会制度的作用加以剖析，并对俄国政体演化的基本进程作一番勾勒"，来探讨俄国政治制度的形成及对社会转型的影响。

首先，作者对"国家"和"社会"的基本概念进行了辨析，提出应把"政体"理解为"国家体制"及"社会的政治组织"之义，而把"国家"理解为"借以形成国家管理机制并行使公众或国家权利的一系列机关和设施"。"国家权利"是可支配和利用的客体，"治国"主体则是参与统治，即行使权利或影响权利行使的自然人或法人。作者认为，自伊凡雷帝时代于1547年确立沙皇制度起，直到18世纪初期，构成俄国官方权利观念的主要是："（1）君权神授；（2）宗法统治；（3）沙皇是上帝在人间的直接代理；（4）由上帝和沙皇共同治理的和谐的东正教王国。"② 因此，作者认为："由沙皇率领自己的臣民走入上帝之国，这就是俄国历史的结论。各类政权的合法性都以皇权神授为根据，均源于宗法统治。充当一家之主的父亲被视为人间政权的第一种模式。"③ 在这里，作者深刻地阐述了沙皇制度与东正教教会的相互关系，分析了君主具有至高无上权力的合法性，论述了"沙皇所做的一切，都是在替天行道"观念的社会背景，及其对俄国政治制度的影响。

---

① ［俄］Б. Н. 米罗诺夫：《俄国社会史》（下卷），张广翔等译，山东大学出版社2006年版，第84—85页。

② ［俄］Б. Н. 米罗诺夫：《俄国社会史》（下卷），张广翔等译，山东大学出版社2006年版，第112页。

③ ［俄］Б. Н. 米罗诺夫：《俄国社会史》（下卷），张广翔等译，山东大学出版社2006年版，第112页。

根据以上分析，作者总结道："17 世纪至 20 世纪初，俄国政体处于不断发展变化时期。17 世纪的俄国，曾存在过人民或宗法君主制。1700—1725 年，统治俄国的是专制君主制。18 世纪下半叶的俄国，形成了等级宗法制的君主制，并在 1825—1850 年转变为官僚合法君主制，又于 1906—1917 年 2 月进一步演化为二元法制君主制，最后，在 1917 年 2 月确立了民主共和制度。"① 按照作者的分析，总体来看，在 17 世纪以后的 200 多年，俄国社会的政治制度是由人民君主制走向法制国家的逐步演进的过程。

在该书的第十章，作者通过对俄罗斯社会、国家及社会舆论的分析，集中论述了俄罗斯公民社会的形成。在这里，作者首先阐述了俄罗斯国家管理体制的演变，及其社会与国家的相互作用。在该章结论"社会从管理客体向管理主体的演变"中，作者指出："可以从国家的权力、特权和责任的角度把所研究的这段时间分成两个时期：第一时期是 17 世纪末至 19 世纪 60 年代。由于国家自身职能的扩大，所以被赋予了地方自治机构的部分职能也在扩大，在这一时期，国家的权力、特权和义务在增加。第二个时期是 19 世纪 60 年代至 1917 年。由于授予了地方社会自治机构部分权力，并且从 1906 年开始又赋予议会一定的权力，所以在这一时期，国家的权力、特权和义务有所减少。""1881—1905 年，双方的力量对比有利于社会，而且，在确立了立宪君主政体后，社会在双方的力量对比中具有绝对的优势。"② 同时，作者也深入分析了在俄国社会与国家相互矛盾与相互作用的形态下，公民社会建立的极端复杂性，以及不同阶层对公民社会采取的截然不同的态度。在该章结论中，作者认为："当布尔什维克成功地夺取政权，满足了人民的要求以后，他

---

① ［俄］Б. Н. 米罗诺夫：《俄国社会史》（下卷），张广翔等译，山东大学出版社 2006 年版，第 170 页。

② ［俄］Б. Н. 米罗诺夫：《俄国社会史》（下卷），张广翔等译，山东大学出版社 2006 年版，第 265—266 页。

们得到了人民的支持,并镇压了所有的政治对手,包括自由主义者、保守主义者、无政府主义者、君主主义者以及尼古拉二世和他的全家。可见,最后两位皇帝的缺点以及舆论界忍耐力、睿智和远见的缺乏导致了这场革命,革命的泥潭湮没了两个世纪以来俄国现代化所取得的诸多成就。"① 在这里,作者将沙皇的缺点以及舆论界的忍耐力和睿智的缺乏看作是导致革命的原因,完全忽视了 20 世纪初俄国社会各种矛盾不断复杂化和尖锐化的深刻动因,确实是又陷入了形而上学的泥潭,尽管分析的过程有一定的逻辑性,但得出的结论却是错误的,致使结论与事实出现明显的悖谬。

在该书的最后一章,作者全面论述了帝俄时期社会发展的结果和苏联时期的现代化,集中阐述了著作副标题所提出的任务——个性意识、民主家庭、公民社会和法制国家的发展过程,并对俄罗斯现代化诸多的理论问题进行了探讨。在这里,作者对俄国由传统社会迈向民主和现代化过程这样一个严肃而沉重的话题,发出了深深的慨叹。他说:"在前进的同时,不应忘记,有得必有失,而且,经常是无可挽回的损失。例如,反省代替了直觉,理性代替了情感,代表民主制代替了直接民主制,个人主义代替了公社和集体主义,公务关系代替了真挚的友谊,法律代替了正义,等等。深思熟虑和精打细算消融了人们的情感,同时也消灭了真诚。"确实,在向现代社会转型中,俄国社会传统与现实的反差和冲突时刻以各种形式凸显出来,给人们留下了深刻印象。只要看看 19 世纪末 20 世纪初,俄国的小说、音乐、舞蹈与绘画所普遍表达的沉重主题,就可以得到一个基本的答案了。米罗诺夫在这里甚至大跨度地进行了比较,他说:"自由虽然美好,但是,它在给予人们在法律框架内行动自由和创新意识的同时也导致了犯罪现象的增加。大改革后,人们获得了自由,但犯罪率也增长了三倍。……苏联解体后人们重新获得的

---

① [俄] Б. Н. 米罗诺夫:《俄国社会史》(下卷),张广翔等译,山东大学出版社 2006 年版,第 277—278 页。

自由也产生了一系列消极后果，如犯罪率成倍增长，贫富分化加剧，良心和羞耻感丧失，自我中心主义和拜金主义盛行，庸俗文化日益普及等。"① 在这里，作者还是正确地认为，人类历史是不以人们意志为转移的客观历史进程，"时光一去不复返。痛惜的心理可以理解，但是，想挽留或是想回到过去的世界已无可能。这样做不仅毫无意义，而且也将是悲剧性的"。与此同时，作者对俄罗斯的未来抱有信心。他说，尽管"俄国经常为急于求成而付出代价。然而，同时生活在传统和现代两个世界虽然困难重重，但也有一定的优势，即不必重复先驱者们的错误。俄国将通过吸收所有理智的方法去创造奇迹"。并指出，一个"英勇决断、承担公民责任的时期已经到来"。②

应该说，作为一位跨越两个时代的历史学家，目睹国家发生了历史巨变之后，通过对近现代历史进行深入的研究和深刻的反思，能够得出这样的结论和认识，也体现了当代俄罗斯学者特有的责任担当与家国情怀。

第三节 《俄国社会史》的学术价值及其争议

一 《俄国社会史》的成就与创新

米罗诺夫经过长期准备，深入思考，付出巨大努力撰写的 2 卷本《俄国社会史》终于在 1999 年出版发行。该书问世后，立刻引起国内外同行的广泛关注，赞誉和批评之声也纷至沓来。总的来看，该书资料十分丰富、方法颇为独到、论述力求严谨、观点追求创新，

---

① ［俄］Б. Н. 米罗诺夫：《俄国社会史》（下卷），张广翔等译，山东大学出版社 2006 年版，第 374—375 页。

② ［俄］Б. Н. 米罗诺夫：《俄国社会史》（下卷），张广翔等译，山东大学出版社 2006 年版，第 375 页。

推进了当代俄国社会史研究的发展，使其成为苏联解体后俄罗斯史学转型过程中具有开拓意义的重要学术成果。该书的学术价值和创新意义大体可以归纳为以下方面：

（一）史学功能复归与俄国新社会史框架的建构。苏联解体和苏共意识形态的瓦解，使传统的历史观和价值观受到巨大冲击，随着俄罗斯史学的急剧变化，历史学家们经历了前所未有的困惑与迷惘。如何认识俄国历史发展进程，如何客观评价历史人物与历史事件，如何从历史层面解释俄罗斯社会转型面临的诸多困难和问题等，都十分紧迫地摆在史学家面前。人们开始认识到，这些问题的解决不能仅仅停留在事物的表面，更不能一味地指责、谩骂或对以往的一切加以简单否定。米罗诺夫的《俄国社会史》正是针对这一状况，在拓宽研究视野和领域、推进俄罗斯史学创新、实现史学功能的复归等方面取得了突破性成就。正如有评论者所说："《俄国社会史》一书在整体上提供了一个广泛的、容量很大的研究框架，对这个框架的基本内容进行补充、修正和拓宽是社会史领域未来研究的任务。"[①]由此可见，对于新时期俄国社会史学科建设和社会史研究框架建构来说，《俄国社会史》所取得的成就确实具有一定的奠基意义。

（二）一系列重要观点具有学术创新意义。《俄国社会史》通过系统、完整的史论结合的阐述，提出了大量新思想和新观点。作者从全面的、发展的观点，研究社会的制度、结构和进程；从人的经济状况、社会存在和精神状态研究人口的变化与发展；通过劳动群众对政权态度的变化研究国家体制的变迁；从经济目的和经济利益入手，研究领土扩张与殖民问题的深层原因；从人口与社会流动入手，研究移民和侨民问题等等，所有这些对于拓宽研究视野，寻找各种因素的内在联系有着积极作用，对新时期俄国史的研究具有理

---

① ［俄］Б. Н. 米罗诺夫：《俄国社会史》（上卷），张广翔等译，山东大学出版社2006年版，第1页。

论突破和学术创新意义。正是通过对上述问题的深入研究，从不同的角度和层面的深刻剖析，历史学家在寻找新的理解历史方式的实践中，取得了突破性进展，实现了史学功能的复归，为在错综复杂的历史转型过程中，把握俄罗斯历史发展的基本脉络与走向，寻找历史规律起到了积极作用。

（三）史料丰富，数据翔实。该书规模宏大，档案资料丰富、统计数据翔实，具有重要的史料参考价值。米罗诺夫在该书序言中说，在写作的8年多时间里，他利用各种机会收集了大量相关资料，包括国内解密档案和国外文献资料。一位美国学者客观地评价道："米罗诺夫是尝试以个人的独特视角对大量帝俄社会史资料进行系统诠释的第一人"，"作者精心搜集的资料以其颇有价值的信息和全新的解释令专家学者们大开眼界"。"这些资料不仅涉及俄国，还涉及西欧和美国，对此，米罗诺夫进行了广泛的横向比较。"[①] 此外，全书还使用了作者搜集的142幅珍贵的历史图片，从普通人的日常生活到重大的历史事件，从步履艰辛的苦役犯到名声显赫的大人物，他们的着装服饰、使用器物、生活场景和精神状态，都反映了那一时代俄国社会生活的真实图景，这些影像资料与社会史的全景式描述相得益彰，使该书不仅显得更为厚重，也使其提出的创新性观点更真实可信，具有说服力。

（四）充分利用了计量史学方法。社会史与计量经济学有着密不可分的关系，特别是在20世纪中期以后，计算机在史学研究中的应用对于处理汗牛充栋的历史数据、对于各类数据的比较和鉴别提供了有利条件。在《俄国社会史》中，作者充分发挥了计量史学功能，通过100多幅图表对每一个重要历史过程都力图用翔实的数字来佐证和说明，从而使重大的历史结论具有科学的、合逻辑的客观依据。作者在书后开列了"19—20世纪俄国与其他国家发展状况比较"的

---

① ［俄］Б. Н. 米罗诺夫：《俄国社会史》（上卷），张广翔等译，山东大学出版社2006年版，第1—2页。

50份图表作为附录,其中主要选择了英、德、美、法、瑞士和日本等西方国家同俄罗斯作以比较。图表比较的内容几乎包括了社会史所涵盖的各个方面,如人口、国土面积、人口密度、城镇人口比例、出生率、死亡率、结婚率、离婚率、平均寿命、移民情况、识字率、受教育人数、图书馆数、报纸杂志数、电台、电视台数、交通通讯情况,肉、蛋、奶的生产和消费情况,犯罪率和犯罪分类、自杀情况,等等。对这些资料进行搜集、比较和甄别,并通过计算机运算所取得的数据,常常产生意想不到的结论,为该书的许多观点提供了坚实的基础,体现了俄罗斯计量史学在实际应用中的效果和潜能。

（五）广泛吸收了西方新史学的理论与方法。米罗诺夫在该书的自序和前言中,反复强调了布罗代尔的长时段理论对该书写作的意义和影响。他在引言中阐述了布罗代尔的观点:"在当代,历史学家对个别问题和较短历史时期进行专门研究已经成了职业的需求和历史编纂学的事实。其优点是显而易见的:详细了解所研究的对象;使用专业而细致的分析法。但是,不足之处也同样存在:过分关注于细节;无法理解所研究对象和整个现象之间的联系;对问题不能作出结论和解释;其他领域的专业人士,会产生隔行如隔山的感觉。于是,就有必要对知识进行总结,形成更全面的思想,这有助于理解历史事件的意义,弄清其原因。"他对布罗代尔的三个时段与历史过程三个层次相对应的思想非常重视,并明确表示将以这一理论作为该书的写作框架。他说:"要了解历史事件的发展趋势、内涵和意义,首先要从社会视角来观察丰富多彩的历史全貌,其次要在历史的长时段和中时段中去考察。因此,就应该清楚地认识到,放弃某些细节问题可以让知识更连贯,使发展趋势得以揭示,并从中看到一幅完整的历史画面。"米罗诺夫认为,"利用社会学新的理论、思想和概念来进行历史编纂学研究在西欧已经有80多年的历史"。然而,西方和苏联的历史编纂学在研究社会史时出现的迥异结果,则通常反映了苏联史学受到教条主义和形而上学影响产生的消极方面。因此,米罗诺夫在研究中,尽量吸收了当代西方的史学理论的有益成果。由于采用了长时段和中时段的总体史的研究方法，从而揭示了俄国社会制度和社会结构相互作用与相互影响的复杂关系。

总之，《俄国社会史》所取得的成就，反映了历史学家在社会巨变后的思考、使命与担当，而这些努力推动了俄罗斯新史学的建构，在一定程度上代表了世纪之交俄罗斯史学的学术水平和发展方向。

二 关于《俄国社会史》的不同观点及其争议

米罗诺夫的《俄国社会史》出版后，很快在俄罗斯国内外学术界引起较大反响，人们对苏联解体后第一部具有开创性的社会史专著表现出浓厚兴趣。1999 年第一版发行后，2000 年又加印了第二版。在该书热销的同时，对它的各种评论和不同观点也随之出现。俄罗斯与西方的历史学家发表数十篇书评，围绕该书的主要观点进行了多次集体讨论和学术对话。这些情况表明，尽管《俄国社会史》关于重新认识帝俄时代社会性质以及俄国现代化进程方面的研究，突破了苏联传统史学的局限，在学术上取得了重要进展。但是，受作者自由主义倾向历史观的影响，某些观点还存在着自相矛盾或谬误之处，一些看似合理的逻辑推论却难以解释错综复杂的历史进程，因而引起了国内外学者们的争论和批评。

2003 年《俄国社会史》第三版推出。在该书中增加了出版社特邀美国布兰戴斯大学教授格列高利·弗里兹、英国曼彻斯特大学教授皮特·加特雷尔和美国德尔布瑞学院教授大卫·麦西三人撰写的前言。与此同时，还发表了米罗诺夫本人撰写的、长达 3 万多字的"《俄国社会史》之争"一文，对书中的不足之处进行了反思、辨析与说明，对引起的各种争议作出了解答。应该说，作为苏联解体后第一部从历史观点、体例结构、理论方法上都力求创新的社会史专著，米罗诺夫的《俄国社会史》还存在一些问题与不足。正因为它吸引了国内外学术界的关注，才引发了学术界的激烈争论，而这些争论则反映了不同国家学者的价值观念和对一些重要问题的不同看法。

我们在美国学者撰写的《社会史是超历史学》以及米罗诺夫本人写的《〈俄国社会史〉之争》两篇文章中，可以看到围绕该书产生的各种不同观点及其价值取向，以及由此引发的激烈争论内容及实质。由于该书涉及的领域十分广泛，在这里我们仅围绕该书产生争议的某些主要观点作以评析。

首先，从研究范围看，美国学者彼得·加特雷尔等认为："相对而言，该书对非俄罗斯少数民族、移民、产业工人、卫生和医疗、教育、私人慈善事业、社会政策和民族宗教等问题涉及较少，也没有论及社会角色的性别差异等。这些疏漏，部分地反映出历史学本身的现状，同时也是作者在有意识地回避，而这恰恰为当代的后现代主义史学家所关注。"[①] 实际上，米罗诺夫在该书的副标题中已经突出了"个性、民主家庭、公民社会及法制国家"主题，基本思路还是以国家和社会为中心的，自然对与之较远的民族、宗教、性别等纯社会学问题有所忽略，这是无可厚非的。其次，有美国学者指出，在遵循"年鉴派"传统的同时，作者实质上也进行了结构主义的分析。但由于作者并没能清楚地演示出其结构的内在逻辑，自然也就不会被阅读者立时领悟。这当然是一个叙述方式问题，也就是说将年鉴学派的史学观念用于阐释俄国历史问题时，应该有一个较明确的结构性交待。最后，有美国学者认为，米罗诺夫在资料运用上也有明显的倾向性，"有时作者没有给那些已知的、大量的、与其观点相左的证据以足够的重视，却偏重于自己的观点、角度和自己发现的那些新资料。例如，作者过分片面和主观地阐释国家机关向完善化方向发展的那些资料"，[②] 等等。诸如此类的批评意见还有很

---

① ［俄］Б. Н. 米罗诺夫：《俄国社会史》（上卷），张广翔等译，山东大学出版社2006年版，第2页。

② ［俄］Б. Н. 米罗诺夫：《俄国社会史》（上卷），张广翔等译，山东大学出版社2006年版，第10页。

多，反映了不同国家学者从不同角度、立场、观点对该书的不同看法，特别是对作者有时顾此失彼，有时畸轻畸重做法的价值判断提出质疑。

在米罗诺夫写的"《俄国社会史》之争"一文中，则主要是回答了关于该书的各种不同观点及其争论。作者对各方评论者指出的不足之处作以分析和总结，认为书中引起争议最多的问题都是史学研究比较薄弱的方面。例如，地理环境对历史进程的影响问题、殖民和边境移动问题等，所反映的不仅仅是作者本人研究的欠缺，而且也是俄罗斯历史学界整体研究状况的表现，或者说"因为即使是最有天分的史学家也不能取代整个史学界"。随后，作者就争议较多的地理因素的影响、前后观点自相矛盾、人口问题、帝国和民族问题等方面进行了阐述和辨析。

在这里，最受历史学家和评论者质疑和引起争议的是"俄国历史发展进程正常，符合西欧国家社会发展规律"的观点。米罗诺夫在该书引言中指出，通过了解俄国文化、思想和历史的合理性，于是，"俄国历史进程的两个规律性就显露出来：发展性和正常性"。实际上，如果简单地从字面去分析，任何社会都是在前进和发展，只有或快或慢，或曲折或顺利的不同；都有一个从发展到衰落，到再发展的过程。同时，任何一个国家的发展除了有各自的特殊性之外，也必然有与人类社会发展走向大体一致的共性或者说正常性。但是，米罗诺夫过分强调俄国300年历史过程的发展性和正常性，显然是有另外一层意思，即"三个世纪的俄国现代化进程总体来说是成功的，只是偶尔因战争、暴乱或者类似于当今俄罗斯的激进改革而引起的15—25年的危机而中断发展，但是危机过后又带着新的力量重新恢复。这种对于所有新时代的国家都一样的正常的社会发展进程会给俄罗斯人一个希望，那就是现在的危机只是暂时的，很快就会过去。因此，有必要特别强调俄国历史进程的正常性。俄罗斯——不应被排除在欧洲民族之外，她是一个正常的欧洲国家，在她的历史上，悲剧、不幸和矛盾不比其他任何一个欧洲国家多。有人喜欢强调俄国历史进程的悲剧性、血腥性、周期性、钟摆性或者逆转性，也就是居统治地位的社会—文化制度的急剧变化。依我看，这种认为俄国特殊性的观念已经在学术研究和民众意识中根深蒂固……而实际上，那个时候发展的正常性已经保证了俄罗斯即将拥有幸福安康的生活、法制国家、公民社会和文明所带来的所有福利，而这正是当代俄罗斯人所渴望的。"① 在这里，关键的内在矛盾和有悖史实之处在于，当代俄罗斯人所渴望的"正常性"，实际上并未给人们带来所谓的幸福安康及所有的福利。

然而，正是根据这一观点，米罗诺夫断言，俄国两个多世纪的现代化进程总体上是成功的，推进了社会的不断发展，并且总体上看有着与其他欧洲国家同样的、正常的发展过程。为此，作者得出结论说：如果没有十月革命和苏联社会主义的建立，俄国也将像其他欧洲国家一样，进入资本主义正常发展的轨道，使人民拥有幸福安康的生活。在许多章节的总结中，作者都直言不讳地阐明了这一观点。例如他在第七章结论中说："从整个俄国来看，18 世纪至 20 世纪初，由公社型向社会型的转化虽然速度惊人，但直到 1917 年，这一进程仍未最后结束……假如不爆发 1917 年革命，这一进程也许会延续下去，也许会如同斯托雷平所承诺的那样，在 20 年后，不仅在农民等级，更在全国范围内基本完成。不幸的是，布尔什维克的成功改变了俄国社会发展的方向，遏制了业已初露端倪的发展趋势，并在城乡各地又重新确立了早已消亡的公社关系，集体化及社会主义工业化则使这一成果得到了进一步的巩固。"② 在讨论俄国法制国家确立的第九章中，作者认为："帝国时期的俄国政体仍始终不渝地朝着法制国家迈进，从而促进了公民社会的形成。法权在调控社会

---

① ［俄］Б. Н. 米罗诺夫：《俄国社会史》（上卷），张广翔等译，山东大学出版社 2006 年版，引言第 5 页。

② ［俄］Б. Н. 米罗诺夫：《俄国社会史》（上卷），张广翔等译，山东大学出版社 2006 年版，第 548 页。

关系中的作用正逐步增强，相比之下，强权的作用则在日益减弱。十月革命改变了俄国的政治发展方向。"① 在第十章中，作者更是把因俄国极为尖锐复杂的社会矛盾所引发的二月革命和十月革命，简单地归结为"最后两位皇帝的缺点以及舆论界忍耐力、睿智和远见的缺乏"，是"革命的泥潭湮没了两个世纪以来俄国现代化所取得的诸多成就"。② 如果说作者的这一结论，可能是受到苏联解体前后历史虚无主义的影响，那么在 20 多年后的今天，又回到资本主义的俄罗斯社会，其发展状况并未如其所料，其观点的历史局限性就显而易见了，一个世界强国迅速衰败的现实也是许多自由主义派史学家开始转变的重要原因。

综上所述，米罗诺夫着重要阐释的一个思想，就是十月革命中断了俄国正常的现代化进程，并且用了许多个"如果"来假设若没有十月革命，当今的俄罗斯也能达到民主、法制、公民社会和现代化目标。实际上，关于这一问题的争论由来已久，只不过不同时期有着不同的特点和表现形式，围绕这一重大历史事件的不同价值判断，直接导致了对与之相关的一系列历史问题的截然不同的看法，自然也涉及对十月革命等重大历史事件的评价。

三 关于俄国现代化进程的思考

从《俄国社会史》首次出版到现在已经过去了 20 多年，随着当代俄罗斯社会发展的复杂过程依次展现在人们眼前，一个十分重要的问题再次引起人们的思考：既然俄罗斯已经具备走上正常资本主义发展道路的一切条件，既然俄罗斯融入西方的进程几乎没有什么不可逾越的障碍，为什么俄罗斯并未走上正常的资本主义发展道路？

---

① ［俄］Б. Н. 米罗诺夫：《俄国社会史》（下卷），张广翔等译，山东大学出版社 2006 年版，第 176 页。
② ［俄］Б. Н. 米罗诺夫：《俄国社会史》（下卷），张广翔等译，山东大学出版社 2006 年版，第 278 页。

严酷的现实不仅与叶利钦等自由派的初衷大相径庭，即使是米罗诺夫等学者也深刻感到自己在苏联解体之初的想法确实与现实相去甚远。

实际上，在国际格局大动荡、大分化、大改组的当代世界，俄罗斯始终是处于地缘政治和大国冲突的旋涡中。为什么俄罗斯跻身于资本主义世界大国的努力屡屡受挫，不仅没有在世界资本主义体系中实现自身的快速发展，而是在经历了无数屈辱和打压之后，走上一条具有俄国特色的现代化发展道路，这是值得学者深入思考的问题。或者可以说，尽管俄罗斯的发展道路具有人类社会进程的普遍性，但是由俄罗斯特有的历史和文化基因所决定了的俄罗斯道路，并不能随着套用西方社会的发展模式，而出现人们所期待的美好幻想。

首先，纵观近代以来300年的俄国历史进程，俄国社会发展虽总的呈现向上走势，在19世纪末也进入了资本主义时代，但是从国家治理层面看则具有上升和下降的抛物线特点。叶卡捷琳娜二世统治后期作为农奴制的鼎盛时期，是这条抛物线的顶点，此后开始逐步下行。1861年农奴制改革后，尽管沙皇采取了一系列措施旨在消弭各种社会矛盾，适应国内资本主义发展的需要，加快现代化进程，但是俄国社会的基本矛盾仍然尖锐复杂。广大劳动群众与俄国军事封建帝国主义国家之间的矛盾、新兴资产阶级与农奴制残余势力之间的矛盾、俄国与其他帝国主义国家之间的矛盾、国内各民族间的矛盾等十分突出。1905年革命即是这一系列矛盾与冲突的集中表现。而此后第一次世界大战的爆发，又进一步加深了国内危机。1917年"二月革命"以后，沙皇的被废黜不仅没有缓和国内的矛盾与危机，反而由于战争失败、工人起义、农民暴动，使更大的社会危机一触即发，这在当时的欧洲各国几乎是绝无仅有的。从国家上层建筑与经济基础的关系看，显然此时的俄国社会明显是在走下坡路，呈一条下行的曲线。

正是在这样的历史条件下，或者说是在帝国主义链条上的最薄弱环节，以列宁为代表的布尔什维克党才有可能发动士兵和广大工农群众，夺取了十月革命的胜利。由此可见，作者反复说的"如果"，其实是一个没有也不可能出现的历史假设。在这里，作者忽略或是回避了19世纪俄国社会尖锐复杂的矛盾，忽略了俄国社会所面临的巨大危机，忽略了二月革命至十月革命期间俄国社会错综复杂表象下面的深层结构的运动及其作用，用民主、法制、公民社会的一般性建构过程，掩盖了俄国社会发展的特殊规定性及其走向；不仅淡化了20世纪初沙皇俄国内外交困的基本事实，否定了为推翻沙皇专制制度和资产阶级临时政府而作出牺牲的俄国各种社会进步力量的历史作为，也曲解了当时多数俄国民众的经济要求和政治意愿。

其次，作者在书中用自由主义历史观阐释俄国现代化进程，试图让俄国走上西方社会发展道路的理想，实际已经被苏联解体后，国内私有化进程中出现的尖锐的经济社会矛盾、全球化进程中不断受到来自西方打压而危机频现的惨痛事实所击垮。美国学者彼得·加特雷尔等在"社会史是超历史学"一文中，也明确地指出了米罗诺夫著作中历史观所存在的局限性问题。他们说："可以向作者提这样一个问题，即他对'俄国历史进程合理性'的基本看法。这里不是要证实俄国在某些方面的独特性，而是对'合理性'的认识按照政治和社会发展的欧美标准过分绝对化和理想化。在对共产主义的彻底失败和美国人吹嘘的民主政治、自由经济和公民社会的光辉胜利感到高兴时，可能落入弗朗西斯·福山关于'历史终结'的陷阱。就像后苏联时期的俄罗斯困惑于自身问题一样，西方社会也被一些基本问题所困扰（将会越来越意识到这一点）。例如，寡头政治，消除个人权力、地方权力，甚至是国家权力的全球化，扩大富国和穷国、发达国家和不发达国家之间差距的新自由主义的市场经济模式，等等。指望靠日益增长的国民生产总值提供物质支持和用高新技术武装起来的现代化国家使惩罚方式本身也物质化。对此，米歇尔·福柯和其他许多人都进行了谴责。在任何时候，认为西方模式的寡头政治、全球化和新自由主义经济是符合各国利益的、有长久生命力的，都不是公理。事实上，这是新帝国主义的表现，以此来对抗能够限制国家政权及其机构无限膨胀的力量……任何时候，都要对衡量'合理性'的标准深思熟虑，没有必要，而且任何人也不应该推测，西方模式是理想的或者已经达到了自己的终极阶段。"①

在全球化和世界格局不断分化改组的今天，上述西方学者这种客观冷静的评论值得我们深刻思考。实际上，2008年由美国次贷危机引发的全球性金融风暴、2014年以后不断出现的欧洲难民潮、大国地缘政治争端加快升级，以及近年来西方大国主导的逆全球化运动和贸易战等等，已经印证了这些西方学者对当代资本主义的评价和预言是有着深刻逻辑内涵和理论依据的。一些西方学者甚至提出"保卫马克思""回到马克思"，用马克思主义关于资本主义社会的基本论断重新认识当代资本主义的发展特点。同时，许多俄罗斯和西方学者也进一步认识到，资本主义并不是人类社会的终极阶段，新自由主义经济的破产也只是从一个侧面反映了资本主义的内在矛盾和难以克服的经济危机的必然性。而在资本全球化过程中出现的贫富分化和难民问题，以及给世界带来麻烦和冲突的宗教极端主义、民族分裂主义和恐怖主义，也证明了对资本主义社会的追求和向往，或者以牺牲国家利益换取进入资本主义体系的入门证，并不能直接或者简单地给所有国家带来理想的资本主义社会。

再次，米罗诺夫作为自由主义倾向的历史学家，坚持把俄国置于欧洲的社会、经济和政治传统中，强调一般的持续、渐进现代化的观点，其目的就是要说明如果没有十月革命，俄国也将进入与欧洲一样的现代化进程。根据历史唯物主义观点，"如果"和"假设"，本身就是强调历史的虚拟性和偶然性，对可能发生而没有发生的事实的一种推测。尽管在通常情况下，讨论十月革命"如果没有发生"的问题并无现实意义，然而这里的逻辑推理却是让人相信：

---

① [俄] Б. Н. 米罗诺夫：《俄国社会史》（上卷），张广翔等译，山东大学出版社2006年，"社会史是超历史学"，第6—7页。

苏共的垮台和苏联的解体，将使俄罗斯回归到与欧洲社会相同的民主政治轨道，在这条现代化进程的轨道上，俄罗斯将获得新生。这里不仅贬低和否认了苏联时期经济社会水平的显著提高，人民生活发生的巨大改变，并一度成为世界强国的事实；同时，也否认了苏共根据本国国情，通过经济政治改革，使社会主义制度不断完善、创新和发展的可能。

另外，21世纪以来，在西方社会面临巨大的经济与社会危机的同时，以美国为首的西方国家通过北约东扩、颜色革命、地缘冲突、能源控制、军事对立等手段，对俄罗斯国家已经和正在造成严重的挑战与威胁，也使米罗诺夫在书中表达的希图回归欧洲民主社会进程的理想变得渺茫无望。事实证明，一方面，美国与西欧不可能接纳或容忍恢复大国地位的俄罗斯，西方与俄罗斯在地缘政治、经济利益等方面的战略博弈，可能导致一场"新冷战"的出现；另一方面，俄罗斯也不希望或者不可能通过牺牲更多的国家和民族利益换取所谓的向西方的"回归"。同时，激烈动荡的世界经济政治形势，以及全球经济一体化进程，也为人们重新认识俄罗斯的历史与国情，重新选择俄罗斯有别于其他国家的发展道路，提供了更广阔的研究和思考的空间。

总的来看，尽管米罗诺夫的《俄国社会史》还有许多值得商榷的观点，特别是随着时间的推移，一些结论已经表现出明显的局限性和阶段性特征，一些提法已经被快速发展的历史进程证明是错误的；但是从学术研究角度看，《俄国社会史》在许多方面的探索还是很有价值的，作为20世纪最后10年俄罗斯史学界的优秀成果也是无可置疑的。

第 六 章
强国战略与俄罗斯史学新变化

第一节 国家衰落与普京的强国战略

一 社会动荡与国家的衰落

苏联解体与苏共垮台之后,激进派和民主派所极力推崇的民主政治,以及希图在短期内实现自由经济的"休克疗法",不仅使俄罗斯的经济屡遭重创,也使整个社会混乱不堪,苏联70年的巨大财富积累被严重破坏和迅速消耗。经过叶利钦8年多的经济改革与社会转型,俄罗斯的整体状况不仅没有多少好转,反而在巨大的社会动荡与冲击中每况愈下,几乎进入了百年来最困难的历史时期,一个昔日的超级大国在持续的经济衰退中,实际上已经沦为二流国家。用前苏联部长会议主席雷日科夫的话说:"8年过去,叶利钦身后留下了一个衰败、虚弱、管理不善的国家。"① 在新千年到来之际,在国家逐步走向衰落并有可能进一步分裂的关键时刻,普京临危受命正式就任俄罗斯总统。普京上任后面临的一系列突出的经济和社会问题主要有以下方面:

---

① [俄]尼·伊·雷日科夫:《大国悲剧——苏联解体的前因后果》,徐昌翰等译,新华出版社2008年版,第387页。

一是"休克疗法"的失败与社会的全面分化。在盖达尔等西方派经济学家实施"休克疗法"的激进改革中，私有化进程、卢布贬值、通货膨胀、失业人口增加等剧烈的社会变革因素相互交织，不仅改革成效甚微，反而给少数人一夜暴富提供了机会，致使俄罗斯各阶层居民收入的差距不断拉大，加深了社会成员在财产、资本、社会地位等方面的两极分化。据统计，1992 年俄官方正式登记的失业人数为 25 万，1993 年为 71 万，1994 年为 125 万，1995 年达到 230 万，4 年之间增加了 9 倍以上。[①] 居民收入差距的迅速扩大，导致社会阶层的贫富分化日益加剧。10% 的富有阶层的收入与 10% 的最低阶层的收入差距在 1991 年为 4.5 倍，以后差距逐年拉大，到 1999 年则变为 14.7 倍。[②] 这种新的社会分层格局，主要表现在"资本家阶层"和其他"新俄罗斯"群体为代表的新富人阶层相结合，形成了由金融资本、工业资本与权力阶层相结合的寡头集团。与"新富人"阶层同时出现且反差巨大的是大量的"新穷人"阶层，以及收入并不稳定的中间阶层。这种收入的巨大反差，引起了普通居民心态的极不平衡和人民对政府的强烈不满，多次导致了社会危机的爆发。由于俄罗斯国家处于转型和过渡阶段，法制混乱，规则缺失，政府对改变因体制转型所造成的种种乱象，遏制对国家资产的巧取豪夺，几乎是束手无策，整个经济政治改革面临巨大困难。

二是"灰色经济"蔓延及其对国民经济的危害。还在苏联解体前的戈尔巴乔夫改革时期，"灰色经济"即已趁着经济转轨的无序和政府职能的弱化而悄然出现。苏联解体后，随着经济秩序的进一步混乱，各种违法现象在经济运行活动中层出不穷，"灰色经济"此时开始快速蔓延。俄罗斯的"灰色经济"常常是由原来的经济部门负

[①] 薛君度、陆南泉：《新俄罗斯：政治·经济·外交》，中国社会科学出版社 1997 年版，第 258 页。

[②] 俄罗斯科学院居民社会经济问题研究所编：《1999 年的俄罗斯：社会人口形势（年度报告）》，莫斯科，2000 年（俄文版），第 150 页。

责人参与其中,与正规的经营活动交缠在一起,涉及生产、交换、分配和消费各个环节,遍及金融、资源、商业、军工和外贸进出口等重要领域。据俄罗斯相关报告显示,在20世纪90年代下半叶,俄罗斯三分之二的具有丰富资源和经济潜力的地区已被各种灰色经济、黑手党势力所控制。①"灰色经济"同权力相互勾结,形成了具有俄罗斯特色的"金融寡头",他们作为俄罗斯的利益集团,经常在国家的政治经济生活中占有重要位置,不仅成为黑社会滋生的土壤,还导致了外贸领域的"灰色清关"等混乱现象,严重威胁着俄罗斯的经济和社会安全。普京任总统后,曾对这种"灰色经济"进行了有效的打击和制裁。他说:"千百万人对90年代初的变革寄予了很大期望,但是当局和实业界都辜负了他们的期望。不仅如此,政界和实业界的某些人无视法律和道德的准则,靠损害大多数公民的利益在我国历史上前所未有地个人致富。"②普京说,我们确实触及了某些人的痛处,我们今后仍将会触及这些痛处。其中,古辛斯基、别列佐夫斯基、霍多尔科夫斯基等一夜暴富的大亨和寡头被严厉打击。但是,由于"灰色经济"已经侵蚀到社会的各个层面,一些中小暴发户一时很难清理,并且他们一般都与各部门政府官员有着密切的经济联系和复杂的利益关系,因此,彻底治理这一经济毒瘤也是普京政府所要长期解决的问题。

三是消费市场短缺导致居民生活水平大幅下降。在向市场经济转轨的过程中,俄罗斯的消费品市场在结构、进货渠道、销售方式和价格体系等方面都发生了深刻变化。随着私有化的推进,国营商业和饮食服务业已被非国有企业为主体、多种所有制形式并存的局面所取代。但是,由于农业和轻工业发展滞后,在苏联末期就已经出现的商品短缺状况,在急剧的市场经济转型过程中变得更加突出,中低收入家庭要经常排队购物,进口高档商品只能为少数富人所享

---

① 参见[俄]《论据与事实》(周报)1996年第30期。
② 《普京文集》,张树华等译,中国社会科学出版社2008年版,第283页。

有。因经济长期不景气，国产商品货源严重不足，进口商品比重不断增加，通货膨胀，物价上涨，致使广大居民的消费水平不断降低。在一项调查结果中显示，工人中认为"饮食状况恶化"的比例比管理人员高出16%，"很少更新衣服"的比例，工人比管理人员多32%。① 建立完善的消费市场在正常情况下也需要一段时间，而在俄罗斯这样一个社会大变动的时代，则可能需要更长时间，这就造成了居民生活总体水平大幅下降，并长期在低水平徘徊。

四是医疗卫生及社会保障水平急剧下降。俄罗斯的经济转轨以及利益失衡的制度安排，严重影响了国民经济的正常发展，由于拿不出足够的资金支持医疗卫生和社会保障制度的改革，致使广大居民的医疗和养老条件不断恶化。尽管表面上看国家仍实行免费医疗制度，但医院、医生和病床的数量在不断减少，现代化的医疗设备购置困难，药品供应经常不足，整体医疗水平与发达国家的差距迅速拉大。许多疗养院和休养所也处于停业或半停业状态，有的疗养院甚至成为个人承包的旅游宾馆和度假酒店。居民生活水平的下降，医疗保健条件的恶化，造成居民身心状态的每况愈下。随着人均寿命的缩短，人口自然生长率下降，致使劳动力急剧减少，长期难以解决的劳动力短缺问题此时变得更加突出，对俄罗斯经济社会的发展产生了严重和持久的影响。

五是恐怖主义、民族主义和宗教极端势力泛起与犯罪率上升。苏联解体造成的最直接后果就是国家机器的弱化和政府权威的丧失，与此相关，作为权力稳固象征的军队和警察的功能受到严重影响。政府权力的衰弱和军队管理的混乱，使车臣等民族分裂势力找到可乘之机，不断挑起事端，加上一些地方的恐怖主义、民族主义、宗教极端势力的泛起，致使社会治安极度恶化。财产犯罪和恶性犯罪案件不断增加，各种有组织的犯罪活动呈集团化、恶性化、普遍化、网络化、权力化和国际化趋势。据俄刊报道："1990年俄有组织的

---

① 张树华：《过渡时期的俄罗斯社会》，新华出版社2001年版，第252页。

犯罪集团有785个，到1994年底增加到5500个以上。每个犯罪集团平均14—15人，其中，150个大犯罪集团平均每个都有100—1000人。这些犯罪集团控制着4万个经济实体，其中包括1500个大国营企业，500个以上的合资企业，500家银行和几乎所有的市场和展销会。"[1] 这些犯罪集团大部分拥有武器装备，并把触角延伸到社会各个层面，包括各级权力机关，甚至国家杜马和执法人员中，也有同黑社会相互勾结的情况。在整个社会秩序混乱的情况下，违法贩毒、恶意谋杀案件层出不穷，社会的安定和居民生活的安全，已经成为俄罗斯人高度关注的民生问题之一。在一项有关"对于俄罗斯社会来说是民主重要还是秩序重要"的调查中显示，72%的俄罗斯百姓认为"秩序"更重要，而只有9%的人认为"民主"重要，反映了俄罗斯民众对社会秩序的传统认识已占主流。因为，对于普通民众来说，个人的自由在苏联解体前后变化不大，而苏联解体直接导致了秩序的混乱；对于改革中的暴发户来说，却在社会的动荡中得到了以往得不到的一切。

六是能源经济比重逐渐加大与畸形经济结构的形成。苏联时期已经形成的经济结构特点，即能源经济和重工业过重、轻工业落后、农业生产低效、科技创新不足、基础设施薄弱等，都与国家长期大量的军事投入密切相关。而苏联解体后，农业投资严重不足导致农业生产不断下降，轻工业由于缺乏资金和技术的投入，在国外产品的强劲冲击下，更是一蹶不振。在国内经济不断萎缩的情况下，石油天然气等能源的出口，就成了国家经济命脉的重要支柱，由此形成的能源经济，作为一把"资源诅咒"的双刃剑，在国家外贸中占据主导地位，成为新俄罗斯时期政府能够渡过经济难关的重要抓手。国际能源价格的攀升，一方面缓解了国内的经济危机，但另一方面由于大量资金投向能源企业，势必在相当大的程度上抑制了国内其他经济部门的发展，这不仅造成了对不可再生资源的迅速消耗，同

---

[1] 《俄罗斯与独联体经济新闻》1996年第14期。

时也形成了国民经济对国际能源价格的过分依赖，几次世界及区域性的金融危机所造成的石油价格下降，以及西方通过打压石油价格实施制裁，都使俄罗斯经济受到重创。

二 "俄罗斯新思想"中的强国理念

普京在担任俄政府总理时期，目睹日益走向衰落的国家，其沉重的心情可想而知。对于祖国现状与未来的深刻思考，逐步形成了他对俄罗斯复杂历史与现实问题的新认识，这些思考与认识集中反映在他于1999年12月发表的《千年之交的俄罗斯》、2000年2月发表的《致选民的公开信》和2000年7月发表的国情咨文三份政治文献中，其核心要义就是他酝酿已久的"俄罗斯新思想"。普京的俄罗斯新思想，主要是基于对历史与现实两方面的基本判断："第一，苏联的社会主义实践没有使国家繁荣，经济的意识形态化导致俄罗斯远远地落后于发达国家；第二，20世纪90年代的激进改革也没有使俄罗斯走上富强之路，却导致俄罗斯政治和社会动荡，民族的忍耐力、生存能力和建设能力都已处于枯竭的边缘，国家面临崩溃。"[①] 这两方面判断表明，普京既不想也不可能回到苏联时期的老路，同时对叶利钦的改革也感到极度不满和失望。在《千年之交的俄罗斯》一文中，普京详细阐述了对俄罗斯社会的深刻认识，表达了他的政治观点、经济思想以及对俄罗斯未来的信心。面对举步维艰的社会转型，普京强调，为实现国家的振兴，必须调动传统的民族精神和爱国主义热情，必须进一步强化政府职能，重塑国家的权力形象。

普京通过分析当今世界主要国家的经济社会发展状况，确定了俄罗斯在世界上所处的位置，表达了对俄罗斯逐步丧失大国地位的深刻忧虑。同时，他概括地阐述了改革以来俄罗斯所出现的主要困难与问题，分析了产生这些问题的根源，并从总体上提出了解决这些问题的方案和措施。他认为，"俄罗斯在政治和社会经济动荡、剧

[①] 郑羽主编：《普京时代（2000—2008）》，经济管理出版社2008年版，第9页。

变和激进改革中已经精疲力竭。只有幻想家或对国家和人民冷酷无情的政治力量才会呼吁再进行一次革命。无论在什么口号下再发生一次突变，国家和人民都无法接受了。"①

普京依据充分的事实，深入分析了改革失误、"全盘西化"和"走西方发展道路"给国家带来的巨大危害，并根据俄罗斯经济社会的特点，就改革的节奏、速度，以及如何通过有效调控保证改革取得成效提出了自己的看法。他说："有责任心的社会政治力量应当向人民提出使俄罗斯复兴和繁荣的战略，它应当以在市场改革和民主改革中一切好的东西为依据，只能采用渐进的、逐步的和审慎的方法，要保证社会稳定，不使俄罗斯人民的生活恶化，这是一个毋庸置疑的要求。"关于"休克疗法"等激进改革方案给俄罗斯经济带来的灾难，他强调指出，"90年代的经验雄辩地证明，将外国课本上的抽象模式和公式照搬到我国，就无法进行不付太大代价的、真正顺利的改革。因此，机械照抄别国的经验是没有用的。每个国家必须寻找自己的改革之路"。

正如俄国哲学家别尔嘉耶夫所说："建立、维持和捍卫庞大的国家的需要，在俄罗斯的历史上占据着十分特殊、压倒一切的地位。"② 显然，这是俄罗斯国家不同历史时期执政者治国理念的根本要务。普京认为，俄罗斯社会团结的一个主要支撑点就是俄罗斯人自古以来所特有的传统的价值观，而将这一传统价值观与俄罗斯现实所要解决的迫切任务相结合，就形成了普京治国理政的"俄罗斯新思想"，归纳起来主要有以下方面。

一是肯定市场经济与民主政治是改革的基本目标。普京认为，只有将市场经济和民主政治的普遍原则与俄罗斯的现实有机地结合起来，我们才会有一个光明的未来。他在2003年致联邦会议的国情咨文中说："俄罗斯应成为，并一定会成为具有发达公民社会制度的

---

① 普京：《千年之交的俄罗斯》，[俄]《独立报》1999年12月30日。
② 汪建钊编选：《别尔嘉耶夫集》，上海远东出版社1999年版，第8页。

和牢固民主的国家。在这个国家里,人权以及公民自由和政治自由将会得到充分的保证。俄罗斯应该成为,并一定会成为有竞争力的市场经济国家。"① 市场经济与民主政治作为"俄罗斯新思想"的主要内核之一,主要包括言论自由和出国自由、个人拥有基本政治权利和自由这样一些观念,以及珍惜可以拥有财产、从事经营活动和创造财富这样的机会等。尽管在俄罗斯实现这一目标困难重重,有时甚至可能迟滞改革进程,但是对于新任俄总统来说,为了得到更广泛的支持,这种政治表态无疑还是十分重要的。

二是强调俄罗斯社会团结的重要意义。面对俄罗斯由于社会分裂和阶层改组造成的党派林立、目标多元、机构软弱、人心涣散的状况,普京多次指出,为达到建设一个强大的俄罗斯的战略目标,就必须动员起全国上下的各方面力量,团结起来,解决我们面临最主要的问题。他认为,社会团结的思想基础是俄罗斯传统的价值观,俄罗斯社会长期处于动荡的根本原因是公民意见不一致、社会不团结,因此,在当前的俄罗斯,社会团结比以往任何时候都更加重要。支撑俄罗斯社会团结的思想基础是俄罗斯人长期以来形成的思维定式和传统积淀,重视"集体活动"和"社会互助精神"等俄罗斯思想,对于进一步加强人民的团结具有重要意义。

三是弘扬爱国主义思想的现实价值。普京认为,对于大多数俄罗斯人来说,它依然具有完全积极的基本含义。这是一种为自己的祖国、自己的历史和成就而自豪的情感,这是一种努力使自己的国家更美丽、更富足、更强大和更幸福的心愿,是人民英勇顽强和力量的源泉。要牢记并尊重我们伟大的历史,丧失爱国主义精神,就丧失了民族自豪感和人民的尊严,我们也就将失去能够创造伟大成就的人民。在这里,普京对于"历史虚无主义"给苏联解体和国家动荡造成的巨大影响表达了鲜明态度,即任何对祖国历史的恶意诋毁或全盘否定,都将失去人民的支持,失去执政的根基,失去实现

---

① 《普京文集》,张树华等译,中国社会科学出版社2008年版,第19页。

国家复兴的基本动力。

四是为实现俄罗斯的复兴必须树立强国意识。普京说，俄罗斯过去是，将来也还会是一个伟大的国家，它的地缘政治、经济和文化的不可分割性决定了这一点，在俄罗斯整个历史进程中它们还决定了俄罗斯人的思潮和国家的政策。现在它们也仍是一种制约因素，但如今这种思潮应当加进新的内容。在当今世界上，大国的实力与其说表现在军事方面，不如说表现在它能够成为研究和运用先进技术的带头人，能够保障人民高水平的生活，能够可靠地保障自己的安全和在国际舞台上捍卫国家的利益方面。同时，这种实力也应该表现在其丰厚的文化传统和高水平的文明积淀等软实力上。普京强调，俄罗斯不仅是一个地域大国，而且还必须是一个强国，这两个概念相互支撑、缺一不可。并且在当代世界作为一个强国，也不仅仅是军事上的强大，在科技领域、文化软实力等方面也应该是强大的，这是新时期构建俄罗斯精神家园的基本要素。

五是威权主义在国家复兴中的重要作用。经过从戈尔巴乔夫改革到叶利钦民主化进程国家权力的逐渐式微，以及西方国家在幕后的种种表现，普京更加清醒地认识到在俄罗斯这样一个国度里，政府权力的作用和意义至关重要。他说，"在我国，国家及其体制和机构在人民生活中一向起着极为重要的作用。有着强大权力的国家对于俄罗斯人来说不是什么不正常的事，不是一件要去反对的事，恰恰相反，它是秩序的源头和保障，是任何变革的倡导者和主要推动力"。他把十多年来已经弱化和被混淆了的政府职能重新予以确认，并反复强调，在当今俄罗斯再一次面临分裂和解体的特殊历史条件下，必须建立一个强有力的和有效的国家机器。如果说这就是所谓的威权主义，那么历史证明，这种新威权主义，在俄罗斯这类国家的改革过程中是必须坚持的，否则改革带来的社会震荡完全有可能导致改革者的失败。

普京认为，俄罗斯新思想作为一个合成体，它把全人类普遍的价值观与俄罗斯的经过时间考验的传统价值观有机地结合在一起，特别强调应正确认识祖国的历史与传统，作为解决俄罗斯面临困难与问题的重要的理性工具。正如郑羽先生所说，俄罗斯新思想具有很强的针对性，"是对20世纪90年代以来在俄罗斯占主导地位的政治思潮的挑战和反证：'爱国主义'实质上就是俄罗斯民族主义，针对自戈尔巴乔夫以来社会上盛行的世界主义和民族虚无主义；'强国意识'，主要针对'民主派'奉行的力图使俄罗斯尽快融入'西方文明世界大家庭'的欧洲——大西洋主义；强调'国家的权威'，针对的是20世纪90年代以来占统治地位的认为市场万能的自由主义；'社会互助精神'，针对一度泛滥的以'个人主义'为核心的西方文化，为包括苏联70年在内的俄罗斯传统文化的核心——集体主义正名"。①

以俄罗斯新思想为理论基础，普京向全体俄罗斯人民发出号召：俄罗斯已经处在一个危急的时刻，俄罗斯正面临着伟大的转折，全体人民应该振奋精神，去完成俄罗斯复兴的伟大使命。在普京两次任俄总统的十多年中，他所制定的强国战略目标和国家发展规划逐步实施，尽管其间充满了无数的困难与挫折，经受了来自国内外的各种打击和挑战，但新俄罗斯在复兴祖国的道路上已经迈出了历史性的一步。

普京在第一个执政8年的任期内，将实现强国战略目标扎实推进，取得了显著成效。在政治领域：以立法与行政分权为原则改组了联邦委员会，建立了总统代表制的联邦区制度，开启了联邦主体的合并机制。加强法制建设，坚决控制和稳定车臣局势，打击财经寡头，掌控新闻传媒，改革行政体制，打击"三股势力"，严惩贪污腐败，初步实现了国家治理的基本目标。可以说，"普京8年俄罗斯政治发展道路是根据本国具体国情，建立和完善新权威主义下的宪

---

① 郑羽主编：《普京时代（2000—2008）》，经济管理出版社2008年版，第10页。

政民主政体的过程，它符合俄罗斯的历史传统与现实需要"。①

在经济领域，普京政府对自由市场经济体制进行了不断的调控、完善和补充，加强了国家对经济管理的控制能力，逐步推进了宏观经济从混乱无序到较为稳定有序的转变。在复杂多变的经济运行过程中，探寻符合俄罗斯国情的经济发展模式。利用国际能源价格持续高涨的有利时机，大力发展能源工业，以能源出口带动国内投资和消费。尽管产业结构仍较单一，但还是推进了国民经济的持续较快增长，经济实力有所增强，在一定程度上实现了为重振大国地位夯实经济基础的目标。

在外交领域，普京以恢复大国地位为目的，根据国际形势变化及时调整外交政策，开创了一个外交新时代。普京外交政策的基本点是："对西方由以妥协求合作转向以斗争保安全过渡的时代，是由反恐伙伴被迫成为美国的战略竞争者的时代，是俄中战略协作全方位发展的时代，是突出务实外交、经济外交和能源外交的时代，是加速强军过程和恢复全球性大国影响的时代。"② 普京外交战略的转变，是其强国思想在对外关系上的具体实践，是俄罗斯从二流国家回归世界强国面向国际社会的政治宣言，同时也表明美国和西方国家极力推进世界单级化的行动遇到巨大障碍，对冷战结束后多级世界的建立发挥了无可替代的重要作用。

总之，普京时代是一个正在进行着的、不断发展的时代，他的强国战略思想、务实的治国理念，还将在今后长时期成为国家的行动纲领，并在俄罗斯的高层形成共识，以保持这一基本政治方略的稳定性和持久性，确保不会因为领导人的更替而发生改变。

总之，在苏联解体8年后，俄罗斯国家所面临的严重危机，唤

---

① 郑羽、蒋明君总主编：《普京八年：俄罗斯复兴之路（2000—2008）》（政治卷），经济管理出版社2008年版，总序第1页。

② 郑羽、蒋明君总主编：《普京八年：俄罗斯复兴之路（2000—2008）》（政治卷），经济管理出版社2008年版，总序第3页。

醒了俄国历史上长期形成的民族传统与文化精神,激发了俄罗斯人对集体主义、公平正义和强大国家的崇尚和依赖情怀,普京就是在这样的形势下登上俄罗斯和世界的历史舞台,面对错综复杂的国内外环境,提出了富民强国、振兴俄罗斯的战略目标。为了实现这一目标,普京着重强调,为了解决迫在眉睫的政治、经济、安全、民族等一系列重大问题,必须重构俄罗斯的意识形态体系,加强民族的凝聚力和向心力。在这种情况下,深入研究俄罗斯历史,肯定和弘扬俄罗斯优秀传统文化的价值和作用,重新挖掘和探索俄罗斯民族的文化特征和思想本源,从历史中寻找复兴俄罗斯的精神力量,就具有了重要的现实意义。

三 普京的"威权主义"与"主权民主"

从历史上看,斯大林模式作为苏联政治制度的基础,一个重要特征就是,通过最大限度地集中社会发展的积极因素,或者说是举国体制,得以在一个较长的时期内保证经济的快速发展和确保国家的国防安全。但是,斯大林模式在政治上的一党制和民主制度的缺失,自然导致个人集权主义滋生,形成了政治上的高度集权和单一的计划经济,长此以往必然使政治经济体制走向僵化,国家的发展缺乏动力,国民经济增长速度不断下降。也就是说,苏联后期经济的衰退和政治的僵滞,大多与这种高度集权化的政治体制密切相关。实际上,民主政治不仅是戈尔巴乔夫和叶利钦改革的重要目标,同样也是普京在新俄罗斯时代改革的重要目标,即"对作为苏联继承国的俄罗斯来说,通过转型实现从高度集权政治体制转向民主政治体制,是实现现代化的一个重要内容,也是俄罗斯实现全面现代化的决定性因素"。[①] 只不过通过什么样的方式和途径达到这一目标则效果迥异。关键在于,在俄罗斯这样的国家,民主政治体制在怎样

---

① 陆南泉:《俄罗斯转型与国家现代化问题研究》,中国社会科学出版社2017年版,第365页。

的社会状态下能够建立，并且在什么样的历史条件下能够对经济社会发展发挥明确的促进作用。

如果说戈尔巴乔夫在苏联时期的政治改革只是开了个头，那么对国家政治体制的根本性改革则是以叶利钦为代表的激进民主派执政后的重要任务。叶利钦上台后，"首要任务是通过政治转型，从根本上改掉在斯大林时期建立起来的、已失去发展动力和人们不再信任的苏联政治制度，建立一套新的国家政治制度"。[①] 1993 年 12 月，俄罗斯进行全民投票，通过了联邦宪法草案。与苏联时期先后制定的 4 部宪法不同，《俄罗斯联邦宪法》以西方民主政治作为宪法的基本原则，确立了俄联邦以民主政治为基础的政治制度。通过政治制度转型，"使以一党垄断、党政融合、议行合一、高度集权、缺乏民主等为特征的斯大林模式的社会主义政治制度不复存在，而是过渡到以总统设置、多党制议会民主、三权分立、自由选举等为特征的西方式宪政制度模式"。[②]

然而，与"休克疗法"式的经济改革并未使俄罗斯顺利走上市场经济轨道一样，叶利钦的政治改革也未使俄罗斯的政治生态和社会环境有多大好转。一方面，面对苏联解体和国家转轨带来的巨大的社会动荡、经济衰退和分裂势力猖獗，叶利钦又不得不加强"总统集权制"，以稳定复杂多变且混乱不堪的政治局面；另一方面，在民主社会尚不成熟时期，政党过多导致的政党政治很难发挥党派在国家决策中的积极作用；同时，在私有化过程中形成的寡头政治对民主政治的干预，也在很大程度上影响了国家的民主决策进程。

由于多数居民生活水平持续下降，贫富分化严重，民众的稳定感和安全感缺失，致使民众将民主和自由作为改革成就的看法大打

[①] 陆南泉：《俄罗斯转型与国家现代化问题研究》，中国社会科学出版社 2017 年版，第 367 页。

[②] 陆南泉：《俄罗斯转型与国家现代化问题研究》，中国社会科学出版社 2017 年版，第 368—369 页。

折扣。俄罗斯著名社会学家米哈伊尔·戈尔什科夫在2010年以"俄罗斯人眼中的20年改革"为主题，在全国范围内组织了一次社会学调查，并以"俄罗斯的大众意识：改革20年之总结"为题在俄罗斯《社会与经济》杂志发表。在该报告中，对2001—2011年俄罗斯民众关于"什么是改革给社会带来的最大收获"问题认识的变化明显。调查表明："认为言论和思想自由、多党制和自由选举等主要民主制度是1990年代改革公认成果的人大幅减少。2001年言论自由在改革成就排行榜上位居第二，2011年则下滑至第六位。如今排在前列的则是市场商品供应充足（41%）、生活更光明更有意义（23%）、展示自我价值和个人升迁的机会（30%），而作为改革成就的言论和思想自由则退居次要地位。"① 与此同时，民众对国家秩序混乱、腐败猖獗和社会不公则更为不满。

普京任总统后，面对苏联解体后国家的急剧衰落，面对叶利钦时期存在的严重的社会经济问题，决心强化国家权威，建立一个强有力的国家政权体系，这一治国理念成了普京"俄罗斯新思想"的重要组成部分，也被一些人称为"威权主义"。其中，"可控民主"的治国理念具有代表意义。从俄罗斯的"可控民主"来看，其本质上是民主政治，承认遵循民主政治的必要性，但同时也突出了俄罗斯的民主政治与西方国家相比，包含了自己的传统因素和独特性。此后，普京的治国理念进一步发展，逐步形成了具有俄罗斯特色的"主权民主"思想。

普京上任不久，在处理别斯兰人质事件②后，就明确提出要加强对地方政府的管理监督，并反复指示要加强中央政府的权力。这一变化让以美国为首的西方国家开始质疑俄罗斯的民主政治，担心俄

---

① М. Горшков, "Массовое сознание в россии: к итогам двадцатилетия реформ" Ощество и экономика. № 8. Сентябрь 2011. сю5 – 57.

② 别斯兰人质事件是2004年9月1日，车臣分离主义分子在俄罗斯南部北奥塞梯共和国别斯兰市第一中学制造的一起劫持学生、教师和家长的恐怖事件。

罗斯会不会再次走上集权统治的道路，普京是否会借口打击恐怖主义开始新的独裁统治。实际上，西方的这种态度反而使普京坚定了走自己道路的决心。面对国内外各种政治势力的舆论和行动上的压制和威胁，普京必须对他的"主权民主"的执政理念作出进一步的阐释，从理论上统一强国思想，并主导意识形态走向。

2005年4月25日，普京发表了《2005年国情咨文》。文中指出："这次国情咨文涉及关于俄罗斯意识形态和政治领域一系列的原则问题。在俄罗斯当前的发展阶段明确这些问题非常重要。"普京指出，俄罗斯当前最主要的思想政治问题，是俄罗斯要作为自由民主国家的发展问题，以及为求得发展需要建立相关机制的问题。此后，普京又在2006年5月10日致俄联邦会议的国情咨文中进一步指出："国家的威望不应当建立在为所欲为和纵容姑息的基础上，而应当建立在通过公正的法律和坚定地执行法律的能力之上。"①

与此同时，俄罗斯著名政治评论家特列季亚科夫在2005年4月28日发表了《主权民主：普京的政治哲学》一文，其中提出了"可控民主"的概念。他指出，民主、自由和公正是俄罗斯形成的三个主要价值观，并提出了"主权民主"概念，以从理论上概括和总结普京的治国理政思想。2005年5月17日，俄总统办公厅副主任苏尔科夫在"实业俄罗斯"协会总委员会上所作报告中指出，俄罗斯的民主是依据本国历史、地缘政治、国情和法律，由本国自主确定的民主，即"主权民主"。2006年7月13日，俄罗斯第一副总理伊万诺夫在《国家价值观的三要素》一文中提出，俄罗斯国家价值观新的三要素是：主权民主、强大的经济和军事实力。2007年12月，统一俄罗斯党在2007年的杜马选举中获胜，该党以普京的主权民主思想作为党的指导思想，它的获胜标志着普京的"主权民主"思想得到了俄罗斯民众广泛的认可。

"主权民主"思想的主要内涵可以概括为主权和民主，以及相互

---

① 《普京文集》，张树华等译，中国社会科学出版社2008年版，第283页。

之间的关系。普京认为，俄罗斯联邦是独立自主的主权国家，在确定国家发展道路的问题上应该从自身实际出发，维护国家主权。俄罗斯应该以何种方式，向着什么样的方向前进等问题，应该由俄罗斯自己来决定。"民主"在俄罗斯有着民族的和历史的传统，除了应包含自由、民主和市场经济等人类普遍承认的价值观外，还有其独特的内涵。俄罗斯的民主，并不追求与他人相同的模式，而是要在以往的实践经验中，总结教训并吸取其他国家的民主发展长处，摸索出符合俄罗斯国情与实际的模式。如果说主权更多的是针对俄罗斯与外界的关系，那么民主则侧重的是俄罗斯社会的内部，主权与民主之间存在互为条件的关系。民主的实现要以主权国家的利益得以保证，而主权国家的内部，权力的划分和行使也必须遵照宪法，在制度的保障下，以民主的形式来实现。普京对统一俄罗斯党的大力支持，并将主权民主思想作为党的指导思想表明，他完全认同主权民主思想在俄罗斯政治转轨进程中的重要地位，赞成用这一思想支撑俄罗斯的意识形态体系。

普京在2007年回答美国《时代》周刊记者提问时，用极简单和直白的语言诠释了这一思想。他说："一个政权应该足够强大，以维护国家的主权、安全和国防能力。当需要维护国家领土完整的时候，政权应该是强有力的，但是在面对一个地区、一个城市，乃至具体个人的问题时，它又应该表现得有人情味。如果公民感觉到自己与国家和政权毫无关系，对政府毫无影响，这样的政权就适得其反。也就是说，政权应该是民主的。这两者的关系非常重要。"[①] 在这里我们清楚地看到，普京对苏联时期大清洗等集权专制与压制民主所造成的严重后果，以及对苏联解体时普通民众的无动于衷一直在深刻反思。从这一意义上说，我们认为，主权民主思想的提出，一方面是俄罗斯在寻求符合自身国情和民族特点的民主发展过程中保持了思想上的独立性和特殊性的需要，为了国家的主权，既要有强有

[①] 《普京文集》，张树华等译，中国社会科学出版社2008年版，第647页。

力的政权，又要防止俄罗斯的政治转轨重回僵化和高度集中的政治体制中去；另一方面要汲取 20 世纪 90 年代初改革的沉痛教训，正确认识在俄罗斯走西方民主化道路给国家带来的倒退和衰败，以及给民众带来的穷困和无望。

主权民主思想在俄罗斯意识形态领域缺乏旗帜的时候适时提出，在很大程度上改变了俄罗斯人的世界观，并唤醒广大公民的民族自豪感，激发他们去捍卫国家的历史和传统的特殊性。正是在这一意识形态的导向下，普京对如何在新形势下发展俄罗斯新史学，将历史研究与强国战略紧密结合起来，为恢复大国地位提供理论支撑，提出了一系列重要的思想和观点。

第二节　普京强国战略与俄罗斯史学转向

一　尊重历史与普京的爱国主义情怀

普京上任前后，在《千年之交的俄罗斯》等文章中，深刻阐释了苏联解体后俄罗斯所面临的巨大困难与问题，提出了决心励精图治，全面恢复国家经济政治秩序的治国理念。同时，他也清醒地认识到，在俄罗斯这样既有着深厚历史文化传统，又有着复杂民族结构的地域大国，恢复大国地位必须树立强国理念，而支撑强国理念的巨大动力就是爱国主义和民族主义，弘扬爱国主义精神最根本的要求就是要尊重祖国历史。他在任总统后的多次讲话中，都指出强国战略的思想基础，就是要"牢记并尊重我们伟大的历史"[①]，只有对祖国历史的充分尊重，才能团结广大民众，实现国家复兴的目标。为此，普京高度重视为实现强国目标必须有相应的意识形态体系作为保障，并在多种场合，正面抨击了那些否定祖国历史、践踏民族尊严的"历史虚无主义"，强调弘扬爱国主义精神对俄罗斯复兴的重

---

① 《普京文集》，张树华等译，中国社会科学出版社 2008 年版，第 19 页。

要意义。

2003年，普京在俄罗斯国家图书馆与历史学家会晤时的讲话中强调，要保存好古文献遗产，同时，在历史教科书里"还是应该阐述历史事实，它们应该起到教育的作用，特别要在青年人中培育对自己祖国的历史和自己国家的自豪感"。① 在2005年12月举行的俄罗斯国家历史档案馆开幕式上，普京再次指出："我们对自己历史的把握有多深刻，对它的理解有多深刻，我们就能更深刻地确定自己今天的位置和为我们的儿女构建未来。"② 这些讲话不仅深刻体现了他的爱国主义和民族主义情怀，也充分反映了他的历史观，即将历史作为连续不断的发展链条，通过历史才能确定自己在当下的位置，通过历史才能有理由、有信心构筑祖国的未来。

在2006年庆祝克里姆林宫博物馆开馆200周年纪念大会上，普京高度赞扬了克里姆林宫博物馆，称它是"我国的主要瑰宝，是我们民族圣物的贮藏库，是俄罗斯国家和我们民族传统的象征，是俄罗斯国家强盛、文化丰富和精神深邃的体现"。在这里，他着重强调了祖国历史和民族文化对年轻一代承担强国使命的重要意义。他说："新一代人不在先辈面前承担重大责任，不去追忆我们祖国的过去，不来缅怀祖国的历史，那完全是没有什么大出息的。追溯民族的过去，方可夯实民族的精神和道德根基，方可吮吸其中的力量并扬起自信的风帆。因此，维护这份国家的历史—文化遗产，让一代又一代的青年贴近这些宝贵遗产就完全是我们民族的任务。国家、社会、所有宗教信仰的代表、艺术庇护组织应该围绕这一任务联合起来。服务于这一崇高的目的就是你们的工作。"③ 在这里，通过学习和认识历史来加强对青年的爱国主义教育，被赋予了重要意义。因为青年一代都是出生于苏联解体前后，他们既没有接受过战争的洗礼，

---

① 《普京文集》，张树华等译，中国社会科学出版社2008年版，第74页。
② 《普京文集》，张树华等译，中国社会科学出版社2008年版，第242页。
③ 《普京文集》，张树华等译，中国社会科学出版社2008年版，第250页。

多数也没有受过马克思主义的教育,而是在国家急剧转型和社会动荡的环境中成长。受到历史虚无主义和西方自由主义的负面影响,许多青年人思想迷惘、价值取向混乱,很难成为强国战略的栋梁之材。因此,在青年中培养爱国主义思想,成为历史工作者的重要任务。

普京在第一届独联体国家创作和科研知识分子论坛开幕式上的讲话指出:"我们民族精神的凝聚力、文化的亲缘性,多少个世纪以来已经深入人心,在我们广袤的大地上巩固和平,维护和谐,在卫国战争的岁月帮助我们挺了下来并获得胜利。就是直到今天,它们依然是我们建立公正和自由世界的坚强磐石。"① 就在这次论坛的闭幕式上,普京充满感情地说:"尽管苏联早已不复存在,我们统一的人文基础不但没有消逝,而且它在更高的程度上为人们所憧憬。我们的种族人民,仍然还体现着社会文化的共性。在当代的一体化的世界上,我们的优越性就正好潜伏在这一社会文化的共性中。"②

普京在各种场合多次对年轻人提出要求和期望,他说:"我们需要建立一个充满爱国主义精神、关心自己祖国命运的公民社会,人们做事情的时候,不是为了金钱,而是发自内心的愿望,愿意纠正我们这里存在的那些现实问题。"③

在2007年致联邦会议的国情咨文中,普京指出:"人民在精神上的团结和把我们团结在一起的道德价值,这是与政治、经济稳定同样重要的发展因素。我坚信,一个社会,只有在它具有共同的道义方向体系时,只有在国内人民对祖国的语言、对自己独特的文化和独特的文化价值、对自己祖先的记忆、对我们祖国历史的每一页都抱有尊重的感情时,它才能提出和解决规模巨大的国家任务。"④

---

① 《普京文集》,张树华等译,中国社会科学出版社2008年版,第279页。
② 《普京文集》,张树华等译,中国社会科学出版社2008年版,第280页。
③ 《普京文集》,张树华等译,中国社会科学出版社2008年版,第306页。
④ 《普京文集》,张树华等译,中国社会科学出版社2008年版,第440页。

毫无疑问,这是对苏联末期即已不断发酵的历史虚无主义的彻底批判,是在汲取了由于意识形态原因导致苏联解体的深刻教训之后,对恢复大国地位的深情呼唤。在各种思潮纷争的多元化时代,也只有这种对祖国历史文化的热爱和尊重,才能加强民族团结,由此焕发出实现强国目标的民族精神和不竭动力。为此,普京充满感情地说:"俄罗斯是一个古老的国家,拥有悠久的历史传统和深厚的道德底蕴。这一道德底蕴就是对祖国的热爱,就是爱国主义。这是积极意义上的爱国主义。"① 此后,爱国主义教育在全民中普遍开展起来,从城市到农村,从部队到学校,从年轻人的婚礼到英雄人物的葬礼,都表现出那种自发的爱国主义情怀,甚至成了充满仪式感的、庄严而美丽的风景。

二 大国悲剧:普京论苏联解体的后果

对于成长于苏联时代,长期在国家安全部门工作,视国家利益为生命的普京来说,自然对苏联解体以及新俄罗斯的重建等问题有着自己的深刻认识和价值判断。特别是对于他所亲历的苏联后期形势的变化,以及如何评价苏联解体造成的严重后果,普京作为一个强烈的爱国主义者还是深感痛楚,并有着自己的独到见解。

2007年12月,普京在回答美国《时代》周刊记者提问时,毫不隐讳地、详细地阐述了自己的观点。美国记者问:"90年代对于您来说在某种程度上是不是自相矛盾的?一方面,您说这个时代带来了自由,但是另一方面,您在许多讲话中谈到苏联解体问题时,经常把这一时期称作大失败和大悲剧。您如何解释这种悖论?"普京回答说,"我并不认为这是自相矛盾的"。在这里,普京不仅回顾了苏联解体前国内的糟糕形势,更阐明了苏联解体之所以成为一场灾难的原因。他说,当时"经济领域的行政计划体制和政治领域的共产党一统天下导致国家落入了如此境地:大多数人已经不珍惜国家,

---

① 《普京文集》,张树华等译,中国社会科学出版社2008年版,第639页。

这样的国家不为人民所需要。一点也不奇怪,人民这样对待这个国家,他们不同情它,因为大家都以为不可能比这更坏了。但是后来的实际结果却更糟糕。这场悲剧在于,人们失望了,因为有人打着民主的旗号肆意妄为,有人借市场和市场关系之名洗劫了数百万民众,一小撮人却大发横财,侵占和瓜分本该属于全体人民的无数资源。"① 他不仅分析了苏联解体最直接的原因,也更明确指出了苏联解体后,在民主政治的幌子下,国家秩序混乱、腐败猖獗、贫富分化的根源所在。

在对苏联解体所造成的直接的经济后果进行深刻的总结后,他又对由于苏联解体造成的国家与民族的分裂给俄罗斯人民带来的灾难进行了描述。他说:"苏联解体意味着什么?2500万俄罗斯裔的苏联公民被抛在了新俄罗斯境外,当时谁都没有想到。2500万,这相当于一个欧洲大国的人口。他们陷入什么样的境地——变成了外国人?有谁过问吗?""2500万人被抛弃在国外,他们缺乏生活资料,面对着当地不断高涨的民族主义,他们却不能来到新俄罗斯——他们历史上的祖国,他们不能来看望亲友,因为没钱坐火车和坐飞机。他们在俄罗斯没有一席之地。居无定所,无处工作。这难道不是悲剧吗?"② 显然,普京所说的悲剧即苏联解体,作为几个世纪以来导致俄罗斯国家与疆域发生最大变化的历史事件,其后果还会在相当长的历史时期不断发酵,并可能成为产生各种复杂的国际或社会问题的潜在原因。所以,对于这一问题的深入分析与研究,多年来,在俄罗斯国内外一直是诸多历史学家关注的重点课题。

在谈到苏联解体相关当事人的责任以及法律依据等问题时,普京先是坦率地谈了戈尔巴乔夫和叶利钦在这一事件中的作用。他说:"我认为,无论是叶利钦还是戈尔巴乔夫毕竟做出了我也许不能做到的事情,他们迈出了破坏那种俄罗斯人民已经不能承受的制度的第

---

① 《普京文集》,张树华等译,中国社会科学出版社2008年版,第657页。
② 《普京文集》,张树华等译,中国社会科学出版社2008年版,第657页。

一步，我不能确信自己敢这样去做。戈尔巴乔夫迈出了第一步，叶利钦完成了这一转变，我认为这是历史性的，对俄罗斯和俄罗斯人民非常重要的转变。他们，当然，首先是叶利钦，给俄罗斯带来了自由，这是叶利钦时代无可争辩的历史性成绩。"① 接着，普京直截了当地指出，与这种"自由"相伴而来的是"我上任的时候，发生在高加索的内战已把国家拖进了不由自主的混乱中，经济遇到了严重困难，社会衰败，大量人口生活在贫困线以下"。② 在回顾苏联解体的具体过程时，普京说："苏联解体到底是怎么发生的？在任何一个民主国家——例如比利时此时的艰难抉择，其他国家也有类似的情况——在出台某项决议之前，会征询民众意见：'您是否愿意脱离你们目前共同生活的国家？'我相信，如果当年在原苏联加盟共和国进行全民公决，绝大多数公民未必会说：'是的，我们愿意脱离苏联。'但是谁也没问过他们。难道这就是解决这类问题的民主方式吗？"③ 这不仅表明了普京对戈尔巴乔夫等激进改革派所极力宣扬的"民主化"的质疑，也暗含了对内外势力通过实行双重民主标准，加速苏联解体的深刻反思。

在回答美国记者关于"苏联的哪些东西应该保留，哪些不能重蹈覆辙？为了获得新生，新俄罗斯需要什么，应该学会什么？"的提问时，普京认为："我们要摒弃苏联历史上的某个时期，那时我们试图领导世界社会主义或者共产主义革命，成为领袖，成为这一运动的世界领袖；那时我们想把生活方式强加给其他国家。我认为这是个错误，虽然犯错误的不仅苏联一个国家，但是苏联的错误最明显、最具代表性。我们要摒弃的正是这些。"④ 关于这一问题，实际上俄罗斯和中国的多数史学家已经有了基本认识。某些历史时期，苏联

---

① 《普京文集》，张树华等译，中国社会科学出版社2008年版，第654页。
② 《普京文集》，张树华等译，中国社会科学出版社2008年版，第655页。
③ 《普京文集》，张树华等译，中国社会科学出版社2008年版，第655页。
④ 《普京文集》，张树华等译，中国社会科学出版社2008年版，第639页。

领导人超前的世界革命思想,以致后来将输出或领导世界社会主义运动,演变为地缘政治工具,这不仅导致了与美国和西方对立的"冷战"的出现,也很快由于苏联的大国沙文主义引起一些社会主义国家的不满。一些中国学者通过对 20 世纪 50—60 年代国际共产主义运动的变化,包括对中苏论战原因的研究,已经得出了一些基本共识和答案。① 正如普京指出:"苏联曾经想在国际共产主义革命中当头。这是个重大错误。将来我们不想再犯同样的错误。我们不想指挥谁,也不想成为任何形式的超级大国,把自己的决定强加于人。"②

基于对苏联历史经验教训的总结,普京确立了俄罗斯建立新型国家关系的基本原则。他说:"我们希望拥有足够的力量来保卫自己和维护本国的利益,与邻国和主要的伙伴国建立友好的关系,使这些伙伴也能从俄罗斯的发展和巩固中受益。"③ 正是在深刻总结历史经验教训的基础上,普京才逐步确立了俄罗斯外交的基本方略:与中国建立战略协作伙伴关系,并使之不断深化、巩固和发展;与部分独联体国家建立欧亚经济联盟,以加强在新的地缘政治框架和国家交往机制下的国际合作;等等。

三 爱国主义与俄罗斯史学的责任与担当

在俄罗斯新史学的建构中,不可能回避对国家重大历史事件的评价,不可能缺少对重要历史人物和事件的价值判断,这就涉及对祖国历史的客观认识问题。对此,普京认为,可以保留并且进一步发扬的东西,就是"要强化对历史的尊重,尽管历史上存在问题;我们要加强爱国主义。要尽最大的努力维护全社会共同的道德价值

---

① 见周尚文、叶书宗、王斯德《苏联兴亡史》,上海人民出版社 1993 年版;江流、陈之骅主编《苏联演变的历史思考》,中国社会科学出版社 1994 年版;陆南泉、姜长斌、徐葵、李静杰主编《苏联兴亡史论》,人民出版社 2002 年版。
② 《普京文集》,张树华等译,中国社会科学出版社 2008 年版,第 640 页。
③ 《普京文集》,张树华等译,中国社会科学出版社 2008 年版,第 640 页。

观,在此基础上团结俄罗斯社会。我认为这是重中之重"。① 这种历史主义态度,对于转型过程中的俄罗斯构建新的意识形态体系具有重要意义。对此,A. B. 菲利波夫在《俄罗斯现代史(1945—2006)》一书中指出:"俄罗斯文化和俄罗斯社会今天转向关注和思考自己的渊源和遗产,以及在世界文明中的地位。在急剧改革时期和国家广泛融入世界文化进程之后,人们意识到了俄罗斯历史的继承性,苏联的历史就是俄罗斯历史中不可分割的一部分。对20世纪世界的发展趋势作出评价,使我们有可能有权衡地看待苏联时期文化建设的经验并利用它的成就。越来越多的人现在支持这一思想,就是在21世纪要想在文明上取得突破,仅仅依靠文化组织本身的力量是不够的。国家应当确定发展教育、科学、文化的优先方向,并保证对它们的支持。"②

这就是说,在力求恢复客观历史真相的同时,要本着唯物史观的基本精神,判断历史人物在长时段历史过程中的作用,把握历史发展的总体趋势,抓住历史进程的基本线索,探寻历史发展的内在规律,这应该是爱国主义史学可以作为强国战略的基本依据,而不是像历史虚无主义那样的编造谎言、肆意歪曲。正是从这一意义上看,爱国主义史学在俄罗斯新史学中逐步占有了重要位置,成为历史研究的基本准则。关于这一点,俄罗斯文化史学家利哈乔夫的一段名言很有现实意义,他说:"尊重祖宗的坟墓。尊重前辈的劳动、劳动传统、劳动工具、他们的风俗、他们的歌曲、他们的爱好。所有这些对我们都很珍贵。就像人的自身记忆会形成他的良心,他与自己祖辈和周围人——亲戚和朋友、老朋友即与之用共同回忆联系在一起的最信任者之间的良心关系一样——同样人民的历史记忆会

---

① 《普京文集》,张树华等译,中国社会科学出版社2008年版,第639页。
② [俄] A. B. 菲利波夫:《俄罗斯现代史(1945—2006)》,吴恩远等译,中国社会科学出版社2009年版,第412页。

形成人民生活其中的道德氛围。"① 无疑，这种道德氛围所支撑着的爱国主义情结，是实现俄罗斯国家复兴的重要精神力量，自然也成为俄罗斯新史学走向的理论依据。

因此，新编《俄罗斯现代史（1945—2006）》的作者在书中写道："今天爱国主义的题材受到新的重视。这是尊重自己祖国过去、现在和未来的感情，这是对历史、对自己的'可爱祖国'的爱护态度。很多人把爱国主义与公民意识和法律意识的觉醒，与个人对国家命运和国家文化的未来所负责任的理解联系在一起。"② 由于爱国主义在俄罗斯新史学建构中发挥了统领和指导性作用，在这一思想的推动下，此后开展的"俄罗斯历史年"活动，以及一些新编历史教书，都尽量遵循了爱国主义史学的基本要求。与此同时，相关教育管理部门也开始对教科书的编撰与出版作出具体规定，对以往的篡改、歪曲或贬低祖国历史的做法予以纠正，这些工作为后来出台《俄罗斯历史统一教科书新教学法总体纲要》并建立教科书的鉴定与审查制度奠定了基础。

第三节　世纪之交的新编历史教科书

一个国家的历史教科书，是官方主流意识形态的直接反映。伴随着俄罗斯国家转型的艰难历程，历史教科书的编撰也出现了一系列新变化。普京任俄罗斯总统后，根据"富民强国"、重塑大国形象的治国理念，多次提出要写出合乎时代要求的教科书。在普京执政的第一个8年期间，在俄官方的支持下，历史学家们开始重视客

---

① ［俄］德·谢·利哈乔夫：《解读俄罗斯》，吴晓都等译，北京大学出版社2003年版，第326页。

② ［俄］亚·维·菲利波夫：《俄罗斯现代史（1945—2006）》，吴恩远等译，中国社会科学出版社2009年版，第412页。

观评价祖国历史，批判"历史虚无主义"，为俄罗斯现代化战略提供理论支持。新世纪初期历史教科书的明显变化，直接体现了"尊重客观历史、符合时代要求"的理念，成为俄罗斯历史教科书编写的基本原则。从中国学者的角度看，俄罗斯的新编历史教科书，是"以历史叙述的方式，从特定角度集中反映了俄罗斯精英对当今现实政治的考量，我们从中可以某种方式观察俄罗斯当今政治的走向"。①

一 新编历史教科书的社会背景

世纪之交俄罗斯史学的变化，反映了学者们在社会剧变之后的理性反思，表明人们已经意识到了"欲灭人之国，必先去其史"的深刻含义，因而在对祖国历史进行研究和评价时，在给年轻一代编写教材时，也力求克服历史虚无主义，用客观求实的态度来编写祖国历史。特别是人们亲历了国家经济社会出现严重倒退之后，西方曾经允诺的一切已经化为泡影，接踵而至的是对俄罗斯在地缘政治和经济上的不断打压，于是人们开始对西方国家的和平演变策略，以及后来在俄罗斯周边出现的一系列"颜色革命"事件有了较为清醒的认识。越来越多的俄罗斯人在冷静思考过去的同时，对鼓噪一时的否定祖国历史、否定苏联成就的言论和做法表示反对。这种变化既表现为普通百姓简单而朴素的怀旧情绪，也引起学者和政治家们在理论层面上的深入反思。一些学者认为，应坚持历史唯物主义的基本原则，更加理性地从总体上认识祖国历史。例如，由 M. H. 祖耶夫和 A. A. 切尔诺巴耶夫主编的高校教材《俄国史》（莫斯科，2004 年版），就强调要对十月革命性质重新认定，应该把十月革命前后的重大历史事件联系起来，在偶然性中分析其历史的必然性，

---

① 马龙闪：《普京与俄罗斯历史统一教科书》，《历史教学问题》2017 年第 1 期。

为此应对十月革命的历史意义作出新的判断。①

在近 10 年的贫困、焦虑和动荡的生活中,广大俄罗斯人民对曾经抱以极大希望的民主政治和自由经济逐渐失去信心,强烈要求社会稳定,以及在这一前提下的经济恢复、市场繁荣和人民生活的改善。一份从 2011 年起由俄罗斯科学院社会学所定期进行的社会调查报告显示:目前甚至只有 15% 的改革受益者没有忘记言论和思想自由。② 这充分说明 10 年间社会群体价值判断和思想情绪发生了巨大变化。

在这样的社会舆论氛围下,一些人提出应该对苏联历史以及列宁、斯大林等苏共领导人做实事求是的评价。曾经的持不同政见者亚历山大·季诺维也夫甚至在《苏维埃俄罗斯报》上发表文章说:"可以断言,没有列宁,就不会有社会主义革命的胜利,而没有斯大林,也就不会出现历史上第一个大规模的共产主义社会。"③ 一些历史政论性著作,也开始出现对斯大林进行重新评价的倾向。如弗拉基米尔·卡尔波夫的《大元帅斯大林》(社会科学文献出版社 2005 年版)就与爱德华·拉津斯基的《斯大林秘闻——原苏联秘密档案最新披露》(新华出版社 1997 年版)在史实叙述和政治观点上出现了由全盘否定到客观评价的转变。即使是在社会转型无序时期对政治和现实不甚关心的年轻一代,也对苏联时代的强盛和光荣有了新的理解,感觉到俄罗斯作为一个强国立足于世界的重要性。正如有学者指出的:"今天俄罗斯年轻人对斯大林主义兴趣的增长和试图重新评价历史,是俄罗斯现实存在深刻的社会危机的反映。在他们中间产生了强烈的希望国家强大、民族复兴的感情。在这样的条件下

---

① [俄] М. Н. 祖耶夫、А. А. 切尔诺巴耶夫主编:《俄国史》(高等技术院校用教材),莫斯科,2004 年版。

② [俄] М. К. 戈尔什科夫:《俄罗斯的大众意识:改革二十年之总结》,钟建平译,《西伯利亚研究》2016 年第 3 期。

③ 毕洪业等:《第二次起搏——重展俄罗斯政治宏图》,重庆出版社 2007 年版,第 265 页。

产生了对斯大林的向往。"①

　　学者们认为，对列宁和斯大林等历史人物的评价，首先要澄清某些重要的历史事实，对强加给苏联领导人的罪名，要认真地根据历史资料加以研究和甄别。在评价苏共早期领导人的历史地位时，学者们开始较多地从苏联社会的具体的历史环境和当时所面临的复杂的国际形势来思考，分析斯大林模式产生的历史背景和能够存在的社会原因。随着对俄苏历史研究的深化，人们对俄罗斯究竟是一个什么样的国家，究竟应该走一条什么样的发展道路，俄罗斯的民族精神和文化特征究竟适于什么样的社会制度等都有了新的、不同的认识。在这一基础上，对俄国和苏联时期历史做出科学而客观的阐述，对重要的历史事件和人物做出尽可能全面而公正的评价，成为当代俄罗斯历史研究以及历史教科书编写的重要出发点。正因为人们对斯大林以及苏联历史的评价渐趋客观与理性，所以对斯大林所犯的"大清洗"等严重错误还是持批判态度，这也说明多数民众对民主自由和社会秩序的需求是缺一不可的。

　　此外，这一时期的新编历史教科书还有一个十分重要的目的，就是俄罗斯现实发展的迫切需求。从俄罗斯所面临的复杂的内政外交形势看，普京之所以重视历史教科书问题，是"同他的治国方略密切相关，同苏联解体后俄罗斯面临的地缘政治形势和国际处境密切相关"。例如，"对第二次世界大战前苏德密约的揭密，给俄罗斯应对国际国内质疑苏联第二次世界大战前的对德政策提出了一系列问题，即第二次世界大战前苏联同德国是否曾一度联手对付英法，从而提出了该密约对第二次世界大战爆发有何影响的问题。"② 正是由于对这些历史敏感问题的自我抹黑，不仅造成了国家和民族认同的危机，也使俄罗斯的国家形象受损，甚至一些否定"第二次世界大战"性质和成果的提法，也使俄罗斯在外交上常常处于被动地位。

---

① 载俄文网站《俄罗斯杂志》（Русский журнал），2003年3月5日。
② 马龙闪：《普京与俄罗斯历史统一教科书》，《历史教学问题》2017年第1期。

就是在这样的社会背景下，重新编写历史教科书显得日益迫切。正如普京所说："实际上现在还没有深入客观地反映我国现代史上的各种事件的教科书。历史和社会科学知识方面的教科书有时还'停留'在20世纪90年代的时期。"以至于"专家们说，就连对大体情况的系统叙述都没有。"① 为此，普京在接见全俄人文及社科教师会议代表时指出，重编符合时代要求的历史教科书是教育管理部门的一项重要任务。

二 新编历史教科书的变化及特点

21世纪第一个10年编写的俄罗斯历史教科书具有承前启后的性质，作为苏联解体后第二轮历史教科书的编写，在历史档案的使用、理论方法的创新、重要观点的阐释等方面都取得了一定进展。主要表现在以下方面：

1. 体现客观评价历史、恢复大国地位的基本要求。进入21世纪，俄罗斯教育主管部门根据普京总统的指示，按不同类型学校的需求，组织专家编撰出版了几种本国历史的教科书。这些教材或参考书明显反映了国家对教科书政治导向的基本要求，体现了强国战略的目标和宗旨。其中，具有代表性的是亚·维·菲利波夫撰写的历史教学参考书《俄罗斯现代史（1945—2006）》。该书于2007年经俄罗斯高等教育人文科学协会批准，由莫斯科教育出版社出版，被认为是苏联解体后第一部较为客观公正地反映和评价苏联历史和人物的教科书。

该书的编撰工作是经普京总统批准并实施的。早在2003年普京就对该书的编纂提出了明确要求，他说："过去史学家过于强调历史污点，造成书刊和教材中有大量糟粕和泡沫，必须剔除这些糟粕、去伪存真。"此后，在会见该书的部分作者时，普京进一步指出："由于过去人文科学和历史教育领域的混乱，造成俄罗斯国内历史教

---

① 《普京文集》，张树华等译，中国社会科学出版社2008年版，第474页。

科书内容及版本混乱，不能客观反映国家现代历史事件，许多有外国背景的教科书充斥诋毁俄罗斯的内容。因此，必须对出版的教科书承担责任。国家要制定统一的教学标准，鼓励编写和出版新的历史教材。绝对不容许丑化、歪曲我们民族的历史。"[1] 根据这一要求，明确了该书编撰的基本原则：一是强调俄罗斯历史从沙俄到苏联到俄罗斯联邦的连续性，不能割断历史，不能断章取义违反事实地污损祖国历史，通过培养对祖国的自豪感，以加强对学生的爱国主义教育；二是注重历史档案资料的使用，强调资料的客观性和真实性；三是慎重把握历史结论的定性和表述，尽量用史实说话。由于该书的权威性和受到普京总统的指示和关注，可以看作是由官方指导下的具有代表性的新编历史教师参考书。

该书对苏联时期大部分历史基本上是持客观的、肯定的态度。例如，该书在阐述第二次世界大战后的苏联史时指出，正是在这一时期，"我们这个由于战争而濒临消亡边缘的国家能够飞速恢复国民经济并在探索宇宙、和平利用原子能、大规模建设和许多方面取得惊人的成就"，因此，尽管"苏联体制确实存在弊端，但断言苏联体制完全失败的观点则是幼稚的"。[2] 该书从国民经济恢复、战后科技发展、民族政策等方面，对斯大林给予了较为客观的评价，一方面肯定了斯大林的功绩，另一方面指出了斯大林所犯严重错误和斯大林体制存在的问题。该书作者在充分阐述了苏联取得成就的同时，也指出了导致苏联解体的各种主客观原因。作者指出："研究了战后的祖国历史，我们看到错误的国家政治方针如何为国家和人民带来严重后果。"他列举了赫鲁晓夫、勃列日涅夫和戈尔巴乔夫在任国家领导人时所做的错误决定，认为这种制度性的现象，造成了苏联体制的僵化，导致了社会参与政治决策的大门被完全封闭。作者认为，戈尔巴乔夫和叶利钦应对苏联解体承担主要责任。戈尔巴乔夫倡导

---

[1] 吴恩远：《俄罗斯新版历史教学参考书的新观点》，《马克思主义研究》2008年第4期。
[2] 吴恩远：《俄罗斯新版历史教学参考书的新观点》，《马克思主义研究》2008年第4期。

"民主化、公开性"所造成的意识形态混乱、经济改革的失败,叶利钦的《俄罗斯国家主权宣言》、解决民族问题的失误、多党制原则导致的苏共领导权的丧失等等,应该是苏联解体的主要原因。

作者在全书结尾时,阐明了对这段历史客观评价的重要意义。作者认为,"俄罗斯文化和俄罗斯社会今天转向关注和思考自己的渊源和遗产,以及在世界文明中的地位。在急剧改革时期和在国家广泛融入世界文化进程之后,人们意识到了俄罗斯历史的继承性,苏联的历史就是俄罗斯历史中不可分割的一部分。对20世纪世界的发展趋势作出评价,使我们有可能有权衡地看待苏联时期文化建设的经验并利用它的成就。""今天爱国主义的题材受到新的重视。这是尊重自己祖国过去、现在和未来的感情,这是对历史、对自己的'可爱祖国'的爱护态度。"① 该书出版后,在俄罗斯国内及国外引起较大反响,中国学者吴恩远等将该书译成中文,并于2009年由中国社会科学出版社出版。总体来看,该书代表了俄罗斯政府和教育科研部门对祖国历史基本看法的变化和对一些重要问题的重新评价,在一定程度上达到了普京对该书编写的指示要求。

2. 史学观念与方法论上的创新。在新编历史教科书及教学参考书中,尽量吸收了史学理论与方法的最新研究成果,反映了在这一领域俄罗斯学者研究所取得的进展。其中,几部于90年代末出版,实际到2000年以后才问世的教学参考书即有这样的特点。例如,1998年莫斯科大学历史系史学理论问题信息分析中心出版了论文集《历史学研究的理论问题》。该文集讨论了当代文化传统语境下的历史科学,以及如何借鉴西方史学的理论与方法,有针对性的用于新编历史教材。为了加强对历史档案资料研究的理论性指导,俄罗斯国立人文大学教授 И. 达尼列夫斯基等于1998年编辑出版了高校教材《史料学、理论、历史和方法——俄罗斯史料》。这部教材对史料

---

① [俄] 亚·维·菲利波夫:《俄罗斯现代史(1945—2006)》,吴恩远等译,中国社会科学出版社2009年版,第412页。

学理论、俄罗斯史料学的发展历史以及史料学研究的基本方法等做了全面的阐述。在这里，作者认为史料的功能不仅仅是为了获取信息、为史学研究服务，而应该从文化史的角度，借鉴了西方史料学的方法，把历史资料的收集与整理过程看作是一种文化现象。通过考察历史资料产生与认知的复杂过程，分析史料与研究者之间的相互关系，进而证明史料既是人类文化的产物，又作为一种文化积淀推动了人类文明的发展。1998 年 Г. 格拉西闵科主编了高校教材《俄罗斯史学史（十月革命以前）》。作者从世界历史和历史哲学的角度考察了俄国史学发展史，指出，俄罗斯史学中的文明和社会形态观点早在 19 世纪中叶就出现了，孔德和马克思的著作是这种观点产生的直接原因。后来，社会形态学说在普列汉诺夫、列宁和波克罗夫斯基那里得到了进一步的发展。正是由于"俄罗斯学术界越来越多的人重视对俄国历史和文化问题的研究"，才使人们认识到"俄罗斯社会现存的所有问题都与俄国的历史密切相连"。[①]

俄罗斯学者力图在新编历史教科书中反映出 20 世纪史学理论与方法的最新成果，这有利于对历史与现实关系的深刻解读，有利于通过解析探索深层结构的历史而发现客观历史的规律性。因为，历史教材的改革与创新，在很大程度上依赖于史学理论与方法的创新，依赖于一个开放和自由的学术环境。在这方面，俄罗斯教育部门对加强史学理论和方法论研究的重视具有积极意义。正是由于史学理论研究机构普遍建立，引进了西方史学理论，经过批判、消化和吸收，将有益的成果运用于史学研究的实践，为学者使用新材料、采用新方法，提供了条件，加快了学术上的突破和创新。

3. 运用整体史方法分析复杂的历史进程。近代以来的俄国历史具有极端的复杂性特点，是诸多复杂原因相互交织、相互作用、相互影响才形成了我们看到的历史进程。如何把握并解释这样的复杂

---

① 段启增等编译：《俄罗斯社会学家谈俄罗斯社会学和历史学研究的新进展》，《国外社会科学》2003 年第 4 期，第 84 页。

进程，对各历史教科书的编写者都是一个考验和挑战，也是为各种历史教科书所高度重视的。2000年，莫斯科高等学校出版社出版由著名历史学家 B. A. 费多罗夫（В. А. Федоров）撰写的《俄国史（1861—1917）》①在这方面作了大胆和有益的尝试。这本由俄罗斯联邦教育部指定的高等学校教科书，吸收了俄国史研究的最新成果，利用了丰富的档案资料，深入浅出地对1861年农奴制改革到1917年二月革命的历史进行了阐述。正如该书作者所说，在这个不太长的历史时期内，"俄国的社会经济生活、政治生活和文化生活都发生了重大变化：资产阶级的改革，资本主义、工业垄断、贸易和银行业的确立和发展，人口中新的社会阶层的形成"②表明，这是俄国历史上的一个极为重要的时期，应该将这一系列的复杂变化从整体上予以说明。作者在该书第三章中，以"改革后的俄国社会—经济发展"为题，对当时的俄国农村公社以及农村的社会分层问题进行了客观的表述，力求从整体史观的视角进行解读。这些成果史论结合，颇具新意，让学生和读者对俄国复杂的历史过程有了更整体而深刻的认识，不仅改变了以往教科书中对历史所进行的空泛描述和形而上学的解释，也加强了人们对俄国历史规律性的认识。

4. "通古今之变"——将历史与现实相结合。在新编历史教科书中，俄罗斯学者往往会把有价值的、最新的研究成果纳入编写大纲，充实到历史教科书中，使各级各类学生和普通读者对俄国历史研究的新进展有所了解，从历史中寻找解释现实问题的答案。例如，2010年在莫斯科出版 А. Б. 别兹博罗多夫主编的《俄罗斯当代史（1985—2009）》就是这样一部我们生活时代的历史。该书总结了苏联时期的历史经验和深刻教训，对叶利钦时代的政治经济改革做出

---

① ［俄］B. A. 费多罗夫：《俄国史（1861—1917）》（俄文版），莫斯科高等学校出版社2000年版。

② ［俄］B. A. 费多罗夫：《俄国史（1861—1917）》（俄文版），莫斯科高等学校出版社2000年版，第9页。

总体评价，对普京时代俄罗斯的强国战略予以很高评价。书中写道："1917 年爆发的二月革命和十月革命，成为俄国发展史上的重要历史事件。以列宁为首的布尔什维克党取得了胜利，确定了历史发展的方向，俄国开始建设社会主义。"[①] 作者认为，革命的爆发具有历史的必然性，社会主义建设本身没有问题，关键是并不成熟的苏联社会主义在体制机制上的缺陷和领导人自身的错误没能得到及时解决，从而导致了苏共的垮台。在分析苏联经济体制的弊端时，作者认为："1970 年代，苏联经济和社会领域中的消极现象开始增长。当时世界经济广泛引进信息技术，已经采用生产效率、利润等指标，而非产品的绝对数量来衡量经济发展水平。同西方对峙迫使苏联耗费巨额资金维系军工综合体的发展、开发太空以及其他大型项目，以保证两个超级大国之间的力量均衡，这成为苏联经济的沉重负担。"[②] 这些分析鞭辟入里、切中要害，对于当代俄罗斯的发展仍然具有重要的借鉴意义，对于国家制定发展战略能够提供必要的参考。

三 关于新编历史教科书的基本评价

综观世纪之交及普京首任时期的新编历史教科书，明显具有一定的过渡阶段性质，在理论阐释、历史评价、观点表述等方面还存在许多缺陷和不足。同时，由于这批教科书出自不同研究机构和不同作者，许多观点大相径庭或存在相互矛盾之处。然而，这批教科书既是对前一时期历史教科书混乱现象的拨乱反正，也积累了一些经验，为后来统一版教科书的编撰打下了基础，因此对其价值还是应该予以肯定的。

一是大量采用原始档案资料，让读者触摸到真实的历史。实际上，在苏联解体之后不久出版的一些教科书中，即已开始直接将历史档案资料附在书中每一章的后边，主要是在各种历史阐释众说纷

---

① А. Б. Безбородов. *История России в новейшее время. 1985—2009 гг.* М. Проспект, 2010. 4с.
② А. Б. Безбородов. *История России в новейшее время. 1985—2009 гг.* М. Проспект, 2010. 5с.

坛的情况下，尽量减少作者的主观评价所引起的争论，让史实说话。而世纪之交的新编历史教科书，大多也采用了这种方式，特别是现代史和当代史的教师参考书则更是将这一方法做了细化，将引证史料分成不同部分，强调了史料反映史实的针对性。之所以要采用这一方法，菲利波夫在《俄罗斯现代史（1945—2006）》一书中作了解释。他说："现在还健在的人们，其中包括我们和我尊敬的同事们，很多都是本书所叙述事件的见证人和参与者。当代历史的必然特征在于：它直接或者间接地触及当今活着的人们的利益和感情。我们每一个人对于那些还记忆犹新并激烈争论的事件都有着自己的认识和理解。本书涉及的许多话题在社会上和专家中的讨论仍未结束。考虑到本书立场不可避免会引起的争议，我们尽量把自己的评价与事实的陈述分开，并将这些评价放在'观点'专栏中。同时我们在书中尽量多列入一些事件参与者提供的证据，放在文中'实际情况'专栏下。我们从文献资料中选出一些片断放在相关篇章后面的单独栏目'同时代文献资料'里。这些片断资料可用作事实的例证。"另外，作者可能认为"实际情况"和"同时代文献资料"仍有可能掺入史料撰稿人的价值取向，因此又决定在正文中引进一些"社会舆论调查资料"。他说，尽管"社会舆论是多变的，但是这些社会学家们的资料仍能帮助我们理解某些活动家、某些事件在人民心中留下的记忆是什么"。[①] 有了这三重资料的相互印证，作者的观点一般会得到更多的读者认可。

二是将苏联史作为俄罗斯历史的一部分，强调爱国主义原则。尽管当代俄罗斯历史教科书对俄苏历史的评价还存在较大差异，但是强调爱国主义，为强国战略提供理论支持的基本目标是一致的。例如，菲利波夫在《俄罗斯现代史（1945—2006）》序言中指出："出这本书的目的不只是为了叙述历史事实，还要揭示其中的逻辑、

[①] ［俄］亚·维·菲利波夫：《俄罗斯现代史（1945—2006）》，吴恩远等译，中国社会科学出版社2009年版，"序言"第3—4页。

内在联系和整体的后果。"① 尽管"苏联不能说是一个民主国家,但对全世界千百万人们来说,它却是最好的和最公正社会的榜样和方向。"② 当然,许多专家也指出,人们对苏联历史正面部分的肯定性评价也并非是要回到苏联时代,而是要"在急剧改革时期和在国家广泛融入世界文化进程之后,让人们意识到俄罗斯历史的继承性,苏联的历史是俄罗斯历史中不可分割的一部分"。"这是尊重自己祖国过去、现在和未来的感情,这是对历史、对自己的'可爱祖国'的爱护态度。"③ 多种版本历史教科书所阐发的这一思想,表现了当代史学家对祖国和民族命运的执着关怀,强调爱国主义,对于俄罗斯这个多民族、多元化国家统一思想、凝聚振兴发展的新动力显然具有积极的现实意义。

三是在整体史视域下客观评判影响社会发展的体制及个人因素。在出版和言论自由的俄罗斯社会,这一时期官方对教科书的审订工作一般是原则性的,而非具体的,因而形成了各类教科书的不同政治观点和价值取向。但是,各种版本的教科书基本把握了这样一个原则,即在整体史视域下,尽量客观评判影响社会发展与进步的体制及领导者个人因素。例如,菲利波夫在《俄罗斯现代史(1945—2006)》中就如何评价斯大林时指出,"对一些人来说,他是伟大卫国战争的组织者和英雄。而对另外一些人来说,他则是邪恶的化身。在斯大林生前,对他的第一种评价占主导地位;在他死后第二种评价占上风。这首先是由于斯大林在1930—1940年代组织政治镇压中所起的作用决定的。为了能有助于弄清斯大林历史作用的问题,我们不仅需要把斯大林放在苏联时期的历史框架中审视,而且应当放

---

① [俄]亚·维·菲利波夫:《俄罗斯现代史(1945—2006)》,吴恩远等译,中国社会科学出版社2009年版,"序言"第2页。
② [俄]亚·维·菲利波夫:《俄罗斯现代史(1945—2006)》,吴恩远等译,中国社会科学出版社2009年版,"序言"第3页。
③ [俄]亚·维·菲利波夫:《俄罗斯现代史(1945—2006)》,吴恩远等译,中国社会科学出版社2009年版,第412页。

在更为广阔的历史背景下分析。这样的分析有助于揭示斯大林和他的俄罗斯权力上层的先辈们在政策上的相似特征。"① 显然，用这种历史主义的方法去分析复杂现象，对于揭示历史的内在规律是十分有益的。再如，由安德烈·萨哈罗夫主编的《俄罗斯现代史)》，②在对19世纪末至21世纪初的俄罗斯历史进行阐述时指出，尽管有人说"苏维埃政权的建立是俄国历史上最大的民族文化灾难"③，但是，在当时特殊的历史条件下，十月革命确实是不可避免的，因为"临时政府决策的缓慢导致民众的抗议活动迅速高涨，人民希望通过简单的方法解决困扰已久的生活问题。布尔什维克对迫切的革命浪潮做出准确反应，运用适当的政治纲领武装群众。而反布尔什维克的力量无论从思想上还是组织上都严重脱离了社会"。④ 从历史发展的逻辑看，这种观点应该是符合历史事实的。

四是历史教科书对认识当代世界、实现强国目标发挥了理论支撑作用。俄罗斯为实现现代化和强国目标，必须在对本国历史传统、文化理念和民族精神深刻思考的基础上，建立符合国情需要的"特殊的道德标准"和"能够把整个民族联系在一起的统一目标"，⑤ 无疑，新时期历史教科书的编纂，对于实现这一战略目标发挥了重要的历史借鉴和理论支撑作用。正如亚·维·菲利波夫在《俄罗斯现代史（1945—2006）》一书的结尾所说："俄罗斯所有成功的统治者的突出之处就是，能认清自己国家的特点。俄罗斯两个主要特点是：严酷的气候和彼此很难相连的巨大地域，因此国家就要负担起其应有的作用。国家的作用在所有发达国家中都是非常重要的，在俄罗斯的情况下是极端必要的。俄罗斯国家过去需要，现在仍然需要集

---

① ［俄］亚·维·菲利波夫：《俄罗斯现代史（1945—2006）》，吴恩远等译，中国社会科学出版社 2009 年版，第 64—65 页。

② А. Н. Сахаров. *Новейшая история России. Учебник.* Москва：2010.

③ А. Н. Сахаров. *Новейшая история России. Учебник.* Москва：2010. 7с.

④ А. Н. Сахаров. *Новейшая история России. Учебник.* Москва：2010. 165с.

⑤ 汪建钊编选：《别尔嘉耶夫集》，上海远东出版社 1999 年版，第 4 页。

中力量。"① 在此，集中社会力量走强国之路，全面实施现代化战略，重塑大国形象，构成了当代俄罗斯政治的基本走向，这不仅是这一时期俄罗斯历史学家研究的重点，同时也是历史教科书编撰的基本出发点。为了实施强国战略，必须保证周边地区安全，建立良好的国际环境。与此相适应，历史教科书中对重大历史问题的阐述也就具有了极强的政治意义。2010年，中俄两国领导人就第二次世界大战结束65周年发表的联合声明中，明确提出："中俄坚决谴责篡改第二次世界大战历史、美化纳粹和军国主义及其帮凶、抹黑解放者的图谋。《联合国宪章》和其他国际文件已对第二次世界大战作出定论，不容篡改，否则将挑起各国和民族之间的敌对情绪。"这表明，无论是中国还是俄罗斯，在现代化建设的道路上，都高度重视历史，要求客观、公正，实事求是地面对历史，任何对历史的篡改和歪曲，不仅可能引起各种领土纠纷，更可能破坏和平与发展的国际环境，进而影响转型国家的现代化进程。

普京时代仍在继续，他的强国战略思想、在世界地缘政治中保持大国地位的执政理念，还将是今后长时期的国家政治纲领。在这一思想指导下，新编历史教科书必然不断对一系列重大历史问题进行重新认识和评价。这不仅仅是为了学生正确认识历史，培养爱国主义思想的需要，同时，对于俄罗斯确立在未来世界的政治和经济地位，实现俄罗斯现代化目标，也是重要的理论支撑。因此，俄罗斯历史教科书的不断变化值得我们认真分析并跟踪研究。

---

① ［俄］亚·维·菲利波夫：《俄罗斯现代史（1945—2006）》，吴恩远等译，中国社会科学出版社2009年版，第415页。

第七章
21世纪俄罗斯史学的新进展

第一节 尊重历史与"俄罗斯历史年"活动

一 俄罗斯民族性中的历史文化情结

2012年3月,普京任俄总理4年之后,再次以高票当选俄总统,开始了他的第三任总统生涯。在国际形势复杂多变、经济危机风险犹存的情况下,普京能够第三次当选总统,表明他仍然拥有广泛的政治和社会基础。俄罗斯人对国家复兴的强烈愿望,表现在对普京的广泛支持,希望他带领人民克服各种困难,继续走强国复兴之路。正是在这一年,由俄政府发起的"俄罗斯历史年"活动声势浩大,成为普京再次任期开始的舆论先导,而以历史为着眼点,在全国上下掀起的爱国主义浪潮,确定了普京第三任总统时期意识形态的重要导向。

作为有着悠久历史和灿烂文明的俄罗斯各民族,对自己的历史文化极为珍视,悉心保护和充分利用各类遗址遗迹和文献资料,在历史中获取知识和力量,已经成为俄罗斯人民的优良传统。广大民众通过了解和认识自己民族的历史文化,增强了民族自豪感和文化自信心。而这种"历史文化情结"在国家和民族的危难时刻,往往表现得更加突出，常常转化成凝心聚力、共克时艰的精神力量。

早在彼得一世时代，在学习和引进西方文化时，就建立了最初的博物馆、方志馆和纪念馆。此后在全国各地，各具特色的地方博物馆和档案馆纷纷出现，到十月革命前，全国的大中城市多数都建有不同规模和主题的博物馆。苏联时期，全部沙俄时代宫廷的遗址遗迹作为历史文化遗产都被完好地保存下来，艾尔米塔什博物馆、圣彼得堡夏宫，以及首都附近的众多皇村，都作为文明古迹被重点保护、维修并对外开放。第二次世界大战以后建立的一系列战争与军事博物馆、纪念碑，多是以气势恢宏、震撼人心著称。这里不仅成为不同年龄段学生学习历史文化知识的课堂，也成了俄罗斯人培养爱国主义精神的殿堂。到苏联解体前，苏联人均拥有历史纪念场馆的数量位居世界前列。俄罗斯人对重要历史人物和重大历史事件的纪念活动也非常重视，成为俄罗斯文化传统的一部分，人们在缅怀为祖国做出过贡献的历史人物时，不仅仅是抒发了内心的思念与崇敬，同时也培养了对祖国历史尊重与热爱的公众意识。

二 "俄罗斯历史年"的缘起

2012年不仅仅是普京再次担任总统的选举时间，更是俄罗斯历史上诸多重大事件的周年纪念日。实际上，俄罗斯政府早在几年前就已经开始酝酿在这一年开展全民纪念活动了。2007年，普京发布了第1755号总统令，要求筹备将于2012年举行的抗击拿破仑卫国战争胜利200周年活动；2010年，时任总统梅德韦杰夫签署第565号总统令，要求在2012年开展纪念斯托雷平诞辰150周年活动，正是这些文件奠定了2012年为"俄罗斯历史年"的基础。2011年7月，梅德韦杰夫在视察弗拉基米尔期间，与俄罗斯历史、人文、科技、教育委员会的成员举行了座谈。当时，一些历史学者建议把2012年确定为"俄罗斯历史年"，梅德韦杰夫立刻表示赞同，他说："这是一个很不错的建议。2012年俄罗斯将迎来许多重要历史事件的周年纪念日。我们可以利用这种方式提高民众对历史学科和历史事件的关注度。"① 俄总统的这一回应，体现了俄政府对"俄罗斯历史年"活动的重视。

2012年1月9日，时任俄罗斯联邦总统梅德韦杰夫签署了《关于在俄罗斯全境举办俄罗斯历史年》的总统令，宣布2012年为"俄罗斯历史年"。以总统令形式确定"俄罗斯历史年"，明确了其官方性质，并在时间安排、政府投资、民众参与等方面都提出具体要求。俄政府开展"俄罗斯历史年"活动，就是要在多元化的意识形态背景下，通过全民族的纪念活动，引起社会各界对俄罗斯历史和俄罗斯在世界历史进程中作用的重视，激发全体国民的爱国主义热情，抵制歪曲祖国历史行为，加强社会力量团结，维护民族国家认同，唤起重建世界强国的精神动力。

"俄罗斯历史年"活动一经提出，立刻在全国上下产生热烈反响，并引起国外学者的广泛关注，而历史学界作为各项活动的主要策划者、设计者和参与者，则发挥了非常积极的作用。从学术界到普通民众，从中央到各地方，都计划采取不同方式来参与历史年活动。

在"俄罗斯历史年"活动期间，俄领导人亦不断地对各项活动表示高度重视。2012年4月17日，时任俄总理的普京发布了俄罗斯联邦政府《关于在俄罗斯联邦举办"俄罗斯历史年"的主要活动计划》。该计划提出，举办"俄罗斯历史年"的相关费用，由联邦预算执行机关和俄罗斯科学院规定的预算拨款来保证；责成俄罗斯通讯部和大众传媒部在国家媒体上协助介绍"俄罗斯历史年"的举办情况；要求俄罗斯联邦各主体的国家权力机关参加举办"俄罗斯历史年"活动。根据总体的活动计划，成立了以俄罗斯联邦教育和科学部部长安德烈·符尔先科为首的活动组委会。一些全俄著名的历史学、文化学、宗教学、政治学、民族学、社会学的专家学者和社会活动家进入了活动组委会，以确保各种纪念活动主题设计的正确

---

① 引自张文莲《"俄罗斯历史年"概述》，《俄罗斯东欧中亚研究》2013年第5期。

性，历史人物和历史事件评价的准确性，并为纪念活动提供史实依据和学术支持。

三 "俄罗斯历史年"的主要活动

在"俄罗斯历史年"中，重大历史事件的周年纪念日主要有：俄罗斯国家诞生1150年、彼得一世迁都圣彼得堡300年、1812年卫国战争胜利200年、赫尔岑诞辰200年、斯大林格勒保卫战爆发70年、斯托雷平诞辰150周年等。在这一系列纪念活动的策划和安排中，历史研究机构和历史学家自然成为主角，历史学重要的社会价值也再一次得以展示。

为进一步发挥史学机构的作用，2012年6月20日，在"俄罗斯历史年"活动期间，普京总统签署了俄罗斯历史学家协会成立的文件。其中，明确了俄罗斯历史学家协会的主要任务：一是支持全球范围内俄罗斯历史的研究活动；二是与篡改俄罗斯历史的行为作斗争；三是监督和纠正俄罗斯电影中的历史错误。时任俄罗斯国家杜马主席纳雷什金担任该协会主席，普京总统也表示要承担协会学术委员会的部分领导工作。由此可见，俄罗斯历史学家协会已经不仅仅是一般意义上的学术团体，而是由国家出面、由国家领导人参与的、有一定官方色彩的学术团体，这在除历史以外其他学科的协会是没有过的。俄罗斯历史学家协会的成立，标志着苏联解体之后，俄罗斯历史学界向努力恢复历史学科崇高地位的事业迈出了重要一步，表明新时期俄罗斯历史科学发展在社会转型中，正在发挥着无可替代的重要作用。

"俄罗斯历史年"活动规模宏大，范围广泛，围绕一系列整年份的大事件，中央政府、首都高校和科研单位举办了丰富多彩的纪念活动。此外，各地方政府、学术机构、教学单位、民间团体也都举办了各种庆祝或纪念活动。特别是在2012年5月19日至20日的整整一昼夜，由各博物馆、大中小学、俄罗斯科学院和外交部等机构主办的展览会、学术报告会、音乐会、历史知识竞赛和电影展等活动达到高潮，有近 70 万人参加了这次博物馆之夜活动。在活动期间，普京和梅德韦杰夫等国家领导人多次参加"俄罗斯历史年"各类活动并发表讲话。普京在参加纪念博罗季诺战役 200 周年庆典时，为 1812 年卫国战争中表现英勇的莫扎伊斯克市和小雅罗斯拉韦茨市颁发了《军事荣誉之城》证书。梅德韦杰夫参加了 1812 年卫国战争博物馆的开馆仪式，并作了热情洋溢的发言。

特别值得注意的是，在 2012 年 5 月 9 日反法西斯战争胜利纪念日，俄罗斯各地除了举行阅兵庆祝活动外，在莫斯科还举行了"不朽军团"的游行活动。在活动中，成千上万人高举着曾参加过卫国战争的亲人的肖像，在莫斯科市中心参加游行。普京总统也手举父亲的画像与群众一起参加了这次活动。这一群众自发的活动，不分大小民族、宗教信仰和政治观点，目的就是不忘祖国的光荣历史，纪念先辈们在反法西斯战争中付出的巨大牺牲，以及弘扬具有悠久传统的爱国主义精神。此后，这一活动几乎年年举行，已经成为在俄罗斯极具影响力的盛大纪念活动。

四 "俄罗斯历史年"的意义和影响

2012 年的"俄罗斯历史年"活动引起了俄罗斯社会各界的热烈反响。全国上下、各行各业、各年龄段的民众踊跃参加，形成了自苏联解体以来最大规模的爱国主义运动，极大地激发了广大青少年热爱祖国、学习历史、掌握历史的热情，提振了广大民众的民族自尊心和自信心。在"俄罗斯历史年"活动中，担任设计、咨询、指导工作的历史学家们对这次活动给予了积极评价。

莫斯科大学历史系主任谢尔盖·卡尔波夫指出："举办'俄罗斯历史年'的基本目的是净化并确立俄罗斯人民的历史记忆。"他认为，"目前在欧美等国家的教科书和历史著作中，俄罗斯在人类历史进程中的作用被严重低估。通过举办'俄罗斯历史年'活动，可以在俄罗斯确立尊重历史、净化历史观念，同时，也可让世界更好地了解俄罗斯。"① 俄罗斯历史学家别罗沃洛夫认为,"举办'俄罗斯历史年'活动,是俄罗斯政府和俄罗斯社会的一个进步,将有利于大家重拾对历史的关注。"② 莫斯科和全俄罗斯东正教大牧首基里尔认为,"历史需要公众来维护。我们成为故意改写俄罗斯历史、从人们记忆中抹去或者以最昏暗的方式呈现其关键事件的见证者,我们的敌人努力抹黑俄罗斯洗礼,质疑库利科沃战役的事实,在发起第二次世界大战的责任方面把我们国家与纳粹德国相提并论。"他指出:所有这些企图只有一个目的,就是"在人们、首先是年轻人心中播种自卑感,挑起他们放弃自己祖先及其遗产的愿望。而这样做的危险性在于,失去历史感的民众,很容易就变成社会和意识形态的实验品。"他说:"俄罗斯历史需要由公众来保护。我们没有权利在恶意歪曲俄罗斯历史的企图面前无所作为。"③

"俄罗斯历史年"活动,在俄罗斯全国掀起了学习、研究和崇尚历史的热潮,提高了广大民众对本国历史的兴趣。许多年轻人通过历史年活动,进一步了解了俄罗斯厚重的历史,增强了爱国主义意识。这一全民活动在国外也产生较大影响,不仅加强了海外俄罗斯人对祖国的感情和与国家的联系,同时在抵制西方恶意丑化祖国,在国际上树立俄罗斯形象方面起到了积极作用。另外,"俄罗斯历史年"所掀起的尊重历史、保护历史文化遗产的浪潮,也使许多重要文博单位的社会价值得到了极大提升,并很快获得了政府下拨的大规模修缮保护和充实文物资料的经费。

"俄罗斯历史年"的成功举办以及在国内造成的巨大影响,成为在各种纪念日到来时举行纪念祖国活动的良好开端。此后,在纪念世界反法西斯战争胜利 70 周年、纪念十月革命 100 周年等活动中,历史学界都组织了大型的学术纪念活动,召开学术研讨会,举办纪

---

① 引自张文莲《"俄罗斯历史年"概述》,《俄罗斯东欧中亚研究》2013 年第 5 期。
② 引自张文莲《"俄罗斯历史年"概述》,《俄罗斯东欧中亚研究》2013 年第 5 期。
③ 引自张文莲《"俄罗斯历史年"概述》,《俄罗斯东欧中亚研究》2013 年第 5 期。

念会、演讲会，一方面要求进一步搞清许多过去模糊和错误的历史认识；另一方面则要求对一些重大历史事件的意义和影响进行重新评价。同时，在一些古老城市建城纪念日的时候，地方政府也会组织大规模的游行集会和文艺表演活动。笔者于2019年6月7日在赴圣彼得堡参会，途经大诺夫哥罗德时，有机会参加了该城建立1160年的纪念活动，目睹了全体市民盛装出游，载歌载舞，激情狂欢的节日场面。各年龄段人群特别是广大青少年的热情洋溢和踊跃参与给人留下了深刻印象。这表明"俄罗斯历史年"活动确实已经产生了深远的社会影响。

第二节 关于重评斯大林的思考

一 重评斯大林：一个无法回避的话题

从苏共20大赫鲁晓夫对斯大林进行了全面揭露和批判之后，对斯大林的评价就一直是不同时期苏共领导人无法回避的问题。而在意识形态管控严格的苏联，学者们的研究受到档案资料和官方禁令的限制，一般是滞后于领导层面下发文件的时间。但是，对斯大林的评价，作为苏联国家意识形态的晴雨表和风向标，却一直受到国内外的广泛关注。20世纪90年代前后，在戈尔巴乔夫的民主改革中，对斯大林的批判再次达到高潮，并直接导致对苏联共产党和社会主义的信任危机，在对列宁和斯大林铺天盖地的漫骂和讨伐声中，苏联也最终走上了联盟解体之路。回首往事，人们不能不产生这样一个简单的逻辑推理：如果没有对斯大林不分青红皂白地全盘否定；如果不把无原则的自由民主作为改革的目标；如果在坚持苏联社会主义道路的同时，对其存在的体制机制弊端不失时机地进行改革，也许苏联不会解体。实际上这些假设并未出现，或者有另一种选择的可能但并未变成现实，似乎历史总是给人们留下无限的遗憾。尽管逝去的历史已经凝固，但是它所引发的困惑、反思和启示，作为人们心中的历史并不会永远沉淀，而是在不断积蓄着新的能量。

在苏联解体后的20多年间，公开出版的关于斯大林的各类书籍已经不计其数。既有出于政治目的而全盘否定斯大林的学术专著，也有出于经济利益而肆意篡改史实以吸人眼球的各种通俗作品。按照卡尔波夫的说法，在这些有关斯大林的书籍中，多数都有两个显著的特点，"一点是在斯大林生前的几十年中，人们对许多事的评价往往过高，过分夸大、渲染了他的功绩；另一点是在斯大林去世后，他这个历史人物以及与他相关的一切开始'声名狼藉'和'威信扫地'，这一过程至今仍在继续，其表现是把一切都说成一团漆黑，一无是处。在一些著作中斯大林是伟大领袖、各族人民的父亲、英明的国务活动家，在另一些著作中他是嗜血成性的恶棍、有妄想狂心理的罪犯"。① 无疑，后一种现象在意识形态混乱的历史转型期表现得尤为突出。也就是说"所有无论是赞扬斯大林还是给他抹黑的人的做法，都是出于其意识形态的党性立场或派别信念。有些人无非是想通过谈'热点话题'来捞取钱财，只要有人付钱，他们可以从任何角度来加以描绘。他们昨天还在写'关于发达社会主义的优越性'的学位论文，今天却急急忙忙地大肆吹捧'自由经营活动'的好处。当年领袖的指示对于他们来说永远是指导一切的准则，而现在他们却断言，斯大林没有任何理论和哲学，所做的只有镇压这一件事"。②

然而，到了叶利钦时期，由于俄罗斯经济的一落千丈，政治的混乱不堪，特别是西方国家对俄罗斯的地缘侵蚀和经济打压加剧，使人们在贫穷与迷惘中对过去的生活和强大的苏联又悄然产生了一种怀旧情绪。与此同时，对斯大林的攻讦也在逐渐降温，曾经对斯

---

① ［俄］弗拉基米尔·卡尔波夫：《大元帅斯大林》，何宏江等译，社会科学文献出版社2013年版，作者的话，第1页。

② ［俄］弗拉基米尔·卡尔波夫：《大元帅斯大林》，何宏江等译，社会科学文献出版社2013年版，作者的话，第1页。

大林进行的恶意诽谤、讽刺嘲笑和侮辱谩骂引起一些民众的不满，尤其是一些亲历苏联时代的中老年人甚至觉得现在的社会状况还不如苏共当政时期。在这种情况下，人们又开始要求对斯大林做出全面、公正、客观的、实事求是的评价。

进入 21 世纪，随着普京时代的开始，对苏联及斯大林的评价再一次成为历史学家面临的重要课题，正如意大利历史哲学家克罗奇所说："当生活的发展需要它们时，死历史就会复活，过去史就会再变成现在的。"① 客观评价斯大林再次引起各方面的重视，当俄罗斯面临艰难的社会转型和繁重的现代化任务时，重新评价斯大林及其时代的必要性和紧迫性显而易见。

二 对斯大林评价的明显变化

在俄罗斯乃至世界历史上，对历史人物的评价像斯大林这样常常出现截然对立的观点并持续数十年的现象还是非常罕见。用菲利波夫的话说，"这个人乃是我们国家政治和历史上一个最具矛盾性的人物；无论在他领导国家期间还是死后，其所受到的评价引起如此巨大的反差，在俄罗斯历史上很难找到第二个这样的人。"② 最为突出的例子是，作为并非斯大林拥护者的英国前首相丘吉尔这样说过："对于俄罗斯万幸的是，在它经受艰难考验的年代里领导它的是天才而且坚忍不拔的统帅约·维·斯大林。他是一位杰出的人物，赢得了他所生活的我们这个残酷时代的敬仰……斯大林接手的是还在使用木犁的俄罗斯，而他留下的却是装备了原子武器的俄罗斯。"③ 而另一个极端则是安东诺夫·奥夫谢延科的看法，他的父亲是 1917 年

---

① ［意］贝奈戴托·克罗奇：《历史学的理论和实际》，傅任敢译，商务印书馆1982年版，第12页。

② ［俄］亚·维·菲利波夫：《俄罗斯现代史（1945—2006）》，吴恩远等译，中国社会科学出版社2009年版，第64页。

③ ［俄］弗拉基米尔·卡尔波夫：《大元帅斯大林》，何宏江等译，社会科学文献出版社2013年版，第856页。

革命和国内战争的著名参与者，后来被镇压。他把斯大林说成是"血腥的暴君"。①而《斯大林秘闻》的作者爱德华·拉津斯基则在该书前言中说，对斯大林的态度，"从丧失理智的崇拜到同样丧失理智的仇恨，这种仇恨只有在少年时代才会发生，发生在丧失理智的爱之后"。②由此可见，对斯大林的评价一直存在着巨大反差。那么随着形势的发展，对他的评价在最近十多年又出现了许多新变化，大体归纳如下。

一是从恶意的谩骂攻击到理性的反思和客观的评价。如果说赫鲁晓夫时期对斯大林的错误还是就事论事，主要是对他专制独裁、特别是"大清洗"中的滥杀无辜进行了揭露和批判，而对社会主义制度本身并无疑义。即使在戈尔巴乔夫的《改革与新思维》中，也主要是对斯大林的错误进行了批判，而对苏联社会主义存在的各种问题还是希望通过改革来加以解决。但是戈尔巴乔夫提出的"民主化"和"公开性"的改革方案，却给各类持不同政见者、反政府组织、流亡国外的反苏侨民组织开启了抹黑苏共和恶搞斯大林的方便之门。一时间，各种打着"公开性"旗号的政论家们与西方的第五纵队相勾连，发表了大量的反苏反共的所谓"复辟"之作。例如，当时的"民主派"成员谢·菲拉托夫和德·沃尔科戈诺夫等人就认为，"十月革命是各种偶然巧合事件的结果，是历史上的反常现象，它的前提条件并不成熟，列宁和布尔什维克是利用了第一次世界大战的特别的国际环境和临时政府的无能，发动了政变，是一个巨大的阴谋。"在他们看来，"十月革命中断了俄国向工业化民主社会发展的进程，葬送了资产阶级革命的成果，葬送了刚刚建立起来的资产阶级民主制度，使俄国走上了一条歧途"，甚至作为苏共中央宣传

---

① [俄] 亚·维·菲利波夫：《俄罗斯现代史（1945—2006）》，吴恩远等译，中国社会科学出版社2009年版，第65页。

② [俄] 爱德华·拉津斯基：《斯大林秘闻》，李惠生等译，新华出版社1997年版，"前言"第1页。

部长的雅科夫列夫也认为,"十月革命是少数暴徒发动的政变,是俄罗斯一千年来历史上最悲惨的事件"。阿法纳西耶夫曾说:"我们的整个历史是靠使用武力和暴力写成的。斯大林主义的实质在于列宁主义。"一位名叫斯维亚托斯拉夫·费奥多罗夫的学者在报刊上发表文章说:"从1917年开始,在俄罗斯就建立了一个邪恶帝国,而列宁和斯大林则是这个帝国的精神化身。"这些讨伐性文章的泛滥,并没有受到来自政府的任何限制,因为像雅科夫列夫这样的党内高官本身就是反对苏共的急先锋。而事物发展的逻辑就是,从"公开性"到否定斯大林,再到否定列宁,最后直接否定了苏联社会主义。而当人们看到随着苏联解体和苏共垮台,一个曾经培养他们并给他们以尊严的世界强国迅速沦为二流国家时,作为逝去的历史已经一切都难以改变了。

在叶利钦8年执政期间,俄罗斯向资本主义的转轨没有也不可能像预期的那样一帆风顺,而是充满危机与风险,经济政治和社会秩序的持续紊乱,内政外交的极度困难,使一个曾经的世界大国滑向衰落的势头不可遏止。普京上任后,将恢复俄罗斯大国地位作为首要任务,在这一大的舆论氛围下,在新出版的各类历史著作和教科书中,对斯大林的评价开始渐趋全面、理性与客观。在《俄罗斯现代史(1945—2006)》一书中,菲利波夫作出了这样的评价:"对斯大林历史作用的相互矛盾的评价都有其明显的理由。一方面,斯大林被视为苏联最成功的领导人。正是在他领导期间,取得了人类历史上最大战争——伟大卫国战争的胜利;实现了经济的工业化和文化革命,这个结果使得不仅受高等教育的人口比例急剧提高,而且还建立了世界上最好的教育体制;苏联在科学发展领域进入先进国家行列;实际上消灭了失业现象。"同时,他也认为,"斯大林所取得的成就是通过最残酷地剥削人民取得的。在斯大林领导时期国家经历了几次大镇压浪潮。斯大林本人就是'阶级斗争尖锐化'的倡导者和理论家。"① 实际上，这一评价本身存在的悖论，即"让人民享有最好的教育并消灭了失业"是斯大林的理想和目标，而实现这一目标的手段则是"对人民的残酷剥削"，一方面体现了俄罗斯文化的二重性，另一方面则反映出，如果仅仅就事论事，而不能在具体的历史过程中找到各种现象之间的历史相关性和内在逻辑性，就势必导致理论上的内在矛盾。这种就事论事的叙史方式大量地存在于当时的俄罗斯史学书刊和教科书之中。

二是从长时段理论评价斯大林的历史地位和作用。斯大林执政近 30 年，在苏联历史上占五分之二的时间，但在历史的长河中却很短暂。在世界历史上，既有昏庸无能的君王，又有性格坚毅的统帅，而斯大林的名字则表现了他的个性——是一位具有钢铁意志的领导者。作为一个人而不是神，斯大林也有从年轻到垂暮转变的几个阶段，也曾犯过许多严重错误。但是，在他钢铁般意志的统领下，苏联在极短时期内所取得的现代化成就在整个俄罗斯历史上却是绝无仅有的。如果以唯物史观为指导，把历史人物放到长时段和具体的历史环境中去，以他对国家的长远发展和为人民大众所做的贡献、以他在国际事务中所发挥的作用为评价标准的话，那些对斯大林全盘否定的观点往往经不起历史的检验，从理论和逻辑上来说是站不住脚的，自然常常受到下层民众的质疑和驳斥。在这里，习近平同志关于历史人物评价的观点具有重要的参考与借鉴意义。他说："对历史人物的评价，应该放在其所处时代和社会的历史条件下去分析，不能离开对历史条件、历史过程的全面认识和对历史规律的科学把握，不能忽略历史必然性和历史偶然性的关系。不能把历史顺境中的成功简单归功于个人，也不能把历史逆境中的挫折简单归咎于个人。不能用今天的时代条件、发展水平、认识水平去衡量和要求前

---

① ［俄］亚·维·菲利波夫：《俄罗斯现代史（1945—2006）》，吴恩远等译，中国社会科学出版社 2009 年版，第 76 页。

人，不能苛求前人干出只有后人才能干出的业绩来。"① 应该说，这一历史人物的评价理念是具有普遍性和客观性的。

运用唯物史观和长时段理论评价斯大林，从正面来看至少有以下几个方面：首先，斯大林在十月革命前，曾积极学习和宣传马克思主义，为推翻沙皇专制制度，解放深受剥削压迫的工农群众，为夺取十月革命的胜利进行过长期的艰苦斗争，做出了历史性的贡献。其次，十月革命后，斯大林与列宁等苏维埃领导人为巩固革命的胜利成果顽强战斗，为建设世界第一个社会主义国家做出了重要贡献。他领导党和人民艰苦探索在一国建立社会主义制度的道路和模式，调动大多数劳动者的工作热情，在经济、文化、科技等方面取得了巨大成就，在较短时期内实现了国家的工业化，使苏联从一个经济比较落后的国家变成了世界工业强国。最后，在苏联建立了比较强大的军事国防力量。由于斯大林突出发展重工业和国防工业所取得的成效，为苏联赢得卫国战争的伟大胜利，提供了军事和物资的保障，战争的胜利大大提高了苏联的国际威望。第二次世界大战后出现的一批新生的社会主义国家，使社会主义事业在世界范围内迅速扩大，推动了世界民族解放运动和各国进步事业的发展。斯大林时代所创造的这些业绩，在苏联以及整个俄罗斯历史上的影响极为深远，很少有人能够企及。

2006年2月，俄罗斯社会舆论基金会关于"斯大林在人民心里留下什么样的印象"的民意测验得出这样的结果：认为他在俄罗斯历史上起正面作用的占47%，起负面作用的占29%，难以回答的占24%。② 应该指出，在全部接受民意测验的人群中，出生于苏联解体之后的青年占有相当比例，他们对于苏联和斯大林并没有直觉的感

---

① 习近平：《在纪念毛泽东同志诞辰120周年座谈会上的讲话》，《人民日报》2013年12月27日。

② ［俄］亚·维·菲利波夫：《俄罗斯现代史（1945—2006）》，吴恩远等译，中国社会科学出版社2009年版，第76页。

受，对于苏联的了解全都是通过各类媒体传达的信息，要想填写对于斯大林正面或者负面的真实评价确实有些困难。然而从民意测验的结果看，将斯大林的铁腕刚强与戈尔巴乔夫的懦弱无能相比，一个国家和民众究竟需要什么，应该是毋庸赘言了。

三是对斯大林严重错误的分析与批判渐趋理性客观并形成大体的共识。当然，对于斯大林所犯的错误也必须予以高度重视和必要的批判，这有利于从斯大林模式形成的历史、社会和个人因素中，探寻苏联解体的深层原因，从中总结世界社会主义运动的经验和教训。综合俄罗斯国内外对斯大林所犯错误的严肃批判与负面评价，大体有以下方面：

首先，斯大林为在短时期内和复杂国内外形势下实现他的强国目标，无法接受不同意见，为维护他的个人权威，违反和破坏民主集中制原则。在党内外斗争中经常混淆两类不同性质的矛盾，导致了肃反扩大化等一系列极"左"形式的政治斗争，使许多革命功臣和社会主义建设人才遭到杀戮和迫害。不仅使党的执政能力受到损害，党的干部队伍受到削弱，降低了党的威信，也成为后来人们对苏联社会主义怀疑并要求首先进行政治体制改革的重要原因。

其次，斯大林在苏共进行社会主义革命和建设时，有时形而上学和僵化教条地运用马克思主义，在一些时期，并未考虑本国革命和建设的具体情况，再加上他本人的性格因素而排斥异己；不能用发展的眼光研究和解决社会主义初期阶段经济社会出现的新情况、新问题，在复杂的国内外政治斗争和艰苦的经济建设中，时而脱离群众、脱离实践。

最后，斯大林在处理苏联与其他国家共产党的关系时，以国际共产主义运动的领袖自居，犯了大国沙文主义的错误。将扩大社会主义阵营与达到其地缘政治目的和相应的经济利益挂钩，损害了一些中小国家的权益，以至成为后来社会主义阵营内部出现矛盾，国际共产主义运动逐渐走向低潮的重要原因。

上述对斯大林的负面评价，在当代俄罗斯以及其他国家史学界是最为常见的，也是基本符合事实的。但是，如何认识和评价斯大林的错误，仍是见仁见智，不断变化。由斯维亚托斯拉夫·雷巴斯和叶卡捷琳娜·雷巴斯撰写的新作《斯大林传——命运与战略》在这方面作出了自己的评析："不管多么遗憾，苦难从来都不是评价历史进程的最重要的参数，自古至今，目标和精神的是否崇高始终是排在第一位的。所以，在对斯大林一生的教训进行思考的时候，我们就不能绕过一个以追求公正为基础的共产主义乌托邦的巨峰。"①历史地看，这样的思考和评价可能更为客观和理性。

三 斯大林回归现象评析

斯大林代表了一个时代，是社会主义在苏联曾经取得巨大胜利的象征，在任何时候全盘否定斯大林，都意味着对苏联历史的全盘否定。所以有人从另一个角度说"斯大林就是苏联"，"斯大林是典型的俄国领导人"。②

这一点在今天，在历经磨难的俄罗斯已经得到许多人的认同。人们常常自发地纪念斯大林，怀念他那个时代的生活，重新认识和评价斯大林给苏联留下的巨大财富。一些曾经在苏联时期对国家和政府心怀不满的持不同政见者，在亲历了苏联解体的惨痛现实，特别是目睹了曾恶意攻击斯大林而今成为寡头权贵的政客们给国家造成巨大灾难后，心中不免充满愧疚和愤懑。例如，原持不同政见者、著名哲学家季诺维也夫说："判断一个人、一个政党、一个政府、一个体制和一个时代，不能看它没做什么，而要看它对自己的时代做了什么以及在自己的条件下为人们做了什么。从这个角度来看，1917年的俄罗斯革命和因为革命而诞生的共产主义社会制度，为俄

---

① ［俄］斯维亚托斯拉夫·雷巴斯、叶卡捷琳娜·雷巴斯：《斯大林传——命运与战略》（下），吴昊等译，上海人民出版社2014年版，第1076页。

② ［俄］斯维亚托斯拉夫·雷巴斯、叶卡捷琳娜·雷巴斯：《斯大林传——命运与战略》，吴昊等译，上海人民出版社2014年版，序言，第1页。

罗斯广大的各阶层国民所做的，比历史上任何革命为自己国家的人民所做的还要多。这是一个历史事实，不久前全世界还都承认。"①根据罗伊·麦德维杰夫所收集的材料，"在 2000 年，只有 30% 左右的公民对斯大林的评价是正面的，到了 2003 年，已经有 40% 的受调查人赞成斯大林的活动了。"并且"在 2000 年的十位最卓著的社会活动家、俄罗斯的'世纪人物'排名中，居于首位的是列宁，第二位是斯大林"。②

由此可见，随着时间的推移，人们对列宁和斯大林的评价，对这些苏维埃国家缔造者们历史地位和作用的认识也将越来越客观、公正，反过来看，人们为了取得这种认识常常是以历史的倒退反复和艰苦磨难为代价的。

然而，值得注意的是，当代俄罗斯史学界在重评斯大林时，往往出现了某种去政治化倾向，即试图剔除斯大林运用马克思主义指导俄国革命的理论与实践，抹杀斯大林领导苏联人民进行社会主义建设的基本性质，而是把苏联看成是与沙皇俄国相等同的帝国，将斯大林与彼得一世等帝国统治者相提并论。简单地看，这似乎是一种抽取了革命内涵的非政治化倾向，而实际上却反映了与当今俄罗斯恢复强国地位相关的另一种政治诉求。

例如，菲利波夫在《俄罗斯现代史（1945—2006）》一书中就这样认为，"在俄罗斯国家传统上第一把手的权力具有无所不包的特征，他掌握了所有的资源并使一切政治力量从属于自己。俄罗斯国家发展的不利条件要求把所有资源，包括权力资源，集中到一个中心并按关键的部门集中分配。在这种情况下，常常是那些能够实现这样集中的人被推出来作为国家的第一人。而这种集中不可避免地

---

① ［俄］亚历山大·季诺维也夫：《俄罗斯共产主义的悲剧》，新华出版社 2004 年版，第 111 页。

② ［俄］罗伊·麦德维杰夫：《普京——克里姆林宫四年时光》，社会科学文献出版社 2005 年版，第 414 页。

伴随着统治的变形。主要的变形是——把对强权的现实需要变成对强权最大限度的服从，并逐渐穷尽这种需要。在一定程度上伊凡雷帝、彼得大帝和约瑟夫·斯大林的统治都符合这种论断。"① 由此，作者认为，"仅仅从俄罗斯统治者的性格中寻找权力集中的根源是错误的"。"实质上，斯大林内外政策的目标是重建俄罗斯帝国——在政治上和地域上的帝国。"② 菲利波夫说，正是斯大林以难以置信的方式恢复了个人崇拜形式的君主政体，创立了与列宁民族自治权力思想相对立的近似单一制的国家。并且这种体制在此后的一系列历史事件中发挥了重要作用。他说："在1930年代就已经很明显，不可避免的对德大战、战争的进程，以及后来加速战后经济的重建，这些事实成为苏维埃时期政治经济管理体制具有高度集中特征的重要决定因素。这决定了国家战前工业化和战后经济重建需要加速进行。1931年2月斯大林提出了在缺乏历史条件的情况下加速现代化的公式：'我们比先进国家落后了五十年至一百年。我们应当在十年内跑完这一段距离。或者我们做到这一点，或者我们被人打倒。'③ 1941年夏天的事件证实这个预测具有充分的道理。"④ 在这里，作者对于利用高度集中的国家体制，克服难以想象困难的做法，实际上是给予了充分肯定。

关于这一观点，菲利波夫又进一步解释："对政治—历史事件的研究表明，在受到类似严重威胁的条件下，甚至所谓'温和的'和'灵便的'政治体制，照例会演变成对实行严厉的政治组织有利的形

---

① ［俄］亚·维·菲利波夫：《俄罗斯现代史（1945—2006）》，吴恩远等译，中国社会科学出版社2009年版，第65页。

② ［俄］亚·维·菲利波夫：《俄罗斯现代史（1945—2006）》，吴恩远等译，中国社会科学出版社2009年版，第66页。

③ 《斯大林选集》下册，人民出版社1997年版，第274页。

④ ［俄］亚·维·菲利波夫：《俄罗斯现代史（1945—2006）》，吴恩远等译，中国社会科学出版社2009年版，第67页。

式，特别是在为保障国家利益而限制个人权力方面会更加灵活。"①在这一基础上，菲利波夫再次强调了当国家处于危难时刻，个人权力和强权政治的重要作用。他说："通过对外部和内部因素的分析可以断定，苏维埃时期会重复俄罗斯过去所经历的众所周知的历史发展阶段，这是由于处于'被包围的要塞'形势下生存和发展的必要性决定的。在这种情况下，建立严厉的军事化的政治体制就扮演了在解决紧急状态下的紧急任务的工具的角色，而该体制本身也成为在莫斯科公国和俄罗斯帝国时期形成的一种变形体。"②

在这里，菲利波夫还指出了斯大林的个性心理特征对形成苏联体制的影响。"斯大林的个性特点使苏维埃时期具有特别的冲突和紧张感。同时代人的证明和后来政治心理学家的研究表明，一种对事实非白即黑的理解认识（伴随对周围人进行非敌即友的分类认识），对周围环境的敌意感、严酷性和要占据支配地位的欲望是斯大林性格中决定性的特征。"③ 在这里作者坦诚地指出，尽管斯大林的个性心理特征十分突出，但是与政治—经济发展的客观情况所起的作用相比，还是处于第二位的。而"加速实现国家现代化要求有相应的权力制度和建立能够实现这一方针的管理机构。这些因素在许多方面揭示了斯大林所实现的变革的性质，按其规模，这一变革成为'自上而下的革命'"。④ 作者指出，不同国别、不同立场和观点的政治家几乎都认为，正是从这一意义上说，"斯大林的变革完全具有革命性意义"。

---

① ［俄］亚·维·菲利波夫：《俄罗斯现代史（1945—2006）》，吴恩远等译，中国社会科学出版社2009年版，第68页。

② ［俄］亚·维·菲利波夫：《俄罗斯现代史（1945—2006）》，吴恩远等译，中国社会科学出版社2009年版，第68页。

③ ［俄］亚·维·菲利波夫：《俄罗斯现代史（1945—2006）》，吴恩远等译，中国社会科学出版社2009年版，第69—70页。

④ ［俄］亚·维·菲利波夫：《俄罗斯现代史（1945—2006）》，吴恩远等译，中国社会科学出版社2009年版，第70页。

同时，菲利波夫也指出，斯大林的革命在很多方面实际上是利用了彼得改革的政治经验。譬如，吸收所有阶层的居民来为国家服务（卫国战争时期直接参加前线作战的不仅有平民家庭子弟，还包括斯大林、伏龙芝、米高扬等许多国家领导人的儿子和亲属牺牲在疆场）；为了保证管理机构发挥最大的功效，许多管理集团的中高层人员成为镇压的对象；为了造就适应完成现代化任务的新管理阶层，制定了根据不同水平和能力而定的差别很大的工资级别评定表；高度重视人的素质，党票和过去的功劳已经变得无足轻重，而经得住考验的党的精英、红军指挥员、优秀的工程师、技术员、科学家和艺术家成了"出色的人"等。可见，斯大林模式的社会主义和现代化，在一定程度上是牺牲和触及了社会上层的既得利益，造成了与许多中高层个人和家庭命运攸关的悲剧，这也是对他负面评价的重要原因。

从这一意义上说，斯大林在当时的历史条件下，为实现现代化强国目标而进行的不懈努力，在今天仍然具有重要的参考价值和现实意义，这无疑是斯大林能够回归的重要因素。也就是说，"斯大林正借助伟大卫国战争胜利的历史形象回到人们的视野中。政府越来越多地试图利用这一形象为斯大林辩护，'把斯大林与胜利相连'的口号逐渐取代了'人民违背斯大林的意志赢得战争'这个曾经十分流行的观点"。① 与这一观点有着内在联系的是一种更深层次的表达。例如雷巴斯父女在《斯大林传——命运与战略》中说："20 世纪初，在俄罗斯历史上，执政当局首次开始尝试由动员到民主的发展机制的转变，然而却导致了灾难。此时俄罗斯居民中不同群体文化和世界观的矛盾就成了燃起内战和混乱之火。沙皇及其家族成员被杀害、政治精英被摧毁。帝国文化的承载者彼得堡统治中枢被驱散。""斯大林成为再生的领导人。他重建了类似古希腊模式的国家。在他的

---

① Под редакцией Г. А. Бордюгова: *Между Канунами. Исторические исследования в России за последние 25 лет.* Москва: АИРО – XXI, 2013. 930с.

动员体制下，俄罗斯实现了其结果令人震惊的现代化并成为世界上第二个强国。就历史而言，斯大林的残酷、多疑和其他的阴森性格都是无关紧要的，他只不过是重复了在他之前伊凡三世、伊凡雷帝、彼得大帝做过的事情，而这些帝王的铁腕曾令老百姓处境艰难。"由此可以推论，"斯大林及其成就与错误是和国家千年的发展史相吻合的。应该不带愤怒和偏袒地去看待他的一生，因为，否则就很难从中吸取对未来或多或少有益的教训了。归根结底，问题不在斯大林或彼得大帝。问题在于对历史道路的思考"。①

从以上论述可以看出，与对斯大林正反两方面的评价始终存在尖锐对立和巨大反差一样，以菲利波夫为代表的一批史学家对斯大林的评价也存在一定的内在矛盾。这就是避而不谈斯大林运用马克思主义指导俄国革命实践的积极方面，他运用马克思主义指导苏联社会主义建设的经验和教训（当然，他对马克思主义教条主义的解释和运用对社会主义事业也产生了严重的负面影响），把去政治化的斯大林与过去时代的帝俄统治者进行类比；把斯大林等苏联共产党人为建立社会主义制度而进行的艰苦努力和巨大牺牲，与单纯地解决俄国现代化任务相提并论；把共产党人的奋斗目标与旧俄统治者的国家利益相混淆，因而也模糊甚至否定了列宁、斯大林领导布尔什维克推翻旧制度使广大工农群众获得解放的基本史实。

如果说，历代沙皇不仅是位居金字塔尖的至高无上的统治者，也是名义上国家全部财富的占有者，那么斯大林的个人生活和他的私人财产则肯定与沙皇有着天壤之别。他死后并没有多少个人存款。根据斯大林逝世后工作人员所做他的个人财产登记表显示，除了一些文具和衣物外，再没有什么值钱的东西了，"在卧室里发现了一个存折，有900卢布的存折。这就是斯大林的全部财产。住宅是国家

---

① ［俄］斯维亚托斯拉夫·雷巴斯、叶卡捷琳娜·雷巴斯：《斯大林传——命运与战略》（上），吴昊等译，上海人民出版社2014年版，俄文版序，第2页。

的，现在那是总统档案馆，别墅是国家的，转给了其他人使用"。①卡尔波夫在他的《大元帅斯大林》一书结尾发出了深沉的叹息："他是非常英明而坚强的人。是的，有过个人崇拜，可是他毕竟是一个人物啊！唉，我们灾难深重的俄罗斯母亲今天恰恰就缺少这样一个人物！"② 由此可见，在评价这些人所共知的历史事实时，如果摒弃了历史唯物主义的基本观点和方法，自然会出现解释俄罗斯历史进程的自相矛盾、自我否定和双重标准问题，这对于当代俄罗斯史学家来说可能是勉为其难。因为"对于苏联社会和苏联政权性质的争论在当代俄罗斯从未止息"；③ 对于如何评价苏联不同时期的领导人，至今仍存在着尖锐的对立，所以多数学者对上述问题基本是持审慎态度或是保持沉默。

第三节 《帝俄时代生活史》：俄国现代化的历史人类学解读

一 《帝俄时代生活史》的写作意图及模型方法

米罗诺夫在完成了《俄国社会史》的撰写后，即开始构思新的写作计划。虽然关于《俄国社会史》的讨论还在热烈进行，但是米罗诺夫已将研究视角转向了更新的研究领域——历史人体测量学，希望用新方法、新史料，从更深的层次来挖掘俄国历史走向的社会原因，以补充、完善或解决在《俄国社会史》中引起诸多争议并存在遗憾的各种问题。又经过十多年的辛勤努力，米罗诺夫于2010年

---

① ［俄］弗拉基米尔·卡尔波夫：《大元帅斯大林》，何宏江等译，社会科学文献出版社2013年版，第834页。

② ［俄］弗拉基米尔·卡尔波夫：《大元帅斯大林》，何宏江等译，社会科学文献出版社2013年版，第860页。

③ М. М. Горинов、А. А. Данилов、М. Ю. Моруков и др.: История России (10Класс) Часть 3, М. Просвещение, 2016. 108с.

推出了力作《帝俄时代生活史：历史人类学研究（1700—1917年）》。①

对于以社会史和数量经济学见长的米罗诺夫来说，开辟新的研究领域、使用新的研究方法、提出新的历史观点，以解决令历史学家长期困惑的问题是他始终追求的学术目标。因此，在《俄国社会史》完成后，如何开展下一步的研究工作是他不断思考的问题。特别是《俄国社会史》引起的各种争议，学者们提出的各种质疑，不仅引起米罗诺夫的深刻反思，也使他更加注重用史实说明问题，以数据加以佐证。正如他所说，"当时我缺乏合适的工具评估居民福利和发展趋势"，"现在，我终于找到了这一途径——人体测量数据（首先是身高或者体长）"。② 这一方法和途径使作者能够用尽量精准的数据来证明俄国现代化所取得的显著成就，以便进一步确定俄国现代化进程的阶段和水平。于是，以历史人类学为基础的人体测量学成为米罗诺夫新的研究方法，是他进一步研究俄国现代化及其相关问题的一把钥匙。米罗诺夫在该书前言中指出："呈现在读者面前的是世界史学界第一部俄国历史人体测量学著作。本书的宗旨是研究帝俄时期居民福利水平的变化。居民福利本身不仅对社会生活而言极其关键，而且可以作为分析帝俄普遍发展状况、评估执政者政策效率的重要依据。"③

米罗诺夫所采用的历史人体测量学的基本方法是：人的最终身高是生活水平的替代性合成指数。也就是说，"人类生物学证明，平均身高反映了衣、食、住和医疗服务等需求的满足程度，基本需求

---

① Б. Н. Миронов, *Благосостояние население и революции в имперской России：XXVIII—началоXX в.* Хронограф, 2010, 由张广翔、许金秋、钟建平翻译成中文，2013年由商务印书馆出版。

② ［俄］Б. Н. 米罗诺夫：《帝俄时代生活史：历史人类学研究（1700—1917年）》（上册），张广翔等译，商务印书馆2013年版，作者的话，第5页。

③ ［俄］Б. Н. 米罗诺夫：《帝俄时代生活史：历史人类学研究（1700—1917年）》（上册），张广翔等译，商务印书馆2013年版，前言，第2页。

得到较好满足的人比基本需求满足较差者身材高，反之亦然。据此可以推断，在单一民族框架下，同个子矮的人相比，大多数高个子成年人或者儿童饮食状况良好，受到的照顾更精心，居住条件更佳，生病较少等，即生物状况较高。利用平均身高数据可以评估人类基本需求的满足程度，并据此判断居民总体福利状况的变化。"① 通过这种对人体身高变化的数据测量，米罗诺夫得出结论：废除农奴制以后，在俄国发生了前所未有的真正的经济奇迹。

那么，通过这种人体测量学方法所得出的结论，说明俄国现代化进程取得了快速发展的目的是什么呢？米罗诺夫在该书的中文版序中说明了他写作的初衷。他认为："改革后经济和社会生活取得显著进步，尤其是政治过程发生重大变化。政权最关键职能（社会化、吸收精英、沟通、协调利益、制定和实施政治方针、通过司法决定）的履行由政府部门、传统等级管理机构过渡到大众传媒、志愿性协会、议会、政党和各类学校等。俄国公民社会发展迅速，其基本要素形成。"② 也就是说，"虽然到1917年俄国的现代化进程仍未能完成，但专制制度条件下取得的成就是不容争辩的"。

在这里米罗诺夫提出了自己的疑问："如果现代化发展顺利，为什么还会爆发革命？"应该说，对于这一问题的合逻辑解答应是他写作该书的最终目的。他在进行了大量分析和研究后指出，"20世纪初俄国革命的原因不是19世纪60年代大改革后俄国持续不断的全面危机，而是社会不能驾驭从传统社会向现代社会的转化过程。同其他卷入第二次现代化浪潮的国家一样，俄国必然会为赶超式发展或过早实施现代化付出不菲的代价。"③ 显然，他的这一结论，已经

---

① ［俄］Б. Н. 米罗诺夫：《帝俄时代生活史：历史人类学研究（1700—1917年）》（上册），张广翔等译，商务印书馆2013年版，中文版序，第1页。
② ［俄］Б. Н. 米罗诺夫：《帝俄时代生活史：历史人类学研究（1700—1917年）》（上册），张广翔等译，商务印书馆2013年版，中文版序，第2页。
③ ［俄］Б. Н. 米罗诺夫：《帝俄时代生活史：历史人类学研究（1700—1917年）》（上册），张广翔等译，商务印书馆2013年版，中文版序，第3页。

比《俄国社会史》对俄国现代化进程中止原因的认识又加深了一步，是在对俄国社会矛盾特殊性的各种表现形式深刻剖析基础上得出的。但是，如果说俄国革命的爆发只是由于赶超式的发展速度造成的后果，则不仅明显过于机械和教条，而且也大大低估了这一时期风起云涌的革命浪潮，以及由俄国社会各种矛盾相互交织所导致的现代化进程的复杂性。

二 历史人体测量学所反映的俄国现代化水平

米罗诺夫利用的历史人体测量学是一门从历史人类学视角出发，用人体测量学的方法来分析社会发展阶段和生产力水平的新兴学科，他将这一概念和方法引入俄国历史研究有着一定的创新意义。按照他的观点，"从生物学角度讲，身体完全发育成熟以前，人将消耗的食物转化成能量，然后支出能量以满足不同的需要——维持机体的生命活动、工作、学习、运动、抵抗各种传染病及其他疾病，食物的净剩余能量转变成身高，如果能量过剩则形成体重。身体完全发育成熟以后，身高不再发生变化。生物状况下降时，人的体重减轻；生物状况提高时，人的体重增加。根据这个范式可以得出结论，在单一民族框架内，多数高个子的成年人和儿童营养状况较好，得到精心的照顾，居住条件良好，很少生病等，也就是说，高个子人的生物状况要优于矮个子人。因此，平均身高资料有助于评估人的基本需求的满足程度，据此可以判断居民福利的发展水平"[1]。应该说，这一从历史人类学概念衍生出的历史人体测量学在逻辑上是没有问题的，在一般的意义上是符合人类生长和社会发展规律的。

为了从学理上对这一新方法提供支持，作者在第一章着重介绍和分析了国内外历史编纂学关于帝俄时期居民福利状况的观点，即"一些人认为，整个帝俄时期居民生活水平不断下降；另一些人认

---

[1] ［俄］Б. Н. 米罗诺夫：《帝俄时代生活史：历史人类学研究（1700—1917年）》（上册），张广翔等译，商务印书馆2013年版，前言，第2—3页。

为,民众福利状况呈周期性变化;还有一些人认为,依据现有资料不足以得出某种明确的结论"①。面对众说纷纭的不同观点,作者认为,比较合理的是挖掘新资料和探索新方法,而历史人体测量学则提供了这种可能。

在第二章,作者阐述了历史人体测量学的任务、理论和方法论,着重介绍了历史人体测量学的发展简史、研究对象和任务。在此基础上论述了历史人体测量学的理论基础,主要包括:人体是衡量生活水平的指标,饮食状况,群体的身高差异,基于身高数据研究生活水平和不平等状况的变化趋势,身高增长和身体发育加快:长期趋势,赶超式发育、精神压力和青春期的飞跃,体重指数、新生儿体重和初潮年龄等几个方面。在这里,作者运用经济学方法研究人体测量资料所反映的基本信息,把人体各方面状况作为衡量生活水平的指标,并采用抽样测量方法探讨身高差异形成的原因和特点。

在第三章,作者主要是从学理层面介绍和研究了历史人体测量学作为一门新兴学科在世界范围内的发展状况。其中指出,世界各国在40年间出版的历史人体测量学专著数十部,发表论文数百篇。从2002年起每两年举行一次国际会议,世界主要研究中心集中在美国、德国和英国,并且在一些西方国家已经形成了国家流派。在此,作者重点介绍了19—20世纪初和1917—2009年的俄国人体测量学研究,并对作者本人的人体测量学研究工作进行了介绍。在总结俄国人体测量学研究时,米罗诺夫指出:"我们对身高和体重在时间、地理及社会方面的变化趋势认识有限,其主要原因在于,国内的历史学家,包括经济史学家和社会史学家,至今对人体测量学重视不足,没有意识到关于俄国居民福利状况的人体测量数据包含着极为丰富且可靠的信息。正是历史人体测量学可以回答俄国历史存在的

---

① [俄] Б. Н. 米罗诺夫:《帝俄时代生活史:历史人类学研究(1700—1917年)》(上册),张广翔等译,商务印书馆2013年版,前言,第3页。

原则性问题：在罗斯，什么时候、哪些人生活得比较好。"① 这即是作者采用新方法，运用人体数据系统研究社会问题的主要目的。

在第四章，作者详细介绍了他所搜集整理的俄国人体测量数据资料库。从身高资料、年龄资料、出生地资料、文化程度资料、民族和宗教资料、家庭状况资料、职业资料、女性资料等方面作了分析和研究。作者对这些来自于1730—1940年应征入伍的男性体检资料，以及19世纪最后30年地方自治局医生对工人和农民的测量资料进行了评估，试图找出18世纪初和18世纪末出生者平均身高存在的差别。

在第五章和第六章，作者分别分析了帝俄时期男性人口身高的变化，以及导致这些变化的社会—经济、政治和生态因素、赋税、农业生产、战争、改革、气候变化，等等。接着，作者从各地区居民身高变化的一致性、身高差异程度等方面分析了这一时期身高状况的地理分布。同时，作者又单独分析了萨拉托夫省居民身高变化的情况，以证明历史人体测量学的研究不仅适用于全国或者地区，如果资料充分，也可用于单独的省。在这一基础上，作者从福利状况与居民身高和体重变化关系的角度分析了这一时期的居民饮食、士兵不合格率和死亡情况。最后，作者还对拉吉舍夫、普希金以及同时代农民回忆录作者笔下的农民福利状况进行了分析，并且还对搜集到的社团组织和一些特别委员会的报告做了研究，力图通过对19—20世纪初更多的同时代人对农民福利状况的看法，从而得出大体准确的结论。

米罗诺夫利用该书95%以上篇幅讨论的历史人体测量学，无论是理论和方法上的创新，还是大量数据资料的采用，都是较为成功的，反映出扎实的历史学、经济学和数量经济学的基础，可以视作第一部俄国历史人体测量学著作。他所追求的学术目标，即对众说

---

① ［俄］Б. Н. 米罗诺夫：《帝俄时代生活史：历史人类学研究（1700—1917年）》（上册），张广翔等译，商务印书馆2013年版，第120页。

纷纭的历史问题通过定量定性分析给出合理的解释,在这里得出了较为令人满意的答案。这种勤于思考、不断创新的治学态度在当代史学界并不多见。作者想通过有关帝俄居民生活水平状况,来探讨俄国的现代化进程和俄国革命为什么能爆发的问题,但作者的历史观又与他所执着的历史人体测量学产生了内在矛盾,这个现象是值得深思的。

三 现代化进程与俄国革命的悖论

米罗诺夫通过运用历史人体测量学,证明俄国的现代化进程已经取得了重要进展,当然这是毋庸置疑的事实。他所要进一步阐释的是,革命为什么会发生在社会已经不断进步、人们的生活水平已经明显提高的历史背景下。对此,他说:"革命发生在现代化无可争议的成就背景之下——这是本书主要的基本结论之一。在解释帝俄时期俄国历史以及俄国革命起源时,该结论证明了现代化理论的一致性。现代化理论认为,现代化加剧社会紧张程度,社会发生冲突的风险提高,通常而言,现代化越迅速、越成功,社会的冲突性和紧张程度越高。同所有国家一样,正是现代化的高速度和突出成就在俄国制造了新矛盾,引发了新问题,造成了暂时的局部危机。在不利的情况下,危机会进一步发展;而在统治阶级持慎重态度条件下,危机可能得到顺利解决。"①

如果说米罗诺夫在证明人体身高与现代化过程成正比的推理中,并没有什么逻辑上的矛盾问题,但是到了这里,他的推论显然出现了内在矛盾和极端化倾向。即"现代化越迅速、越成功,社会的冲突性和紧张程度越高",在这里,他把许多国家在现代化过程中逐步缩小社会矛盾和紧张程度的成功实践予以否定,造成了似乎是现代化导致了俄国革命的印象。并且他认为,如果统治阶级持慎重态度,

---

① [俄] Б. Н. 米罗诺夫:《帝俄时代生活史:历史人类学研究(1700—1917年)》(下册),张广翔等译,商务印书馆2013年版,第656页。

危机就可能得到顺利解决，从而完成现代化的阶段性任务。但事实上，当时俄国的形势远比他说的更为复杂，我们仅以一位末代沙皇公主回忆录中的一段话即可得以证实。玛利亚·帕芙洛娃是沙皇亚历山大二世的孙女、尼古拉二世的堂妹，十月革命前一直生活在俄国，目睹了20世纪初至沙皇统治覆亡的一系列重大事件。她在后来流亡国外期间写的回忆录中，这样描述了1905年革命后的俄国："俄国的政治处境十分艰难，犹如一个受伤的人在痛苦地扭动着，蹒跚地前行着。叛乱和起义此起彼伏，暴动连续不断，使得以沙皇为首的统治阶级陷入了极度的困惑和阴郁的保守状态。统治阶级已经与国家利益和真正的思想愈行愈远，甚至是早已失去了联系，代表国家的政府体制越来越僵化，中央集权也愈演愈烈，已经完全失去了分辨力和灵活力，完全无法应对不断出现的变化。"① 皇室内部的这种亲身感受应是真实可靠的。在此，我们也自然地联想到斯托雷平、维特等统治集团内部的上层谋士们，虽然他们博学多才、精通西方社会治理之道，为维持沙皇制度也尽了最大努力，但他们的许多改革措施不仅没有缓和社会矛盾，反而使各种矛盾变得更加尖锐化和复杂化，在一定程度上加速了沙皇专制走向灭亡。

在该书的结语中，米罗诺夫集中阐释了自己关于现代化与俄国革命的核心观点。他说："虽然在帝俄时期俄国的发展极其顺利，但现代化过程在取得积极成果的同时也引发了一些严重问题，带来了一系列消极后果——城乡之间、不断发展的工业与落后的农业之间、传统与现代思维方式之间失调，不同精英集团之间出现矛盾。现实使民众的期望落空，理想超过了现实，社会滋生不满情绪……反对派夸大了现代化造成的客观困难，激起民众对现行制度和统治王朝的仇恨。在第一次世界大战时期，人们毫无根据地指责统治阶级公然背叛国家。专制制度拒绝变革以及革命不可避免的思想深入大众

---

① ［俄］玛利亚·帕芙洛娃：《末代沙皇公主回忆录》，卜磊译，中国画报出版社2017年版，第100页。

意识。人们促使革命早日到来，相信革命的净化力量……战争失败，特别是第一次世界大战中的惨败发挥了关键作用，为君主制度的反对者提供了决定性理由，反对派极为成功地利用了这些时机。"① 在这里，米罗诺夫显然是站在了统治者的角度，认为人们对统治阶级的指责毫无根据，而包括资产阶级"二月革命"在内的各种旨在推翻沙皇专制的社会力量都被他视作了反对派。

他还认为，"激进的自由主义社会组织充当了革命活动的领袖、发起者和组织者，而民众被其巧妙的宣传所诱惑。这有两方面的原因：离开民众的支持社会组织无力推翻君主制度和守住政权，民众的参与保证了推翻君主制度的合法性。一系列社会、经济和文化问题决定了革命所引发的动荡和后果的规模，以及民众参与革命的准备程度。笔者认为，在各种情况顺利结合的条件下，这些问题可以通过和平途径解决，而不必使社会遭到巨大破坏和数百万人成为受害者。现代化理论家非常明确地指出，革命不是社会变革的必然选择，它只是诸多可能的途径之一。"② 米罗诺夫在这里忽视了一个极为重要的问题，即俄国作为一个地域广大、民族众多、发展极不平衡的国家，与多数单一民族的中小国家的情况不能同日而语，在那些国家可能通过"和平解决"的问题，在俄国可能并不适用。他所说的"在各种情况顺利结合的条件下，这些问题可以通过和平途径解决"不仅是一个并未发生的历史假设，而把列宁领导的布尔什维克党当作自由主义社会组织也显得过于牵强和简单化，完全曲解了俄国社会主义革命的性质和意义，成为该书结论部分的致命缺陷。

米罗诺夫认为，"俄国革命的直接原因在于不同精英集团争夺政权的斗争：以自由主义激进社会团体为代表的新精英们希望自己领

---

① ［俄］Б. Н. 米罗诺夫：《帝俄时代生活史：历史人类学研究（1700—1917年）》（下册），张广翔等译，商务印书馆2013年版，第656—657页。

② ［俄］Б. Н. 米罗诺夫：《帝俄时代生活史：历史人类学研究（1700—1917年）》（下册），张广翔等译，商务印书馆2013年版，第657页。

导现代化进程,利用革命的浪潮从旧精英们手中夺取政权。从这个意义上说,政治因素而非社会经济因素决定了20世纪初的革命。正是'先进的、进步的社会团体'在国内营造了政治和经济危机的气氛,奠定了革命的基础,并且利用上述因战祸而加剧的老问题在关键时刻使民众走上街头。"① 米罗诺夫在这里提出了一个他自认为极其重要,但长期不为人注意的因素,就是反对派强大而成功的公关活动。他认为,反对派为实现自己的政治目的,通过公关活动而充分利用了社会各阶层的不满情绪。这种观点从历史和现实看,确实令人深思。

四 关于"公关活动"等重要观点的评析

米罗诺夫在谈到反对派的革命手段时,提出了"公关活动"的概念,非常值得注意。他说,"公关活动不是革命的原因,只是反对派人为激化和夸大现实存在的社会、经济、政治和民族问题的有力手段。最为重要的是,公关活动提出了迅速解决这些问题的简单方法:推翻君主制度,由反对派执政。1904—1905年战争和1914—1918年战争暂时恶化了居民的物质状况,在这种条件下,发动国家政变和夺取政权并不困难。"② 在这里仅就几个重要理论问题阐释一下我们的观点,这对理解米罗诺夫提出的所谓"公关活动"十分必要。

首先,米罗诺夫认为反对派为实现自己的政治目的,通过公关活动,利用社会各阶层的不满情绪从而实施了革命行动。那么,这些反对派无疑主要是指代表资产阶级利益的自由民主党和代表无产阶级利益的布尔什维克党,以及其他所有要改变现实政治状况的党

---

① [俄] Б. Н. 米罗诺夫:《帝俄时代生活史:历史人类学研究(1700—1917年)》(下册),张广翔等译,商务印书馆2013年版,第657页。
② [俄] Б. Н. 米罗诺夫:《帝俄时代生活史:历史人类学研究(1700—1917年)》(下册),张广翔等译,商务印书馆2013年版,第657—658页。

派和群体。因此，这里所说的反对派实际上是 19 世纪末 20 世纪初代表俄国进步力量的革命群体。如果说，他们反对的就是封建农奴制残余、他们的政治目标就是要推翻沙皇专制，这无疑又是一个庞大的政治群体，并且其渊源甚至可以追溯到发动贵族青年军官起义的"十二月党人"，因为"十二月党人"的政治诉求就是要推翻沙皇专制，或者至少要实现资产阶级的君主立宪制。因此，这个反对派群体实在是由来已久并且影响巨大，他们在不同历史阶段提出的政治纲领实际上反映了俄国不同阶层民众的普遍意愿。从这一意义上讲，这里所说的反对派，实际上是代表了俄国社会主流的多数派，与导致苏联解体的自由派和造成一些国家颜色革命的反对派具有本质上的不同。

其次，米罗诺夫提出的"公关活动"的概念确实十分重要。按他的话说，公关活动不是革命的原因，只是反对派人为激化和夸大现实存在的社会、经济、政治和民族问题的有力手段，通过简单方法而迅速解决这些问题，即推翻君主制度，由反对派执政。这让我们不由得联想到近代以来，俄国乃至苏联后期一系列历史巨变中的所谓"公关活动"。这里既有"十二月党人"南方派和北方派革命活动的影子，又有列宁关于俄国是帝国主义链条中最薄弱环节的理论；既有布尔什维克党将资产阶级民主革命推向无产阶级革命的历史号召，又有苏联末期反对派与西方相勾连通过"信息心理战"搞垮苏共的活动痕迹。在俄国历史上，这些似曾相识的"公关活动"大多是自上而下发起的，实际上是由社会深层政治经济矛盾所导致的，按照唯物史观的基本原理是由上层建筑与经济基础不相适应的矛盾作用所引发的。因此，认为是反对派人为激化和夸大现实社会存在的社会、经济、政治和民族问题，以达到推翻君主制度、由反对派执政的目的，就显得过于主观化和简单化了。因为在俄国这样一个由于疆域不断扩大而形成的多民族国家，现实存在的经济、政治、社会和民族问题，都有着错综复杂并且相互交织的历史原因，仅靠来自上层的反对派人为激化现存矛盾，是根本无法推翻君主制度的，而人民群众才是历史变革的决定性力量。在这里米罗诺夫显然是背离了唯物史观的基本精神，并将自己的历史观转向了唯心主义。

最后，米罗诺夫认为，1904—1905 年战争和 1914—1918 年战争暂时恶化了居民的物质状况，在这种条件下，发动国家政变和夺取政权并不困难。在这里，作者再一次将这两次推动俄国变革的重大事件的作用和意义大大贬低并且简单化了。1904 年俄日战争的失败表明了沙皇专制制度的腐败、军事上的软弱和外交上的无能，从而激起了更加强烈的反政府情绪。而 1905 年 20 万工人游行请愿遭到沙皇政府的镇压，导致第一次俄国革命的爆发，则清楚地说明这绝对不是部分反对派"公关活动"的结果。用唯物史观历史地看，"1905 年至 1907 年的革命是俄国在资本主义道路上发展的结果，是资本主义文化与宗法制文化的激烈对抗形式。自由主义与民主主义在 1905 年的汇合形成了对专制主义的强大冲击，从而使革命具有波澜壮阔的外貌并取得了重大的成果"。[①] 及至第一次世界大战前夕，1905 年革命后形成的自由主义与专制主义的联盟已经彻底破裂，各自由主义政党对现存制度已经完全失去信心，他们认为，社会与政权之间的斗争已经不可能"和平地结束"，"崩溃是不可避免的"。[②] 显然，这样自上而下、排山倒海的反对浪潮是沙皇专制垮台的决定性力量，而绝不仅仅是"暂时恶化了居民的物质状况"所能解释的。

俄国的现代化进程到 1914 年再一次被沙皇政府加入第一次世界大战所搁置，战争加速了国内各派政治力量的分裂，也使由来已久的各种社会矛盾进一步尖锐化，这些重大事件的后果也不是用"暂时恶化了居民的物质状况"所能解释和概括的。因此，尽管我们始终认为米罗诺夫教授的《帝俄时代生活史》有其特殊的学术价值和

---

① 姚海、刘长江：《当代俄国——强者的自我否定与超越》，贵州人民出版社 2000 年版，第 142 页。

② 姚海：《近代俄国立宪运动源流》，四川大学出版社 1996 年版，第 186 页。

创新意义。但是由他的历史观所决定，在大量有意义的、合逻辑的探索和推理后，所得出的结论却是错误的，与黑格尔"头脚倒置"的辩证法哲学有着相似之处。这种史学方法与历史结论的相互抵牾，反映了当代俄罗斯史学在理论建构上放弃或偏离了唯物史观，并以各种唯心史观取而代之的倾向，以及由此导致对复杂历史过程阐述的自相矛盾和双重解释。在这里，我们不妨回顾和对比一下米罗诺夫早期著作中运用马克思主义所阐述的相关史学观点。米罗诺夫在1984年出版的《历史学家和社会学》一书中，引用了恩格斯的一段话，即"人们自己创造着自己的历史，但他们是在制约着他们的一定环境中，是在既有的现实关系的基础上进行创造的，在这些现实关系中，尽管其他的条件——政治的和思想的——对于经济条件有着很大的影响，但经济条件归根到底还是具有决定性意义的，它构成一条贯穿全部发展进程并唯一能使我们理解这个发展进程的红线"。① 在此，米罗诺夫运用唯物史观恰当地阐述了"经济行为最初是作为全部条件和因素（社会经济因素的影响占优势）发生作用的结果，然后又成为农业状况的原因"。② 而在30年后出版的《帝俄时代生活史》中的一系列观点，却与他曾经坚持的唯物史观相悖，由此导致了其结论的根本性错误。

就像米罗诺夫在该书中文版序中所说，围绕本书"辩论者的意见迥异，或者完全认同，或者彻底否定"，这表明他对该书可能产生的各种争议是有所准备的。但无论如何，如果放弃了唯物史观指导历史研究，尽管在方法上有所创新，得出的结论却可能与史实不符并存在逻辑上的缺陷，这恐怕是当代俄罗斯史学如何运用科学的世界观和方法论来推进新史学建构所要解决的重要问题。

---

① 《马克思恩格斯全集》第39卷，第199页，转引自米罗诺夫《历史学家和社会学》，王清和译，华夏出版社1988年版，第8页。

② ［苏］Б. Н. 米罗诺夫：《历史学家和社会学》，王清和译，华夏出版社1989年版，第8页。

第四节　社会史新领域：新时期的侨民史研究

一　移民与侨民史：社会史的新热点

近 300 年来，随着俄国不断对外扩张，其疆域也在不断发生变化，正如米罗诺夫所说："领土扩张把俄国变成了一个多民族的帝国。"① 由于巨大地理空间的获得，俄国成了一个横跨欧亚的多民族大国。然而，俄国新占领土的绝大部分是地广人稀的落后民族区域，那里大部分地区气候寒冷、交通不便、山河纵横、人迹罕至。但是，正因为有了如此的气候地理环境，反而使自然生态得到了很好的保护——例如，在西伯利亚的中部和南部广大地区，泰加森林绵延千里，珍稀动物种类繁多，所以叶尔马克东征消灭了西伯利亚汗国之后，大批军役人员涌入西伯利亚就是为了获取黑貂、紫貂等珍贵毛皮兽。

俄国人在东进的过程中，攻城略地，步步为营，他们在江河沿岸建立的哨所堡垒，后来就扩大成了村镇和城市。随着经济社会各项事业的发展，西伯利亚地区对人口的需求日益迫切，由此产生了大规模的西伯利亚移民运动。在几个世纪里，成千上万的军役人员、毛皮商人，不同身份的农民、流放犯等从欧俄迁居西伯利亚，他们在西伯利亚的生产、生活、婚姻、家庭、教育、信仰等，成为移民史的重要研究内容。

苏联时期，科学院西伯利亚分院和远东分院老一代的历史学家如巴赫鲁申、顺科夫、奥克拉德尼科夫等，在从事西伯利亚的考古学、民族学研究的同时，也对西伯利亚移民与地区经济开发等领域

---

① ［俄］Б. Н. 米罗诺夫：《俄国社会史》（上卷），张广翔等译，山东大学出版社 2006 年版，第 29 页。

进行了系统研究,并取得了一系列重要的科研成果。①苏联解体前后,又有一些中青年历史学家,从社会史、人口史、劳工史、农业史等领域进行了更加深入系统的研究,如俄罗斯科学院西伯利亚分院历史、语文与哲学研究所的 Л. М. 戈留什金教授有关移民的研究成果就很有代表性。②

综上所述,19世纪下半期以后,是俄罗斯帝国制度改革和社会变动的重要时期,伴随着国家地理空间迅速扩大以及民族矛盾尖锐化而产生的人口流动浪潮,在规模和地域上世所罕见。在这场巨大的人口流动中,一些人离开俄国流向世界各地,成了后来长期生活在国外的俄国侨民。大体包括以下群体:一是部分欧俄地区的犹太人在沙俄反犹排犹浪潮中逃向国外,其中部分流向西方,还有一些人沿西伯利亚大铁路到达远东并进入中国东北;二是因西伯利亚大铁路支线中国东北铁路的修筑,数十万俄国人来到以哈尔滨为中心的中东铁路沿线工作和生活;三是十月革命前后部分旧贵族、沙俄军官、资本家、文学艺术家流向西方或中国东北等地。俄国近代以来的跨国人口流动大浪潮,既是俄国资本主义对外扩张的需要,也反映了国内阶级和民族矛盾的不断加剧;不仅对战争与革命年代的俄国社会产生了深远影响,同时散居于世界各地的俄国侨民社会也在不同时期和不同程度对苏联及俄罗斯的社会变革产生重要影响,因此,对于俄侨历史与文化的研究,在俄罗斯国内以及其他相关国家都引起学者的广泛关注,并推出多种研究成果。中国改革开放以

---

① Н. А. Крюков:《Опыт описания землепользования у крестьян – переселенцев Амурской и Приморской областей》, Записки Приамурского отдела РГО. М., 1896. Т. 2. вып. 2. 6.; В. И. Шунков:《Очерки по истории колонизации Сибири в XVII в. – начале XVIII в.》, - М. Л., 1946.; С. В. Бахрушин:《Казаки на Амур》, Л. 1925.; С. В. Бахрушин:《Очерки по истории колонизации Сибири в XVI и XVII вв.》, - М. 1927.

② Л. М. Горюшкин:《Ссылка и каторга в Сибири: XVIII—началоXX》(в Новосибирск, 1975);《Крестьянская община Сибири XVII—начала XX》(в Новосибирск 1977);《Ссылка и общественно – политическвая жизнь в Сибини XVIII—начало XX》(в Новосибирск 1978);《Крестьянство Сибири в эпоху феодализма》(Новосибирск 1983).

后，对于俄侨历史文化的研究也逐步开展起来，出版了一系列科研成果①，并逐渐形成了地方史、社会史、人口史和国际关系史跨学科研究的新兴学科。

二 俄罗斯国内外的俄侨历史研究

苏联解体后，俄罗斯国内外的俄侨史研究渐成热点，大体可分为流向东方和西方的俄侨历史研究，即对以中国哈尔滨为重点的俄侨历史文化进行研究，以及流向西欧各国的俄侨史进行研究。

十月革命前后，由于复杂的社会历史原因，从俄国移居到中国东北的俄国侨民大量增加，主要出现过两次移民高潮。一是革命前因西伯利亚大铁路在中国东北支线——中东铁路的修建，数十万俄国人涌入中国东北，在以哈尔滨为中心的中东铁路沿线安家落户。这些移民主要是铁路工程技术人员、护路士兵、工人、商人、企业家、银行家、教师、艺术家、医生等；从民族来看，主要包括俄罗斯人、乌克兰人、立陶宛人、犹太人等，他们大部分聚居在新兴城市哈尔滨，并在那里很快形成了俄国境外最大的俄侨社会。二是十月革命后的国内战争时期，又有大量与沙俄和临时政府关系密切的达官显贵和旧军官逃离出境，还有一些资本家、商人和知识分子为了逃避战乱而流亡国外，来到中国东北的中东铁路沿线各地。据统计，外侨在哈尔滨人数最多的1920年，达到20万人左右，因此对以哈尔滨为重点的俄侨史进行专门研究具有典型意义。

俄国侨民在中国哈尔滨、上海等地的经济、社会、文化生活，尽管处于动荡不安的年代，但也丰富多彩。譬如，20世纪20—30年代，俄侨在哈尔滨的出版事业就较为发达，据统计在30年代前后出版的俄文报刊就达250种；1900—1949年俄侨在哈尔滨出版的俄文

---

① 例如：李兴耕《风雨浮萍——俄国侨民在中国》，中央编译出版社1997年版；石方、刘爽、高凌《哈尔滨俄侨史》，黑龙江人民出版社2003年版；刘爽《哈尔滨犹太侨民史》，方志出版社2007年版；汪之成《上海俄侨史》，上海三联书店1993年版；等等。

图书就有512部①，这些出版物为当代俄侨史研究提供了丰富的历史文献资料。②同时，哈尔滨俄侨中的中国学家在哈尔滨共出版了关于中国问题的著作上百部，发表论文上千篇，涉及民族、人口、政治、经济、文化、考古、国际关系、地理等诸多问题③。然而，由于日本侵华和第二次世界大战的爆发，许多俄侨又在日占沦陷区内生活，因各种复杂的政治原因，相关研究在苏联国内长期被视为禁区。

苏联解体后，有关俄侨历史文化研究的禁区不复存在，俄罗斯国内的学者以及流散到世界各地的俄侨及其后裔，纷纷开始投入研究工作，甚至出现了一股热潮。重点的研究方向是：俄籍犹太人流向国外的社会历史原因、斯大林时期对国外返回苏联侨民的政治待遇及其迫害、俄侨在国外的科技文化活动及其贡献、俄侨对传播俄罗斯文化发挥的作用等。此外，各种人物传记、家族史、回忆录、个人档案，以及苏联时期无法出版的相关著作大量出版。④ 其中，由俄罗斯科学院俄罗斯历史研究所在1998年出版的《年代、个人、命运——中国俄侨史》应是苏联解体后这一领域较为权威的著作。

从近年来的研究情况看，一些成果向微观史学发展，涉及具体的侨民个人日常生活的方方面面。这表明，苏联解体后尽管侨居国外的俄罗斯人可以自由的返回家乡，然而他们多数人已经去世未能回到祖国。但是，这些人根据在国外的复杂经历撰写的历史著作、

---

① 石方、刘爽、高凌：《哈尔滨俄侨史》，黑龙江人民出版社2003年版，第223—238页。

② 如：Н. Штейнфльд：《Русское Дело в Маньчжурии：с 17 века до наших дней》，Харбин：1910.；В. Н. Касаткин：《Экономический Ежегодник Северной Маньчжурии и КВЖД 1923》，Харбин：1923；В. И. Сурин：《Северная Маньчжурия Экономический обзор》，Харбин：1925；Н. А. Сетницкий：《Соевые бобы на Мировом рынке》，Харбин：1925.；К. Очеретин：《Харбин - Фуцзядянь Торгово - промышленный и железнодорожный спровочник》，Харбин，1925.

③ 彭传勇、石金焕编著：《哈尔滨俄侨中国学家：生平、活动、著述》，中国社会出版社2014年版，第3页。

④ Г. В. Мелихов：Российская эмиграция в Китае（1917 - 1924），Москва：1997.；Российская Академия Наук. Институт Российской Истории：Годы, Люди, Судьбы - История Российской эмиграции в Китае，Москва：1998.

回忆录、传记、随笔、札记、诗歌、小说、散文等作品，依然引起俄罗斯国内史学界的关注。例如，2013 年由俄罗斯阿穆尔国立大学出版的《国外俄侨文集》①就是这样一部书。其中收录了 15 位曾经在中国哈尔滨等地生活过的俄侨撰写的传记、回忆录、散文和随笔等，对于俄侨史的研究具有一定的参考价值。

其中，介绍和收录的 Е. Н. 拉钦斯卡娅（Е. Н. Рачинская）的几篇回忆录，就极具史料价值。她的特殊经历如下："诗人、散文家、传记文学作家 Е. Н. 拉钦斯卡娅于 1905 年出生于芬兰久西普小镇的一个贵族家庭。她的童年在赫尔辛基度过，她的父亲是驻扎在那里的炮兵上校。后来，她又随父亲在德文斯克（拉脱维亚）、莫斯科和喀山生活过，并在莫斯科和喀山上学。1918 年，她随父母到了哈尔滨，先后在奥克萨科夫中学和哈尔滨法政学院毕业。毕业后即在瑞士商贸公司哈尔滨分部驻南满铁路代表处工作。这期间，她开始在《边界》《大学生年代》等杂志发表散文和诗歌，并出版了个人诗集。1956 年，她离开中国去了澳大利亚（悉尼），后来又到了英格兰，最后毕业于剑桥大学。从 1964 年开始，她在伦敦 BBC 广播公司工作。此后她又出版了《候鸟》（1982 年）和《变幻无常的生活——记忆》（1990 年）两本回忆录。这位充满传奇色彩的女作家，于 1993 年 1 月 23 日在伦敦去世。"② 该书收集的其他作家，也都与 Е. Н. 拉钦斯卡娅有着大体相同的经历：出生于 19 世纪末 20 世纪初，后来从俄国来到中国，在经历了数十年的中国侨居生活后，又从中国移居到澳大利亚、美国、英国、以色列等国，也有个别回到苏联的。总的来看，这类纪实性文学作品具有较高的史料价值，是俄罗斯史学界较为重视的领域。

---

① А. А. Забияко. *Литература русского зарубежья. Восточная ветвь Хрестоматия* , Благовещенск：Издательство АмГУ 2013 .

② А. А. Забияко. *Литература русского зарубежья. Восточная ветвь Хрестоматия* , Благовещенск：Издательство АмГУ 2013 .

在十月革命前后，还有一部分人逃到欧洲各地。流向西方的俄国侨民在国外形成的社团，通常被称为"境外俄罗斯"。最初，"境外俄罗斯"一般被看作是一种政治现象，即因各种政治原因逃离或被驱离俄罗斯的。这些人常常聚在一起讨论有朝一日返回俄国的打算，一些文化人士则对俄国的历史传统、文化特征及发展道路进行讨论。但是随着苏联的日益强大，特别是西方纷纷承认苏联并与之建立外交关系后，他们也渐渐淡化了回到苏联的想法。此后的境外俄罗斯社会，开始对祖国文学艺术的研究更感兴趣，不仅出现了俄侨文学群体，还有一些流亡知识分子在经历了一系列重大变故之后，开始了对个人、民族和国家命运的深刻反思，逐渐发展成一种社会文化现象。一些思想家开始对俄国所发生的一切进行认真的理论阐释，或者从国外俄侨的视角探索俄罗斯的现实和未来。

其中，对19世纪即已出现的"欧亚主义"的研究有一定的代表性。应该说，这一时期的"欧亚主义"与19世纪下半叶的"欧亚主义"明显不同，是由流亡西欧的俄侨年轻学者发起并推动的社会历史思潮。十月革命以后，这一新"欧亚主义"思潮在欧洲迅速发展，并得到了广泛传播，在俄国侨民界引起一定影响。以尼古拉·谢尔盖耶维奇·特鲁别茨科伊为代表的欧亚主义，在1921年发表了文集《回归东方》，此后，俄侨学界对他所提出的问题展开了热烈的争论，从不同角度指出了该书的理论成就与不足之处，这一讨论在1928年达到顶峰。此后由于参加讨论的各派发生分裂，主要的参加者纷纷离去，到了1937年，关于"欧亚主义"的讨论也就暂时偃旗息鼓了。

此后，斯大林时期的西欧俄侨界进入了相对沉寂的岁月，只是少数如别尔加耶夫的哲学家、思想家出版了有关宗教哲学、历史哲学方面的著作。而到了50年代以后，多数革命前后出逃的俄侨已年逾古稀，并逐渐离世。苏联解体后，西欧俄侨的第二代、第三代再次活跃起来，他们抢救父辈的文化遗产，撰写家族史、整理回忆录，并在巴黎等地举办了世界俄侨大会。俄罗斯国内的史学界即与他们开展联系，将这一特殊时期的人口史、移民史、外交史、国际关系史、文化交流史作为合作研究的重要内容，并形成了世界俄侨历史文化的新兴学科。

三 旅俄华人及侨民历史研究取得新进展

历史上曾经属于中国的黑龙江和乌苏里江流域广大地区，通过19世纪下半叶满清政府与沙俄签订的一系列不平等条约而划归俄国。此后，长期生息繁衍在那里的各少数民族成了跨国民族，而从中国山东、河北等地闯关东的部分农民，在到达东北之后又继续前行去了俄远东地区谋生。其中来到海参崴（1860年以后改称符拉迪沃斯托克）的旅俄华人，通常被称为"跑崴子"。他们捕捞海参、经营店铺、修筑铁路、下矿采金，在俄远东半个多世纪的开发和建设中成为不可缺少的劳动力和经营者。19世纪下半叶到20世纪初，俄政府将改革后大量失地的中央地区农民迁往西伯利亚和远东，苏联时期为加快远东开发又实施了鼓励移民政策，此后欧俄人口在远东大幅度增加，彻底改变了远东地区的人口结构。十月革命后，在俄华人的数量急剧减少，到20世纪中叶已经所剩无几。关于这段历史的研究，在苏联时期受到多种限制，因而几乎无人问津。苏联解体后，西伯利亚与远东地区的学者，把这段历史看作是近代远东经济社会发展史的重要内容。他们利用当地档案馆和博物馆的丰富史料，着重在人口流动原因、跨文化交流形式、投资兴业重点、生产生活方式、跨国跨民族婚姻与家庭等方面进行系统研究，并取得了引人注目的学术成果。

由俄罗斯科学院远东分院历史、考古与民族学研究所研究员А. И. 彼得罗夫撰写的专著《俄罗斯华人史（1856—1917）》[1]，于2003年在圣彼得堡出版。该书共计960页，分为6个部分，全面阐述了亚历山大二世执政至十月革命60多年间中国人在俄国生活的历

---

[1] А. И. Петров. *История Китайцев в России 1856—1917 годы*, Санкт - Петербург：2003.

中讨程。主要部分和章节内容如下:

第一部分介绍了中国人迁移俄国的历史背景、历史原因和移民来源等问题。作者引用了大量第一手资料，分四个阶段（1856—1884年、1884—1895年、1895—1905年、1905—1917年）对农奴制改革前后、资本主义快速发展时期、俄罗斯帝国形成时期、1905年革命到十月革命时期的历史过程进行了全面阐述。在此基础上，对不同时期华人迁移的原因及华人赴俄的基本过程进行了分析。阐述了华人旅俄的途径和移民的类型及构成，论述了早期旅俄华人社会的形成。

第二部分记述并分析了旅俄华人在远东地区、乌拉尔地区和欧俄地区的分布及不同时期的人口数量情况，说明了早期远东地区华人占比较大，而十月革命后不断减少，部分人被逐渐分散到中亚等苏联其他地区的历史原因。

第三部分重点讨论了在俄华人的国际法地位问题。其中涉及对不同时期在俄华人的身份、国籍、司法、婚姻等方面的政策及实施情况。

第四部分论述了华人社会在俄国农业、工业、采金业、建筑业、商业、交通运输业等领域的活动情况，特别强调了华人群体作为劳动力的重要组成部分在各行各业所发挥的作用。

第五部分描述了第一次世界大战时期的在俄华人状况。其中记述了中国早期革命家通过西伯利亚大铁路进入俄国求学、工作以及参加革命活动的情况，介绍了部分华人参加十月革命并加入红军同白卫军作战的过程。

第六部分阐述了旅俄华人文化，其中包括俄罗斯人与中国人的关系、通婚状况、在俄中国人与朝鲜人的关系，华人的服饰、饮食等方面状况，以及在俄华人对俄中文化交流的作用等等。[①]

该书不仅使用了大量已经出版的历史资料，同时也专门列出了

---

① А. И. Петров. *История Китайцев в России 1856—1917 годы*; Санкт - Петербург: 2003.

未公开发表的历史档案和文献资料目录，特别是大量统计数据和历史图片的应用使该书具有了较高的史料价值。通过对十月革命前在俄华人历史所做的全景式描述和社会学分析，填补了这一研究领域的空白，对于此后中俄两国学者有关在俄华人华侨的历史研究发挥了积极作用。

2016年，社会科学文献出版社翻译出版了由俄罗斯学者聂丽·米兹和德米特里·安洽撰写的《中国人在海参崴——符拉迪沃斯托克的历史篇章（1870—1938年）》[①]一书。这是此类选题的学术著作首次在中国翻译出版。该书作者"运用了大量档案材料、包括当时的报纸、杂志、旅行者的游记，并配了许多珍贵的照片和图片，图文并茂地介绍了1870—1938年中国人在海参崴的生活和工作情况，可以说是中国人当时在海参崴的全景图"[②]。全书共分9章，主要内容包括：（一）中国人开发海参崴的历史意义；（二）中国人在海参崴的经济与经营活动；（三）早期中国官方代表在海参崴的活动情况；（四）中国人在海参崴的聚居地以及他们的生活街区（唐人街）；（五）海参崴中国人的社会生活、节日和娱乐活动；（六）在俄华人的宗教生活；（七）华人的医疗服务以及他们的诊所情况；（八）海参崴的俄中学校，以及华人列宁学校；（九）苏联时期在符拉迪沃斯托克学习和工作的杰出的中国革命者。这些内容几乎涉及旅俄华人社会活动的各个方面，展现了半个多世纪中国人在海参崴生产与生活的历史画卷。

正如该书作者所说："众所周知，符拉迪沃斯托克的中国人曾是俄罗斯居民之外在当地人数最多的，对此官方统计数字已经做出证明。中国人在城市生活的许多领域都起了关键作用。在整个帝国政

[①] ［俄］聂丽·米兹、德米特里·安洽：《中国人在海参崴——符拉迪沃斯托克的历史篇章（1870—1938年）》，胡昊等译，社会科学文献出版社2016年版。

[②] ［俄］聂丽·米兹、德米特里·安洽：《中国人在海参崴——符拉迪沃斯托克的历史篇章（1870—1938年）》，胡昊等译，社会科学文献出版社2016年版，序二，第1页。

权期间和苏联时代初期，中国劳动力被广泛利用，直到1938年中国人被大规模驱逐。"① 该书出版后即在学术界产生一定反响。时任中国驻俄罗斯大使李辉在为该书所作的中文版序言中指出："这是一本有份量的著作，具有无可争辩的文献价值，它填补了在符拉迪沃斯托克的'中国人'历史空白。"②

此外，俄罗斯科学院远东研究所 A.Г. 拉林研究员撰写的专著《中国人在俄罗斯》③，从更为广泛而全面的视角，对在俄华人的生产与生活及各种社会活动进行了深入描述，其中许多档案资料和历史照片具有十分重要的史料价值。由此可见，当代的俄罗斯史学家不断扩大研究领域和范围，将以往单纯的政治史、经济史、革命斗争史等，不断向新社会史转变，通过历史上移民和侨民不同社会阶层生活的全面揭示，推动了区域经济社会史和中俄关系史研究的进展。

俄罗斯远东地区毗邻中国与朝鲜，与日本隔海相望，那里不仅居住过大量中国人，在19世纪下半叶以后，也有不少朝鲜人越过图们江进入俄远东的滨海地区务工劳动，④ 还有少数日本人在那里从事各项生产和经营活动。⑤ 第二次世界大战前后，大部分朝鲜人（很多已加入苏联国籍）被迁移到苏联中亚等地区。苏联解体后，俄罗斯学者对远东地区的朝鲜移民史也做了研究。总之，当代俄罗斯特别是西伯利亚与远东地区的移民史和侨民史研究不断取得新进展，逐渐形成地区人口史和周边国家跨文化交流史的新兴学科。

---

① ［俄］聂丽·米兹、德米特里·安洽：《中国人在海参崴——符拉迪沃斯托克的历史篇章（1870—1938年）》，胡昊等译，社会科学文献出版社2016年版，"作者的话"第1页。

② ［俄］聂丽·米兹、德米特里·安洽：《中国人在海参崴——符拉迪沃斯托克的历史篇章（1870—1938年）》，胡昊等译，社会科学文献出版社2016年版，"序一"第1页。

③ А. Г. Ларин. Китайские мигранты в России. Восточная книга М. 2009. г.

④ Н. А. Насекин. *Корейцы Приамурского края：Краткий исторический очерк*，Хабаровск：1896.

⑤ В. В. Граве. *Китайцы，корейцы и японцы в Приамурье*，СПБ.，1912.

第 八 章
面向新世纪：历史学使命的复归

第一节 意识形态变化与新史学评析

一 20年大众意识演变：史学变化的社会因素

苏联解体至今已近30年，这段通常被称为"后苏联时代"的历史转型期，不仅蕴含着机遇和希望，也充满了危机和挑战。总体来说，人们在苏联解体之初对祖国未来怀抱的期望和梦想，在经济停滞不前、行政效率低下、西方挤压加剧等严酷的现实面前大多已经烟消云散，现实与人们的预期相去甚远。为了对当代俄罗斯社会转型的成果进行总体评估，以获得对国家存在矛盾与问题的基本认识，并确定未来的发展方向，俄罗斯科学院社会学研究所所长 M. K. 戈尔什科夫从2011年4月起，开展了以"俄罗斯人眼中的20年改革"为题的社会学调查。该调查采用抽样方法在全俄范围内进行，按照特大城市、州中心、地区中心和村镇人口比例，对58个居民点18岁及以上、覆盖11个社会群体的1750名被调查者进行了问卷调查。作者通过对调查结果的比较分析，阐述了俄罗斯社会大众意识现状，评估了在改革不同阶段大众意识的特殊表现形式，以及未来发展趋势。这一成果以《俄罗斯的大众意识：改革二十年之总结》为题，在俄罗斯《社会与经济》杂志 2011 年第 8 期发表，后由钟建平博士译成中文在《西伯利亚研究》杂志 2016 年第 3 期刊载。该成果通过设定十几个问卷题目，以真实的统计数据反映了改革 20 年之后，俄罗斯民众对社会经济状况的基本看法，这对于判断当代俄罗斯意识形态的变化，对于分析作为意识形态重要组成部分历史学的发展，具有重要的参考意义。为此，我们联系当代史学状况及走向对部分内容作一评介。

在调查报告的开始，作者认为："政治制度的质量、推动社会进步的能力及其生命力很大程度上不仅取决于政治制度能否表达和协调不同社会群体的不同利益，而且取决于其竞争力，以及强化致力于整顿俄罗斯社会、实现国家现代化的政治力量立场的能力。"[①] 这就明确指出了在俄罗斯这样一个国家，在目前特定的历史条件下，仅仅是表达和协调不同社会群体的利益诉求是完全不够的，从理论上来说也是不可能的，更主要的还是取决于政府的竞争力，以及整顿社会、实现现代化的组织能力和执政能力。为了提高这种国家政权的能力，必须"正确认识大众意识状况，准确把握对民众立场影响极大的社会舆论、社会从众倾向、社会关系的和谐或者冲突水平，以及民众支持或者不信任乃至对抗国家政权的程度至为关键"。[②] 为什么对大众意识进行调查可能更为有效？作者指出，尽管精英阶层意识更可能直接形成国家政策，但这并不意味着大众意识退居次要地位。我们认为，作者在这里强调的"归根结底发挥决定性作用的仍是大众意识"，完全符合唯物史观的基本原理，因为在社会的不同发展阶段，与少数精英阶层相对立的大众意识，总是更多地成为影响和改善社会的基本力量。

---

① ［俄］М. К. 戈尔什科夫：《俄罗斯的大众意识：改革二十年之总结》，《社会与经济》（俄文版）2011 年第 8 期，钟建平译，载《西伯利亚研究》2016 年第 3 期。

② ［俄］М. К. 戈尔什科夫：《俄罗斯的大众意识：改革二十年之总结》，《社会与经济》（俄文版）2011 年第 8 期，钟建平译，载《西伯利亚研究》2016 年第 3 期。

该报告分析了俄罗斯社会对最近20年改革的态度、民众社会心理的变化、居民需求的满足程度、就业市场的转型、居民社会地位的改善以及人口流动性质等问题的看法。在这里,"民众的价值观、思想政治立场和道德取向备受关注,民主制度和价值观对大众意识的作用得到重新认识。调查结果显示,认为市场商品供应充足占被调查者的52%、自由出国占32%、赚钱机会不受限制占25%、停止压制宗教、教会的作用加强占24%,上述被看作是改革取得的成就而位居前列。同时,强调言论和思想自由占17%、多党制和自由选举占15%、私有财产合法化占11%等等,国家生活重大变化的被调查者比例较低"。[1]

作者认为,使用社会学的方法,"从社会财富角度和被调查者本人及其他人的利益角度比较人们如何评价改革颇有意义"。因为,恰恰是个体对改革的评价可以更加准确地反映民众对改革所持的态度。调查证明,"俄罗斯人的期望值远高于其实际所得"。[2] 一些被调查者强调改革弊大于利。民众将对未来失去信心、大多数居民生活水平下降、失去稳定感和安全感、贫富分化严重(占25%及以上),以及社会公平缺失(占23%)列入改革损失清单。与10年前相比,目前在大众意识中改革损失更多的与国家秩序混乱、腐败猖獗、恐怖威胁上升、社会公平缺失和贫富分化直接联系在一起。虽然将上述现象视为改革最大损失的人数量增长不大,但这一趋势必须予以关注,因为它将强化俄罗斯民众对改革及其社会、经济和政治遗产的消极解读。与10年前相比,将大多数居民生活水平下降、社会道德下滑、先进工业部门破产(减少6%—7%),尤其是俄罗斯的国际地位下降(减少20%)列入改革损失清单的人已经减少。这说

---

[1] [俄]M. K. 戈尔什科夫:《俄罗斯的大众意识:改革二十年之总结》,《社会与经济》(俄文版)2011年第8期,钟建平译,载《西伯利亚研究》2016年第3期。

[2] [俄]M. K. 戈尔什科夫:《俄罗斯的大众意识:改革二十年之总结》,《社会与经济》(俄文版)2011年第8期,钟建平译,载《西伯利亚研究》2016年第3期。

明，普京的强国战略已经取得初步成效，至少在民众的意识中是如此。

从年龄结构来看，中老年人比青年人对改革给社会造成的损失体会更为深刻，而且这涉及对社会和个体损失的评价。中老年人对大多数居民生活水平下降、稳定感和安全感丧失、对未来失去信心以及社会贫富分化严重更为敏感。而占被调查者约1/4的年轻人则认为改革没有造成任何损失。

调查问卷显示，在评价大多数人从事企业经营活动，尤其是参与社会和政治生活的机会方面，民众明显持消极态度。实际上，企业经营活动和社会—政治生活等领域与行政法规问题存在密切联系，或许很大程度上决定消极评价的原因就在于此。这也从一个侧面反映了由于政策法规的不完善或执行不利，以及司法弹性过大而导致腐败难以禁绝，使俄罗斯的投资和营商环境还存在诸多问题。

调查问卷反映出，尽管被调查者认为国家形势已经逐渐改善，53%的人认为目前俄罗斯形势正常，但是在有关"俄罗斯与世界主要国家差距加大"的调查中，多数人认为是差距在加大，1/3的人实际上认为目前俄罗斯的形势是在恶化。这表明，尽管中下层民众很少直接参与国家管理等事务，但是他们在网络时代所能迅速获得的大量信息，足以使他们可以对俄罗斯在世界上的地位作出较为客观的评价。

俄罗斯人的社会心理状况也具有特殊性：大多数民众对生活的期望值与实际相去甚远，物质条件的差别不仅导致享有不同物质财富的机会存在差异，而且产生不同的生活归属。一些人认为能够掌控自己的生活，可以指望周围人的帮助；而另一些人的生活则具有社会排他性，人际关系淡漠，缺少社会网络支持，人们不仅缺乏自信，而且对未来不抱任何希望。调查表明，尽管大部分俄罗斯人的社会心理状况不佳，但如果从较长的历史时段看，这个领域总体上仍然呈现积极发展的趋势。①

在调查中，作者发现随着国家经济和社会形势的变化，部分俄罗斯人的社会心理特征表现为对国家的现状感到羞愧，这与人们周围世界的不和谐、不公平密切相关。特别是近年来，"感到不能继续这样生活下去"的被调查者结构发生显著变化，以往基本是低收入群体，现在富裕阶层代表也加入其中，而且这部分人并未集中在偏远地区，相反在各类居民点的分布相当均衡，甚至25%的大城市人口也持有同感。与此相关，被调查者普遍感到无力影响周围事态，而决定这种感觉深刻与否的最重要客观因素与其说是年龄或者收入，不如说是个人的健康状况。同时，俄罗斯民众对国内犯罪猖獗持续感到恐惧，仅最近3年有此恐惧感的人就从28%增加到36%，从未因此感到恐惧的人则明显减少。在这种状况下，大众的社会敌对感也有所增加。②

作者认为，俄罗斯人的社会心理状况及其感受，大多与其日常生活中的现实和在他们看来不公平且无法忍受的既有社会类型紧密相关。其中，"最令民众担忧的现象是住房等公用设施危机和费用上涨；其次是大多数居民生活水平下降、享受免费教育和医疗保障的机会减少、官僚机构腐败和态度蛮横、商品和服务价格上涨，以及酗酒和吸毒现象增加等"。③ 而以前人们更为关注的犯罪率上升（包括儿童和未成年人犯罪）、无人照管的儿童数量庞大以及俄罗斯与西方关系冷淡则属于俄罗斯人担忧程度略低的现象和问题。

同时，在大多数情况下，物质状况差异与其说指的是生活极端贫困，不如说是指生活缺乏保障。其中，生病、年老、失业和残疾

---

① ［俄］M.K.戈尔什科夫：《俄罗斯的大众意识：改革二十年之总结》，《社会与经济》（俄文版）2011年第8期，钟建平译，载《西伯利亚研究》2016年第3期。

② ［俄］M.K.戈尔什科夫：《俄罗斯的大众意识：改革二十年之总结》，《社会与经济》（俄文版）2011年第8期，钟建平译，载《西伯利亚研究》2016年第3期。

③ ［俄］M.K.戈尔什科夫：《俄罗斯的大众意识：改革二十年之总结》，《社会与经济》（俄文版）2011年第8期，钟建平译，载《西伯利亚研究》2016年第3期。

情况下缺乏社会保障排在第二位。被调查者认为，目前民众日益加剧的问题与俄罗斯业已形成的社会类型有关，这个社会既不公平，也不能在居民生活困难的情况下提供任何保障和最起码的安全保护。这就是说，生活极端贫困的群体毕竟是少数，而最为大众关切的是多数人生活的社会保障问题。

作者指出，生活满意度指数不仅与被调查者对生活各方面的评价存在联系，而且与其对自己受益于改革与否以及个人社会地位的评价密切相关。仅有10%的被调查者认为自己是1992年以后改革的受益者，26%的人认为自己是改革受损者，35%的人认为自己既未受益也未受损，29%的人则表示难以回答这个问题（这部分人当中60%在改革时还未成年，因此很难做出改革前后的对比）。虽然这些指数本身并不令人乐观，但其发展趋势表明，民众对最近20年改革冲击的容忍度缓慢上升。

在该调查报告的最后，作者总结性地指出，尽管"本次社会调查得出的结论远非一致，但主要结论非常明显：社会期望彻底改善国家生活，保障人民享有更多的财富，消除现行社会制度的缺陷，实现积极的可持续发展。同时，居民普遍难以接受社会不公平和道德沦丧。多数人认为，俄罗斯缺乏能够促使国家采取切实举措转变局面的社会机制，尤其是国家转变政策的客观必要性成熟，亟须从稳定型政策向要求深度调整社会制度的发展型政策过渡。未来政权将面临艰难的政策选择，环境将要求未来的选择必须有利于健全整个社会制度"。①

通过这份社会学调查报告，我们看到，当代俄罗斯社会面临的问题是尖锐复杂的，民众对社会的总体评价和多数人的生活指数处于中等偏下水平，虽然社会呈多元化状态，人们也可享有比过去更为民主的社会环境，但期望改变国家生活，消除现行制度缺陷等诉

---

① ［俄］М. К. 戈尔什科夫：《俄罗斯的大众意识：改革二十年之总结》，《社会与经济》（俄文版）2011 年第 8 期，钟建平译，载《西伯利亚研究》2016 年第 3 期。

求还是普遍和基本一致的。在这种情况下，如何加强政府的权威性和执政能力，将改革扎实推进，在实现强国目标的过程中，让广大民众充分享受到改革的成果，还有大量艰苦的工作要做。在当代俄罗斯社会，至关重要的是提升大众对国家发展的信心，调动群众的积极性和创造性，团结社会各方面、各阶层的力量，为了祖国的繁荣富强而共同努力，这对于俄罗斯领导人和各级政府来说确实是一项十分紧迫而艰巨的任务。

二 从大众问卷看俄罗斯的意识形态变化

通过对当代俄罗斯大众意识的问卷调查和社会学分析，我们可以进一步探讨目前俄罗斯意识形态的变化及其特点。在后苏联时代，原有的意识形态体系随着苏共的垮台而崩塌，但新的意识形态体系在多元化的社会不可能很快建立。那么，团结各派政治力量，凝聚社会积极因素，构建具有俄罗斯特色的核心价值观，就变得日益重要了。从目前来看，强调爱国主义，实施强国战略，应该是唯一能够得到大多数人认同的社会意识。毫无疑问，把握主流意识形态，是分析和评价特定时期历史学发展的重要前提，但主流意识形态的形成却需要相当的时间，以及各个层级达成普遍共识。然而，在当代俄罗斯反映不同阶层利益的观念和意识确实还存在极大差距，甚至有的政治精英和政府高官还认为苏联的建立是非法的，尽管此种论调遭到普京的严厉批驳，但也足见在当今的俄罗斯社会，实际上很难达成各阶层的普遍共识。

根据社会分层理论，通过对社会精英群体的心理特征分析，可以对俄罗斯上层意识形态状况有一个大体的了解和把握。莫斯科大学政治系教授舍斯托帕尔指出："在苏联解体后掌权的政治精英，竭力回避自己在苏联时期的历史，全盘否定苏联的价值观，以各种方式贬低过去，向新的'民主'价值观宣誓。苏联解体后的俄罗斯，政治体制按照西方模式重建，这些新体制的'建立者'坚信，只要引进西方的民主制度就能够在短期内使俄罗斯转型，恢复'正常'。

但是，由此带来了什么，众所周知。这些改革者以所谓民主之名侵占了国家财产并转移至国外，使众多无助的老百姓面临失业和破产。"① 这不仅概括了部分俄罗斯精英们的思想意识构成特征，也从另一个侧面反映了俄大众意识形成的社会因素，揭示了俄罗斯民众对"民主、自由"和"私有制"正面评价大幅下降的重要原因。在这样的社会背景下，"受政治社会化特点和职业发展特点的影响，当今俄罗斯精英的心理特点表现为：大多数精英缺乏一套完整的价值取向体系，他们的世界观并没有形成，常常相互矛盾。不同的价值观之间更替交错，整个社会的思想意识杂乱无章"。② 如果说，这些精英也包括一些高级知识分子，包括一些政治学家、经济学家、历史学家、社会学家等，那么他们写出的论著常常是事实充满矛盾、理论无法自圆其说，也就不难想象了。

从社会的中下层来看，"人民对民主曾寄予极大希望。1990 年代初期，绝大多数俄罗斯人认为向民主过渡将带来幸福生活，民主价值观因此迅速取代了饱受社会舆论抨击的共产主义价值观，但这多半是不切实际的幻想，现实很快与之背道而驰，并引发了大众对民主的失望情绪。与其说俄罗斯民众对民主本身感到失望，不如说他们为自己 1990 年代初作出的政治选择而懊悔。人民赋予叶利钦无限权力实施的社会、政治和经济计划令人沮丧。结果，人民对叶利钦的消极态度波及助推计划实施的民主程序和制度。正因为如此，社会极其平静地接受了 2000 年代国家出现的倒退，当时，甚至以往取得的有限民主成果也消失殆尽"。③ 正是在这种情况下，"民主和人权观念逐渐远离社会关注的焦点，转而成为次要的价值观，重要

---

① ［俄］叶·鲍·舍斯托帕尔：《苏联解体后俄罗斯的政治行动者：政治精英与社会大众》，徐家林编译，《国外社会科学》2017 年第 1 期。

② ［俄］叶·鲍·舍斯托帕尔：《苏联解体后俄罗斯的政治行动者：政治精英与社会大众》，徐家林编译，《国外社会科学》2017 年第 1 期。

③ ［俄］M. K. 戈尔什科夫：《俄罗斯的大众意识：改革二十年之总结》，《社会与经济》（俄文版）2011 年第 8 期，钟建平译，载《西伯利亚研究》2016 年第 3 期。

性下降"。以至于尽管民众"对民主思想本身持友善态度，但对大多数民主制度（选举、议会制、多党制、言论自由等）则持极端怀疑，甚至消极态度"。① 正是基于这一分析，社会学家戈尔什科夫指出："国家的民主模式不适合俄罗斯人民，首要原因是其具有精英性质。3/4 的俄罗斯人相信，在我国领导人和政治家决定一切。国人政治参与积极性大幅下降的原因就在于此。大多数人同以前一样，只有在国内或者国外发生重大事件时才开始留心政治。"② 同时，由于政治精英们积极参与的是与利益集团相关的政府决策，而民众的诉求则无足轻重，致使大多数民主制度的效率极其低下，也是民众不满的另一个重要原因。

根据戈尔什科夫的分析，由于"社会经济改革失败明显降低了民主对大部分俄罗斯人的诱惑力，也决定了民众对民主的双重态度。后共产主义转型的经验证明，如果民主制度的工具价值得不到社会认同，不为民众所需要，那么民主将黯然失色，逐渐变成舶来的摆设"。③ 这一结论实际上是用事实对现政府民主自由理念的质疑和诘问。

在社会主义意识形态被人们抛弃后，随之而来的是道德观念的巨大变化。"许多俄罗斯人深信，我国社会的道德准则彻底丧失，道德侵蚀已经达到一个临界点：民众将经历灵魂重生，确切地说，这将是俄罗斯的凤凰涅槃。现在多数人认为，道德水平下降是改革年代俄罗斯社会遭受的最重大损失之一，它的损失超过同期社会领域危机（卫生、教育、文化）、法治状况、民族关系和居民生活水平等等。"同时，相当数量的俄罗斯人认为，改革造成的道德水平下降首

---

① ［俄］M. K. 戈尔什科夫：《俄罗斯的大众意识：改革二十年之总结》，《社会与经济》（俄文版）2011 年第 8 期，钟建平译，载《西伯利亚研究》2016 年第 3 期。
② ［俄］M. K. 戈尔什科夫：《俄罗斯的大众意识：改革二十年之总结》，《社会与经济》（俄文版）2011 年第 8 期，钟建平译，载《西伯利亚研究》2016 年第 3 期。
③ ［俄］M. K. 戈尔什科夫：《俄罗斯的大众意识：改革二十年之总结》，《社会与经济》（俄文版）2011 年第 8 期，钟建平译，载《西伯利亚研究》2016 年第 3 期。

先是社会问题，而不是个人问题。因为，"人们在日常生活以及同周围人的交往中没有感到道德环境明显恶化；或者虽有感觉，但并不是全面的道德衰落，而且感受远不如自己对未来失去信心、生活水平下降、缺乏稳定感和安全感及社会公平缺失等强烈"。①这种判断的价值在于，通过对道德水平下降的社会原因分析，指出其主要因素并不是来自人们的日常交往，而主要是社会问题。

戈尔什科夫通过对不同年龄组的问卷调查，认为"青年人的道德观念最脆弱。青年人的核心道德不稳定，容易受社会环境的影响。人们普遍感到，道德基础的代际传承将中断，从现在18—20岁的年轻人开始将出现失去羞愧感和良知的'新俄罗斯人'"。② 相对于青年人来说，由于老年人极少融入充满诱惑和考验的社会生活，因而他们的道德立场就更为传统和坚定。

戈尔什科夫在认真分析了各阶层道德观念的变化后，深刻地指出："过去20年对俄罗斯人民是严峻考验，极大动摇了民众的价值观和行为准则。在国家实际上不再扮演'道德辅导员'角色，其他社会制度又尚未承担起这份责任的条件下，社会实际上处于'迷航'状态。难以适应社会经济环境使许多俄罗斯人学会了规避社会和国家提出的行为准则，以摆脱多余的道德负担。从经济和社会意义上说，忽视传统道德规范更划算：不遵守道德规范的人社会地位提高得更快。但是，传统价值观和行为规范对大多数国人仍具有现实意义。目前民众对社会道德环境和传统道德丧失的担忧与其说是规范和传统沦丧，不如说是标志着社会处于道德复苏阶段，强烈感受到必须恢复传统价值观和行为规范。"③

---

① [俄] М. К. 戈尔什科夫：《俄罗斯的大众意识：改革二十年之总结》，《社会与经济》（俄文版）2011年第8期，钟建平译，载《西伯利亚研究》2016年第3期。

② [俄] М. К. 戈尔什科夫：《俄罗斯的大众意识：改革二十年之总结》，《社会与经济》（俄文版）2011年第8期，钟建平译，载《西伯利亚研究》2016年第3期。

③ [俄] М. К. 戈尔什科夫：《俄罗斯的大众意识：改革二十年之总结》，《社会与经济》（俄文版）2011年第8期，钟建平译，载《西伯利亚研究》2016年第3期。

戈尔什科夫也从经济领域对影响意识形态的因素进行了分析。他说："经济危机前多数俄罗斯人对21世纪国家的发展前景持积极评价。社会实践和调查表明，新世纪的俄罗斯自信地走上经济社会稳定发展的轨道。经济实现8年连续增长，大部分居民的收入显著提高。2008年夏季乐观情绪达到顶峰。无论自己的生活顺利与否，居民都相信俄罗斯是一个成功的国家，将长期保持政治稳定和经济增长。许多专家甚至认为，到普京执政末期俄罗斯将进入崭新的后转型期。新的需求逐渐形成，与任何欧洲国家居民的需求已相差无几。"① 但是，"突然爆发的经济危机以及随之而来的冲击（生活必需品和住房公用设施服务价格大幅上涨、自然和生态环境遭受巨大破坏、恐怖活动、世界动荡）迫使社会更加谨慎地评价自己的现在和未来。如果说，这次席卷世界的经济危机，导致了世界经济的长期低迷，但是对俄罗斯经济的影响却是更为严重的，传统的产业结构造成了俄罗斯经济的复苏困难。这对人们的心理和意识产生了严重影响。"毫无疑问，这一判断对深刻认识2008年金融危机及其对俄罗斯的影响是极为重要的。

用戈尔什科夫的话说："经济危机最严重时期的结束与社会定式的更替相伴随。随着新老精英的更迭，未经历过1990年代改革困难的一代走进活跃的社会生活。2000年代政权惯于依赖的群体——大部分公职人员、基层官僚等——开始批判政权，莫斯科反应最强烈。2010年夏，新的社会政治形势对民众情绪产生巨大影响，森林大火、食品价格上涨、紧急情况下政权不作为或者效率低下进一步加剧了社会不满。俄罗斯民众对官僚和护法机构的不满情绪急剧上升。首都的外来移民迅猛增加。最近一年，仅在莫斯科和圣彼得堡就发

---

① ［俄］M.K.戈尔什科夫：《俄罗斯的大众意识：改革二十年之总结》，《社会与经济》（俄文版）2011年第8期，钟建平译，载《西伯利亚研究》2016年第3期。

生数起大规模族际冲突。"① 事实证明，许多紧急状况看似突如其来，其实都有着深刻、复杂、相互交织的内在原因。莫斯科森林大火除了气候高温干燥等自然因素，同时也反映了由于经济不景气导致消防设备的落后和救火力量的薄弱，以及政府组织指挥和动员协调能力的低下等人为因素。当时，普京政府对主管官员的查办证实了这一问题的存在。

关于社会的总体情况，戈尔什科夫的调查表明，民众对俄罗斯现状和未来的评价呈分化趋势。相信国家发展前景乐观表明了大多数人渴望保持稳定，如果进行某种改革，那么它只能是谨慎的、渐进的。青年人和部分活跃的中产阶级逐渐成为变革的中坚力量，但暂时这一趋势表现不明显。大多数俄罗斯人在渴望稳定的同时，仍感到2000年代前半期经济社会发展所固有的活力丧失。他们认为，国家形势趋于恶化，俄罗斯与世界主要国家的差距逐渐加大。而占63%的被调查者认为，当下俄罗斯的主要威胁来自于国内。这一民调结果表明俄罗斯改革的任务还相当艰巨，真正要达到民主、法制和市场经济高度发达社会的目标，还有漫长的路要走。

戈尔什科夫根据问卷调查指出："总体上可以认为，当代俄罗斯社会处于某种迷茫状态，对国家现状和未来的认识混乱。一方面，社会保持着一种惯性，希望一切可以'自愈'，需要的仅仅是些许忍耐，不必作出任何改变；另一方面，越来越多的人认识到，如果不彻底重新评价过去10年被证明正确的发展战略和优先方向，国家未必能够顺利向前迈进。暂时仅能从国家领导人呼吁必须实现经济和社会其他领域现代化的宣言中感受到这种重新评价。这方面的实际举措显然不足以消除发展停滞现象。"② 这一评价深刻反映了近年来

---

① ［俄］M. K. 戈尔什科夫：《俄罗斯的大众意识：改革二十年之总结》，《社会与经济》（俄文版）2011年第8期，钟建平译，载《西伯利亚研究》2016年第3期。

② ［俄］M. K. 戈尔什科夫：《俄罗斯的大众意识：改革二十年之总结》，《社会与经济》（俄文版）2011年第8期，钟建平译，载《西伯利亚研究》2016年第3期。

俄罗斯经济状况所折射的社会原因,是我们探讨掣肘俄罗斯发展速度、阻碍发展规划实施的重要依据。于是,"在俄罗斯经济发展缓慢的背景下,大多数政治制度陷于停顿状态,未来经济繁荣和建设真正民主国家的梦想渐行渐远,危机后果开始显现。到2009年,俄罗斯经济奇迹的神话实际上已经破灭,相应地,民众在最短时间内过上欧洲主要国家的生活的希望成为泡影"。① 经过2008年席卷世界的金融危机,以及国际能源机构对石油价格的调控给俄罗斯经济带来的巨大冲击,俄罗斯人终于明白了,在融入世界经济体系的同时,还必须随时应对西方国家发起的贸易战、价格战,而作为一个大国为应对这些挑战,首先应该拥有强大的经济实力和重要的国际地位。

当然,戈尔什科夫在最后还是颇有信心地指出:"不过,国人并未对此感到特别悲观。最近20年他们懂得了许多东西,变得更加坚强。目前社会实际上不存在任何恐慌情绪。与1990年代末发生的危机不同,民众更为平静地接受了最近这场危机。社会对丧失昔日强国地位的评价不带任何感情色彩,并且能够客观看待国家目前的经济潜力及其国际地位。此外,不能不承认的是,大多数俄罗斯人,尤其是青年人普遍持无所谓的态度,'今朝有酒今朝醉',对个人生活以外的事情漠不关心,更不顾念国家前途。一旦生活计划的实施面临威胁或者障碍,许多人甚至准备抛弃自己的国家。"② 从国家的意识形态状况看,如果哪怕是少数青年人抱有这种态度,对于一个大国的振兴或发展也确实是非常消极的。

因此,戈尔什科夫认为:大量事实表明,在国家发展现状评价和未来预测方面,今天的俄罗斯面临定式更替,或将重新评价诸多几年前认为显而易见的事情,这一过程已经开始。社会逐渐认识到

---

① [俄]M. K. 戈尔什科夫:《俄罗斯的大众意识:改革二十年之总结》,《社会与经济》(俄文版)2011年第8期,钟建平译,载《西伯利亚研究》2016年第3期。

② [俄]M. K. 戈尔什科夫:《俄罗斯的大众意识:改革二十年之总结》,《社会与经济》(俄文版)2011年第8期,钟建平译,载《西伯利亚研究》2016年第3期。

许多延缓或者阻碍国家发展的消极因素，但历史发展仍具有很大的惯性力量，一些人惧怕改革，不愿思考甚至并不遥远的未来。

通过以上的社会学问卷调查和科学系统分析，形成了当代俄罗斯意识形态的基本状况。正是面对俄罗斯经济社会的复杂现实，俄罗斯从上到下，对于正确认识本国的历史和传统更加重视了，因为这是汲取精神力量、凝聚发展共识的思想之源。确实，当人们失去理想、困惑迷惘之时，当人们还不想就此沉沦并积蓄力量去再次奋斗之时，必须站在时代高度，从历史中挖掘民族精神，在传统中寻找复兴之路。从这一意义上说，新时期的俄罗斯史学尽管任重道远，但仍然充满希望。

三 《近25年俄罗斯的史学研究》：新视角与新观点

苏联解体至今已近30年。在国家巨变的大背景下，俄罗斯史学经历了从混乱无序到理性反思，再到历史学使命逐渐回归的曲折过程。这表明俄罗斯错综复杂的社会变革与其面临的世界变局，都促使学者们以历史的眼光对现实世界做进一步的科学分析和理性思考，直接反映在历史学家的观念变化和直面现实的责任担当。因此，对历史学价值和功能重要性的认识，在俄罗斯的政府和学界基本是一致的。尽管俄罗斯经济长期不景气，特别是2008年世界经济危机又使俄经济遭受重创，经费的短缺给教学与科研带来严重影响，但历史类书籍的出版数量却几乎没有下降。在20多年间，历史教科书、各类通史、历史人物传记、历史回忆录、档案资料汇编、记者札记、历史专题著作等大量出版。各类书籍作者的职业也是不尽相同，除了专业历史研究人员和大学历史教师外，专栏记者、杂志编辑、原国家领导人、曾经在部队和克格勃工作过的退役人员等等，也加入到写作队伍中。他们的作品多是亲历记录或是历史事件的反思，作为口述历史的一种形式，尽管可能存在一定的主观性或政治偏见，但还是具有较高的史料价值。各类历史书刊的大量出版，有时也让人眼花缭乱，对各种史实的阐述及评价常常是众说纷纭、莫衷一是。

但是，专业的历史学家还是力图从史学史的角度对这一过程作出总体描述和基本的价值判断。其中，由根纳季·鲍尔久戈夫主编，于2013年出版的《序幕之间：近25年俄罗斯的史学研究》①一书，即是对这一时期史学发展进行全面总结的大型学术文集。

《序幕之间：近25年俄罗斯的史学研究》是由俄罗斯社会研究者协会（АИРО－XXI）支持的重点项目，作者队伍由苏联到新俄罗斯时期几代历史学家组成。他们对纷繁复杂的史学现象进行了客观评价，对一些重要历史事件和人物进行了更为深入的研究，对当代俄罗斯史学发展的基本趋势进行了分析，从史学史研究的角度看，具有很高的学术价值。全书共计1520页，按时间段分为三个大部分，即1988—1996年、1996—2002年、2003—2012年，每个部分又分为若干主题，根据不同主题收入了不同历史学家所撰写的专题研究报告。正如该书主编在引言中所写到的那样："四分之一世纪从历史编纂学的视角看，确实是短暂的一瞬，但如果这是一个急剧转折的时代，是一个社会生活所有方面都出现重大改变的时代，那它从编年史的意义来看，完全可以与一个世纪相比较。从方法论革命和历史观念的更新视角看，这一现象与1917年之后俄国的经历极为相似。这是一个旧制度消亡和新制度加速建立的时期。这一时期开始和结束的分界线与两种因素相关联：第一是20世纪80年代末期，当时国内的不满情绪急剧上升，开始了声势浩大的改革浪潮；第二是21世纪第二个10年开始的时候，国家不仅经受着来自经济领域的严峻考验，同时，在社会结构方面也发生了深层变化。"② 因此，从宏观上把握这一时期俄罗斯历史研究的主要进展、重要成果和基本趋势是该书编写的基本目的。由于该书体量庞大且内容重要，希望今后能有部门资助翻译出版。因篇幅所限，这里仅将各章节或文

---

① ［俄］Г. А. 鲍尔久戈夫主编：《序幕之间：近25年俄罗斯的史学研究》，莫斯科，2013年。
② Под редакцией Г. А. Бордюгова: *Между Канунами Исторические исследования в России за последние 25 лет*, Москва：АИРО－XXI. 2013. /Г. А. С. 15.

章的标题及部分题录译介出来，以期对该书的主要内容有一个大体的了解。

该书第一章（1988—1996 年）下设三个主题单元。

第一单元是"前提条件"，其中包括5篇文章：

（1）安德烈·米纽克（Андрей Минюк）：《当代的档案政策：预期与封禁》；

（2）В. 涅维日、О. 普鲁兹科娃（Владимир Невежин Ольга Пруцкова）：《历史文献的出版：危机或稳定》；

（3）А. 谢维列夫（Александр Шевырев）：《历史在校园：新教科书中的祖国形象》；

（4）А. 戈鲁别夫（Александр Голубев）：《1995 年教科书中的俄国现代史》；

（5）В. 加热里尼科娃（Виктория Тяжельникова）：《寻找历史知识的技术方法》。

第二单元是"发展状况"，其中包括：

（1）А. 鲍鲁诺夫（Александр Полунов）：《罗曼诺夫家族：历史与观念之间》；

（2）А. 班佐夫、А. 切切维什尼科夫（Александр Панцов. Александр Чечевишников）：《关于 Д. А. 沃尔科果诺娃著〈托洛斯基〉一书的研究者与文献资料》等5篇文章。

第三单元是"题材与观点"，其中包括：

（1）В. 布尔达科夫（Владимир Бурдаков）：《"红色十月"中历史编纂方法的改变》；

（2）А. 乌沙科夫（Александр Ушаков）：《国内战争——老问题新阐释》；

（3）С. 巴夫留金科夫（Сергей Павлюченков）：《战时共产主义——布尔什维克的理论表述》；

（4）М. 高利诺夫（Михаил Горинов）：《1920—1930 年代的苏联史：从神话到现实》；

(5) Д. 阿曼若洛娃（Дина Аманжолова）:《民族政策的历史编纂学研究》等 12 篇文章。

该书第二章（1996—2002 年），开始是由主编根纳季·波尔久戈夫撰写的题目为《历史现实性及其概念的新问题》的前言，对这一时期史学发展的基本趋势作了评估。单元内容主要是：

第一单元的题目是"条件与结构"，主要有以下文章：

（1）伊利娜·卡斯白（Ирина Каспэ）:《历史概念与俄罗斯网络中的历史概念》。主要论述了网络历史的形式，历史知识的形式，血液、土壤及信息的无限期保存，新古典主义，出版商俱乐部，压缩到日历的历史，网络以外的社区与机构形式，历史在继续。文章着重阐述了互联网时代历史研究面临的新情况与新问题，以及相应的解决方法。

（2）纳塔利亚·波塔托娃（Наталья Потатова）:《史学期刊：语言选择状况》，主要论述了出版方式、作者形式、资料形式、主人公及其功能、问题化方法等内容。

（3）尼基塔·捷博科夫（Никита Дебков）:《历史教科书问题》，主要论述了历史教科书对于国家的重要性问题，观点的争论仍在继续，教科书与审订专家，语言与结构，概念与意识形态等。

（4）安东·科罗林科夫（Антон Короленков）:《历史类出版物动态及阅读结构》，主要讨论了出版物整体动态，出版物形式，历史时期：出版社利益与读者兴趣，出版政策的若干发展趋势和历史文献的处理等问题。

第二单元的题目是《新形势》，主要有以下文章：

（1）伊利娜·切切里（Ирина Чечель）:《神话与历史的"真实性"：当代历史编纂学中的一种倾向》，主要包括：历史学中的正确思维：问题聚焦，1990 年至 2000 年初祖国历史编纂学中"正确思维"问题研究的方法论依据，"正确思维"问题的史料"语境"，"正确思维"问题中的语言学"语境"问题，1990 年至 2000 年初祖国历史编纂学中的"正确思维"等内容。

（2）德米特里·安德列耶夫（Дмитрий Андреев）：《政权：体制与制度》，主要包括：政权合法化，政权建筑形式，政权继承，政府顾问，过渡制度，新兴制度，制度的顶峰，选举代表制的困境，"边疆区"制度。

（3）纳塔利亚·特鲁博尼科娃（Наталья Трубникова）：《极权主义理论落幕：法国的俄罗斯历史编纂学》。主要包括：法国历史学家眼中的俄罗斯，总体发展趋势，与以往空想相对立的复杂的"回归共产主义"，单数和复数形式的共产主义理论，"更新的"社会主义历史：研究的新领域等。

（4）瓦西里·莫洛佳科夫（Василий Молодяков）：《冷战的热土：近年来的日本俄罗斯学》，主要包括："档案解密热"及其后果，莫斯科是日本俄罗斯学的大本营，民粹主义者与"大米文明"——日本研究成果的民族性，"二传手"俄罗斯：欧美因素，学术氛围，日本俄罗斯学中的俄罗斯学者，日本俄罗斯学与俄罗斯读者等。

（5）康士坦丁·叶鲁萨里姆斯基（Константин Ерусалимский）：《受现代电子出版物冲击的历史学、历史学家与历史资料》，主要包括：模糊的反思，什么资料不受现代史料学的影响，通过基础与上层建筑进行对话，历史学家存在过吗？留在沙滩上的信等。

该书第三章（2003—2012年），开始是由主编根纳季·波尔久戈夫撰写的题目为《面临新旧选择》的前言。单元内容主要是：

第一单元的题目是"条件与环境"，主要包括以下文章：

（1）瓦西里·莫洛佳科夫（Василий Молодяков）：《历史政治与记忆政治》，主要包括："历史政治"与"记忆政治"：定义与概念的区分，历史政治：历史学家不需要吗？史学正统："强权"的道歉，纪念日：斯大林正在回归，反对"历史的伪造者"：未被完全遗忘的过去，国家为什么去斯大林化？等。

（2）塔吉亚娜·菲利普波娃（Татьяна Филиппова）：《新版历史教科书的"正面认同"》课程，主要包括：历史教科书问题是一项研究课题,历史剧——历史学家表演的戏剧,标准还是基准?通往正能量剧本之路等。

(3)安德烈·马卡罗夫(Андрей Макаров):《历史类出版物与阅读结构》,主要包括:阅读范式的转变与图书出版模式,俄罗斯书海中的历史书籍,"小空间":学术环境,"大空间":读者群、教师与学生、"观众"等内容。

(4)巴利斯·索科洛夫(Барис Соколов):《电影史与电视史》,主要包括:伊凡雷帝——独裁暴君还是疯子?电影剧本与历史:经典与革命,红军与白卫军:新旧形象对比,有图哈切夫阴谋吗?波兰——第二次世界大战的主要挑衅者,伟大卫国战争:银幕上的意识形态之争,从战争到和平:稳定是最为宝贵的财富,历史犹如电视节目,等等。

第二单元的题目是"新旧局面",主要有以下文章:

(1)奥利佳·加列契科娃(Ольга Галечкова):《权力现象:新问题与新途径》,主要包括:政治体制运行机制,权力形态与历史动态,权力演示与权力合法化,聚光灯下的新焦点,掌权者,权力空间的其他主体,在斯托雷平的影响下,如何不使历史政治化?天鹅绒革命和颜色革命的蔓延:革命犹如一门权力之术,历史文化学:过渡性结论与学术界限的延伸。

(2)叶列娜·科捷列涅兹(Елена Котеленец):《没有偏见的列宁与列宁主义》,主要包括:"回到列宁","不为人所知的列宁",国外收藏的有关列宁的艺术和文学作品集,等等。

(3)叶卡捷琳娜·苏洛夫采娃(Екатерина Суровцева):《斯大林与斯大林主义:历经磨难》,主要内容包括:评价斯大林所遇到的困难,出版项目,研究斯大林个人和斯大林主义现象的主要视角,斯大林政治生涯的开端,强制手段及斯大林使用这一工具的作用,党组织名册,斯大林其人,斯大林的政治履历,斯大林的个人生活,斯大林是一位修辞学家,斯大林与宗教,斯大林时代的生活方式,斯大林与卫国战争,斯大林与艺术,斯大林与文学,斯大林与建筑,斯大林与斯大林时代的文化，斯大林之死，有关斯大林的艺术和文学作品集，回忆斯大林主义，有关斯大林的网络资源，当代社会研究斯大林热的原因，等等。

（4）伊利娜·别洛娃、伊戈尔·格列别金（Ирина Белова，Игорь Гребенкин）：《第一次世界大战：被遗忘的战争》，主要内容包括：问题领域：和平与战争，战争与和平，从多种主题到综合概括，途径和方法：搜寻与查找，等等。

（5）安东·波萨德斯金（Антон Посадский）：《国内战争：新观点》，主要通过对战争观点的不同解读、新趋势与新方法、研究设想、结构与宗教视角等方面，对战争进行了重新认识。

（6）阿列克谢·杰普里亚科夫（Алексей Тепляков）：《强制时代：主体与客体》主要包括：出版热：珍珠与稗子，苏联强制政策研究的新视角，俄罗斯历史学者眼中的国家安全机构，研究机构的特点，等等。

（7）德米特里·安德列耶夫、瓦吉姆·普洛佐罗夫（Дмитрий Андреев，Вадим Прозоров）：《世纪之交的阴谋论和世界末日论》，主要讨论了如下问题：阴谋论研究中的新趋势，历史结束与世界终结，抑或阴谋论与世界末日论，后现代主义者担心时代感丢失，中世纪梦想的丧失，文艺复兴"模式"：意外发现的后现代主义，"福柯钟摆"——后现代阴谋论百科全书，从"新复兴主义"到"新智慧主义"，指向阴谋谜题的文学线索，世界末日说就是一个假想，实践末世论构想前提下阴谋论的发展前景，等等。

第三单元的题目是"学习模式"，主要包括以下文章：

（1）米哈伊尔·科洛姆（Михаил Кром）：《从人类学发展看俄罗斯历史》，主要包括以下内容：心理：赞成与反对，历史人类学：从理论争论到具体研究，微观史学：探寻方法，日常生活史：需要概念化，等等。

（2）塔吉亚娜·达什科娃（Татьяна Дашкова）：《性别问题：描写方法》，主要包括以下内容：最好的来自于西方：西方的女权主义,"女性"及性别研究,回到苏联,俄罗斯及独联体国家的"女性"和性别研究,社团产生于制度发展,"女性"与"政治"和"无意识的",国内学者研究成果中的智力发展战略与自我反思形式,学术出版社分布及形式,学科界限和认知转向,"女性史":优先选题与未研究领域。

（3）亚力山大·巴赫图里娜（Александра Бахтурина）：《沙俄帝国与俄罗斯的民族政策》,主要内容是:俄罗斯——帝国国家? 帝国的民族政策。

（4）德米特里·柳克欣（Дмитрий Люкшин）：《农业史领域中的农民研究》,主要包括以下内容:农民的再次界定:首次出现的俄罗斯农民研究,农民研究方法与俄国农业史传统:冲突与妥协,农民研究反思,课程的起源,农民维度中的历史人类学:功能与界限,等等。

（5）谢尔盖·安东年科（Сергей Антоненко）：《当代俄罗斯历史话语中的忏悔成分》,主要包括:国家重要性问题,科学中的神圣词汇,基督教还是"双重信仰"? "神圣罗斯"的新发现,国家中的教堂:"交响乐"还是囚禁? 东正教文明的辩护者和曝光者:寻找俄罗斯史的公式,教堂是历史知识的一个主题,还是今天的教会史学?

《序幕之间：近25年俄罗斯的史学研究》容量很大,涉及了这一期间俄罗斯历史研究几乎全部的重要领域。正如我们所看到的那样,苏联解体后的20多年间,尽管国家经济大部分时间低迷徘徊,然而史学家们的论著却是异常丰富,数量一直没有明显地减少,质量却有了较大的提升。从史学界思想认识的五花八门,到逐步进入客观、理性的研究状态,当代俄罗斯史学正在完成这一艰苦的转变。总体来看,当代俄罗斯史学已经成为影响整个社会统一和团结的重要因素。尽管苏联解体所导致的原有意识形态体系的瓦解、经济体制的转型等因素,对历史科学的影响依然存在,但是,实现富民强国目标、重新确立俄罗斯大国地位,已经成为多数史学家的新使命,他们围绕历史的经验与教训、民族的传统与精神等方面进行重新的发掘和艰苦的探索，已将俄罗斯史学从总体上推向一个新的发展时期。

同时，也应该看到，俄罗斯国家这场全方位的、剧烈的社会变革，无论从广度、深度，还是持续时间的长短来看，都是俄罗斯历史上前所未有的。时至今日，这场变革仍然在摸索中继续，并且这些变化还将向纵深发展。在这一背景下，历史学的发展变化也将是持续不断的，需要学者们不断地跟踪研究。

第二节　统一版历史教科书的编写及其意义

一　统一版历史教科书的酝酿及启动

如果说历史是一切社会科学的基础，那么它对意识形态的支撑作用显然是至关重要的。普京执政以来，"历史虚无主义"和抹黑歪曲祖国历史所产生的连锁反应一直对强国战略实施，以及国家的内政外交造成负面影响。普京走上俄罗斯政坛之初，就在《千年之交的俄罗斯》一文中，表达了对尊重祖国历史、唤起民族精神的坚定信念。此后，他对历史教科书的编撰予以高度关注，在他第一个任期的8年间，已经出版了几种新编历史教科书。在前文我们已经对这批教科书进行了简要评析。总的来看，这批教科书具有明显的过渡性质，虽然比20世纪90年代中期出版的教科书有了一些变化，但还是存在较多问题。一是受自由主义历史观影响，对一些已经公认的历史成就和历史人物仍做出否定性评价和错误的解读；二是就事论事较多，而深入的理论阐释和规律性分析较少，表现在理论框架的薄弱和逻辑关系的相悖；三是多种教科书对同一历史事件和人物的评价观点不同甚至存在较大差异，让学生很难把握孰是孰非，可能造成对历史的错误判断和模糊认识。当然，这也与部分知识界和政界精英排斥"统一"教科书的呼声相关，他们担心"统一"的教科书可能会再次限制和禁锢人们的思想，而且这种怀疑和不满一直持续到统一版历史教科书开始编撰的时候。

面对支撑国家意识形态重要基础的人文社科状况，普京多次指出，人文社会科学领域的工作十分重要，整个社会，无论是文化水平，还是道德水平都取决于该领域的水平。2007年6月21日，普京在接见全俄人文及社科教师会议代表时所作《重编历史教材，发展人文社会科学》的讲话中指出："在十分矛盾的现今世界的条件下，人文教育的价值只会不断地增大，尽管乍一看，与技术、经济等相关的应用领域的知识正在走上先进地位。但必须看到俄罗斯在世界上的作用，理解某些社会体系、国家、政治家的行动动机。没有这个基础，我们既不能使国家得到巩固，也不能使其发展。而且，没有社会科学领域的成就，整个俄罗斯科学的重大发展都是不可能的。它们同自然科学各学科的发展一样，也是解决优先的国家任务的因素。"① 由此可见，普京对于历史教科书的编写高度重视。他对于苏联解体后，特别是他任总统后已经出版的多种历史教科书并不满意，认为一些历史教材在编写原则、历史观点等方面还存在不少问题，"对人文教育领域的学术保障和教学法保障有时是滞后的"。② 他对于在苏联解体十多年之后，还没有推出真正权威的、反映新俄罗斯国家意识形态的历史教科书深感遗憾。他说："实际上现在还没有深入客观地反映我国现代史上的各种事件的教科书。历史和社会科学知识方面的教科书有时还'停留'在20世纪90年代的时期。换句话说就是对最近时期事件的阐述都是浮光掠影、空泛抽象的，委婉地说，有时十分矛盾。"③ 有学者认为，"这标志着俄罗斯在历史研究领域将出现方向性的重大变化"。④ 但是，普京在这次讲话不久就

---

① 《普京文集》，张树华等译，中国社会科学出版社2008年版，第473—474页。
② 《普京文集》，张树华等译，中国社会科学出版社2008年版，第474页。
③ 《普京文集》，张树华等译，中国社会科学出版社2008年版，第474页。
④ 吴恩远:《俄罗斯最新历史著述及评析》，《世界社会主义研究》2018年第11期。

改任俄总理了,这项工作在他担任俄总理的4年间(2008—2012年),并没有实质性地进一步推进。

2012年普京再次当选俄罗斯总统时,正值"俄罗斯历史年"活动的高潮期间。在参加历史年活动中,他多次提出对重要的历史文化遗址遗迹要实行保护政策,要利用丰富的历史文化资源大力弘扬俄罗斯传统文化。同时,他在国情咨文中再一次强调:"中小学历史教材的编撰要根据国家颁布的标准编写",其重要原则就是为恢复俄罗斯的强国地位提供精神动力和理论保障。于是,编写统一版历史教科书的工作再次提上日程。

2013年2月19日,普京在俄罗斯民族关系委员会会议上指出:"应当考虑供中学使用的统一的俄罗斯历史教科书了,它们适用于不同年龄的人,但是以统一的概念范围、连续不断的俄罗斯历史的统一的逻辑范围、各个阶段的相互联系、尊重我们过去的所有篇章为基础。""学校教科书应当用优美的俄语写就,没有内部矛盾和双重解释。这应当是对所有教学材料的强制性要求。"① 在这里,普京反复强调编写"统一的"俄罗斯历史教科书的重要性,因此,一般把该版教科书称为"统一版历史教科书"。针对某些教育界精英担心"思想禁锢"再次出现而提出的反对意见,普京说:"我说的是教育标准,而不是思维的标准化。我不是说要按统一的标准对所有的人进行'梳理',这在一种意识形态占主导地位的条件下曾经有过。"② 统一版历史教科书的编写尽管在学界产生了某些异议,但还是得到了多数民众的赞成,加之统一俄罗斯党和政府的支持,被称作普京版统一历史教科书的编写工作,在酝酿了多年之后终于正式启动了。

二 统一版历史教科书编写工作的实施

根据普京总统关于编写统一版历史教科书的指示,2013年该项

---

① 引自周国长《普京版统一历史教科书对1917年俄国革命的叙事与评价》,《西伯利亚研究》2018年第2期。

② 马龙闪:《普京与俄罗斯历史统一版教科书》,《历史教学问题》2017年第1期。

工作正式启动。首先，俄罗斯联邦政府组建了由俄罗斯科学院、俄罗斯联邦教育和科学部、俄罗斯历史协会、俄罗斯军事历史协会等科研和教学机构专家组成的修改历史教科书工作委员会。俄罗斯著名历史学家、俄罗斯科学院世界历史研究所所长 A 丘巴里扬（А. Чубарьян）院士担任该委员会的学术负责人。修改历史教科书工作委员会经过深入研究和认真讨论后，起草了《俄罗斯历史统一教科书新教学法总体纲要》（以下简称《总体纲要》），并由俄罗斯历史协会主席团在2013年10月30日召开的扩大会议上，审议鉴定并核准通过了该《总体纲要》。

2014年1月16日，普京总统在克里姆林宫接见了《总体纲要》起草专家组成员。参加会见的有俄国家杜马主席、俄罗斯历史协会主席、总统助理、教育部长和文化部长等。在会见中普京指示："要用一年半到两年时间，在《俄罗斯历史统一教科书新教学法总体纲要》的基础上，编写出俄罗斯史新的统一教科书。在教科书问世之前的这段时间，从教学到各类考试大纲，都要采取各种措施和办法，统一到这个《总体纲要》的思想上来。"[①] 2014年5月，《总体纲要》正式发布，成为指导统一版历史教科书编写工作的政策文件和统一标准。

新编统一版历史教科书并不是一种教科书，而是由多家出版单位提供的多种教科书，根据《总体纲要》的统一要求，既纠正了数十种教科书观点五花八门、内容相互冲突的乱象，又可以让学校和教师在几个版本中自由选择。因为，教材（特别是中学教材）与学术思想纷呈的论文集有着根本的不同，教科书并不是思想交锋和观点争论的平台，而是一种通过正确的历史阐释，教人以知识、授人以智慧、给人以启迪的工具。它要求基本知识力求准确、价值观念科学向上，应在很大程度上反映官方的历史态度和史学界大体一致的看法。那么某些学者为什么要反对统一版历史教科书的编写呢？

---

① 马龙闪：《普京与俄罗斯历史统一版教科书》，《历史教学问题》2017年第1期。

实际上这也是容易理解的，因为目前俄罗斯国内对苏联历史的诸多问题确实还存在不同观点和激烈争论，一些史实可能还没有真正搞清楚，再就是一些学者可能担心苏联时期的思想禁锢再次出现。所以，新编历史教科书"把历史教育纳入爱国主义思想教育的范畴，使各个社会阶层、各种思想政治派别都大体能够接受。这就在一定程度上给了人们自由思想的空间，也制止了偏颇极端思想，基本上达到了普京制定历史统一教科书的初衷"。①

此后，莫斯科几家主要出版社根据《总体纲要》的精神，分头组织历史学家编写新版历史教科书。经过一年的时间，编写工作按时完成，并报送修改历史教科书工作委员会。该委员会责成俄教育和科学部、俄历史协会、俄军事历史协会等部门进行鉴定审查。通过鉴定和评估方式，从 17 套参与竞标的教科书中，暂定由 3 个出版社推出的 3 套教科书，作为俄罗斯全国中学六至十年级的历史教材。

2015 年 6 月 8 日，俄罗斯联邦教育和科学部颁布第 576 号令，批准了 3 种统一版历史教科书。这 3 部教材是由俄罗斯教育出版社（Просвещние）、大鸨出版社（Дрофа）和俄罗斯言论出版社（Русское слово）报送的《祖国历史》教科书。其中，由俄罗斯言论出版社编写的教科书因尚需修改和增加内容，而暂时未能投入使用，其他两种历史教科书作为教材于 2016 年正式出版。

2016 年 9 月新学期开学之后，全国中学基本上使用了根据《总体纲要》标准要求编撰的统一版新编历史教科书。尽管由两个出版社推出的历史教科书版本有所不同，具体表述也有一些差别，但都是按照国家制定的《总体纲要》标准编纂的，在基本原则、指导思想、历史观点和史实叙述上保持了大体的统一性和一致性，"标志着自苏联解体以来，对苏俄历史存在的各种问题争论有了代表国家主流意识的观点"。②

---

① 马龙闪:《普京与俄罗斯历史统一版教科书》,《历史教学问题》2017 年第 1 期。
② 吴恩远:《俄罗斯最新历史著述及评析》,《世界社会主义研究》2018 年第 11 期。

三 关于统一版历史教科书的简要评析

比较两套统一版历史教科书，教育出版社的《俄罗斯历史 10 年级教科书》的出版单位和编撰专家似乎更具权威性。这套按照俄罗斯历史文化标准和联邦国家教育标准要求编写的教科书，涵盖了 1914 年至 21 世纪初俄罗斯最重要的历史问题，教程的目的就是让学生形成俄罗斯公民身份认同，培养爱国主义精神。该套教科书由俄罗斯科学院院士 A. 托尔库诺夫（А. В. Торкунов）任总编，参加编写的作者是 М. М. 戈利诺夫（М. М. Горинов）、А. А. 达尼洛夫（А. А. Данилов）、М. Ю. 莫卢科夫（М. Ю. Моруков）、И. С. 谢缅年科（И. С. Семененко）、А. Я. 托卡列娜（А. Я. Токарена）、В. Н. 哈乌斯托夫（В. Н. Хаустов）、О. В. 赫列夫纽克（О. В. Хлевнюк）、В. А. 舍斯塔科夫（В. А. Шестаков）等 8 位历史学家。总体来看，两套新编历史教科书根据《总体纲要》标准，强调历史事实的准确性、历史过程的连贯性和基本观点的一致性，对于争议较大的历史事件和人物，还增加了"史料研究"和"史家观点"等内容，引导读者独立思考和分析判断。根据新编统一版历史教科书基本内容和重要观点的提法及变化，参考一些学者的评论，现作以简要的评析。

（一）遵循长时段和总体史思想强调历史过程的内在逻辑和连贯性。教育出版社的《俄罗斯历史 10 年级教科书》共分为 3 册，通过 5 章 53 节内容涵盖了 1914 年至 2014 年俄罗斯的主要历史过程。从 5 章的题目设计看，时间跨度较大，从而体现了一个较长时段内一系列重要历史事件相互关联性及其历史完整性。该书第一章题为"大动荡年代的俄罗斯"，从第一次世界大战前夕的俄国与世界，写到国内战争结束；通过各节阐述了第一次世界大战、1917 年二月和十月两场伟大的俄国革命、布尔什维克的第一次革命性变革、战时共产主义和国内战争等①，使人们在较为完整地了解历史进程的基础上，认识到这一阶段历史的极端复杂性和各种因素相互矛盾与相互作用特征。第二章是"1920—1930年代的苏联"、第三章是"伟大的卫国战争（1941—1945年）"、第四章是"苏联体制的兴衰（1945—1991年）"、第五章是"俄罗斯联邦"。这种历史阶段的划分，将历史过程的年代与事件因素相结合，特别强调了年代性而相对淡化了事件性，突破了以往一些历史阶段以年代划分的前后孤立和简单化缺陷，将事件和人物放在一个大的历史系统中，强调系统内部各种因素产生的历史原因和相关作用，及其对政治经济结构的影响。正如该书结语所说："历史的记忆将保存一切。多年以后，我们的子孙将会对已逝去的20世纪究竟是怎样一个世纪、20世纪人们的日常生活和世界观与其前辈有何不同作出评价。"②这种长时段总体史思想，对于认识和评判各种复杂历史现象无疑是正确而有效的方法。

从总体上看，在这五章之间也有着前后互为因果的相互联系，使读者可以较为容易地厘清一个世纪内（1914—2014）俄罗斯历史的基本脉络和线索，深刻认识在"俄罗斯历史最为复杂而紧张的20世纪"，胜利与失败、繁荣与衰落、困难与机遇、危机与挑战的曲折历程，在汲取历史经验教训的基础上，培养爱国主义精神，增强青年一代的历史使命感和责任担当意识。

（二）在尊重历史事实的基础上对重大历史事件和人物作出客观评价。

一是"教育"版教科书肯定了十月革命的历史地位。在"伟大的俄国革命：1917年十月"一节，作者简要地回顾了这一短暂的历史过程，如实记录了1917年二月革命之后临时政府根本无法满足工

---

① М. М. Горинов、А. А. Данилов、М. Ю. Моруков и др.：История России（10Класс）Часть 1，М. Просвещение，2016. 3с.

② М. М. Горинов、А. А. Данилов、М. Ю. Моруков и др.：История России（10Класс）Часть 3，М. Просвещение，2016. 109с.

人士兵有关要求，布尔什维克提出"一切权力归苏维埃"号召的历史背景，① 由此可见，"以武装起义形式进行的十月社会主义革命，不但是以列宁为首的布尔什维克善于利用时机的结果，更是历史的正确选择，是特定历史条件下的必然结果"。②

二是列宁在十月革命前后的一系列历史选择是正确的。"教育"版教科书在第一章第五节的"史料研究"部分，节录了列宁在1918年2月24日关于与德国签订单方媾和必要性的论述："从保卫国家的角度出发，当你没有军队而敌人武装到牙齿的时候，不能容忍把自己强拉入军事战斗之中……不能把苏维埃社会主义共和国带入战争。很明显，工农兵大众苏维埃的绝大多数是反对战争的……"③ 围绕这一观点各异的历史问题，教科书将列宁的论述放在当时具体的历史时段内，强调在特定时期应拿出解决特定问题的办法，即"列宁要为社会主义苏联的建立和建设创造和平的发展环境，在当时，没有比这个更现实的需求了，没有比这一历史任务更有价值的任务了"。④

三是对斯大林体制进行客观评述。该教科书的第二章，通过"大转折—工业化""农业集体化""1930年代的苏联政治制度""1930年代苏联社会的文化领域"和"1929年—1939年的苏联与国际社会"等内容，集中阐述了1920年代至1930年代斯大林时期的苏联。教科书认为，实施工业化和农业集体化是现实的需要，在对实施工业化的目标、原因、特点和成就进行客观评价的同时，也如

---

① М. М. Горинов、А. А. Данилов、М. Ю. Моруков и др.：История России（10Класс）Часть 1，М. Просвещение，2016. 36—37с.

② 武卉昕：《俄新编中学历史教材对苏联体制和苏共领导人的评价》，《红旗文稿》2018年第16期。

③ М. М. Горинов、А. А. Данилов、М. Ю. Моруков и др.：История России（10Класс）Часть 1，М. Просвещение，2016. 50с.

④ 武卉昕：《俄新编中学历史教材对苏联体制和苏共领导人的评价》，《红旗文稿》2018年第16期。

实地评述了工业化的代价。教科书将1927年爆发的粮食收购危机看成是实施农业集体化的导火索，由于软弱的工业无法保证必要商品的生产，而商品短缺又使农民无法通过交换粮食而获得工业品，"在这种情况下，斯大林提出把所有资源投入到工业化中，并对农业经济进行改造，加速大型集体经济的建设"。① 总之，教科书对于工业化和农业集体化的正反两方面都做了尽量客观的评价，在该书的结语中这样说道："短短的10年间，苏联打下了工业强国的根基，这成为在面临日益严峻的军事威胁下，确保作为一个大国防御能力的基础。""当然，这种巨大的经济潜力并非是苏联既有的优势，它的建立要求最大限度地集中国内的全部力量。"② 与此问题相关，作者还在"史家观点"专栏中，列出了几位学者的不同观点。其中，历史学家 В. В. 弗尔图纳托夫（В. В. Фортунатов）认为："集体化的结果是，国家在农村建立了'军事封建剥削'制度，这种制度在10年间完全符合党和国家上层的需要。"А. И. 乌特金（А. И. Уткин）认为："斯大林利用俄罗斯农民对村社土地使用的历史情结，建立了工业及农业生产。"③ 通过"史家专栏"方式，给学生以更加宽泛的思考空间。教科书肯定了斯大林在卫国战争中的作用，因此有学者认为，教科书是在强调"斯大林作为人民的统帅而不是人民的敌人，从逻辑上讲，不可能在承认苏联人民对卫国战争胜利所做的历史贡献的同时，否认同样作为人民统帅的斯大林"。④ 同时，教科书也客观地指出"斯大林的'古拉格'、造成数百万人死亡的1937—1938年

---

① 武卉昕：《俄新编中学历史教材对苏联体制和苏共领导人的评价》，《红旗文稿》2018年第16期。

② М. М. Горинов、А. А. Данилов、М. Ю. Моруков и др.：История России（10Класс）Часть 3，М. Просвещение，2016. 108с.

③ М. М. Горинов、А. А. Данилов、М. Ю. Моруков и др.：История России（10Класс）Часть 1，М. Просвещение，2016. 141—142с.

④ 武卉昕：《俄新编中学历史教材对苏联体制和苏共领导人的评价》，《红旗文稿》2018年第16期。

的大恐怖无法原谅,是时至今日都难以治愈的创伤"。①

（三）对一些苏联史敏感问题的提法和评价更为理性客观。苏联解体后的 20 多年间,对许多重大历史问题的认识和评价都发生了极大变化。历史档案的解禁、研究环境的自由、出版检查的宽松等等,使许多重要历史问题的研究取得了突破性进展,这些在前文已经多有论述。但是,如何将研究的成果,即对历史的正确认识和有益反思反映到新编历史教科书中,却是一件并不容易的事。因为"它是以历史叙述的方式,从特定角度集中反映了俄罗斯精英对当今现实政治的考量",②那么这种考量首先是要反映普京的治国理念和方略,应该符合广大民众的愿望,在一定程度上预示着俄罗斯的政治走向;在史学界精英那里,则要把自己的历史认识和基本观点与政治精英的需要相吻合,即应符合《总体纲要》的基本要求。

从已经问世的大鸨出版社和教育出版社两套教科书来看,大鸨版的《20 世纪俄罗斯史》（中学十年级使用教材）,主要的篇章题目都是叙述性和中性的,并未有过多的主观评价语言,也就是说"用语都较为传统,没有明显的批判性和否定性的表述"③。例如相关章节的题目是:"布尔什维克初步的革命改造措施和布列斯特和约""国内战争和军事共产主义""新经济政策,苏联和斯大林""工业化和农业集体化"等,由于这些表述及涵盖的相应内容更为契合《总体纲要》的要求,因而成为推荐使用的首选教材之一。

而教育出版社的教科书,从篇章设计到文字表述,"多是对史实的较为客观的叙述,从史实中透露观点,较少有直接做结论、下判断的情况"。尽管"披露了更多的史实和资料,但还是比较谨慎

---

① М. М. Горинов、А. А. Данилов、М. Ю. Моруков и др.: История России (10 Класс) Часть 3, М. Просвещение, 2016. 109с.
② 马龙闪:《普京与俄罗斯历史统一版教科书》,《历史教学问题》2017 年第 1 期。
③ 马龙闪:《普京与俄罗斯历史统一版教科书》,《历史教学问题》2017 年第 1 期。

的"。① 由此说明,《总体纲要》的基本精神在两部统一版历史教科书中得到贯彻,以统一版历史教科书为标志,对俄(苏)历史的总体认识和评价出现了明显变化。

(四)强调尊重历史和弘扬爱国主义,坚决反对否定"第二次世界大战"成果。有学者认为"大鸨"版历史教科书是"带有自由主义色彩的中派保守主义和民族爱国主义"②,因此较为契合普京的思想。并且分析了"带有自由主义色彩的中派保守主义"的构成,即一是坚持俄罗斯在政治上选择的民主道路,其中包含了"主权民主"理念;二是"立足于俄罗斯人民在千余年的历史中创造的基本道德—精神价值观",也就是传统的价值观,其中包含了保守主义;三是"尊重本国历史的每一个时期",包括强国理念和爱国主义传统。这些构成了普京"团结俄罗斯各阶层人民,共同致力于俄罗斯伟大复兴"③ 的总体思想。而"民族爱国主义",则体现了普京的"爱国主义就是一种民族主义"的思想。将具有自由主义色彩的中派保守主义与民族爱国主义相结合,构成了普京为俄罗斯所确立的"国家思想"。普京认为:"只有这样,我们才能正确地确定国家的发展方向,也只有这样,我们才能取得胜利。"④

正是基于这一指导思想,"大鸨"版历史教科书对以往一些混乱或模糊性的阐述给予了较为明确的解释。例如,在对勃列日涅夫时期的社会主义建设进行总结时是这样论述的:"这是苏联历史上最稳定的时期,尽管在其初期国家是按惯性前进的,居民有现金积累,有相对高水平的退休金保障,建立了可与美国对垒的核武器等,但是,由于取消了改革的主动性,由于落后于全球科学技术革命,社会生活走向停滞,稳定发生了方向性的转变。"⑤ 显然,有了这样较

---

① 马龙闪:《普京与俄罗斯历史统一版教科书》,《历史教学问题》2017 年第 1 期。
② 马龙闪:《普京与俄罗斯历史统一版教科书》,《历史教学问题》2017 年第 1 期。
③ 马龙闪:《普京与俄罗斯历史统一版教科书》,《历史教学问题》2017 年第 1 期。
④ 马龙闪:《普京与俄罗斯历史统一版教科书》,《历史教学问题》2017 年第 1 期。
⑤ 马龙闪:《普京与俄罗斯历史统一版教科书》,《历史教学问题》2017 年第 1 期。

为客观的分析，也就为后来阐述苏联解体做了铺垫。再如，教科书作者在论述苏联后期社会文化和心理方面时说："缺乏公民对管理阶层的监督，导致管理者人品素质的降低；放弃所有制形式的多样化，限制并消灭了个人对企业活动的需求。这样，人类自然需求的和谐性和丰富性便随着发生了变形。"① 通过对史实的严格把握和客观反思，力求让学生掌握真实的历史过程，成为该教材的成功之处。

总之，普京版统一历史教科书达到了《总体纲要》的基本要求，即"应该阐述历史事实，它们应该起到教育的作用，在青年人中培育对自己祖国的历史和自己国家的自豪感"。② 苏联解体后历史教科书的几次重要变化，折射出俄罗斯社会转型的几个重要阶段：从苏联历史教科书的停用到叶利钦时期历史教科书的杂乱放任；从普京第一个任期的新编历史教科书到2016年统一版历史教科书的出台，呈现出从多元无序到统一规范的转向，而其中的政治目标十分明确。诚如马龙闪先生所说"从普京提出制定历史统一教科书的初衷来看，他是要把历史认知规范在民族爱国主义框架内，制止一些人对俄罗斯国家形象的损害；同时，他也要纠正历史教学的乱象，对青少年加强爱国主义教育。用他的话说，就是要尊重传统和传统价值观，要尊重千余年俄罗斯史的每一个时期，不能割断历史。"③ 而在《总体纲要》原则下，采用几种版本的历史教科书，则"基本把历史教育纳入了爱国主义思想教育的范畴，使各个社会阶层、各种思想政治派别都大体能够加以接受"，"既规范和整顿了教学秩序，也在一定程度上防范了极端思想妨害当今俄罗斯的复兴"。④

教育出版社教科书在全书的最后一句话写道："21世纪应成为

---

① 马龙闪：《普京与俄罗斯历史统一版教科书》，《历史教学问题》2017年第1期。
② 《普京文集》，张树华等译，中国社会科学出版社2008年版，第74页。
③ 马龙闪：《普京与俄罗斯历史统一版教科书》，《历史教学问题》2017年第1期。
④ 马龙闪：《普京与俄罗斯历史统一版教科书》，《历史教学问题》2017年第1期。

新俄罗斯复兴的世纪。"① 由此表明，新编历史教科书所承载的弘扬爱国主义、唤起大众意识、提振民族精神、团结社会力量的任务得到了较为充分的体现。

第三节　总体史视域下的俄国大革命

一　统一版《俄国史》教科书阐述的"俄国大革命"

根据《俄罗斯历史统一教科书新教学法总体纲要》精神，由大鸨出版社和教育出版社编写的两套新编历史教科书于 2016 年出版。由于这两套教科书的推出正值十月革命 100 周年前夕，因此对于十月革命及其相关重大历史事件的重新评价也引起学术界和社会的广泛关注。其中，由 А. 托尔库诺夫院士任总编，М. М. 戈利诺夫、А. А. 达尼洛夫、М. Ю. 莫卢科夫等 8 位历史学家编写的教育出版社版历史教科书《俄国史》（十年级教材上册）②，在阐述伟大的俄国革命部分，运用总体史和长时段方法，将俄国历史重大事件的前因后果有机联系起来，对十月革命前后的历史进行了总体性的评价，提出了"伟大的俄国革命"概念，这在当代俄（苏）历史研究中可以说是一个较大的进展。

实际上，发端于 20 世纪 20 年代的法国年鉴学派最早提出了总体史和长时段的史学观念。年鉴学派在坚持唯物史观的同时，一直强调自己与那些形而上学、经济决定论、机械唯物主义式的马克思主义有着根本区别。年鉴学派史学家勒高夫认为，"新史学所表现的是整体的、总体的历史，它所要求的是史学全部领域的更新"③，强

---

① М. М. Горинов、А. А. Данилов、М. Ю. Моруков и др.: История России（10Класс）Часть 3，М. Просвещение，2016. 109с.

② М. М. Горинов、А. А. Данилов、М. Ю. Моруков и др.: История России（10Класс）Часть 3，М. Просвещение，2016.

③ [法] J. 勒高夫等主编:《新史学》，姚蒙编译，上海译文出版社 1989 年版，第 5 页。

调要根据唯物史观的基本理论，从物质文明到精神文明，从经济基础到上层建筑，对包含人类社会活动的一切方面进行总体史的研究。法国年鉴学派第二代领军人物费尔南·布罗代尔深入研读马克思的原著，认为正是马克思首先从长时段出发，构建了真正的社会模式。他说："马克思的天才，马克思的影响经久不衰的秘密，正是他首先从历史长时段出发，制造了真正的社会模式。"布罗代尔在其名著《地中海与腓力二世时期的地中海世界》（1949年）和《15—18世纪的物质文明、经济和资本主义》（1980年）两部书中，展示了"长时段的地理因素、中时段的社会和经济周期因素以及短时段的政治事件因素"的相互作用及相互关系。年鉴学派从以往描述孤立的、主要是政治的事件，转向对社会和经济的复杂而长期过程所进行的研究，给俄罗斯学者以极大启示。正如伊格尔斯所说："马克思对现代史学最重要的贡献也许是强调了社会作为一个各种因素相互关系的整体而运动的思想以及力图找到历史现象在其中发生的结构要素，把这些同生产和再生产过程联系起来，系统地阐述可以分析造成变革的各种因素的概念模式。"①

吸收上述西方马克思主义的思想成果，反观本国历史普遍性中的特殊性，教育出版社的《俄国史》教科书将1917年发生的几次重大历史事件相互联系起来，并将1917年之前爆发的第一次世界大战和1917年之后的国内战争相连接，以强调这几个历史事件的彼此关联和因果关系，因而作者将这一时期作为第一章，称为大动荡年代的俄国（Россия в годы «великих потрясений»）。正如作者在该书的前言中所说："1914—1921年俄国处于大动荡的时代，在这一时期可以看到战争与革命的过程错综复杂地交织在一起。1917年年底，具有广度、深度和悲剧性的三个关键性因素引发了一系列历史事件：随着第一次世界大战的失败而引发了革命，革命继而引发新的战争

---

① [美] 伊格尔斯：《历史研究国际手册》，陈海宏等译，华夏出版社1989年版，第14—15页。

——国内战争。"① 这就是说,包括十月革命在内的一系列重大历史事件,都不是偶然发生的,都有其爆发的前后因果关系和明显的内在逻辑。

该教科书在"第一次世界大战前夕的俄国与世界"部分,分析了第一次世界大战的原因:"19世纪末—20世纪初,主要资本主义国家政治经济发展的不平衡导致要求重新分割世界市场。在中国、非洲、巴尔干半岛以及奥斯曼帝国开展激烈竞争,最终因为经济利益和地缘政治冲突而形成两大对立军事集团:协约国和同盟国。""俄国加入第一次世界大战是为了限制德国入侵欧洲与世界,捍卫自己的利益。俄国军队的失败和统治集团权威的丧失最终导致了政权和社会的对立,从而引发了国家新的政治变革。"② 尽管俄国政府动员了各方面力量,极力想打赢这场战争,以缓和国内的各种危机。但是,战争给俄国带来的严重的社会问题,反而使国内的危机进一步加深了。由于"通货膨胀、投机倒把,官僚主义和贪污等现象以及巨大的人力资源损失,加剧了俄国社会紧张和冲突格局……战争初期消失的罢工现象日益高涨,工人们不再是争取单一的经济利益,而且带有强烈的政治目标,各社会主义政党亦在工人中积极开展活动。部分开明的前线高级将领和立宪民主党人、十月党人进行密度活动,要求尼古位二世退位,改组俄国政府"。③

这些历史过程的陈述,使我们对1917年一系列重大事件的历史背景有了清楚的把握。即由于俄国军队的失败和统治集团权威的丧失,导致了国家政权与社会大众的对立,预示着一场新的政治变革已经酝酿。随着工人运动的进一步高涨,从过去争取提高工资待遇,

---

① М. М. Горинов、А. А. Данилов、М. Ю. Моруков и др.: *История России*(*10Класс*)*Часть 1*,М. Просвещение,2016. 5с.

② 引自周国长《普京版统一历史教科书对1917年俄国革命的叙事与评价》,《西伯利亚研究》2018年第2期。

③ 引自周国长《普京版统一历史教科书对1917年俄国革命的叙事与评价》,《西伯利亚研究》2018年第2期。

逐步转向提出明确的政治目标，各党派的政治诉求渐趋明朗，就是要求尼古拉二世退位。

俄历1917年1月9日，彼得堡15万工人参加"流血星期日"纪念活动，工人们打出了"打倒战争"的标语口号。"2月23日，一些需要面包并要求男人从前线返回的妇女们组织了示威游行。2月25日，经济罢工变成了高呼'打倒沙皇专制！''打倒战争！'口号的政治总罢工，超过30万人参加了这场大罢工。"① 此后，尼古拉二世已无力组织军队镇压游行和起义了。2月27日，以罗江科为首的第四届国家杜马临时委员会成立，并向居民宣告，新政权机关将尽快着手恢复国家和社会秩序。鉴于军队已经失去控制，尼古拉二世听从了部分前线高级将领的建议，宣布退位，将皇位传给自己的弟弟米哈伊尔大公。但米哈伊尔大公拒绝接受皇位，并表示将尊重人民的意愿，"由立宪会议决定俄国的管理形式和国家制度的根本大法"。实际上，这一历史过程与以往的俄国史教程并无太大的出入，基本史实是较为准确和清晰的。也就是说，第一次世界大战直接导致了二月革命，而二月革命又加速了俄国专制君主制度的垮台，并开启了下一阶段的革命进程。

对于从二月革命到十月革命历史过程的论述，俄罗斯史学家并没有太大的原则性分歧，学者们普遍认为这是一个快速递进的历史时代，各个历史事件的发生有着紧密的因果关系，并不是个别阴谋家操纵的政变。在教育出版社新编统一历史教科书中，更加强调了对这一历史过程作以全景式描述，其基本线索是：临时政府与彼得格勒工兵代表苏维埃形成的双政权局面，未能克服俄国社会的危机，各个党派在寻求俄国革命的出路时，提出了不同的应对策略，一系列历史事件形成了十月革命爆发的前提。

---

① М. М. Горинов、А. А. Данилов、М. Ю. Моруков и др.：*История России（10Класс）Часть 1*，М. Просвещение，2016. 28с.

二　总体史与长时段视域下的俄国大革命

在教育出版社的历史教科书中，对"二月革命"进行了这样的描述：2月26日工人起义之后，彼得格勒卫戍部队很快倒戈，拒绝向示威群众开枪，同人民站在了一起。2月27日，通过彼得格勒工人和士兵苏维埃代表的选举，产生了临时执行委员会，由孟什维克领导人齐赫泽担任主席，社会革命党人克伦斯基被选举为副主席。彼得格勒苏维埃执行委员会得到了军队的支持，在维持社会秩序方面起到了积极作用。此后，杜马成立了以罗江科为首的临时委员会，其主要职责是恢复国家和社会秩序、建立新的政府，监督其他部门工作。国家杜马临时委员会和彼得格勒苏维埃执行委员会经过谈判达成协议，组建临时政府。由利沃夫担任临时政府总理和内务部长，立宪民主党领导人米留科夫担任外交部部长，十月党人、中央军事工业委员会主席古奇科夫担任陆海军部长，社会革命党人克伦斯基担任司法部长。① 至此，双政权局面形成。

临时政府组建后，对俄国社会民众最为关注的土地问题、国家制度问题和民族问题都采取了回避态度，而在战争与和平问题上则主张，要取得战争最后的胜利，履行自己的国际义务，要继续参与第一次世界大战。面对俄国社会危机不断深化，矛盾愈加突出，各政党在对待战争与和平的问题上出现极大分歧。

4月，列宁从国外回到彼得格勒，发表了著名的《四月提纲》，直接提出革命不应该停留在资产阶级民主革命阶段，应该继续向社会主义革命阶段迈进，布尔什维克不应给予临时政府任何支持，并提出了"一切权力归苏维埃"的口号，指出俄国革命的最终目的是社会主义革命。

临时政府继续战争的政策很快引火烧身，当米留科夫宣布俄国

---

① 引自周国长《普京版统一历史教科书对1917年俄国革命的叙事与评价》，《西伯利亚研究》2018年第2期。

将参战到最后胜利时，引起了彼得格勒和莫斯科等地工人、士兵和市民的极大愤怒，他们纷纷组织游行示威，要求结束战争，将权力交给苏维埃。在示威群众的压力下，米留科夫和古奇科夫辞去部长职务。此后，虽然临时政府的各部部长不断调整，以适应形势的需要，但是到6月18日，彼得格勒和莫斯科等地又发生了大规模游行，示威者打出了"面包、和平、自由"，"打倒资本家部长"和"一切权利归苏维埃"的口号，要求临时政府立即结束战争，将政权归于苏维埃。

迫于盟国的外交压力和希望利用前线的军事胜利来缓解国内的社会危机，临时政府和军方于6月18日在西南战线向奥匈帝国军队发起攻击，并再次失利。前线的失败加剧了后方的危机，临时政府的威信急剧下降。此后利沃夫辞去内阁总理职务，成立了以克伦斯基为首的第二届临时政府。但是，在科尔尼洛夫叛乱之后，俄国的社会局势和政治力量发生了很大变化，右翼势力和立宪民主党遭到沉重打击，布尔什维克的影响大大增强。在1917年9月的选举中，彼得格勒的布尔什维克代表已经占有优势。

与此同时，俄国社会陷入了更加深刻的危机之中，由于军费开支过大，物资供应匮乏，物价急剧上涨，民众生活贫困，整个俄国社会已经成了即将爆发的火山。身在芬兰的列宁，洞察到布尔什维克武装夺取政权的时机已经成熟。10月10日，列宁返回彼得格勒，他提出的武装起义决议得到多数人的支持而获得通过。10月12日根据托洛茨基的倡议，在彼得堡苏维埃成立了革命军事委员会，作为领导武装起义的核心开始工作。10月24日，布尔什维克组织的武装起义开始。革命军事委员会领导水兵、工人和赤卫队员攻占了城市铁路、芬兰车站等重要据点。临时政府的要员则集中在冬宫，经过小规模的零星战斗，起义士兵攻占了除冬宫之外的彼得堡大部分地区。10月25日，革命军事委员会发布《告俄国公民书》，宣布临时政府被推翻，政权转到了彼得格勒军事委员会手中。当晚，临时政府成员被逮捕，克伦斯基逃到普斯科夫。新编教科书写道："与二月革命的自发性不同,新的行动是由布尔什维克精心准备的,这也是所有政治势力都了解的。人们在城市的大街上公然讨论布尔什维克的计划和它成功的可能性,但中央政府的行动仍然是无生气和前后不一致的。整个国家都找不到一支重要的军事力量和政治力量来保卫临时政府。"① 10月25日晚,在斯莫尔尼宫召开了第二届全俄苏维埃代表大会,会议通过了《告工人、士兵和农民书》,宣布建立苏维埃政权。大会以压倒多数通过了组织新政权法令,在立宪会议召开之前,成立工农临时政府管理国家,名称为人民委员会,列宁担任人民委员会主席,托洛茨基担任外交人民委员。第二届全俄苏维埃代表大会以立法形式确定了苏维埃是唯一合法政权,标志着苏维埃政权的建立,掀开了俄罗斯历史的新篇章。但是作为一场大革命,到此时并未结束,苏维埃俄国是在同国内外各种敌对势力进行顽强斗争后,才最终保卫了新生政权,并在全国建立了苏维埃组织,赢得了最终的胜利。②

三 俄国大革命概念的理论与现实意义

教育出版社的《俄国史》教科书,与以往十月革命史最大的不同在于,将1917年的整个俄国革命进程统称为伟大的俄国革命(Великая Российская революция,也可以译为俄国大革命),并将二月革命(Февральская революция)和十月革命(Октябрьская революция)作为俄国大革命的重要组成部分。将这一连贯的历史过程进行整体论述,体现了俄罗斯历史学家对这一问题的新认识。这一新变化,不仅符合俄罗斯官方对各种不同观点的统一性要求,更重要的是从总体史的视角出发,对十月革命从理论和实践的认识

---

① М. М. Горинов、А. А. Данилов、М. Ю. Моруков и др.: История России (10Класс) Часть 1, М. Просвещение, 2016. 41 с.

② 周国长:《普京版统一历史教科书对1917年俄国革命的叙事与评价》,《西伯利亚研究》2018年第2期。

上都有了新的突破，具有开创性的意义。这一概念的变化既不同于苏联时期将"二月革命"称为资产阶级民主革命（Буржуазно - демократическая революция）、将"十月革命"称为伟大的无产阶级革命（Великая пролетарская революция），也不同于叶利钦时代某些人将"十月革命"称为"十月政变"（Октябрьский переворот），①而是强调各种事件的前后关联性和内在逻辑性，既表明这一历史过程是俄国近现代历史不可或缺的重要环节，也体现了俄国社会转型的极端复杂性。以往那种简单地以意识形态为标准的阶级定性，不仅造成了不同意识形态的分歧与对立，也很难解释俄国大革命的必然性和趋向性特征。

如何用长时段的方法看待十月革命史，俄罗斯科学院世界历史所所长、俄罗斯修改历史教科书工作委员会学术负责人丘巴里扬院士认为："1917年俄国革命类似于法国大革命，我们的革命进行了整整4年，直到1921年国内战争的彻底结束。"十月革命作为俄国大革命整个过程的中间一环，它的作用和影响都是最重要的，是俄国社会转型具有标志性和决定性的重大事件。这也表明，在新的历史教科书中，要减少"彼此冲突的内部矛盾和多种解释"，向受教育者提供完整统一的历史观。正因为十月革命被看作是俄国大革命的最重要的一页，所以一些历史学家认为，2017年对俄罗斯具有特别重要的意义，这一年不仅是庆祝十月革命100周年，而是庆祝"伟大的俄国革命"100周年。

新编历史教科书对1917年俄国大革命的历史意义普遍给予高度评价。大鸨出版社和教育出版社出版的十年制历史教科书都认为，1917年伟大的俄国革命是20世纪世界历史上最重要的事件之一，"不仅是俄罗斯历史的重大转折点，也是整个世界历史的重大转折点"。"布尔什维克党创建的新型社会体制更成为全世界的典范。世

---

① 周国长：《普京版统一历史教科书对1917年俄国革命的叙事与评价》，《西伯利亚研究》2018年第2期。

界各地出现了共产主义组织、政党，布尔什维克成为世界革命的先进代表。""十月革命的思想不仅影响了革命者，'资产阶级'国家领导人也明确意识到，剥削与压迫劳动人民将不可避免地引发社会爆炸。十月革命的共产主义影响使得资本主义国家开始改变政治制度和政策，试图解决社会内部矛盾，削弱共产党的影响力。""不言而喻，对革命统一的肯定性评价也旨在削除俄国学界和以往历史教科书中对'二月革命'和'十月革命'采取的拔高或贬低的意义阐释，向青年一代灌输1917年俄国革命的正面、积极的印象。"①

当代俄罗斯对历史教科书的不断修改，对重大历史问题认识的不断深化，充分反映出普京为实现强国目标，急需对本国重大历史问题作出更加客观和科学的认识和评价。将1917年前后的一系列重要历史事件统称为"伟大的俄国革命"，既反映了俄国革命进程的错综复杂和矛盾冲突，以及各派政治力量关于"俄国向何处去"观点的尖锐对立，也肯定了列宁领导布尔什维克夺取政权，建立苏维埃国家的历史意义。所以，用总体史和长时段理论对俄国革命进行重新认识和客观评价，肯定十月革命的历史必然性，强调苏维埃政权的合法性，对于当前维护俄罗斯国家的统一和团结，实现国家振兴的历史任务无疑具有重要的现实意义。

第四节　面向未来：21世纪俄罗斯史学展望

一　全球化背景下史学理论与方法论的新进展

今天的俄罗斯仍处在一个重要的历史转型期。苏联消失快30年了，普京任总统至今也已整整20年。新俄罗斯在国家转型过程中，在强国的道路上虽然取得了一定成就，基本扭转了叶利钦时代的衰

---

①　周国长：《普京版统一历史教科书对1917年俄国革命的叙事与评价》，《西伯利亚研究》2018年第2期。

败局面，但是受到内部体制转轨困难以及外部世界挑战加剧的影响，转型的任务远远没有完成。变革的时代呼唤着历史的向导，前行的道路需要借鉴历史的经验。这就对历史科学的创新发展提出了更高要求，需要历史学在关注现实、总结经验、揭示规律的实践中，不断获得新的发展。苏联解体后，随着政治、经济、文化等领域的全面开放，历史学也摆脱了自我封闭的状态，扩大了与国外史学界的交流。在全球化和信息化时代，特别是由于互联网的广泛使用，使任何闭门造车式的研究都已经不可能了。在这一过程中，俄罗斯史学家通过与世界各国史学界的交流和接轨，国际化程度不断提高，史学理论与方法都得到了快速进展，并且对未来的史学前进将发挥重要作用。

（一）史学理论的多元化与价值观念的共性特征。苏联解体与原有意识形态体系坍塌之后，具有主流意义的新史学思想长期未能形成，在对俄罗斯社会发展道路选择的激烈争论中，欧亚主义、民族主义、斯拉夫主义、新自由主义、斯大林主义、历史唯物主义、民族虚无主义等多种学派和思潮纷纷亮相。既有人坚持唯物史观，也有人提倡全盘照搬西方史学理论；既有人坚持回到传统，也有人主张面向现实，各种思想观点的对立也深刻反映了俄罗斯社会转型的极端复杂性。但是，随着社会巨变给国家实力和人民生活带来严重的负面影响，许多理论的错误和悖谬暴露无遗，犹如昙花一现而渐渐淡化了。在经历了巨大的社会动荡和对祖国历史深刻思考之后，多数严肃的史学家还是主张以唯物主义的基本理论指导历史研究。正如俄罗斯学者、《马克思恩格斯全集》历史考证版国际编辑委员会主席格·巴加图里亚所说："如同一切科学理论一样，在马克思主义中存在着引起争议的论点。我认为，它的基本原理之一劳动价值理论随着时代的发展需要加以扩展和深化。但是马克思理论是人类思想的伟大成果、巨大的精神财富，即使在当今发生了重大变化的时代，也不可能忽视它。应当把这一遗产的积极内容从庸俗化的积层中清洗出来，并在新的历史条件下根据世界上的一切变化和当代科学认识的一切成就加以发展，发展是马克思主义的存在方式。"①

强调运用马克思主义科学的世界观和方法论来认识历史过程、揭示历史规律，并在史学研究的实践中，不断发展和创新马克思主义是不少当代俄罗斯学者所坚持的。从近年来推出的大量史学研究成果看，多数史家是在历史人物和事件的研究中，将经济与社会发展的总体趋向联系起来，与俄罗斯历史与文化传统的特殊性联系起来，与俄罗斯特殊的地理、自然与生态联系起来，对错综复杂的历史进程作出科学的合逻辑的阐释。在这一基础上，俄罗斯学者往往从更宏大的视角重新认识祖国历史，对俄苏历史中许多颇有争议的问题逐步有了新的共识，这种共性特征一般表现为对祖国历史的尊重，以及从长时段和整体性方面把握俄罗斯历史发展的复杂性，肯定俄罗斯历史在整个世界历史中的地位和作用，这种共识成为俄罗斯重建大国地位的理论支撑，在近些年出版的历史教科书中，已经反映出俄罗斯史学研究中的这一总体趋向。

（二）有选择地引进和吸收国外史学理论为构建新史学而努力。苏联解体20多年来，俄罗斯史学家经历了社会巨变的复杂过程，价值观念和思维范式变化的撞击使他们普遍认识到，俄罗斯的传统文化是在东西方文明不断碰撞与融合过程中形成的，在与世界的交往中既有成功的经验也有失败的教训，至关重要的是如何吸收和借鉴历史的经验和教训，在激烈竞争和险象环生的全球化时代，保证自己生存和发展的空间，实现国家和民族的进步与繁荣。为此，必须创建符合俄罗斯未来发展需要、适合俄罗斯历史学发展的科学的史学理论体系。

在全球化背景下，通过与国外学术界的广泛交流，学者们很快了解和认识了西方史学一个世纪以来的发展进程，看到了自身与国外研究的异同与差距。一些科研与教学单位组织学者利用全球化和

---

① ［俄］格·巴加图里亚等：《马克思主义是人类思想史上的伟大成果》，李兴耕译，《马克思主义研究》2005年第6期。

信息化所能提供的条件，将国外大部分重要的史学成果翻译成俄文在国内出版，并作出客观的分析和评价。在这一过程中，尽管"世界终极论""西方中心论""种族优越论"等给当代俄罗斯的史学研究带来了各种影响，但多数史学家在经历了国内经济政治动荡后，还是逐步形成了自己的价值判断，力求用批判的眼光，有选择地引进和使用国外的史学理论与方法，以形成自己的史学研究范式。当然，这是一个渐进的研究过程。例如，米罗诺夫从写作《历史学家与社会学》到《俄国社会史》，再到后来的《帝俄时代生活史》，在思想观念等方面的变化一定程度上反映俄罗斯学者运用当代西方史学理论与方法的发展过程。

（三）计量史学在历史研究中发挥的作用更加突出。20世纪90年代以后，由于计算机技术的普及和国际互联网的广泛应用，计量史学在俄罗斯又有了快速发展。多次由俄罗斯学者主持或参加的国际学术会议，是以计量史学的应用为主题的。计量方法除了在经济史中得到运用，在文化史、社会史、政治史、军事史、外交史、移民史、人口史、历史人类学，以及考古学中亦得到广泛使用。俄罗斯学者所出版的学术论著中，常常大量使用计量方法，通过对大量数字统计资料的收集整理，以科学严谨的态度去处理信息，并在历史研究中恰当地使用，使计量史学所得出的新成果与新观点往往具有较高的创新意义。这就从根本上克服了史学研究中的人云亦云和低水平重复研究，加快了史学研究的科学化进程。由于计量方法已经成为俄罗斯学者的必备工具，为绝大多数学者所掌握，计量史学将在未来俄罗斯史学研究中，发挥更加重要的作用，产生更为积极的影响。

（四）比较史学得到了快速发展。近年来，比较史学在俄罗斯史学研究特别是社会史研究中得到了更为广泛的应用。像米罗诺夫这样的知名学者，就在《俄国社会史》和《帝俄时代生活史》等著作中大量使用了比较史学的方法。在俄罗斯中央集权国家的形成、俄国农民的社会分化、俄罗斯民族精神的构成、俄罗斯的民族与宗教问题、移民问题、文化教育程度与水平、家庭婚姻状况等方面,都有学者作了大量的比较研究。当代俄罗斯史学家通过历史与现实、俄罗斯与其他国家和地区、不同文明形态、不同社会结构、不同民族的身高等方面的比较研究,在探讨历史矛盾运动规律性的同时,也进一步认识到了历史运动的特殊性。由于比较史学的发展,许多传统的课题得到了新的阐释,许多难以解决的问题取得了新的突破。从这一意义来说,比较史学的方法还将在更广阔的领域不断发展,并将俄罗斯历史研究继续推向深入。

二 历史研究的视角和领域进一步拓宽

早在19世纪中叶,马克思主义经典作家就首次提出了源于黑格尔,又超越黑格尔的世界历史概念,在唯物史观的基础上逐渐形成了自成系统的、科学意义上的世界历史理论。而当代的全球化和经济一体化,也证实了这一论断的科学性,即"世界史不是过去一直存在的;作为世界史的历史是结果"[①]。20世纪,两次世界大战的爆发、全球化进程不断加快,引起了各国历史学家的广泛关注。以法国年鉴学派为代表的西方新社会史学派,积极倡导要扩大历史研究的范围,从更加广阔或更为微观的层次去重新认识和解读历史。所以,历史研究范围的不断扩大,成为当代东西方史学的一个重要现象,正如伊格尔斯所说:"历史研究的范围在过去几十年之中是戏剧性地大大增加了,不仅是就进行研究的集体和个人而论,而且是就历史学家感兴趣的题材和问题而论。那些题材往往涉及生活现实的各个方面,需要有各种新的学术战略;正如我们已经看到的,这类新战略就把新的着重点放在解释有意义的关系上……"[②]

在当代俄罗斯史学中,历史研究的视角和领域的扩大极为明显。

[①] 《马克思恩格斯全集》第46卷(上),人民出版社1979年版,第48页。
[②] [美]伊格尔斯:《二十世纪的历史学——从科学的客观性到后现代的挑战》,何兆武译,辽宁教育出版社2003年版,第166页。

一些过去被列为禁区，或者很少有人研究的课题将纳入历史学家的视野，史学研究的对象和内容不断丰富和细化。例如，"通过对俄国农村社会的分层，开始注意了对中间阶层的研究，对于富农和富裕中农的生产经营活动、生活方式、政治态度，以及他们在区域农业经济发展中的作用等问题的研究有所突破。"①

与俄国移民史相关的俄国侨民史研究受到重视。② 俄侨在国外的经济、社会、政治和文化活动，引起俄罗斯学者的关注。③ 同时，外国侨民在俄国的历史文化活动也引起学者研究的兴趣，④ 诸如有关"俄罗斯东正教会在中国""苏维埃政权对侨民的政策""远东侨民与欧洲各国侨民的比较"等方面的研究正在深入进行。⑤

此外，历史学家也更多地关注了宗教思想、农村公社、家庭结构、移民、心态特征、俄罗斯文化传统、欧亚主义形成、考古文化遗存的社会史研究、农业集体化时代的农民的生活状况、西伯利亚与远东地区移民的社会问题，以及历史上少数民族地区的社会与经济问题的研究。总之，俄罗斯历史研究范围扩大的趋势仍在发展，许多过去无法涉及的领域和未曾关注的历史过程，特别是日常生活方式中某些细微的特征和变化，已经引起史学家的极大兴趣。

在当代俄罗斯史学研究中，宏观和微观的研究方面有较大突破。俄罗斯作为一个横跨欧亚的大国，在当代东西方的地缘政治中具有重要的战略意义，特别是在经济全球化时代，区域之间的发展相互影响，国家之间的联系日益密切。于是，从全球历史观出发，从更高的层次研究不同时期经济社会发展的历史也就有了可能，并且各

---

① 见 Л. В. 拉祖莫夫《19世纪末20世纪初中央工业区的农民分层》（俄文版），莫斯科，1996年；Т. 沙宁主编《农民学：理论、历史与现实》（俄文版），莫斯科，1996年。

② 见《俄罗斯侨民在国外的命运》（俄文版），莫斯科，1999年。

③ А. И. Петров. История Китайцев в России 1856—1917годы, Санкт‐Петербург, 2003.

④ ［美］聂丽·米兹、德米特里·安治：《中国人在海参崴——符拉迪沃斯托克的历史篇章（1870—1938年）》，胡昊等译，社会科学文献出版社2016年版。

⑤ 见《俄罗斯与亚太区域》（Россия и АТР）2000年第3期的专栏。

国档案的开放和交流，计算机网络提供的信息支持，也为这种宏观研究提供了有利条件。目前，一些学者正在计划从更广阔的领域进行研究，例如，有的学者已经围绕有关"中、东欧区域形成史"和"冷战史"等题目进行讨论。① 与此同时，微观的社会史研究也受到俄罗斯学者的重视。有的学者在研究家庭史时，尝试采用了法国年鉴派史学家勒鲁瓦拉迪里的《蒙塔尤：一个奥克族的村庄》的方法，写出了《18—19世纪上半叶的一个巴什基尔家庭》。在该书中，作者运用了心态史、文化史和人口史等多种方法，围绕该民族对生活、爱情、性、家庭、宗教、习俗、财产和死亡的态度进行了细致的描述。这种具有人类学和长时段意义的研究方法在俄罗斯正方兴未艾，许多学者将兴趣转向口述材料、艺术品、建筑物、墓志铭等各类形象符号的收集上，因而文化史的研究也有了长足的发展。

三 面向未来的俄罗斯历史学

当新世纪即将进入第三个10年的时候，整个世界翻天覆地的变化正在像一幅变幻莫测的图卷徐徐展开，信息革命和全球化带来的冲击，深刻改变着人类社会的生产与生活、思维与观念，并且，这一趋势正在以加速度的形态推进。世界的变化之大之快，是以往任何一个时代的思想家所无法想象的，而这种变化给人类带来的并非都是幸福与欢乐、和平与希望，反而增加了几分悲怆与痛苦、战乱与无望。因此，研究这些变化及其影响的历史根源、社会基础和内在逻辑就显得十分重要。21世纪历史学的新使命正在呼唤着各学科学者的广泛关注和共同努力，历史研究同样也进入了一个新时代。

在俄罗斯，人们一方面高度重视历史学所具有的道德价值与社会功能，就像利哈乔夫说过的："记忆——良心和道德的基础；记忆——文化，积淀文化的基础。保存记忆，维护记忆——这是我们

---

① 见［俄］A.C.谢尼亚夫斯基的《历史科学的理论问题》，《近现代历史》2002年第2期。

对子孙后代的道德责任。"① 另一方面，正如伊格尔斯在目睹了苏联解体、东欧剧变的历史之后所说："世界秩序的种种变化向历史学的思想和实践提出了许多重大问题，使得历史研究难以遵循它以往所曾遵循过的路线。"② 这一重要思想在一定程度上真实反映了当代俄罗斯史学不断变化的深层原因。也就是说，"历史学家已经察觉到现代化的范围并不是一个统一的历程，而是在有着不同的文化传统的不同背景之下其本身也会表现不同。现代化至多也不过是一种理想的典型，用可以参照具体的条件来衡量具体的变化。然而历史思想理论的现状却远不是为历史作了一个'终结'，而是引向了越来越大的复杂化，无论是更广阔的语境还是个人的歧异在其中都会有自己的地位"。③ 这种对当代史学现象一般意义的解读，表明俄罗斯史学的多元化和复杂性与世界史学的发展有着共同特征。这与伊格尔斯在30年前《欧洲史学新方向》一书中的观点一脉相承，即"历史科学的发展未必可能产生一个公正的历史，而历史科学也并不希望如此。它正在开始做的是，为力图描述和解释过去而提出一系列范围更广泛的问题，为有助于提供答案而发展范围同样广泛的概念"。④

我们把20世纪初至今的俄罗斯史学作为一个整体观察，去分析它不同阶段的历史背景和主要特征，有助于从较长时段的演进中探索未来的发展方向。关于俄罗斯历史学分期的问题，英国历史学家巴勒克拉夫在20世纪70年代末曾作过这样的论述。他认为，苏维埃政权建立后，历史科学的发展经历了错综复杂的过程：一方面是史学研究机构的建立和马克思主义史学工作者的培养卓有成效；另

---

① [俄] 德·谢·利哈乔夫：《解读俄罗斯》，吴晓都等译，北京大学出版社2003年版，第372页。
② [美] 伊格尔斯：《二十世纪的历史学——从科学的客观性到后现代的挑战》，何兆武译，辽宁教育出版社2003年版，第156页。
③ [美] 伊格尔斯：《二十世纪的历史学——从科学的客观性到后现代的挑战》，何兆武译，辽宁教育出版社2003年版，第165页。
④ [美] 伊格尔斯：《欧洲史学新方向》，华夏出版社1989年版，第198页。

一方面则是斯大林时代的政策反复和对马克思主义理论教条和刻板的解释。这种情况在 1955 年发生了转折，因为在这一年苏联重新出席了第十届国际历史科学大会，开始了与西方历史学界的接触。在 1956 年苏共 20 大召开后，历史学家明显地表现出自我反省的态度。① 随着斯大林的逝世，"'个人迷信'受到谴责"，可以提出"历史问题应该按照历史的标准，由历史学家自己来加以解决"。② 新的史学研究机构纷纷建立，历史研究领域不断扩大，历史研究方法迅速改进。对于这次重要的、史学范型的整体转折，巴勒克拉夫这样预言："历史学家以后从 21 世纪来回顾的话，也许会把这个新目标和新方法的发展看作历史学的一个转折点。这个转折点，正象人们有时提到的那样，从其规模和重要程度来说，相当于预示着近代物理学诞生的哥白尼天体运行说。如果历史学终于完成了从伪科学向科学的过渡，那么就不会怀疑今天具有决定性的促进力量是一般性概念和方法的应用和完善。"③

如果将 1955 年作为俄罗斯史学的重要转折的话，那么毫无疑问，1992 年苏联的解体和苏共意识形态的瓦解，应是自 20 世纪以来俄罗斯史学的第二次重大转折。这次转折是在国家整体转型的大背景下，历史学摆脱教条主义和形而上学束缚，逐步融入世界的过程。同时，俄罗斯史学作为世界范围内史学转型的一部分，由于与现代化、全球化和信息化相伴而行，不仅使这一过程变得错综复杂，也在某种程度上决定了 21 世纪俄罗斯史学的新方向。

俄科学院俄罗斯史研究所所长 A. H. 萨哈罗夫在展望俄罗斯历史学的发展前景时曾指出："今天的俄罗斯史学有着蓬勃的生命力，是活跃的、充满论争的。它已经同世界的历史编纂学紧密地联系在

---

① ［英］巴勒克拉夫：《当代史学主要趋势》，杨豫译，上海译文出版社 1987 年版，第 45 页。
② 吕浦等译：《西方资产阶级学者论苏联历史学》，商务印书馆 1964 年版，第 171 页。
③ ［英］巴勒克拉夫：《当代史学主要趋势》，第 147 页。

一起，历史学家的研究工作是以更加广泛地利用世界和本国的史学遗产、对档案资料进行更加深入地掌握为基础的。在自由的条件中得以发展，这将是俄罗斯史学美好未来的前提。"①

尽管当代俄罗斯史学是多元化的，但是史学研究的目的和宗旨却是大体一致的，就是"经过这次震荡，俄罗斯将重新奋起，占据自己在世界上应该占据的位置。需要政治家和人民的意志力，需要大家共同奋起创造，需要建立一个现代化的社会，但同时也更要保持并发展我国的历史和精神传统。"② 也就是说，俄罗斯在停滞和倒退近20年以后，要想实现其强国战略目标，不仅要有资源、财富、人力等物质力量，还需要巨大的、以历史和文化传统为基础的精神力量，建立与本国国情相适应的核心价值体系，充分发挥意识形态凝聚和团结全社会的特殊功能，在这一过程中，俄罗斯的历史科学面临着新的机遇与挑战。正如俄国哲学家弗兰克所说："我们沉思凝视，在历史中看到了人类创造的飞跃、不期而至的意义启示和一代代人的自我改造。"③ 如此看来，经过俄罗斯史学家的艰苦努力，历史学的未来将会很有希望。

如果说，历史在一定条件下可能表现为某种重复性，那么，100多年前俄罗斯哲学家别尔嘉耶夫的话，对当代俄罗斯的史学发展仍有启示意义。他说："伟大民族的未来依赖于它自身、它的意志和能量、它的创造力、它的历史意识的乐观性。俄罗斯民族正走向一个新的历史时期，它将成为自己土地的主人和自己命运的创造者。"今天，在俄罗斯为重建大国地位而努力的进程中，历史科学也将进入一个新的发展时期。俄罗斯为实现"富民强国"的战略目标，必须

---

① ［俄］A. H. 萨哈罗夫：《关于俄国历史的新观点》，《历史问题》（俄文版）2002年第8期，第16页。

② ［俄］尼·伊·雷日科夫：《大国悲剧——苏联解体的前因后果》，徐昌翰等译，新华出版社2008年版，第388页。

③ ［德］卡尔·雅斯贝斯：《历史的起源与目标》，魏楚雄等译，华夏出版社1989年版，第308页。

在对本国历史传统、文化理念和民族精神深刻思考的基础上，建立符合国情需要的"特殊的道德标准"和"能够把整个民族联系在一起的统一目标"，① 只有这样才能完成"俄罗斯面临着的伟大的世界性任务"。俄罗斯史学家为构建符合历史和时代要求的新史学所做的不懈努力，确立了未来俄罗斯史学发展的新方向。

---

① 汪建钊编选：《别尔嘉耶夫集》，上海远东出版社1999年版，第4页。

参考文献

一 中文著作

高放、高敬增：《普列汉诺夫评传》，中国人民大学出版社 1985 年版。

于沛：《历史认识概论》，中国社会科学出版社 2008 年版。

姜芃主编：《西方史学的理论和流派》，中国社会科学出版社 2007 年版。

侯鸿勋：《论黑格尔的历史哲学》，上海人民出版社 1982 年版。

叶汝贤：《马克思的唯物史观》，广东高等教育出版社 2000 年版。

吴怀祺：《史学理论与史学史研究》，福建人民出版社 2006 年版。

杜维运：《与西方史家论中国史学》，东大图书公司（台北），1981 年。

梅荣政主编：《新的理论视野和理论创新：当代马克思主义的最新理论成果》，中国社会科学出版社 2005 年版。

张广智、张广勇：《现代西方史学》，复旦大学出版社 1996 年版。

何兆武、陈启能主编：《当代西方史理论》，中国社会科学出版社 1996 年版。

史学理论丛书编辑部编：《八十年代的西方史学》，中国社会科学出版社 1990 年版。

张岂之主编：《中国近代史学学术史》，中国社会科学出版社 1996

年版。

陈新、陈恒编:《二十一世纪的史学理论》,上海三联书店 2013 年版。

葛懋春主编:《历史科学概论》,山东教育出版社 1983 年版。

吴泽:《史学概论》,安徽教育出版社 1985 年版。

李步楼等编著:《现代西方哲学思潮》,华夏出版社 1986 年版。

陈启能、于沛、黄立茀:《苏联史学理论》,经济管理出版社 1996 年版。

郭圣铭:《西方史学史概要》,上海人民出版社 1983 年版。

赵敦华:《现代西方哲学新编》,北京大学出版社 2001 年版。

彭卫:《历史的心境——心态史学》,河南人民出版社 1992 年版。

李文海:《现代人与历史的现代阐释》,湖北人民出版社 1989 年版。

田晓文:《唯物史观与历史研究——西方心智史学述评》,天津社会科学院出版社 1992 年版。

董晓阳:《俄罗斯利益集团》,当代世界出版社 1999 年版。

陈之骅、吴恩远、马龙闪主编:《苏联兴亡史纲》,中国社会科学出版社 2004 年版。

张树华:《过渡时期的俄罗斯社会》,新华出版社 2001 年版。

安启念:《俄罗斯向何处去:苏联解体后的俄罗斯哲学》,中国人民大学出版社 2003 年版。

陈学明、马拥军:《走近马克思——苏东巨变后西方四大思想家的思想轨迹》,东方出版社 2002 年版。

于沛等著:《斯拉夫文明》,中国社会科学出版社 2001 年版。

张广智主著:《西方史学史》,复旦大学出版社 2000 年版。

江流、陈之骅主编:《苏联演变的历史思考》,中国社会科学出版社 1994 年版。

陆南泉、姜长斌、徐葵、李静杰主编:《苏联兴亡史论》,人民出版社 2002 年版。

刘淑春、翟了刚、王丽华编:《"十月"的选择——90 年代国外学者论十月革命》，中央编译出版社 1997 年版。

薛君度、陆南泉主编：《新俄罗斯：政治、经济、外交》，中国社会科学出版社 1997 年版。

陆南泉：《苏联经济体制改革史论（从列宁到普京）》，人民出版社 2007 年版。

于沛：《现代史学分支学科概论》，中国社会科学出版社 1998 年版。

陈启能、于沛等：《马克思主义史学新探》，社会科学文献出版社 1999 年版。

周尚文、叶书宗、王斯德：《苏联兴亡史》，上海人民出版社 1993 年版。

李方仲：《苏联解体的悲剧会不会重演——普京政权面临的问题》，新华出版社 2000 年版。

黄宏、纪玉祥主编：《原苏联七年改革纪实》，红旗出版社 1992 年版。

张宏儒主编：《苏联历史的沉思》，北京经济学院出版社 1988 年版。

周新城：《对世纪性悲剧的思考——苏联演变的性质、原因和教训》，中国人民大学出版社 2000 年版。

安启念：《东方国家的社会跳跃与文化滞后——俄罗斯文化与列宁主义问题》，中国人民大学出版社 1994 年版。

王正泉主编：《剧变后的原苏联东欧国家（1989—1999）》，东方出版社 2001 年版。

李静杰等主编：《叶利钦时代的俄罗斯——政治卷、经济卷》，人民出版社 2001 年版。

吕浦等译：《西方资产阶级学者论苏联历史科学》，商务印书馆 1964 年版。

陈启能主编：《西方历史学名著提要》，江西人民出版社 2001 年版。

徐隆彬：《赫鲁晓夫传》，山东大学出版社 2005 年版。

毕洪业、江宏伟、周尚文：《第二次起搏——重展俄罗斯政治宏图》，重庆出版社 2007 年版。

李慎明主编:《历史的风——中国学者论苏联解体和对苏联历史的评价》,人民出版社 2007 年版。

汪亭友:《克里姆林宫的红旗因何坠地——苏联演变的根源探究》,当代世界出版社 2004 年版。

孙麾等主编:《唯物史观与历史评价》,中国社会科学出版社 2009 年版。

陆南泉:《俄罗斯转型与国家现代化问题研究》,中国社会科学出版社 2017 年版。

姚海主编:《俄罗斯文明与外交》,社会科学文献出版社 2016 年版。

张建华:《帝国风暴:大变革前夜的俄罗斯》,北京大学出版社 2016 年版。

钟建平:《近代俄国粮食市场研究》,黑龙江人民出版社 2018 年版。

二 中文译著

中央编译局:《马克思恩格斯文集》(1—10 卷),人民出版社 2009 年版。

中央编译局:《列宁专题文集》(论马克思主义),人民出版社 2009 年版。

中央编译局:《列宁专题文集》(论资本主义),人民出版社 2009 年版。

中央编译局:《列宁专题文集》(论辩证唯物主义和历史唯物主义),人民出版社 2009 年版。

中央编译局:《列宁专题文集》(论无产阶级政党),人民出版社 2009 年版。

中央编译局:《列宁全集》,人民出版社 1974 年版。

张树华等译:《普京文集》,中国社会科学出版社 2008 年版。

[苏]弗·阿多拉茨基主编:《马克思年表》,张惠卿、李亚卿译,人民出版社 1982 年版。

[美]威廉姆·肖:《马克思的历史理论》,阮仁慧等译,重庆出版

社 2007 年版。

［美］伊格尔斯：《二十世纪的历史学——从科学的客观性到后现代的挑战》，何兆武译，辽宁教育出版社 2003 年版。

［美］伊曼纽尔·沃勒斯坦：《所知世界的终结——二十一世纪的社会科学》，冯炳昆译，社会科学文献出版社 2002 年版。

［美］J. W. 汤普森：《历史著作史》，谢德风译，商务印书馆 1988 年版。

［美］G. 墨菲、J. 柯瓦奇：《近代心理学历史导引》，林方、王景和译，商务印书馆 1982 年版。

［美］伊格尔斯：《欧洲史学新方向》，赵世玲、赵世瑜译，华夏出版社 1989 年版。

［美］伊格尔斯：《历史研究国际手册》，陈海宏、刘文涛等译，华夏出版社 1989 年版。

［美］伊格尔斯、王晴佳：《全球史学史——从 18 世纪至当代》，杨豫译，北京大学出版社 2011 年版。

［美］莱斯特·瑟罗：《资本主义的未来》，周晓钟译，中国社会科学出版社 1998 年版。

［美］斯塔夫里阿诺斯：《远古以来的人类生命线——一部新的世界史》，吴象婴、屠笛、马晓光译，中国社会科学出版社 1992 年版。

［美］悉尼·胡克：《历史中的英雄》，王清彬等译，上海人民出版社 1987 年版。

［美］悉尼·胡克：《理性、社会神话和民主》，金克、徐崇温译，上海人民出版社 1985 年版。

［美］大卫·科兹弗、雷德·威尔：《来自上层的革命——苏联体制的终结》，曹荣湘等译，中国人民大学出版社 2002 年版。

［美］罗伯特·康奎斯特：《最后的帝国——民族问题与苏联的前途》，刘靖兆、刘振前等译，华东师范大学出版社 1993 年版。

［意］贝奈戴托·克罗奇：《历史学的理论和实际》，傅任敢译，商务印书馆 1982 年版。

[法] 雅克·勒高夫等主编：《新史学》，姚蒙编译，上海译文出版社 1989 年版。

[法] 雅克·勒高夫等主编：《史学研究的新问题、新方法、新对象》，郝名玮译，社会科学文献出版社 1988 年版。

[法] 路易·阿尔都塞：《保卫马克思》，顾良译，商务印书馆 1984 年版。

[英] 柯林武德：《历史的观念》，何兆武、张文杰译，中国社会科学出版社 1986 年版。

[英] 伊·拉卡托斯、艾·马斯格雷夫：《批判与知识的增长》，周寄中译，华夏出版社 1987 年版。

[英] E. H. 卡尔：《历史是什么?》，陈恒译，商务印书馆 2007 年版。

[英] 巴勒克拉夫：《当代史学主要趋势》，杨豫译，上海译文出版社 1987 年版。

[英] 卡尔·波普：《历史决定论的贫困》，杜汝楫、邱宗仁译，华夏出版社 1987 年版。

[苏] 米罗诺夫：《历史学家和社会学》，王清和译，华夏出版社 1989 年版。

[英] 彼得·伯克：《历史学与社会理论》，姚朋等译，上海人民出版社 2001 年版。

[英] S. 肯德里克、P. 斯特劳等编：《解释过去，了解现在——历史社会学》，王辛慧等译，上海人民出版社 1999 年版。

[英] 艾瑞克·霍布斯鲍姆、[意] 安东尼奥·波立陶：《霍布斯鲍姆：新千年访谈录》，殷雄、田培义译，新华出版社 2001 年版。

[法] 伊曼纽埃尔·勒鲁瓦·拉迪里：《历史学家的思想和方法》，杨豫等译，上海人民出版社 2002 年版。

[美] E. 汤普逊：《理解俄国：俄国文化中的圣愚》，杨德友译，生活·读书·新知三联书店 1998 年版。

[英] 乔·皮·古奇：《十九世纪历史学与历史学家》，耿淡如译，

商务印书馆 1989 年版。

［法］布罗代尔：《15 至 18 世纪的物质文明、经济和资本主义》，顾良、施康强译，生活·读书·新知三联书店 1992 年版。

［德］H. 李凯尔特：《文化科学和自然科学》，涂纪亮译，商务印书馆 1991 年版。

［德］M. 兰德曼：《哲学人类学》，阎嘉译，贵州人民出版社 1988 年版。

［美］斯塔夫里阿诺斯：《全球通史》，吴象婴等译，上海社会科学院出版社 1992 年版。

［德］斯宾格勒：《西方的没落》，齐世荣等译，商务印书馆 1995 年版。

［俄］B. O. 克柳切夫斯基：《俄国各阶层史》，徐昌翰译，商务印书馆 1994 年版。

［英］洛林·格雷厄姆：《俄罗斯和苏联科学简史》，复旦大学出版社 2000 年版。

［苏］科普宁：《马克思主义认识论导论》，马迅、章云译，求实出版社 1982 年版。

［苏］Б. Н. 米罗诺夫、З. В. 斯捷潘诺夫：《历史学家与数学——历史研究中的数学方法》，黄立弗、夏安平、苏戎安译，华夏出版社 1990 年版。

［俄］Б. Н. 米罗诺夫：《帝俄时代生活史——历史人类学研究（1700—1917 年）》，张广翔、许金秋、钟建平译，商务印书馆 2013 年版。

［俄］戈尔巴乔夫：《对过去和未来的思考》，徐葵等译，新华出版社 2001 年版。

［俄］B. 索洛维约夫等：《俄罗斯思想》，贾泽林译，浙江人民出版社 2000 年版。

［俄］B. O. 克柳切夫斯基：《俄国史教程》，张草纫等译，商务印书馆 1992 年版。

[俄] Н. О. 洛斯基：《俄国哲学史》，贾泽林译，浙江人民出版社1999年版。

[苏] 巴尔格：《历史学的范畴和方法》，莫润先等译，华夏出版社1989年版。

[俄] 尼·别尔嘉耶夫：《俄罗斯思想》，雷永生等译，生活·读书·新知三联书店1995年版。

[苏] 西多罗夫等：《苏联史学家在罗马第十届国际史学家代表大会报告集》，王九鼎等译，生活·读书·新知三联书店1957年版。

[苏] Е. М. 茹科夫：《历史方法论大纲》，王瑾译，上海译文出版社1988年版。

[德] 卡尔·雅斯贝斯：《历史的起源与目标》，魏楚雄等译，华夏出版社1989年版。

[俄] 弗兰克：《俄国知识人与精神偶像》，徐凤林译，学林出版社1999年版。

[苏] 罗伊·麦德维杰夫：《论苏联的持不同政见者》，刘明等译，群众出版社1984年版。

[苏] И. И. 斯米尔诺夫、А. Г. 马尼科夫等：《十七至十八世纪俄国农民战争》，张书生等译，人民出版社1983年版。

[俄] 尼·雷日科夫：《大动荡的十年》，王攀等译，中央编译出版社1998年版。

[俄] 瓦列里·博尔金：《震撼世界的十年——苏联解体与戈尔巴乔夫》，甄西主译，昆仑出版社1998年版。

[俄] 弗列罗夫斯基：《俄国工人阶级状况》，陈瑞铭译，商务印书馆1984年版。

[俄] В. А. 利西奇金、Л. А. 谢列平：《第三次世界大战——信息心理战》，徐昌翰等译，社会科学文献出版社2003年版。

[俄] 亚历山大·季诺维也夫：《俄罗斯共产主义的悲剧》，侯艾君、葛新生、陈爱茹译，新华出版社2004年版。

[俄] 谢·谢·利哈乔夫：《解读俄罗斯》，吴晓都等译，北京大学

出版社 2003 年版。

［俄］罗伊·麦德维杰夫：《苏联最后的一年》，王晓玉等译，社会科学文献出版社 2005 年版。

［苏］赫鲁晓夫：《赫鲁晓夫回忆录》，社会科学文献出版社 2005 年版。

［俄］弗拉基米尔·卡尔波夫：《大元帅斯大林》，何宏江等译，社会科学文献出版社 2013 年版。

［俄］瓦列金·别列什科夫：《斯大林私人翻译回忆录》，薛福岐译，海南出版社 2004 年版。

［俄］罗伊·麦德维杰夫、若列斯·麦德维杰夫：《斯大林——鲜为人知的剖面》，王桂香等译，新华出版社 2004 年版。

［俄］格·阿尔巴托夫：《苏联政治内幕：知情者的见证》，徐葵、张达楠译，新华出版社 1998 年版。

［俄］安德兰尼克·米格拉尼扬：《俄罗斯现代化之路——为何如此曲折》，徐葵等译，新华出版社 2002 年版。

［俄］罗伊·麦德维杰夫：《俄罗斯往何处去——俄罗斯能搞资本主义吗？》，徐葵等译，新华出版社 2000 年版。

［俄］B. 布罗夫：《一个俄罗斯学者眼中的中国》，李蓉译，黑龙江人民出版社 2004 年版。

［俄］尼·雷日科夫：《背叛的历史——苏联改革秘录》，田永祥等编译，吉林人民出版社 1993 年版。

［俄］尼·雷日科夫：《大国悲剧——苏联解体的前因后果》，徐昌翰等译，新华出版社 2008 年版。

［俄］斯维亚托斯拉夫·雷巴斯、叶卡捷林娜·雷巴斯：《斯大林传——命运与战略》，吴昊、张彬译，上海人民出版社 2014 年版。

［俄］瓦·列·彼得罗夫：《俄罗斯地缘政治：复兴还是灭亡》，于宝林等译，中国社会科学出版社 2008 年版。

［俄］聂丽·米兹、德米特里·安洽：《中国人在海参崴——符拉迪沃斯托克的历史篇章（1870—1938 年）》，胡昊等译，社会科学文

献出版社 2016 年版。

［俄］亚·维·菲利波夫：《俄罗斯现代史（1945—2006）》，吴恩远等译，中国社会科学出版社 2009 年版。

［俄］玛利亚·帕芙洛娃：《末代沙皇公主回忆录》，卜磊译，中国画报出版社 2017 年版。

［美］弗拉季斯拉夫·祖博克：《失败的帝国——从斯大林到戈尔巴乔夫》，李晓江译，社会科学文献出版社 2014 年版。

［俄］尼·德·康德拉季耶夫：《战争和革命时期的俄国粮食市场》，张广翔、钟建平译，社会科学文献出版社 2017 年版。

三　外文著作

В. Я. Лакшин: Новый мир Во времена Хрущева. Дневник и попутное. 1953—1964 Москва1991 /В. Я. 拉克欣：《新世界：赫鲁晓夫时代 日记与随笔（1953—1964）》，莫斯科，1991 年。

В. В. Кожинов: Судиба России—Вчера, сегодня, завтра, Свободная трибу Москва1990/В. 科日诺夫：《俄罗斯的命运：昨天、今天和明天》，莫斯科，1990 年。

Б. Н. Миронов: Социальная История России Периода Империи (XVIII—началоXXв.) Генезис личности, демократической семьи, гражданского обшества и прового государства, С -Петербург 2000/ Б. Н. 米罗诺夫：《18—20 世纪初帝俄时期社会史：个人、民主家庭、市民社会和法治国家的形成》（《俄国社会史》），圣彼得堡，2000 年。

А. Н. Сахаров: История России с древнейших времен до конца XX века. В3 т. М., 1996. /А. Н. 萨哈罗夫：《俄罗斯史（从古代至20世纪末）》，莫斯科，1996 年。

И. Д. Ковальченко: Крестьяне и крепостное хозяйство Рязанской и Тамбовской губерний в первой половине X IX в. к истории кризиса феодально—крепостнической системы хозяйства,

Москва1959/И. Д. 科瓦利钦科：《19 世纪上半叶梁赞和坦波夫省的农民和农奴经济——封建农奴制经济体系危机史》，莫斯科，1959 年。

Д. Ковальченко、Л. В. Милов：Всероссийский аграрный рынок：XVIII—начало XX в/И. Д. 科瓦利钦科、Д. В. 米洛夫：《18—20 世纪初的全俄农业市场》，莫斯科，1974 年。

Вл. Кавторин：Первый шаг к катастрофе，Лениздат 1992 / Вл. 卡夫托林：《走向悲剧的第一步》，列宁出版社 1992 年版。

А. Н. Колесник：Мифи и правда о симье сталина，Москва Техинвест 1991/А. Н. 科列斯尼克：《关于斯大林家庭的神话与真相》，莫斯科技术投资出版社 1991 年版。

Ю. В. Лебедев（Соста.）：Письма из деревни，Очерки о Крестьянстве в России второй половины XIX века，Москва 1987 / Ю. В. 列别捷夫（主编）：《农村来信：19 世纪下半叶俄罗斯农民论纲》，莫斯科，1987 年。

В. М. Шевырин（ред）：Россия XX столетия в исторической науке：Взгляды，концепции，ценностные подходы，Конец XIXв. — 1917г.，Москва 2000 / В. М. 谢维林（主编）：《20 世纪俄罗斯史学：视角、思想和观点，（19 世纪末到 1917 年）》，莫斯科，2000 年。

В. А. Федоров：История России（1861—1917）Москва《Высшая школа》，2000 / В. А. 费多罗夫：《俄国史（1861—1917）》，莫斯科高等学校出版社 2000 年版。

И. Д. Ковальченко：Русское крепостное крестьянство в первой половине 19 в.，Москва，1967 / И. Д. 科瓦利钦科：《19 世纪上半叶的俄国农奴农民》，莫斯科，1967 年。

И. Д. Ковальченко：Метады исторического исследования，Москва，1987 / И. Д. 科瓦利钦科：《历史研究的方法》，莫斯科科学出版社 1987 年版。

Э. М. Щагина（Ред）: Хрестоматия по Истории СССР（1917—1945）, Москва, 《Просвещение》, 1991 / Э. М. 沙基娜（主编）：《苏联历史文选（1917—1945）》，莫斯科教育出版社 1991 年版。

Е. Б. Заболотный、В. Д. Камынин: Историческая Наука России в преддверии третьего тысячелетия / Е. Б. 扎波罗特内、В. Д, 卡梅宁：《21 世纪前夕的俄罗斯历史科学》，秋明大学出版社 1999 年版。

А. Н. Сахаров: Историки России: XVII—начала XX в., М., 1996 / А. Н. 萨哈罗夫：《俄罗斯历史学家：17—20 世纪初》，莫斯科，1996 年。

А. Н. Сахаров: Реформы и реформаторы в истории России, М., 1996 / А. Н. 萨哈罗夫：《俄罗斯历史上的改革与改革家》，莫斯科，1996 年。

А. Н. Сахаров: Россия XIX—XX вв.: Взгляд зарубежных историков, М., 1996 / А. Н. 萨哈罗夫：《19—20 世纪的俄罗斯：外国史学家的观点》，莫斯科，1996 年。

А. Н. Сахаров: Россия в XX веке: Судьбы исторической науки, М., 1996. / А. Н.：萨哈罗夫：《20 世纪的俄罗斯：历史科学的命运》，莫斯科，1996 年。

О. Т. Богомолова: Социализм: Между прошлым и будущим, Москва, Прогресс, 1989/ О. Т. 鲍戈莫洛娃：《社会主义：过去与未来之间》，莫斯科进步出版社 1989 年版。

Ю. Н. Афанасьев（ред）: Советская историография, М, 1996 / Ю. Н. 阿法纳西耶夫主编：《苏维埃史学史》，莫斯科，1996 年。

А. Т. Кинкулькин（ред）: Страницы истории Советского общества, Москва, 1989 / А. Т. 基库里金主编：《苏联社会历史论集》，莫斯科，1989 年。

С. Платонов: После Коммунизма, Москва, Молодая гвардия,

1989/ C. 普拉托诺夫：《共产主义之后》，莫斯科，青年近卫军出版社 1989 年版。

Н. Н. Суханов：Записки о Революции，Москва，1991/ Н. Н. 苏汉诺夫：《革命札记》，莫斯科，1991 年。

Под редакцией Г. А. Бордюгова：Между Канунами. Исторические исследования в России за последние 25 лет. Москва АИРО - XXI. 2013. /Г. А. 鲍尔久戈娃主编：《序幕之间：近 25 年俄罗斯的史学研究》，莫斯科，2013 年。

С. Д. Морозов. История России XX век. Ростов - на - Дону. еникс. 2009 莫洛佐夫：《20 世纪俄国史》，顿河—罗斯托夫，2009 年。

А. А. Забияко. Литература русского зарубежья. Восточная вестнь Хрестоматия Благовещенск Издательство АмГУ 2013 А. А. 扎比雅科主编：《国外俄侨文集》东方卷，俄罗斯阿穆尔国立大学出版社 2013 年版。

А. И. Петров. История Китайцев в России 1856—1917годы. Санкт - Петербург. 2003. А. И. 彼得罗夫：《俄罗斯华人史（1856—1917）》，圣彼得堡，2003 年。

А. Н. Сахаров：История и Историки 2009 - 2010，М.，2012. А. Н. 萨哈罗夫：《历史与历史学家（2009—2012）》，莫斯科，2012 年。

М. М. Горинов、А. А. Данилов、М. Ю. Моруков и др.：История России（10Класс），М. Просвещение，2016. М. М. 戈利诺夫、А. А. 达尼洛夫、М. Ю. 莫卢科夫等：《俄国史》，教育出版社，（十年级教材），莫斯科，2016 年。

后　　记

　　自从国家社科基金项目"当代俄罗斯史学研究"于2013年立项后，我的思绪就一直不停地围绕这个课题旋转。尽管日常科研、教学及行政工作十分繁忙，但在夜深人静之时，还是要伏案工作，时刻不敢松懈。到2018年年末，项目完成并通过结项。然而，付梓前的修改、充实和完善又是一个艰苦的琢磨过程，好在"痛并快乐着"的工作之后，该书入选中国历史研究院学术文库得以资助出版，因此也颇感欣慰。

　　回想1989年我第一次去苏联的时候，目睹了从"山雨欲来风满楼"第一个社会主义大国解体的惊心动魄过程。30年后的今天，那段特殊的经历虽恍如昨日，但已然成了历史的记忆。在对苏联解体深感震惊和惋惜之时，出于历史研究的职业习惯，我开始思考这一20世纪重大历史事件的深层原因，并对世界社会主义运动的历史与现实进行认真分析。于是，我利用经常去俄罗斯考察、参会和交流之机，购置大量的历史著作、史学文集、名人回忆录、纪实小说、历史札记等，为后来的研究做了资料的准备；与俄罗斯学界同行进行广泛的交流，共同探讨苏联解体及历史学变化的深层原因。近年来出版的《苏联解体的史学阐释》和《唯物史观与历史研究》，以及参与于沛先生主编的《马克思主义史学思想史》（第六卷），即是不同时期相关成果的呈现。本书是在已有研究的基础上，着重探讨当代俄罗斯历史学的发展与变化，以及由此反映出的俄罗斯转型时期政治、经济与社会状况,并对俄罗斯的意识形态转向进行深入分析。显然这是一项十分艰难的研究工作。因为无论是俄罗斯还是中国的学术界,对上述问题的认识都存在巨大的矛盾与分歧,长期以来,唇枪舌剑般的争论不绝于耳。同时,无论是普京时代的继续,还是俄罗斯国家的发展,都是一个不断变化的过程,处于世界百年未有之大变局,俄罗斯国家的未来走向还存在着诸多不确定性。因此,对于当代俄罗斯史学的研究,必须坚持唯物史观,以马克思主义为理论指导,将主观认识与客观现实、因果判断与价值判断在历史的逻辑框架内有机统一起来,这样才能揭开历史的迷雾,把握客观的规律,形成科学的认识。当然,对于这样一个极为错综复杂的历史过程进行全方位的阐述,不可能一蹴而就,因此在研究中出现观点上的偏颇、技术上的疏漏、表述上的失误等在所难免,还诚望各位同行批评指正。

本书在写作过程中,参考和引用了不少中外学者的研究成果,在此谨对学界前辈和同行致以由衷的感谢,对他们的不懈探索和深厚学养深表敬意。本书的外文资料翻译工作量较大,我的同行钟建平研究员、陈秋杰博士、盖丽萍副教授帮助我翻译了部分资料,我的硕士研究生方可追同学帮我下载和复印了相关资料,在此表示感谢。中国历史研究院和中国社会科学出版社的相关领导和同志,对本书的审读和出版等事宜做了许多工作,在此表示衷心的感谢。最后,我的博士生导师于沛先生虽已年迈且工作繁忙,但再一次拨冗为本书撰写序言,对他的抬爱和辛苦也表示最诚挚的谢意。

作　者

2020 年 9 月 12 日